普通高等教育"十二五"规划教材

普通高等教育"十五"国家级规划教材

面向21世纪课程教材
Textbook Series for 21st Century

赵敦华 著

西方哲学简史
A Brief History of Western Philosophy
（修订版）

北京大学出版社
PEKING UNIVERSITY PRESS

图书在版编目(CIP)数据

西方哲学简史/赵敦华著. —2 版. —北京：北京大学出版社，2012.7
（博雅大学堂·哲学）
ISBN 978-7-301-20762-8

Ⅰ.①西… Ⅱ.①赵… Ⅲ.①西方哲学-哲学史-高等学校-教材 Ⅳ.①B5

中国版本图书馆 CIP 数据核字（2012）第 124653 号

书　　　名	西方哲学简史（修订版） XIFANG ZHEXUE JIANSHI
著作责任者	赵敦华　著
责任编辑	田　炜
标准书号	ISBN 978-7-301-20762-8
出版发行	北京大学出版社
地　　　址	北京市海淀区成府路 205 号　100871
网　　　址	http://www.pup.cn　新浪微博：@北京大学出版社
电子邮箱	编辑部 wsz@pup.cn　　总编室 zpup@pup.cn
电　　　话	邮购部 010-62752015　发行部 010-62750672 编辑部 010-62750577
印　刷　者	三河市北燕印装有限公司
经　销　者	新华书店
	965 毫米×1300 毫米　16 开本　24.5 印张　410 千字 2001 年 1 月第 1 版 2012 年 7 月第 2 版　2023 年 10 月第 18 次印刷（总第 44 次印刷）
定　　　价	58.00 元

未经许可，不得以任何方式复制或抄袭本书之部分或全部内容。
版权所有，侵权必究
举报电话：010-62752024　　电子邮箱：fd@pup.cn
图书如有印装质量问题，请与出版部联系，电话：010-62756370

前　言

"西方哲学史"是哲学系的一门主干基础课。北京大学开设这门课已有八十余年的历史。在1918年的一份课程表上，我们看到，当时的"哲学门"为二年级学生开设"西洋哲学史大纲"这门课，由胡适先生讲授；而且是续开课，由此可以推断，这门课最迟在1917年就已经开始了。除胡适先生之外，张颐、贺麟、陈康、郑昕、任华等著名教授都讲授过这门课。1952年院系调整，全国哲学系都合并到北大哲学系，全国各校研究西方哲学的专家汇集在一起，在极为艰苦的条件下，继续传播着西方哲学的火种和人类智慧的成果。北大外国哲学史教研室在室主任洪谦先生的领导下，编译了西方哲学原著资料四本：《古希腊罗马哲学》、《十六——十八世纪西欧各国哲学》、《十八世纪法国哲学》和《十八世纪末——十九世纪初德国哲学》(后又增加了《十九世纪俄国哲学》)。这些宝贵的资料哺育了整整一代的哲学工作者，西方哲学研究者受益尤深。

40年代，北大使用梯利的《哲学史》英文教材，50年代使用的教材是苏联人写的《哲学史》多卷本。中国人自己写的西方哲学教科书，最早可追溯到1957年出版的《哲学史简编》，其中的西方哲学史部分由洪谦、任华、汪子嵩、张世英、陈修斋等先生执笔；这部分内容后经汪子嵩、张世英、任华等先生改写成《欧洲哲学史简编》，于1972年出版。70年代，西方哲学史教研室还出版了两本教材，一本是教研室集体编写的《欧洲哲学史》，另一本是由朱德生、李真先生编写的《简明欧洲哲学史》。80年代伊始，由王太庆先生主持，西方哲学史教研室编译了两卷本的《西方哲学原著选读》的教学资料。后来，洪谦先生和陈启伟先生还分别主编了《现代西方哲学论著选辑》和《现代西方哲学论著选读》；但一直没有再编写教材。直到90年代中叶，我们才感到有必要编写一部能够反映西方哲学最新研究成果的著作。

我自1989年开始讲授"现代西方哲学",自1990年始讲授"西方哲学史";除了给哲学系学生开课外,还为全校学生和文科实验班学生开过"西方哲学史"这门课。在十年的时间里,我逐步积累了一些知识和经验,形成了自己的讲课风格。几年前,教育部策划"面向二十一世纪教学改革和课程建设"项目,我承担了其中的"西方哲学课程和教材的建设"项目,这才有机会来整理讲课笔记,编写"西方哲学史"和"现代西方哲学"这两门课程的教科书,希望能为大学生们提供既能够反映国内外最新研究成果、又有自己个性的课堂用书。

写出有个性的教科书,是不易之事;写有个性的西方哲学史教科书,更为困难。"西方哲学史"是一门传统学科,学科的体系和基本材料已经成熟定型,国内外出版的西方哲学史教科书的结构和内容,基本上大同小异。而且,我们的前辈通过西方哲学名著的翻译,已经固定了绝大多数的中译术语。我当然要在前人已经取得的成果的基础上写教科书,但这不意味着只能墨守成规,不能有自己的个性和独创性。如果说这本书有什么特色的话,那就是在下面几个方面兼顾了前人的成果和自己的独创性。

在为数不多的现在尚不能固定的几个西方哲学中译术语中,有一个术语引起的争论最多,但作用也最为重要,这就是希腊文的 to on,拉丁文的 ens,德文的 Sein,英文的 being 和法文的 l'être。多年来,我们习惯把这一术语翻译为"存在",海外学者多把它译为"有"或"存有"。有鉴于此,我在本书中采取古今有别的翻译政策:对于古代和中世纪哲学典籍中的 being,一般按其本意译为"是者",并在具体的语境中解释它的哲学意义;对于近代以降哲学中的 being,根据它在上下文中与"存在""本质""实体""实在"等概念的联系,有时也把它意译为"存在"或"存有"。虽然译法不统一,但有利于对西方哲学、尤其是对形而上学基本问题的理解,以避免过于简单化而造成的误解。

我国80年代思想解放的一个重要成果是摈弃了苏联日丹诺夫关于"哲学史是唯物主义和唯心主义两军对阵"的定义。事实上,西方哲学史充满了二元对立的范畴,用任何一对或几对范畴作为贯穿始终的线索,都难免失之偏颇。但是,哲学史要有线索,没有线索的哲学史只是材料的堆砌,而不是可被理解的历史。我的写法是以哲学问题、而不是以范畴为线索。我接受了前辈对哲学史这样一些看法:哲学从来都不是死记硬背的学问,更不是僵化的教条;哲学是历史的科学、实践的学问;历史已经并将继续证明,只有那些大无畏地探索真理、身体力行地践履真理的人才能发现真理,这样的人才是名副其实的哲学家;哲学史不提供现成的真理,西方哲学史是哲学家们爱智慧、求真理的探索过程;理解历史上任何一个哲学家都要首先理解他的问题。为了体现这样的哲学观和哲学史观,本书选择了形而上学、认识论和伦理学的一些基本问题作为关注的焦点。这些问题的提出、转变和持续,围绕这些而展开的争论和所达到的结论,就是我们这本哲学史的线索。

我们选择的哲学问题是人类心灵思考的永恒问题,历史上和现实中的哲学家提出了一个又一个的答案,但一个接着一个被推翻、被修改、被重写。哲学史展现的就是高尚心灵的更迭,思想英雄的较量。虽然没有一个西方哲学家的结论能够经受历史的检验,没有一种直到现在还被普遍认可的哲学真理,但是,哲学家们为解决哲学问题而提出的论辩证明至今仍给人以启发,成为人类精神的宝贵财富。从哲学史的观点看问题,问题的提出比答案更有意义,解决问题的过程比达到的结论更有价值。学习哲学史是培养创造性思维的训练方式,也是启迪批判性思维的试验过程。我们的一个目的是帮助那些已经形成思维定势的人,让他们改变看待问题的方式,能够提出和解决新问题。为此目的,对于哲学史上对几个关键问题的论证,我们进行较细致的分析。为了使历史上的论证被今人所理解,必要时还要进行理论重构的工作。本书在哲学论证的重构方面下了比较大的工夫,希望能够起到举一反三、启发智慧的效果。

哲学的史料浩如烟海,但哲学史教材常用的史料大多结辑成书,使用起来很方便。本书尽量引用北大西方哲学史教研室编译的资料选辑,尤其是《西方哲学原著选读》中的史料。那本书曾获得第一届全国教材一等奖,我在讲课时一直把它作为与教材配套的教学资料来使用。为了与这本教材行文风格协调,我在引用这些资料集和其他中译著作时,在不影响原意的情况下,在字句上做了一些改动;改动之处恕不一一注明。如读者需要引用本书的资料,请注意核查原文。除了大量引用现有的中译资料以外,我还注意直接引用外文资料。这样的外文资料大致可分三类:一是外国教材经常使用、但尚未被译为中文的哲学史料;二是国外学者新发掘出来的资料;第三类资料来自我个人的读书心得,我发现原著里有些话对理解某些观点很有帮助,现在把它们写进教材,希望对读者会有同样的帮助。

这本教材虽然只是一部简史,但一学期很难讲完。使用这本教材的教师可根据不同的学时数,选择部分内容在课堂上讲授,让学生自行阅读其他的部分,同时指导学生读几本名著或选读一些资料。对西方哲学有兴趣的人也可用这样的方法自学这本教材。我诚恳地希望使用这本教材的教师、学生和自学者提出宝贵意见。

作　者

2000 年元月

修订版前言

本书自 2000 年出版以来，被不少高校用作教材或教学参考书，还在海外发行了繁体字版。读者在使用本书时，提出了很多从错别字勘误到语句表述等方面的修改意见，这些意见大多在重印时被采纳。对读者的厚爱和指正，我心存由衷的感谢。一个作者向读者表示感谢的最好做法就是不断完善他的作品。我不应只是在读者的催促下作一些修订，而应主动对本书作比较全面的修改。直到本书第 26 次重印之际，我才有机会和闲暇重新审读自己十多年前的作品，以实现报答读者的夙愿。

这次修订增加了一些内容，如柏拉图的政治哲学，皮罗主义的不可知论，文艺复兴时期关于人的局限的哲学反思，康德的判断力批判，黑格尔的哲学史观，青年黑格尔派的主要观点；删除了一些主观色彩过重的评议和不必要的插叙，如对 F. 培根历史功过的评论和第十六章开始的对启蒙运动的批判；改写了一些内容，如对德国古典哲学与启蒙运动关系的阐述，把对黑格尔体系目录式的介绍改为要义点评。我不敢确定这些修订是否改善了原来的版本，所以再次恳请读者提出宝贵意见。

黑格尔在临终前一星期回忆起柏拉图七次修改《理想国》的故事，他写道："假如回忆本身好像就包含着比较，那么比较就只会更加激起这样的愿望，即，一本属于现代世界的著作，所要研究的是更深的原理、更难的对象和范围更广的材料，就应该让作者有自由的闲暇作七十七遍的修改才好。"[①]现在面对这些话，我们觉得不仅是对作者说的，也是对读者说的，让我们一遍又一遍地从《理想国》到《逻辑学》的哲学经典中吸取文明和教化的营养吧！

赵敦华
2012 年 3 月

[①] 黑格尔：《逻辑学》，"第二版序言"，上卷，商务印书馆，1966 年，21 页。

目 录

修订版前言/1
前　言/1

第一章　希腊哲学的精神和问题/1

第一节　希腊哲学的非宗教精神/2

希腊神话世界观的特征/2　希腊哲学的背景和环境/3
自然哲学的基本观念/4

第二节　希腊哲学的思辨精神/5

诧异与思辨/5　希腊哲学思辨的特点/6

第二章　早期自然哲学/10

第一节　伊奥尼亚派/10

水本原说/10　无定说/11　气本原说/12
火本原说/13　逻各斯学说/14　生成辩证法/14

第二节　毕达哥拉斯派/15

灵魂观/16　数本原说/16

第三节　爱利亚派/17

理神论/18　"是者"意义的辨析/19　芝诺悖论/21

第四节　元素派/23

四根说/23　种子说/25

第五节　原子论/27

原子和虚空/27　原子的性质/28　流射与约定/29

小结　关于自然哲学的结论/30

第三章　智者运动和苏格拉底/32

第一节　智者运动概述/32

何谓智者/32　自然说和约定说之争/33
智者的功过/35

第二节　智者代表人物/36

普罗泰戈拉/36　高尔吉亚/37

第三节　苏格拉底/38
　　认识你自己/39　德性就是知识/40　苏格拉底方法/41

第四章　柏拉图哲学/43
　第一节　生平和著作/43
　　作品概要/44　柏拉图和苏格拉底/45
　第二节　两个领域的区分/46
　　分离学说的论证/46　"四线段"的比喻/47
　　太阳的比喻/49　洞穴的比喻/50
　第三节　理念论/53
　　何谓理念/53　分有和摹仿/53　"分有"说的困难/55
　　通种论/57　两分法/59
　第四节　灵魂学说/60
　　灵魂的三重区分/61　灵魂回忆说/62
　　"国家是大写的人"/64　政治哲学/66

第五章　亚里士多德哲学/68
　第一节　生平和著作/68
　第二节　物理学/70
　　"自然"的概念/70　三本原说/70　现实与潜在/71
　　四因说/72　目的论/73　位移运动/73
　　时间/74　连续性和无限性/75
　　天界与地界的区分/76
　第三节　形而上学/76
　　对理念论的批判/77　形而上学的对象/78
　　系词"是"的逻辑功能/79　"是者"的实体意义/80
　　两种关于第一实体的理论/82　具体实体/83　神学/84
　第四节　灵魂学说/84
　　灵魂的性质/85　灵魂的功能和类别/85
　　灵魂的感觉活动/86　灵魂的理性认识/88
　第五节　实践科学/89
　　善和幸福/89　有意与无意的行为/90
　　实践智慧/91　中道学说/92

城邦国家/93

第六章　晚期希腊哲学/96

第一节　伊壁鸠鲁派/97

原子论的自然观/97　快乐主义/98

第二节　斯多亚派/100

概论/100　物理学/101　按照自然生活/103

命运和自由选择/104　世界城邦和自然法/105

第三节　怀疑派/107

不可知论/107　悬搁判断/108　不动心/108

第四节　新柏拉图主义/109

第一本体"太一"/110　流溢说/111

第二本体"理智"/111　第三本体"灵魂"/112

可感世界/112　人的灵魂/113

灵魂的上升/113　希腊哲学的衰落/114

第七章　基督教哲学的诞生/116

第一节　教父哲学的基本倾向/116

《圣经》和哲学/116　教父的思想倾向/119

理性辩护主义/120　信仰主义/122

第二节　奥古斯丁/124

"基督教是真正的哲学"/125　对怀疑论的反驳/126

上帝存在的知识论证明/127　光照说/128

时间学说/130　神正论/131　原罪和恩典/133

上帝之城/134

第八章　早期经院哲学/137

经院哲学的诞生/137　辩证法与反辩证法之争/138

第一节　坎特伯雷的安瑟尔谟/140

"信仰寻求理性"/140　上帝存在的"本体论证明"/141

高尼罗的反驳/143　安瑟尔谟的回答/143

第二节　阿伯拉尔/144

苦难人生/144　辩证神学/145

第三节　唯名论和实在论的争论/147

波菲利问题/147　罗色林与安瑟尔谟之争/148

阿伯拉尔对实在论和极端唯名论的批判/149

阿伯拉尔的概念论/150

第九章　经院哲学的亚里士多德主义/152

第一节　13世纪经院哲学概况/152

亚里士多德主义的传播/152

拉丁阿维洛伊主义/154

第二节　托马斯主义/155

哲学和神学/156　上帝存在的证明/159

存在与本质的区分/161　实体学说/162

感觉认识论/163　共相理论/165

意欲和行为/165　道德观/166　自然法/167

第十章　英国的经院哲学家/169

第一节　罗吉尔·培根/169

基督教学术革新/170　实验科学/171

第二节　司各脱主义/173

形而上学与神学的区分/173　此性学说/175

意志主义/176

第三节　奥康主义/177

指称与指代/178　对普遍性的唯名论解释/178

自明知识与证据知识/180　奥康的剃刀/180

唯名论的后果/181

第十一章　文艺复兴时期的哲学思想/184

第一节　人的发现/184

人的尊严/185　人的才能/186　人的自由/187

人的局限/188

第二节　自然的发现/190

和谐的自然/191　能动的自然/193　经验的自然/194

第十二章　近代哲学与自然科学的精神/196

第一节　近代自然科学与理性主义的哲学/196

近代自然科学的哲学精神/196

近代哲学的科学精神/198

近代哲学的思辨与实践精神/201

近代哲学的开端/202　英国经验论的开端/202

第二节　培根/203

传统科学观批判/203　"四假相"说/204

科学的实验方法/205　科学的归纳方法/206

第三节　霍布斯/208

机械论的哲学/208　社会契约论/209

第十三章　笛卡儿的唯理论/211

第一节　方法论的反思/211

普遍数学/211　方法论规则/212

第二节　第一哲学的沉思/213

普遍怀疑/213　"我思故我在"/215　真理的标准/216

关于上帝存在的证明/217　"广延"的观念/218

心物二元论/219　错误的根源/220

笛卡儿主义/221

第十四章　唯理论的发展/223

第一节　斯宾诺莎/223

寻求拯救与幸福的哲学/223

真观念与几何学的方法/224　实体的概念/226

属性和样式/227　能动的自然和被动的自然/228

身心平行论/229　人性与自由/229

第二节　莱布尼茨/231

二迷宫/232　逻辑与事实/232

单子论的理论背景/234　单子的特征/235

生机论/236　间断性与连续性/237

神正论/238　莱布尼茨的后学/240

第十五章　英国经验论/241

第一节　洛克/241

批判天赋观念论/241　白板说和双重经验说/243

莱布尼茨的反批判/244　简单观念和复杂观念/246

　　　　第一性的质和第二性的质/248　知识的分类/249
　　　　知识的范围/251　社会契约论/251　洛克的后学/253
　　第二节　贝克莱/253
　　　　存在就是被感知/254　对"物质"实体的批判/256
　　　　视觉理论/257　精神实体的存在/258
　　第三节　休谟/260
　　　　印象和观念/260　观念关系的知识和事实的知识/261
　　　　对实体存在的怀疑/263　对因果关系的怀疑/264
　　　　对因果关系的自然主义解释/266　温和怀疑论/267
　　　　情感主义的道德观/268
　　第四节　苏格兰常识哲学/269
　　　　"观念理论"的批判/269　常识原则/270
第十六章　法国启蒙哲学/272
　　　　什么是启蒙运动/272
　　第一节　启蒙主义者/273
　　　　贝尔的怀疑论/273　孟德斯鸠的法的精神/274
　　　　伏尔泰的理神论/276
　　第二节　卢梭/279
　　　　自然和文明的对立/279　自由和平等的理想/281
　　　　良心论/283
　　第三节　百科全书派/284
　　　　孔狄亚克的感觉主义/285
　　　　拉美特利的"人是机器"说/286
　　　　狄德罗的生机论的唯物主义/287
　　　　爱尔维修的功利主义伦理观/290
　　　　霍尔巴赫的机械决定论/292
第十七章　康德的批判哲学/294
　　　　德国古典哲学的一般特征/294
　　第一节　康德理论哲学概述/296
　　　　哲学领域的"哥白尼革命"/298
　　　　什么是先天综合判断？/300

先天综合判断何以可能？/301

第二节　先验感性论/304

感性直观/304　空间和时间/305

先验唯心论和经验实在论/306

第三节　先验知性论/308

先验范畴的形而上学演绎/308　范畴的先验演绎/310

人为自然界立法/312

第四节　先验理性论/313

先验理念/313　先验幻相/314

理性心理学的悖谬/315　理性宇宙论的二律背反/315

理性神学的理想/317　形而上学何以可能？/318

第五节　实践哲学/320

自由的概念/320　善良意志/320　绝对命令/321

道德公设/322　理性宗教/323　判断力批判/325

第十八章　绝对唯心论/327

第一节　费希特的知识学/327

"知识学"的概念/328　关于自我的第一原则/330

实践知识学/331

第二节　谢林的绝对唯心论/332

自然哲学/333　先验哲学/334　同一哲学/334

天启哲学/335

第十九章　黑格尔哲学体系/337

第一节　黑格尔体系的特点/337

真理是全体/338　哲学无前提/339

否定辩证法/340　实体就是主体/341

辩证法、历史和认识论的统一/342

第二节　精神现象学/343

意识/344　自我意识/344

理性/345　精神/346

宗教和绝对知识/348

第三节　逻辑学体系/348
　　　　存在论/348　本质论/349　概念论/350
第四节　应用逻辑学/351
　　　　自然哲学/351　精神哲学/352　法哲学/353
　　　　历史哲学/355　哲学史观/355

第二十章　黑格尔哲学的余波/357
第一节　青年黑格尔派/357
　　　　黑格尔派的分化/357　青年黑格尔派的特征/358
第二节　费尔巴哈/360
　　　　对黑格尔的批判/360　人本学/361
　　　　上帝即是人的本质/362　爱的宗教/363
第三节　新黑格尔主义/364
　　　　概论/364　克罗齐/365　布拉德雷/366　罗伊斯/367

主要参考文献/369

Preface to Revised Edition/1
Preface/1

Chapter One   The Spirit and Problems of Greek Philosophy/1
 Section One   The Non-religious Spirit of Greek Philosophy/2
 Section Two   The Speculative Spirit of Greek Philosophy/5

Chapter Two   The Early Philosophers of Nature/10
 Section One   The Philosophers in Ionia/10
 Section Two   Pythagoras/15
 Section Three   Eleatic School/17
 Section Four   Empedocles and Anaxagoras/23
 Section Five   Atomists/27
 Summary on the Early Philosophy of Nature/30

Chapter Three   Sophists and Socrates/32
 Section One   The Sophist Movement/32
 Section Two   Major Sophists/36
 Section Three   Socrates/38

Chapter Four   Plato/43
 Section One   Life and Work/43
 Section Two   Division of Two Fields/46
 Section Three   Theory of Form/53
 Section Four   Theory of Soul/60

Chapter Five   Aristotle/68
 Section One   Life and Work/68
 Section Two   Physics/70

Section Three　Metaphysics/76
　　　Section Four　On Soul/84
　　　Section Five　Practical Science/89
Chapter Six　Later Greek Philosophy/96
　　　Section One　Epicurus/97
　　　Section Two　Stoicism/100
　　　Section Three　Skepticism/107
　　　Section Four　Neo-Platonism/109
Chapter Seven　The Origin of Christian Philosophy/116
　　　Section One　Philosophy of Early Fathers/116
　　　Section Two　Augustine/124
Chapter Eight　Early Scholasticism/137
　　　Section One　Anselm of Canterbury/140
　　　Section Two　Abelard/144
　　　Section Three　Debates between Realism and Nominalism/147
Chapter Nine　Aristotelianism in Scholasticism/152
　　　Section One　Philosophy in the 13th Century in General/152
　　　Section Two　Thomas Aquinas/155
Chapter Ten　British Scholastists/169
　　　Section One　Roger Bacon/169
　　　Section Two　Dun Scotus/173
　　　Section Three　William Ockham/177
Chapter Eleven　Philosophy in the Renaissance/184
　　　Section One　The Discovery of The Man/184
　　　Section Two　The Discovery of The Nature/190
Chapter Twelve　Modern Philosophy and Spirit of Natural Science/196
　　　Section One　Modern Science and Modern Philosophy in General/196

    Section Two   Francis Bacon/203

    Section Three   Hobbes/208

Chapter Thirteen   Descartes/211

    Section One   Methodology/211

    Section Two   Meditation of First Philosophy/213

Chapter Fourteen   Other Rationalists/223

    Section One   Spinoza/223

    Section Two   Leibniz/231

Chapter Fifteen   British Empiricism/241

    Section One   Locke/241

    Section Two   Berkeley/253

    Section Three   Hume/260

    Section Four   Scotish School of Common Sense/269

Chapter Sixteen   French Enlightenment/272

    Section One   Scholars of Enlightenment/273

    Section Two   Rousseau/279

    Section Three   Encyclopedists/284

Chapter Seventeen   Kant/294

    Section One   Critical Philosophy in General/296

    Section Two   Transcendental Aesthetics/304

    Section Three   Transcendental Understanding/308

    Section Four   Transcendental Reason/313

    Section Five   Practical Philosophy/320

Chapter Eighteen   Absolute Idealism/327

    Section One   Fichte/327

    Section Two   Schelling/332

Chapter Nineteen   Hegel/337

    Section One   The Hegelian System in General/337

    Section Two   Phenomenology of Spirit/343

    Section Three   System of Logic/348

    Section Four   Applied Logic/351

Chapter Twenty　The Hegelian Influence/357
　Section One　The Young Hegelians/357
　Section Two　Feuerbach/360
　Section Three　Neo-Hegelianism/364

Bibliography/369

第一章
希腊哲学的精神和问题

人类最初的文化形态是宗教和神话,哲学脱胎于宗教和神话的世界观。世界各民族都有宗教和神话,但不是每一个民族都有哲学。在诸多古代文明中,只有中国、印度和希腊产生出一般意义上的哲学,并且,这三个民族的哲学是在大致相同的历史时期诞生的。20 世纪的德国哲学家雅斯贝尔斯(K. Jaspers)把人类精神的这一突破时期称为"轴心时代",约在公元前 800 至公元前 200 年之间。轴心时代在中国是先秦诸子百家争鸣的时代,其间产生了以儒家和道家为代表的中国哲学的传统。在这一时期,印度出现了最早的哲学文献《奥义书》和包含着丰富哲学思想的佛教典籍。希腊哲学的诞生和繁荣也发生在这一时期。

虽然这三个民族的哲学都有宗教的背景,但它们与宗教联系的密切程度各不相同。印度哲学与宗教的联系最为紧密,它可以说是对宗教(婆罗门教、耆那教和佛教)的世界观和人生观的精致思辨和系统论证。希腊哲学与宗教的联系最不紧密,它可以说是与神话世界观相决裂的产物。中国哲学处于这两个极端之间,它对宗教的态度可以说是若即若离,无可无不可。

我们还可以从另外一个角度做比较。从表达思想的方式和风格来看,希腊哲学的方式最为思辨,充满着论辩、推理和证明等说理方式。印度哲学的表达方式,可以说是说教,因明学是宣讲教义的工具。中国哲学较多地采用警句箴言、引证比喻,这些表达方式介于说理与说教之间。冯友兰把中国哲学的表达方式称为"名言隽语、比喻例证",但他又说:"有些哲学著作,像孟子的和荀子的,还是有系统的推理和论证。"[①]

通过以上的比较,我们可以把希腊哲学的特质归结为两条:一是非宗教

[①] 冯友兰:《中国哲学简史》,北京大学出版社,1996 年,11 页。

的精神,一是思辨精神。抓住这两条,希腊哲学的基本问题和概念也就不难理解了。

第一节　希腊哲学的非宗教精神

希腊神话世界观的特征

与世界上其他民族一样,希腊人最初是以神话来理解和反映他们周围的世界的,他们构造的神话在各民族的神话中最为完整和系统。希腊神话所表现的世界观有以下的特征。

第一,自然力和社会活动的人格化。希腊神话表达的是自然神的多神崇拜观念:居住在奥林匹斯山的众神以宙斯为主神,每一位神专司一种自然现象,比如,日、月、星、雷、河、海都有专司之神。后来又出现了执掌人类活动(如战争、畜牧、农业)和代表人类特征(如命运、正义、善、恶)的神(或由原有的自然神兼任)。这样,自然的运行和人的命运全部归之于神的主宰。

第二,神人同形同性。奥林匹斯诸神与凡人有着相同的体态相貌、七情六欲;神以及神与人共同生下的英雄具有人的一切恶行:欺骗、虚荣、贪色、嫉妒、复仇、争斗。他们的个性十分强烈,行为受灼热而不可遏制的感情与意志的支配。神随心所欲地支配着自然,诸神争斗的结局决定了社会进程和人的命运;无论是自然界还是社会,都没有自身的秩序和规则,在世界中起决定作用的只是神的情欲和意志。

第三,迷狂的宗教精神。希腊神话对神和英雄的激情和意志的无度的推崇,激发出迷狂亢进的宗教追求。崇拜酒神的奥尔弗斯(Orphous)教派突出地体现了希腊神话的黑暗面。按该教派教义,万物起源于黑夜女神,黑暗的混沌产生出代表爱欲神的生殖力的蛋,从中产生出万物。为了归复万物的亲缘力,奥尔弗斯教派通过黑夜中酗酒、癫狂的活动,追求脱离肉身、欲死欲仙的神秘体验。虽然奥尔弗斯教义只是希腊神话世界观的一部分,但据今人研究,它到公元前4世纪时已被运用于所有宗教仪式,奥尔弗斯教如此广泛的影响力,主要来自于它鲜明地反映了神话世界观原始特征和非理性的迷狂精神。

第四,生成演化的世界图式。希腊人从来没有"从无到有"的创世观念,神的意欲行为和自然的生成变化被不加区分地交织成一幅世界图式。

早期的荷马神话用"命运"来概括神也不能逃脱的决定性。后期出现的赫西俄德的《神谱》以谱系形式,描述出世界生成的过程:首先生成的是卡俄斯(混沌),然后是地神该亚、冥神塔耳塔罗斯和爱神厄罗斯。接着,从卡俄斯中产生出明亮的厄瑞玻斯和夜神倪克斯,两者结合生出太空神埃忒耳(以太)和白昼神赫墨拉。该亚则生出覆盖她的星空神、山神和海神等。①希腊神话的世界生成图式对后来的希腊哲学的宇宙生成论发生直接的影响;但是,这种图式以神人同形同性观念为基础,用人类的生殖力比拟自然的生成,它只是安排了自然物的时间次序,并没有表达自然界的内在联系、活动秩序和变化原因。

希腊神话自公元前9世纪始已成体系,希腊人用它解释自然界和社会发生的一切现象,指导宗教和道德活动。这个自满自足的世界观长期统治着人们的思想,直到公元前6世纪左右,第一批哲学家才开始寻找比神话世界观更为合理的自然观和道德原则。

希腊哲学的背景和环境

希腊哲学开始于对自然的思考。为什么人们不满足于神话世界观而开始对自然进行哲学思考呢?我们可以从地理环境和社会历史背景等方面来考察这一问题。

希腊半岛土地贫瘠而多山,随着人口繁衍,希腊人只能向海外谋求生存和发展,他们在爱琴海、黑海和地中海沿岸和岛屿建立了众多的殖民地。公元前6世纪波斯自东向西入侵,造成了国家领土的变迁、民族的迁徙和融合,东西方的文化交流和贸易往来更加频繁。当时处于领先地位的埃及和巴比伦文化西渐,医学、历法、度量衡、算术、天文等方面的技术和知识传到希腊地区。外来文化和自身积累的经验技术相结合,孕育出新思想的萌芽。

希腊人是航海的民族,希腊人在从事海外殖民和贸易的航海活动中很容易发现天文、气象、海流等自然现象的规律性。试想:茫茫大海上一叶扁舟,面对海天一色的空阔,观望星移斗转的天穹,这样的自然环境怎能不激发出对自然奥秘的遐想?一旦人们知道经验观察可以发现规律,并能做出正确的预测时,他们眼里的世界就不再是受外部力量任意支配、变化无迹可寻的现象;人们开始有了变化的观念,有了秩序和原因的观念,并且认识到,

---

① 赫西俄德:《神谱》,116—130。

秩序和原因就在运动变化的事物之中。

自然哲学的基本观念

早期哲学家思考的"自然"(*physis*)①并非我们现在所说的作为自然事物总和的自然界,它的意义接近于现代西文中的"本性"(nature),特指事物运动变化的本性。因此,亚里士多德后来明确把自然定义为"运动和变化的本原"②。"本原"(*arche*)是自然哲学家关注的焦点,它的本义是"太初"。希腊哲学家认为,最初存在的东西在运动变化过程中始终起作用,因此,事物的最初状态或者是构成事物的基本要素,或者是事物存在和运动的缘由。"本原"的这两层意思分别被译作"基质"(Urstoff——德文)和"原则"(principle)。我们现在所说的自然界相当于希腊人所说的"世界"或"宇宙"(*cosmos*),它有两层意思:一是指天地之间一切事物的总和,更重要的是指这些事物的秩序。"本原"和"宇宙"这两个概念的联系在于,宇宙是本原(最初状态)分化演变的产物,本原(基质或原则)是在宇宙内部起作用、并赋予宇宙万物特定的秩序的原因。自然哲学是对世界本原和宇宙整体的探讨。

早期自然哲学界关于宇宙本原的概念后来发展为形而上学的最高原则。什么是本原? 这是一个贯穿于希腊哲学始终的问题。希腊哲学家普遍相信,最高原则是唯一的、永恒不变的,但又统摄着万事万物的存在和变化。因此,在对本原的探讨过程中,他们又提出了一与多、静与动、变化与永恒的关系问题。

哲学家虽然提出不同的本原学说和宇宙图式,但是,他们的观点都具有与神话世界观截然有别的一些共同特征。他们都认为自然是非人格的本原。虽然有时自然被等同为神,但这不是神话里与人同形同性的神,而是统摄世界的最高抽象原则。并且,作为本原的自然是运动变化的自因,就是说,世界依其本性而变化,并不受外在的神的任意支配。出于本原的运动是有序的变化,事物的存在和运动具有内在的必然原因。秩序和原因可以通过经验观察和理性思辨被发现;即使那些认为本原只能为理性思辨所把握的哲学家,也承认感性经验的表象和验证作用。这种看待和研究世界的方式,与神话的虚构、传说和笃信的运行方式大相径庭。自然哲学家用新的眼

---

① 本书中希腊字皆用斜体的拉丁字母排出。
② 亚里士多德:《物理学》,200b 12。

光看待世界,思考世界的原因和秩序,这标志着人类思想的一大进步。他们不仅是最早的哲学家,也是第一批自然科学家。当今的科学如此昌明,科学精神如此普及,在很大程度上得益于希腊自然哲学。西方哲学绵延不断的理性主义传统在一定意义上也得益于这个充盈的源头。

第二节　希腊哲学的思辨精神

诧异与思辨

亚里士多德的《形而上学》的第一句话是:"每一个人在本性上都想求知。"①他接着说明,出于本性的求知是为知而知、为智慧而求智慧的思辨活动,不服从任何物质利益和外在目的,因此是最自由的学问。哲学的思辨最初表现为"诧异",诧异就是好奇心。最早的哲学家出于追根问底、知其所然的好奇心,对眼前的一些现象,如日月星辰、刮风下雨等,感到诧异,然后一点点地推进,提出关于宇宙起源和万物本原的哲学问题。

哲学家对普通人习以为常的事情感到诧异,在人们熟视无睹的地方发现问题;他们提出和解决这些问题,并不是为了达到什么实用目的,而只是为了获得心灵的满足。他们常常不被人们理解,甚至遭到嘲笑。据说,希腊第一个哲学家泰利斯只顾观察天象,没有注意脚下,跌入坑里。一个女奴嘲笑说,他只想知道天上发生的事情,却不知道身边的和地上的事情。柏拉图反其义而用之,说这句话对所有哲学家都适用。亚里士多德则对世俗的嘲笑加以反讽,他说了这样一个故事:泰利斯为了反击哲学无用的世俗偏见,用观测天象得到的知识预测气象,知道来年橄榄将丰收,于是事先租赁了全部的橄榄榨油作坊,等到橄榄丰收时,再把作坊以高价租出,结果获得一大笔利润。亚里士多德的结语是:"这件事表明,哲学家如果想赚钱的话,是很容易做到的,但这不是他们的兴趣所在。"②

希腊哲学家多为贵族,他们不必为生计操劳,因此才能从事纯思辨活动。亚里士多德正确地把"闲暇"作为哲学思辨的必要条件。古希腊拥有比任何其他民族都要发达的奴隶制,贵族享有充分的闲暇。但闲暇只是一

---

① 亚里士多德:《形而上学》,980a。
② 亚里士多德:《政治学》,1259a 15。

切智力活动的必要条件,而不是充分条件。能够利用闲暇从事哲学思辨,这是希腊人的特殊之处。希腊贵族崇尚的高尚活动是战争、游猎和思辨。最后一项风尚造就了一批职业哲学家。从词源学上看,希腊文"闲暇"(*shule*)派生出西文"学校"(school)。学校是柏拉图之后的哲学家活动的主要场所,他们在此研究和传授知识。由于哲学在希腊是一门独立而崇高的职业,希腊哲学家不像印度哲学家那样属于僧侣阶层,也不像中国哲学家那样属于官宦阶层;希腊哲学著作与宗教典籍和历史文学作品有着明显的界限。哲学的职业化反过来又促进了希腊民族的思辨精神的发展,结果形成了希腊民族特有的静观、思辨的性格。这种性格不但展现在他们创造的艺术品的特殊美感之中,而且造就了高于周围民族文化的科学理论。埃及人虽然最早从经验中总结出几何测量规则,但希腊人却在此基础上构造出几何学的演绎体系;巴比伦人虽然早就开始了天文观察,但希腊人却利用观察材料提出天文学的思辨理论。

希腊哲学思辨的特点

希腊哲学的思辨精神有哪些特点呢?我们把这些特点概括为五:静观、辩证、演绎、理智和实践。

希腊哲学是静观的。首先使用"哲学"这个词的毕达哥拉斯曾有这样一个比喻:在奥林匹克运动会上,有兜售商品的小贩,有努力竞技的运动员,也有静观人生场景的观众;哲学家就是静观者。造成哲学家静观态度的原因是,他们所思辨的对象是变化世界的不变的本原,是杂多现象的单纯本质,是流逝往复事物的永恒原因;希腊人的哲学观念是:杂多的、变化的、暂时的对象是不真实或不太真实的,只有单纯的、统一的、永恒不变的对象才是真实的存在。希腊哲学家习惯于用不变的原则统摄运动变化的世界,万事万物都被归结为静止的、永恒的存在。希腊哲学的这种静观特征并不是现实生活的直接反映,毋宁说,它反映的是超越现实的理想。希腊人所处的自然环境和社会现实,经历了太多的苦难和变化变革,生活变得难以忍受,他们需要宁静的状态,在静观思辨中达到宁静和平衡。尼采首先看出了希腊文化中现实和理想的矛盾,把它归结为追求变动和苦难的"酒神"和追求静止和快乐的"日神"这两种精神的对立,他把希腊哲学视为日神精神的嬗变,这是很有见地的。

希腊哲学的基本范畴,如一和多、静和动、本质和现象、必然和偶然、永恒和变化、存在和生成、原因和结果、纯粹和杂多、理智和感觉、形式和质料，等等，都是对子。对子就是矛盾，解决矛盾的途径是辩证法。辩证法的原意指对话，为苏格拉底和柏拉图所提倡，后来亚里士多德把它发展为辩证推理。不论采取对话的形式，还是采取推理的形式，辩证法都是对两种相反的意见所做的分析和综合，最后达到统一的结论。辩证法是用一统摄多，以综合克服矛盾的艺术。辩证法的思维不仅是二元对立的，而且是以对立的一方为中心、以另一方为边缘的一元中心论。当代法国哲学家德里达（J. Derrida）把希腊哲学的这种传统称为"逻各斯中心主义"。"逻各斯"（logos）就是理性。希腊哲学的理性特征是二元对立与一元中心的统一。

希腊哲学的样板是欧几里德几何学。柏拉图创办的学园的门楣上刻有"不懂几何者莫入此门"的警告。亚里士多德认为，一切科学都是证明科学，而证明科学的最高成果是几何学。亚里士多德创立的形式逻辑虽然包含有归纳的成分，但它的基本形式是演绎。演绎逻辑是几何公理体系的形式化。希腊哲学中的论证很多，但万变不离其宗，各种形式的论证都是逻辑推理。甚至一些诡辩也可被还原为三段式。比如，柏拉图曾记录了智者尤苔谟斯和狄奥尼索德鲁则如何用诡辩击败了认为"学习者比不学习者更聪明"的人。下面是他们和一个孩子之间的对话：

"当你正在学习的时候，你的处境和你不知道你正在学习时的处境有什么区别吗？"
"没有。"
"当你不知道你所学习的东西的时候，你有智慧吗？"
"根本没有。"
"如果你没有智慧，你是无知的吗？"
"当然。"
"因此，在学习你不知道的东西时，你处在无知状态中。"
这个孩子点头表示同意。①

这一诡辩有下列的三段论形式：

大前提：你所学习的是你所不知的。
小前提：你所不知的不是智慧。

---

① 柏拉图：《尤苔谟斯篇》，278 a-b。

结论:学习者没有智慧。

　　严格地说,这个三段论当然是不能成立的。我们用这个事例说明,三段论演绎是希腊哲学论辩的主要形式,这一形式有时是明显、严格的,有时是暗含、模糊的。

　　"理智"是希腊哲学的一个基本范畴。"理智"即希腊文的"奴斯"(nous),又译作"心灵"(Mind)。希腊民族和世界上其他民族一样,也相信万物有灵、灵魂不朽等宗教观念,希腊哲学中保留有这些传统观念。但"理智"的观念却是哲学所特有的。第一个雅典哲学家阿那克萨戈拉首次提出,心灵是万物运动的本原,苏格拉底对此大加赞赏,再经柏拉图和亚里士多德的提倡,理智主义最突出、最明显地体现了希腊哲学的理性精神。与传统宗教的"灵魂"观念相比,理智更纯粹,有更高的思辨性,而无人格的禀性。希腊哲学家认为,理智是无形的、纯粹的实体,它推动万物而不被任何事物所推动,弥漫于世界而能保持自身的统一。当理智与人的灵魂相通时,它构成了灵魂的纯粹部分,统摄着灵魂的一切活动,不但认知活动,意志、欲望等也应受理智的支配。按照传统的灵魂观,灵魂只是有形体中的能动力量,灵魂并不与身体相分离、相对立。哲学的理智主义使得身体和灵魂、感觉和理性成为二元对立的关系。由此产生出一系列问题,如,灵魂以外的理智如何作用于人的灵魂? 理智如何支配异己的身体? 纯粹的理智活动与感觉、意志、欲望等与身体有关的灵魂活动有何关系? 无形的理智如何认识有形的外物? 等等。当希腊哲学家乐此不疲地思考这些问题时,他们似乎接触到内心的最深处,世界的奥妙处。他们的纯思辨活动创造出了这个纯粹精神的对象,而这个对象又反过来吸引、推动着纯思辨的步步深入。

　　希腊哲学家虽然推崇为知而知的纯思辨,但也并非不关心实践。"实践"(praxis)一词也有"实用"的意思。希腊哲学家都以"善"为价值取向,善是好处,当然有功用实效。当希腊哲学家说明哲学的非实用性时,他们否定的只是个人的物质利益和官能享受方面的实用性,他们既不否认哲学对于个人精神生活的实用性,也不否认哲学对于公众物质生活的功利性。"实践"一词的另一特殊含义指宗教的、道德的、政治的活动。

　　希腊哲学家把追求智慧的思辨作为神圣的活动,它使人获得神的知识,使人接近神。苏格拉底宣称,他是赋有神灵、传达神意的"牛虻";柏拉图说,哲学所能达到的最高境界是神人合一的"迷狂";亚里士多德说,第一哲学是神学,哲学思辨表达了人性中的神性,哲学家的生活是人类所能达到的幸福的顶点。这些话表达了一种理性的宗教观,或神化的哲学观。

哲学的实践精神还表现为理性伦理学。除犬儒派和昔兰尼派等少数人外,希腊哲学家都认为人的自然本性是理性,按照自然生活就是服从理性,意志和欲望应当服从理智,真正的快乐是心灵的快乐,美德的规定性来自理性。苏格拉底的名言"德性就是知识"表达了理智主义的实践精神。

哲学对于希腊城邦政治和后来的罗马大一统政治尤其重要。自从苏格拉底发出哲学家要关心人事的号召以后,哲学家无不以改善公众事务为己任。柏拉图的"哲学家王"的理想,亚里士多德的政治学,斯多亚派的"世界公民"的观念,既是现实政治的总结,又为政治实践指引了方向。

应该承认,希腊哲学的政治功利性并不是第一位的。希腊哲学的思维有这样一个秩序:个人思辨→个人实践→公众实践。实践是思辨的结果和效用,它的确切含义是实践理性,个人实践又是公众实践的基础和前提。因此,哲学的政治功用只是个人思辨的间接结果和效用。中国哲学则不同,它把希腊哲学中第二位或第三位的东西放在首位,个人修养总是在一定的政治框架里展开。有人说,中国哲学重实践,而希腊哲学重思辨,这是有道理的。需要补充的是,无论中国哲学,还是希腊哲学,都兼有思辨和实践,只是两者在不同的理论框架中的地位不同而已。

第二章
早期自然哲学

第一节 伊奥尼亚派

地处小亚细亚的伊奥尼亚地区是中东与希腊的交通要冲,东西方的文化最初在这里交汇。公元前6世纪时,希腊人在伊奥尼亚地区建立的城邦米利都和爱菲斯是重要的商业与政治中心,新兴的思想很活跃。第一批哲学家在米利都形成学派,爱菲斯的赫拉克利特则是一位独立的哲学家。我们把他们合称作伊奥尼亚派;事实上,这两地的哲学家在历史上并无实际联系。

水本原说

泰利斯(Thales,鼎盛年①约在公元前585/584年)出生于米利都望族,早年曾到埃及学习科学知识,回来之后从事几何、天文、气象等方面的研究,并把研究成果应用于实际。传说他成功地预测了日食,用分流的水利工程帮助军队渡河,等等。他以渊博的学识被列为当时希腊"七贤"之一。

泰利斯被公认为西方哲学史上第一位哲学家。他第一个提出了"什么是世界本原"这个有意义的哲学问题。他的回答是:水是万物的本原,并试图借助经验观察和理性思维来解释世界。哲学思维的可贵之处不但是在别人习以为常的地方提出问题,而且还表现为解决问题的新思路。如果说,泰利斯所说的"水是本原"的断言在今天看来似乎是幼稚可笑的,那么,他为

---

① 古代哲学家生卒年岁多不可考,只能推测他创作高峰的年代,即鼎盛年,一般指四十岁左右。

自己的结论所列举的证据和理由却是值得我们认真对待的。他的结论虽然过时,但是,他的问题和思维方式却表现出哲学思维的本质特征。在此意义上,他被称为第一位哲学家是当之无愧的。

泰利斯为水本原说提出两方面的理由。一方面,他用经验证据说明水有滋养万物的作用。据亚里士多德说:

> 他得到这个想法,也许是由于观察到万物都以湿的东西为养料,热本身就是从湿气里产生,靠湿气维持的(由此产生万物的东西即是本原)。这是引起他的想法的一个事实。另一个事实是:万物的种子都有潮湿的本性,而水是潮湿本性的来源。①

不过,亚里士多德接着又说,泰利斯的观念与远古推崇水的神话和习俗有关。

泰利斯接受了古埃及人的大地漂浮在水上的图式,他用水的摇晃解释地震现象。埃及人同时认为天上也充满着水。太阳每日乘船在天河遨游,雨水从天河漏下。如果大地上下均为水所环绕,那么不难推想世界的原初状态只是水,大地以及其上的事物都是后来从水中产生的,正如水滋养种子、培育生命的经验事实所显示的那样。如果我们联系东方民族的世界图式,便不难理解泰利斯的本原观在当时条件下的合理性。

无 定 说

阿那克西曼德(Anaximander,鼎盛年约在公元前570年)是泰利斯的亲戚和学生,据说他绘出第一张地图,制造了第一个天球仪和计时器。

阿那克西曼德看到水本原说的局限性,认识到世界万物及性质的多样性不能被归结为某一特定的物质形态和属性,比如,水本原可以解释事物的湿性,但却不能解释火的热性、土的干性、气的冷性;反之亦然。他认为:"在火、气、水、土之中任何一种都不能生成万物。"②生成万物的本原被称作"无定"(*apeiron*/indefinite),因为它没有任何规定性,或者更确切地说,它是调和各种规定性的中性状态。可以这样解释他的想法:世界的原初状态是各种事物与性质共生共处的状态,好像《周易》描述宇宙那种"天地絪缊,万

---

① 亚里士多德:《形而上学》,983b 20。
② 亚里士多德:《论生灭》,332a 19。

物化醇"的混沌状态。假使最初有相反的东西,它们也会相互抵消、中和,因而必然呈现出无差别、无规定的状态;单个事物只有在脱离出这一整体的情况下才会表现出特定的性质,然后才会出现事物之间的对立。

阿那克西曼德把"无定"分化为万物的过程当作生成,把与之相反的万物归复于"无定"的过程当作消亡,生成与消亡共同构成世界的运动。他还认为,一些事物的生成必然伴随着另一些事物的消亡。他于是提出"补偿原则",第一次明确地表达出运动必然性和原因的观念。根据这个原则,从"无定"中分离出事物的生成过程是对"无定"的损害,因而要使一些事物回归"无定"作为补偿。这是"时间的安排"和"报应","根据必然性而发生"。① 在古希腊语里,"原因"和"有罪责"是同一个词 aitia。阿那克西曼德用损害与补偿的比喻第一次表达了古希腊人循环往复的因果观。

气本原说

阿那克西美尼(Anaximenes,鼎盛年约在公元前 546/545 年)是阿那克西曼德的学生。他提出气是本原。可以说,气综合了水和"无定"的特征:它一方面保留了"无定"的不定形和无限的特征,另一方面,气和水一样具有特定的性质。阿那克西曼德不承认一种性质可以转化为另一种性质,而不赋予本原任何特定性质。阿那克西美尼却找到了一种可以转化为其他性质的普遍性质,这就是气的性质。他说:

> 气的形状是这样的:当它处于最平稳状态时,不为眼光所见,但却呈现于热、冷、潮湿和运动中。
>
> 它通过浓聚和稀散表现出区别:当它发散而稀疏时,便生成火。另外,风是浓聚的气;通过凝结,气变成云;再凝结则变成水;更高程度的凝结形成大地;当气浓缩到最密集程度时变成石头。由此可见,冷和热的对立是生成的最有力因素。②

气有冷和热两种性质,以及与之对应的浓聚和稀疏两种运动:气稀疏为火,浓聚则依次为云、水、土、石。冷和热的性质依浓聚和稀疏的程度逐渐上升。这种生成观是典型的转化生成观,与阿那克西曼德的分离生成观形成鲜明对照。

---

① 引自《古希腊哲学》,苗力田主编,中国人民大学出版社,1989 年,24 页。
② 同上书,31 页。

火本原说

赫拉克利特(Heraclitus,鼎盛年约为公元前504—前501年)出生于爱菲斯王族,他性格高傲,蔑视古代与同时代的贤哲,更傲视民众。他拒绝接受城邦民众通过的法律,把王位让给兄弟,自己隐居山间。著有《论自然》一书,现有残篇留存。从这些残篇来看,他以箴言表达思想观点,大有先知的风格。据说他故意把书写得晦涩难懂,以免被民众所轻视。现存残篇基本保留了他的宇宙观、自然观和伦理观。

赫拉克利特认为:"世界秩序(一切皆相同的东西)不是任何神或人所创造的,它过去、现在、未来永远是永恒的活火,在一定分寸上燃烧,在一定分寸上熄灭。"[1]在这段话里,需要注意"本原"的两层意思:一是火的活动状态(活火),即火的燃烧和熄灭;二是世界秩序,它是永恒不变的原则,决定着火的活动的分寸,并在所有事物之中保持着自身的同一。这种本原观比米利都派的思想更加复杂,它没有简单地把世界的本原归结为某一种变化状态,而是在一与多、永恒和变化的关系中把握本原。赫拉克利特的意思似乎是这样的:世界的原初状态是火,火转化为万物,万物又转化为火。因此,世界的归宿也是火。火与万物之间的循环转化被说成是火的运动:火转化成万物是火的消耗和熄灭,万物转化成火是火的充裕和燃烧。

更重要的是,火的运动是符合自身本性的运动,或者说,受一定的原则的支配。当火完成了向万物的转化,火的形态已经熄灭,取而代之的是气、水、土的形态。然而,出于火的本性的原则却是永恒不变的,仍然支配着气、水、土之间的转化。要之,万物向火归复的运动虽然表现为气、水、土的形态,但却受曾经支配着火生成万物的同一原则的支配。在此意义上,气、水、土之间的转化也是火的运动。根据以上分析,赫拉克利特的火本原说有两个方面:外在的本原是火的形态,它是世界的开端和归宿;内在的本原是符合火的本性的原则,它决定着世界运动的方向(生成或归复),控制着运动的节奏,支配着火与万物之间循环往复的转化。外在的本原可生可灭,变动不居;内在的本原是不变的同一原则,在各种形态(包括不是火的形态)的事物之中起作用。

---

[1] 引自《西方哲学原著选读》,北京大学西方哲学史教研室编译,上卷,商务印书馆,1981年,21页。

逻各斯学说

内在的本原即赫拉克利特所说的"逻各斯"(*logos*)。这个词的原意是"话语",赫拉克利特用它专门表示"说出的道理",并且认为正确的道理表达了真实的原则。就逻各斯是人所认识的道理而言,它可被理解为"理性""理由"等;就逻各斯是世界的本原而言,它又可被理解为"原则""规律""道"等。我们再次强调,赫拉克利特并没有把逻各斯看做与火不同的本原,逻各斯与火是同一本原的内、外两个方面。他在一些格言里阐述了逻各斯的学说。

首先,逻各斯即上述引文里谈论的"世界秩序",它表现为"在一定分寸上燃烧,在一定分寸上熄灭"的火。其次,火的运动,即万物的生成与毁灭是可感的,但是,支配可感运动的逻各斯却是不可感的。赫拉克利特有句名言:"自然喜欢隐藏自己。"这里的"自然"作"本性"解,意思是:事物运动的内在本性(逻各斯)是看不见的。只有思想才能发现它:"思想是最大的优点,智慧就在于说出真理,并且按自然行事,听自然的话。"①

现在的问题是:逻各斯既然适用于一切事物的运动,赫拉克利特为什么把它归之于火,只把它与火的本性相联系呢?一种可能的解释是:他把一事物转化为另一事物的原因视为这一事物的多余和另一事物的不足。这个道理与阿那克西曼德提出的"补偿原则"相同。在火、气、水、土诸现象中,只有火的性质(形状、亮度、温度等)的变化最剧烈、最明显,就是说,火的"不足和多余"的程度是直接可见的。事物转化的原因呈现于火的本性。他明确地说:"世界的构成是不足,焚烧则是多余";"火在升腾中判决和处罚万物。"②"判决和处罚"暗示着万物要偿还它们生成时对火的损害之意。根据以上解释,逻各斯就是因火的不足和多余而造成事物之间转化的原则。

生成辩证法

按照逻各斯的原则,一切事物都像火那样变动不居,处于永恒的生成变化状态。"生成"(becoming)的意思是"变成某物"(coming to be)。当一事物生成另一事物时,比如说,当 A 变成 B 时,A 既不是 A,又不是 B,而是处

---

① 引自《西方哲学原著选读》,上卷,商务印书馆,1981 年,26 页、25 页。
② 引自《古希腊哲学》,中国人民大学出版社,1989 年,37 页。

于 A 与 B 之间;或者说,既是 A,又是 B。赫拉克利特的残篇里充满了这种"既是……又不是……"的格言,他用许多例子说明了生成中的事物之间有以下这样的关系。

（1）转化的关系:事物无时无刻不向自己的对立面转化,只是我们感觉不到这种变化。当我们肯定一事物是如此这般时,它已变化成另外一个事物。"万物皆变,无物常驻,如同人不可能两次踏进同一条河流。"①

（2）和谐的关系:对立的状态或相反的性质共存,产生出和谐。比如,不同的颜色绘出逼真的肖像,不同的音调造成动听的曲调,元音和辅音拼出完整的句子,琴弓和琴弦之间的张弛配合。

（3）同一的关系:对立面是同一事物的不同方面。比如:医生治病所用的恶的手段(割、烧等)和善的效果、圆周上的终点和起点、上行与下行的道路,都是同一的。

（4）相对的关系:对事物某一方面的取舍有不同的标准,事物的性质因评判标准的不同而不同,比如,海水相对于鱼是有益的,相对于人却是有害的;驴喜欢草料,人却珍视黄金;最美的猴子相对于人来说也是丑的。

生成中事物的转化、和谐、同一和相对的关系即我们现在所说的对立统一的辩证关系,它的一般表达形式是:"A 既是自身,又不是自身。"赫拉克利特的一些格言采取了这种表达方式。比如"我们踏入又不踏入同一条河流,我们存在又不存在","不朽的有朽,有朽的不朽",②"惟有智慧是一,它既不愿意又愿意被人称作宙斯"③。这种表达方式成为后来哲学家的一个重要话题。巴门尼德否认了它所表达的变化观,柏拉图认为它只适用于不可靠的感觉对象,亚里士多德则以形式逻辑的矛盾律否定了它的可能性,但后人却从中发掘出辩证法的源头。

第二节　毕达哥拉斯派

毕达哥拉斯(Pythagoras,鼎盛年约在公元前 532/531 年)生于伊奥尼亚海域的萨摩斯岛,青年时可能知道米利都派的学说。40 岁时因不堪忍受君

---

① 引自《西方哲学原著选读》,上卷,商务印书馆,1981 年,23 页。
② 同上书,23 页、22 页。
③ 引自《古希腊哲学》,中国人民大学出版社,1989 年,46 页。

主统治而移居意大利南部的城邦克罗顿,在那里建立了一个兼有宗教、政治和学术特征的秘密团体,他在与当地势力的政治斗争失败后离开该地。毕达哥拉斯没有著作,他的学说在派别内部以秘传方式传播,从中衍生出一些宗教信条和禁忌,他的弟子分成恪守信条的信条派和从事学术研究的数理派,一直持续到公元前5世纪中叶消失。

灵 魂 观

通过灵魂观而把宗教和哲学结合在一起,这是毕达哥拉斯派的特点。他们的灵魂观来自奥尔弗斯教派的灵魂转世说。根据这种古老的灵魂观,一切生物都有共同的灵魂,灵魂是不朽的,可由一个身体转移到另一个身体,重复过去的生活;为了不失去灵魂,或死后重新获得灵魂,人需要净化自己的灵魂。毕达哥拉斯派把哲学思辨作为净化灵魂的一种活动。毕达哥拉斯派认为,"灵魂是一种和谐"[1]。净化灵魂的手段是音乐和哲学,因为音乐是和谐的音调,哲学是对事物间和谐关系的思索。但不论是音乐的和谐,还是事物之间的和谐,都是一种数的规定性,因此,哲学首要的对象是数。据拉尔修说,毕达哥拉斯是第一个使用"哲学"这个词并称自己是哲学家的人。[2] "哲学"(philosophy)即"爱智慧"(philo-sophia)之意。毕达哥拉斯派所谓的智慧指对数的本性的把握。

数本原说

如果说,伊奥尼亚派是最早的物理学家,那么,毕达哥拉斯派就是最早的数学家。他们的观点与伊奥尼亚派正相反。后者认为本原是单一的、可变的;毕达哥拉斯派认为数是万物的本原,数是众多的、不变的。他们的理由主要有二:

第一,一切事物的性质都可以被归结为数的规定性,"在数目中可以发现许多与存在事物以及自然过程中所产生的事物相似的特点,比在火、土或水中找到的更多"[3]。就是说,数的规定性比物理属性更加普遍,一个事物可以缺乏某一种物理属性,但却不能没有数的规定性。因此,适用于万物的

---

[1] 引自《古希腊哲学》,中国人民大学出版社,1989年,64页。
[2] 拉尔修:《名哲言行录》,1卷12章。
[3] 引自《西方哲学原著选读》,上卷,商务印书馆,1981年,18—19页。

本原不是具有某种物理属性的物质形态(水、气、火),而是数。毕达哥拉斯派理解的数学规定性,大致可分为三类:一类是数学比例关系,它决定了事物构造以及事物之间的和谐;还有一类是数学中的对立关系,如有限和无限、奇数和偶数、一和多、直线和曲线、正方形和长方形;另外,还包括用数字代表自然和社会属性的类比关系,如 4 代表正义,10 代表完满;一些现实的对立关系,如右和左、阳和阴、静和动、明和暗、善和恶,也可用数学关系类比。

第二,数字先于事物而存在,是构成事物的基本单元。他们的基本想法是:一切事物的形状都具有几何结构,几何结构则与数字相对应:1 是点,2 是线,3 是面,4 是体。世界生成过程是由点产生出线,由线产生出面,由面产生出体,从体产生出可感形体,产生出水、火、气、土四种元素。亚里士多德批评这种观点混淆了抽象的数字单元和有体积的物理质点。① 这确是毕达哥拉斯的理论弱点。由点、线、面、体构造的几何图形没有物理属性,几何构造不能替代可感事物的自然运动。即便如此,毕达哥拉斯派对世界几何结构的思考的意义却不亚于伊奥尼亚派对世界生成过程的思考,两者分别代表了最早的数学家和物理学家看待世界的方式。

毕达哥拉斯派的本原观蕴涵着一个与毕达哥拉斯定理相矛盾的结果。由于数字与几何形状必须相对应,由于当时所知的数仅限于自然数,这意味着构成任何几何形状的线段都有公度。然而,毕达哥拉斯定理所规定的直角三角形边长在很多情况下却是无公度的,比如,边长平方分别为 1、2、3 的三角形和一切等腰三角形就是这样。当时人们并没有无理数的概念,长度为无理数的边长失去了相对应的数字单元。数本原说的一个重要理由是数字单元可构造一切事物的几何形状,随着毕达哥拉斯定理的发现而出现的无公度性却否认了这一理由。现在一些研究者认为,理论上的矛盾是导致毕达哥拉斯派瓦解的一个重要原因。

第三节 爱利亚派

爱利亚派因意大利南部城市爱利亚而得名,流行于公元前 6 世纪至前 5 世纪之际。这一派别的中心思想是:世界本原是不变的一。这与主张本

---

① 亚里士多德:《形而上学》,1083 b10。

原是单一、但却是变化的伊奥尼亚派,以及主张本原是不变、但却是众多的毕达哥拉斯派,都不相同。

理 神 论

克塞诺芬尼(Xenophanes,鼎盛年约在公元前540年)是最早的哲学家之一,与阿那克西美尼同时;另说,他的鼎盛年在第四十届奥林匹克赛会期间,即公元前620—前617年,早于泰利斯。他的贡献可与泰利斯相媲美:正如泰利斯首先提出的"什么是本原"的问题突破了神话世界观的窠臼,克塞诺芬尼对神人同形同性论的批判动摇了神话世界观的基础。他说,神话里的神是人按照自己的形象想象出来的,"凡人们幻想着神是诞生出来的,穿着衣服,并且有着同凡人一样的音容相貌"。更有甚者,神被赋予人的性格,"荷马和赫西俄德把人间一切无耻丑行都加诸神灵:偷盗、奸淫、尔虞我诈"。他指出了与人同形同性的神的观念的荒谬性。他说,各民族有不同的外表和性格,按照自己形状和性格想象出来的神的观念是相对的:"埃塞俄比亚人说他们的神是黑皮肤、扁鼻子;特拉基人却说他们的神是蓝眼睛、红头发。"既然每一类人都有各自的造神理由,有什么理由设想动物不能按照它们的形象和本性造神呢?"假如牛、马和狮子有手,并且能像人一样用手作画塑像,那么它们也会按照各自的模样,绘制出马形的神、牛形的神和狮形的神。"①这句似乎是挪揄的话包含着一个论辩:神的观念的相对性必然导致荒谬性。

克塞诺芬尼因此得出的结论是,作为世界主宰的神必须是绝对的。神不会因人、因地、因时而异,而凌驾于不同人种的特殊性与相对性之上。这样的神才有全人类都承认的普遍性,神的绝对性和普遍性也是神的唯一性。他说:"只有一个神,他在诸神和人类中间是最伟大的;他无论在形体或思想上都不像凡人。"在克塞诺芬尼看来,唯一的神不仅没有人的形体,而且没有任何形体,"神是全视、全知、全闻的"。"神毫不费力地以他的心思摆布着一切。"神的力量是无形的思想,不随着世间事物的变动而变动,"神永远保持在同一个地方,根本不动,一会儿在这里一会儿在那里动来动去对他是不相宜的"。②

---

① 参阅《西方哲学原著选读》,上卷,商务印书馆,1981年,29页。
② 同上书,29—30页。

克塞诺芬尼所说的神是唯一的、不变的本原,这是在"原则"的意义上所说的本原,"神"只是世界最高原则的代名词。除极少例外,希腊哲学家所说的神都是统摄世界万物的、非人格的原则、原因或实体,是人的理智所能认识的最高对象。我们把这一肇始于克塞诺芬尼的传统称为"理神论"(deism,亦译作"自然神说",来自拉丁文的"神"——deus),以与崇拜人格神的"有神论"(theism,来自希腊文的"神"——theos)相区别。

"是者"意义的辨析

巴门尼德(Parmenides,鼎盛年约在公元前500年)是克塞诺芬尼的学生,同时也受到毕达哥拉斯派成员的影响。他是爱利亚派的实际创始者和主要代表者。他的著作残篇是希腊哲学的经典之一。

巴门尼德在他的哲学诗的开始,借正义女神之口,指出了真理之路和意见之路的区分:意见之路按众人的习惯认识感觉对象,"以茫然的眼睛、轰鸣的耳朵和舌头为准绳";真理之路则用理智来进行辩论。"真理"和"意见"是希腊哲学一对重要概念,从巴门尼德最初所做的区分来看,两者不仅仅是两种认识能力,即理智和感觉的区分,而且是与这两种认识能力相对应的两种认识对象的区分:真理之路通往"圆满的""不动摇的中心",而意见的对象却"不真实可靠"。巴门尼德用"光明"和"黑暗"两个领域比喻真理和意见的对象。

巴门尼德把"是者"作为真理的对象。"是者"是代替克塞诺芬尼的"神"的概念;虽然两者都表示"不变的一",但"是者"概念具有更高的概括性和思辨性,更适用于理性论辩,他关于"是者"的学说包含着我们在早期希腊哲学典籍中可以见到的最缜密的哲学论辩。

"是者"(being)这个概念来自希腊文的"是"(einai)动词。在西文中,"是"(to be)既可用作系动词,起表述作用,如在"A是B"句型里的用法;又可以单独使用,指示事物的存在,如英文 to be or not to be(存在或不存在)就是指示存在的一个范句。巴门尼德利用"是"动词的普遍用法,说明"是者"的普遍性。他说,有两条道路:"一条是:所是的东西不能不是,这是确信的途径,与真理同行;另一条是:是者不是,而不是的东西必定是,我要告诉你,此路不通。"①这句话中"所是的东西不能不是"相当于后来建立的形

---

① 参阅《西方哲学原著选读》,上卷,31页。

式逻辑的同一律(A = A)，而"是者不是""不是的东西必定是"违反了矛盾律(A ≠ ~ A)。在逻辑规律被亚里士多德总结出来之前，巴门尼德通过对"是"的意义的分析，说明了逻辑判断必须表达思想、指示存在的哲学道理。

当巴门尼德说"不是的东西必然是"走不通时，他的意思是说，"非是者"是不能思想和表达的。因为，"能够被说和被想的与是者是同一个东西"。① 这句话通常被缩写为"思想和存在是同一的"。巴门尼德的理由是，思想内容需要由"是"来表述，思想对象即"是者"，思想的内容和思想的对象是同一个东西。他以"是"具有表述思想和指示存在双重功能为理由，进而把"是"的两种功能归结为同一意义、同一对象，得出了上述结论。我们现在可以批评他混淆了主观和客观，但我们必须理解：当"是"的意义最初被转变成为哲学范畴时，它的运用极为广泛，不论思想之中还是思想之外的东西，都可用"是者"的范畴表示。

巴门尼德否定了"是者"和"非是者"之间的联系和转化。他要人们牢记"所是的东西是"与"不是的东西是"之间毫无共同之处，激烈地批判那种认为"是者和非是者既相同又不相同"的观点是"彷徨不定""无所适从""既聋又瞎""不辨是非"；说那种观点的实质是认为"一切都朝向自己的反面"②。不难看出，这些批判是针对赫拉克利特的观点的。赫拉克利特认为，一切事物都处在向对立面的转化之中，它既是又不是自身。在巴门尼德看来，这无异于说一切事物既是又不是，混淆了是者与非是者。

巴门尼德又通过思辨规定了是者的性质，这些性质包括：不生不灭、连续性和完满性。

(1) 不生不灭。假设是者是被生成出来的，巴门尼德问道："它是如何、从哪里生成出来的呢？"只有两个可能的答案：或者是者生成是者，或者非是者生成是者，但两者都不可能。如果在是者被生成之前就已经有了是者，那么是者已是不待生成了；"是者生成是者"是一个自相矛盾的说法。"非是者生成是者"也是不可能的，因为非是者什么都不是，不能生成任何东西。巴门尼德接着从是者的不生推导出它的不灭。证明如下："是者既不是过去又不是将来，因为它全部是现在。"如果它是过去，那么它现在不复是；如果它是将来，那么它尚有待是；在这两种情况下，它都什么也不是；

---

① 参阅《西方哲学原著选读》，上卷，31 页。
② 同上书，32 页。

是者只能是现在,并且永远保持着同样状态;过去不曾有、将来也不会有与是者不同的状态,即非存在的状态,就是说,是者是不灭的。

(2)连续性。巴门尼德说,是者是"连续的一",这是指时间和空间中的连续性。他说:"是者的东西不可分割,它是完全相同的是者;它也不会或多或少,这将阻碍它的联结,它充满着全部的是者,因而是整个连续的";"存在的各个部分都是完全相同的,不能在某一位置上大一点或小一点;这就是说,各部分的位置与中心位置的距离相等,就好像是一个滚圆的球体,其他形状或无形状都将妨碍是者的联结。"①

(3)完满性。当巴门尼德说是者是一,其意义包括两个方面:连续的一和整体的一;当他说是者是不变的时,其意义也包括两个方面:不生不灭和静止不动。总的来说,是者是不动的一。按照希腊人的观念,杂多是不完满的,变化也是不完满的,只有不动的一才是完满的。

巴门尼德所说的"是者"是表示世界本原的一个概念,但它不是抽象的原则,而是时间和空间中的实在,并且有固定的形体,是滚圆的球体。他和其他自然哲学家一样,认为世界的本原是处于时空之中的对象,既不是超时空的本质,也不是无形状的精神。区别只是在于,他以前哲学家所说的本原具有感性直观可把握的形体和性质,如可感的物理性质以及可用数字符号和图形象征的数学性质;而巴门尼德则说明,本原的意义和性质只能是理性思辨和逻辑论辩所把握的"是者"。他的思辨和论辩达到了早期自然哲学的最高水平。"是者"后来超出自然哲学,成为形而上学的中心范畴。

芝诺悖论

芝诺(Zenon,鼎盛期约在公元前468年)是巴门尼德的学生。他针对伊奥尼亚派的变化本原观,提出否认运动可能性的四个论证。他的极端论点与其说是巴门尼德学说的引申,不如说是为了维护巴门尼德所强调的真理而采取的矫枉过正的做法。柏拉图后来在《巴门尼德篇》中说,他们的辩护策略是"以其人之道还治其人之身":有人诘难说,如果承认存在是不变的一,那么便会得出事物不能运动的荒谬结论;他们则反击说,如果承认存在是变化的,那么也会得出事物不能运动的结论,并且这是与前提相矛盾的悖论,更加荒谬。芝诺悖论有四个。

---

① 参阅《西方哲学原著选读》,上卷,32—34页。

一曰"二分法"：运动着的事物在达到目的地之前，先要完成全程的$\frac{1}{2}$；在达到$\frac{1}{2}$处之前，又要完成它的$\frac{1}{2}$；如此分割，乃至无穷，永远也达不到目的地。

二曰"阿基里和乌龟赛跑"：设想奥林匹克赛跑冠军阿基里和乌龟赛跑，乌龟先爬一段路程；当阿基里跑完这段路程时，乌龟又向前爬了一段路程；当阿基里跑完这一段时，乌龟又再向前爬了一段；一追一爬，以至无穷，阿基里永远也赶不上乌龟。这个悖论说明：运动中事物没有快慢之分。

三曰"飞矢不动"：飞矢在一段时间里通过一段路程，这一段时间可被分成无数时刻；在每一个时刻，箭矢都占据着一个位置，因此是静止不动的；就是说，它停驻在这段路程的各个不同位置上，而不是从一个位置飞至另一个位置。

四曰"一倍的时间等于一半的时间"的悖论。如下图所示：

$$A_1 \ A_2 \ A_3 \ A_4$$
$$B_1 \ B_2 \ B_3 \ B_4 \rightarrow$$
$$\leftarrow C_1 \ C_2 \ C_3 \ C_4$$

设 B,C 两系列运动速度相同，A,B,C 三系列的每一部分大小相同；那么，B_4 到达 A_4 的时间与 C_1 到达 A_1 的时间相等，但 B 系列的运动时间是 C 系列运动时间的一半(因为相对于 A 只移动了两格)，或者说，C 系列的运动时间比 B 系列运动时间多一倍(因为相对于 B 移动了四格)。两者应该相等却有差别，故有"一倍时间等于一半时间"的悖论。①

第四个悖论纯是数字游戏，其余三个悖论的文字内容可用无穷收敛数列表示。如"二分法"表示的是 $1, \frac{1}{2}, \frac{1}{4}, \frac{1}{8}, \frac{1}{2^n}$(n 趋向无穷大)的数列。虽然数学计算的结果也可以显示这些悖论的错误，但它们却不是简单的诡辩，它们包含着相当深刻的哲学意义。对运动的数学分析所使用的微积分运算建立在"极限"概念的基础之上，而"极限"恰恰以承认间断性和连续性、无限性和有限性的统一为特征，但数学却没有回答这些对立面何以能够统一。

---

① 参阅《西方哲学原著选读》，上卷，34—36 页。

再说,"极限"概念本身就是数学基础的一个问题,数学本身并不能解决这个问题,需要诉诸现代逻辑和数学哲学。

芝诺继承了思辨的风格,首次运用悖论方法进行诘难。这些悖论在人们习以为常的运动观念中提出连续和间断、无限和有限、整体和部分的矛盾,深化了早期自然哲学家关于一和多、不变和变之间关系的讨论。正因为芝诺悖论涉及到上述运动学、认识论、数学和逻辑学问题,它在历史上引起长久的思索,至今仍保持着理论上的魅力。亚里士多德推芝诺为辩证法的创始者,这是有道理的。

第四节 元素派

"元素"(stoichenon)这个概念原意是"字母",自然哲学家用它表示性质的不可分性,表示具有某种性质的最小单元;它的性质是物理性质,因此,元素不是毕达哥拉斯派所说的数。亚里士多德使用"元素"概念对早期自然哲学的一派理论做出概括,这一派哲学家把世界本原归结为组成事物的不可分割的物理单元。

四 根 说

恩培多克勒(Empedocles,约公元前495—前435年)是阿克拉加人,坚定的民主派,政治活动培养了他的雄辩才能。他的哲学诗《论自然》《净化论》文字优美,想象丰富。亚里士多德推他为"修辞学的创始人"。他同时也是一个医生,著有《医书》,他的哲学著作也包含着对生命现象较详细的论述。

恩培多克勒认为,火、土、气、水是组成万物的根,万物因四根的组合而生成,因四根的分离而消失。四根自身并没有组合与分离的能力,它们之间分合需要用外部原因来解释,这些原因就是使根相互眷恋的"爱",和使根相互争斗的"恨"。恩培多克勒用四根说明事物的可感性质,用爱恨说明事物的生灭变化。虽然他的学说通常被称作"四根说",但实际上,他认为本原在数量上是六个。

恩培多克勒所说的火、气、水、土都是微粒,它们处于运动状态,因此可合可分,但在运动中四根不生不灭。他提出"双重道理":"它们(指根)有时从多中生一,有时从一中生多。"①这里的"一"指每一个根都是一个单独的个体,"多"指可感事物的数量众多。众多的根组合在一起产生出可感事物,可感事物分解为单独的根则是事物的消亡。因此,"从一中生多"和"从多中生一"分别代表着可感事物的生成和朽灭。但是,根却保持着个体存在和同样的数目,既不增加也不减少,既不扩大也不缩小。这就是他所说的"全体的每一部分都既不缺又不盈"的意思。恩培多克勒认为,从一到多和从多到一的运动是无休止的循环,因此,世间万物的变迁也永无止境。并且,这种循环是有序的,各类根的力量随着时间的变更而轮流取得优势。于是,火构成的太阳、气构成的天空、水构成的海洋、土构成的大地,它们周期性地显示各自威力。

"爱"和"恨"的希腊文原意是"友好"和"争吵",它们是与人的活动相类比的两种作用相反的动力。爱与愉悦和美相关,恨与痛苦和丑相关。作用于四根的合力和斥力于是被赋予道德和审美价值,被冠以道德和审美情感的名称。正是在此意义上,亚里士多德说,恩培多克勒首次提出以善和恶为本原。②

当时人们对认识的性质的看法分两派:第一派认为事物与事物相似,因此,对一种事物的感觉与这种事物相似;第二派认为事物与事物相对立,因此感觉与事物相反。我们不妨把第一种理论称作"同类相知"的原则,把第二种理论称作"异类相知"的原则。毫无疑问:"同类相知"是最有影响的认识论原则,它设定了认识内容与认识对象的符合论。第一个明确地表达这一原则的人却是恩培多克勒,他说:"我们用土来看土,用水来看水,用气来看明亮的气,用火来看耗散的火,用爱来看爱,用可怕的恨来看恨。"③按照他的本原论,人的肉体感官归根到底皆由土、水、气、火组成,爱和恨也在人体内起作用。人和外部事物都有着同样的本原,当构成人的根和构成事物的同类的根相触时,人体感官就会产生感觉。他把同类本原的触类相通称作"流射"。以视觉为例,"他说眼睛中间是火,周围是土和气,这气很稀薄,所以火能通过。水与火的孔道相互交错,通过火的孔道,我们看到明亮;通过水的孔道,我们看到黑暗"。④ 同样,听觉的原因在于气的流射与耳朵中

---

① 参阅《西方哲学原著选读》,上卷,43 页。
② 亚里士多德:《形而上学》,985a 8。
③ 同上书,1000b 6。
④ 参阅《西方哲学原著选读》,上卷,44—45 页。

的气的接触,嗅觉产生于外部的气与口里的气息的相通。恩培多克勒提出"流射说",第一次试图把感觉的性质归结为事物的物理性质,把感觉的运动归结为感官的生理结构。恩培多克勒没有做出感觉和思想的区分,在他看来,"思想等同于、或非常接近于感觉"。需要区别的只是思想和无知:思想是清晰的感觉,如果组成事物的各类元素顺利通过感官里相应的通道,人们便获得全面的、清晰的感觉,即思想;无知是"不同造成的不同"①,意思是,如果用感官把握不同类的对象,就根本产生不出与感觉相同的认识内容,如用耳朵去把握可视事物,用眼睛去把握气味,其结果都是无知。根据以上分析,我们可以得出这样的结论:"流射说"是一种把认识归结为感觉的感觉主义。

种 子 说

阿那克萨戈拉(Anaxagoras,约公元前 500—前 428 年)生于克拉左美奈,20 岁左右时来到雅典,在那里讲授哲学达三十年之久。他是第一个把哲学引入雅典的人,伯里克利曾是他的学生。伯里克利的政敌以不敬神的罪名指控他,迫使他流亡,客死在兰萨库斯城。他只写过一部著作,书名不详,只知道第一部分题目为《论自然》。

阿那克萨戈拉认为构成万物的细小微粒是种子。种子的性质与事物的可感性质相同,事物有多少种性质,构成它的种子就有多少类;数目众多的一类种子构成事物的一种性质或一个部分,比如,毛的种子构成动物的毛,肉的种子构成动物的肉。正因为如此,亚里士多德后来又把种子称作"同质体"。

阿那克萨戈拉的理由是,世界的原初状态是未分化的整体,处在"万物相混,不辨颜色"的混沌之中,后来分化出不同的部分。世界的分化在数量上是无止境的,再小的事物也可被分割为更小的组成部分;但是,分布在较大部分中的性质和分布在较小部分中的性质必然是相同的,否则的话,"毛怎能从非毛产生,肉怎能从非肉产生呢?"②因此,我们虽然不能推断组成世界的最小部分在数量上有多小,但却可以肯定组成事物基本性质的终极单元;"终极"的意思并不是说数量上最小,因为它们只是可感事物所具有的物理性质的最小单元,而不是数学分割所能达到的最小单元。

---

① 引自《古希腊哲学》,中国人民大学出版社,1989 年,133 页。
② 参阅《西方哲学原著选读》,上卷,39 页。

根据上述推理,阿那克萨戈拉得出结论:世界必然是由这样一些部分组成的,它们:(1)在数量上无限多;(2)在体积上非常细微;(3)在种类上与可感性质相同,"有各种不同的形状、颜色和味道"。① 这些细微部分即他所说的种子。每一可感事物的各个不同部分都分别由与它同质的种子构成。

阿那克萨戈拉和恩培多克勒一样,在元素之外,又设定了能动性的本原,他称之为心灵(nous)。这是第一个用来表示独立的、纯粹的精神的概念。我们知道,以前自然哲学所谓的灵魂指事物内部的能动力量,不一定局限在人的身体之内。并且,灵魂也不一定与事物的物理性质和物质形态相对立,水、火、气的自发力量都可被称作灵魂;即使最富有宗教色彩的毕达哥拉斯派的灵魂概念也有表示事物内部和谐状态的意思。与"灵魂"相比,"心灵"有两个特征:第一是它的外在独立性:心灵是在事物之外对事物起作用的能动力量;第二是它的无形的精神特征:心灵不具有可感性质。总之,心灵是弥漫于世界之中,甚至超越世界之外的精神。当然,这些意义并不否认灵魂,特别是人的灵魂可以成为心灵的一个类别,只不过这一类心灵被置于事物之中。因此,"灵魂"总是一个相对于"身体"或"形体"而言的概念,而"心灵"在很长时期内则是一个无可匹配的绝对概念;只是到了近代意义上的"物质"概念产生之后,它才转变为与之相对的"精神"概念。"心灵"也被译作"理智",但这两种译法的意义各有所侧重:"心灵"(Mind)侧重表示精神的存在,"理智"(Intellect)侧重表示精神的活动。

如前所述,"异类相知"指认识是由事物的相反性质所造成的相反活动。阿那克萨戈拉是这种说法的代表人物。他认为认识包含着感觉和思想的对立。他说:"由于感觉的软弱无力,我们就不能辨别真理。"②思想可以做出与感觉相反的判断,例如,感觉告诉我们:"雪是白的";思想却可做这样的推论:"因为雪是凝固的水,而水是黑的,所以雪也是黑的。"③其次,他认为可感性质包含着性质对立的不同种类的种子,在数量上占优势的那一类种子决定了这一可感性质,但可感事物中还包含着少量由其他类种子构成的感觉不到的性质。阿那克萨戈拉说,正是这些感觉不到的性质使得那个可感事物的性质被感觉,"感觉由相反者所产生……由热知冷,由咸知

---

① 参阅《西方哲学原著选读》,上卷,38页。
② 同上书,40页。
③ 引自《古希腊哲学》,中国人民大学出版社,1989年,152页。

淡,由苦知甜。一切都已内在我们之中,……一切知觉都伴随着痛苦"①。对"内在我们之中"和"痛苦"的意思,可做出这样的解释:感觉不到的性质是一种"缺乏",思想因缺乏而痛苦。促使感觉活动起来,以把握可感性质的满足来减轻思想上的痛苦。这句话表达出这样一个观点:感觉中有思想因素,没有思想的导向,感觉便不会关注某一对象;感觉内容不会自发产生,它需要思想的作用和参与。阿那克萨戈拉的"异类相知说"既强调思想和感觉的分别,又承认思想的主导和感觉材料之间的一致性,它比恩培多克勒的流射说更接近现代认识论的立场。只是这种认识思想的表达语焉不详,一直未能引起人们的重视。

第五节 原子论

原子论创始人是留基波(Leucippus),他可能是米利都人,生卒年代不详。留基波和阿那克萨戈拉的学生德谟克利特(Democritus,鼎盛年约在公元前435年)是原子论的主要代表人物。

原子和虚空

原子论者认为世界的本原是原子和虚空。"原子"(atomon)的原意是不可分割,它被用来表示充实的最小微粒。"虚空"的意思与"充实"相反。如果说原子为存在("是者")的话,那么虚空就必须是非存在("非是者")。原子论者于是面临着一个难题:要么承认本原只是存在而放弃虚空,要么坚持虚空并承认本原也可以是非存在。第二种说法虽然听起来不合理,但却是他们唯一的选择。

原子论者的论证分三个步骤。第一步,他们以可感的事实为标准,肯定存在的东西是众多、变动的。既然存在的东西是充实,那么,从可感事实可以得出这样一个结论:充实是可以分割的。因为只有分割,才会产生出众多的充实东西;只有在众多的充实东西之间留有空隙,才会发生从一个过渡到另一个的运动和变化。第二步,原子论者又讨论了分割充实所需要的条件,这就是虚空。如果没有虚空,则充实的东西之间没有间隙;如果没有间隙,则充实的东西不会彼此分开而成为众多的东西;同样,如果没有间隙,则充实的东

---

① 引自《古希腊哲学》,中国人民大学出版社,1989年,153页。

西不会移动。既然充实的东西的众多和运动是不可否认的事实,那么,虚空对于事物的存在和运动是必不可少的。"虚空"与"充实"是一对相反相成的概念,两者都是解释世界的原则:"充实"是解释万物存在的原则,"虚空"是解释事物的众多和运动可能性的原则,两者都是本原。第三步,原子论者确定了充实的最小单元。并非任何充实的东西都可充当本原,本原必须是不生不灭的存在。在这一点上,他们同意爱利亚派的观点,认为我们可感的物体都是可分割的。但是,充实的存在物不会在分割中消失,因为存在不会变成非存在。可分割的充实物体必然是由不可分的充实物体组成的,这种不可分割的充实就是原子。原子是肉眼观察不到的微粒,原子的存在是思想设定的:它既满足了本原所需要的不生不灭的性质,又符合感觉到的生灭变化的事实。

原子的性质

原子论者认为无数原子最初处于漩涡运动之中,重的原子在中央旋转,结合成大地,轻的原子被抛到外层。原子在旋转中相互碰撞,不同形状的原子或因相互勾连、纠缠而结合,或因错开、脱落而分离。世间万物因原子的结合而产生,因原子的分离而消失。

德谟克利特把原子的漩涡运动称作必然性,说"万物都根据必然性生成","没有什么事物是任意产生的"。① 如果他把"必然性"理解为与"任意性"相对立的"原因",那么,这些话表达了万物的生成原因是原子的运动的意思。但是,如果这里的"必然性"被理解为与"偶然原因"相对立的"必然原因",那么,这些话是难以成立的。这是因为,原子的漩涡运动是无序运动,很像现在热力学中分子的"布朗运动";如德谟克利特所说:"原子在虚空中乱作一团。"②没有理由可以说明它们为什么必然地以这种方式,而不以那种方式结合在一起,必然产生出这一个事物,而不是那一个事物。原子的无序运动只能是偶然原因。

除了原子和虚空之外,原子论者不再诉诸其他解释原则。原子论可以说是元素论的最简明的理论形态,它不再包含四根论和种子论的一些不必要的设定。德谟克利特认为,被人们当作运动源泉的灵魂和心灵,实际上是

---

① 引自《古希腊哲学》,中国人民大学出版社,1989年,165页。
② 同上书,166页。

精细的球形原子,因为"球形是最易于运动的形状"①。这仍然在强调原子的几何属性。不过,他也看到最易于运动的物理元素是火,因而又说灵魂是一种火或热的东西。②

原子不像四根和种子那样具有丰富多样的可感性质,原子的性质只与充实和虚空相关。早期的原子论者只承认原子的形状、位置和次序。以字母作类比("元素"的意义本来就是"字母"),A 和 N 是不同的形状,N 和 Z 是不同的位置,AN 和 NA 是不同的次序。原子的形状是充实东西的体积大小,位置是原子在虚空里占据的位置,次序是原子在虚空里的排列。原子的属性与其说是物理学(自然哲学)的研究对象,不如说是几何学的研究对象。原子的形状、位置和次序都是观察不到的,这些性质只是根据字母的几何属性,用类比的方法推导出来的。正如后来亚里士多德指出的那样,原子的数学特征是不能解释物理运动的。原子论在历史上长期停留在思辨阶段,这固然与当时科学发展的水平有关,但不可否认,早期原子论者对原子性质的抽象的思辨也阻碍了人们对原子进行经验研究。

流射与约定

原子论者对感觉的性质有两种解释:一是流射说,一是约定论。按照流射说,感觉是可感对象中的影像流射在人的感官上所造成的印象。"影像"是由原子构成的事物的轮廓,"印象"则是这些原子在眼睛里压下的印记。德谟克利特用影像和感官的物理性质解释感觉的成因。他说:

> 影像是一种空气状态,眼睛处于潮湿状态;当眼睛接近可视对象时,两者之间的空气被压缩,影像朝向眼睛运动,并进入眼睛的潮湿状态之中,呈现出形状和颜色的印象。

我们不妨想象一阵风在水面上造成的涟漪,这种现象大概与德谟克利特所解释的感觉相似。

根据约定论的解释,感觉与事物的真相并不一致。德谟克利特认为:感觉"不是按照真理,而是按照意见显现的。事物的真理是:只有原子和虚空。甜是约定的,苦是约定的,热是约定的,冷是约定的,颜色是约定的。实

---

① 亚里士多德:《论灵魂》,405a 12。
② 同上书,404a 1。

际上只有原子和虚空"①。"约定"是与"自然"相对的一个概念,意思是人为造就,并非依事物本性生成。对感觉的约定论解释否认感觉符合事物的本性,这似乎与把感觉的原因归结为原子运动的影像论相互矛盾。

为了摆脱上述两难处境,德谟克利特诉诸感觉和理智的区分。据后来评论家说:

> 在《论规范》一书中,他说有两种认识,一种通过感觉,一种通过理智。他称从理智来的那一种是"嫡出",肯定它判断真理的可信性;他把从感觉来的那一种称作"私生"的,否认它有分辨真实东西的无误性。②

"嫡出"和"私生"之分比喻知识来源的"纯粹"和"不纯粹"。感觉的原因是外部事物刺激和身体反应的混合,不能在没有身体反应的条件下如实地把握事物,不能达到绝对无误性。但是,这不等于说感觉是虚假的,感觉仍不失为判断可感事物的标准,理智只是在"不能看到更小的,不能再听、嗅、尝,或通过触觉"时才起作用。这就是说,理智认识关于原子和虚空的真理,感觉把握可感事物的印象。印象虽然不是真理,但真理却不能违反印象。

小结　关于自然哲学的结论

我们看到,早期自然哲学家关于本原的思考有两条线索:一和多以及变和不变。这两对矛盾产生四种立场:伊奥尼亚派认为本原(水、气、火)是变化的一,毕达哥拉斯派认为数是不变的多,爱利亚派认为本原为是者,是者是不变的一,元素论者所认作的本原(根、种子、原子)都是变化的多。这四个派别的关系可以用下图表示:

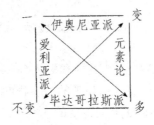

---

① 参阅《西方哲学原著选读》,上卷,51页。
② 同上。

可以看出,在一与多、变与不变的关系的思想框架中思考本原问题,早期自然哲学家已经穷尽了一切可能性,它的发展不可避免地终止了。希腊哲学的下一步发展,需要问题的转变和思想框架的转变。智者运动提供了这一转变的契机。

第三章
智者运动和苏格拉底

第一节 智者运动概述

何谓智者

希波战争之后,希腊城邦进入繁荣时期,希腊社会从氏族的农业经济向以工商业为主的城邦经济过渡,以雅典政治为代表的民主制度日臻完善。在伯利克里执政时期,雅典成为希腊文化中心,戏剧、建筑、雕塑成就辉煌,历史、医学、数学的研究也有显著的成果。在这种文化气氛里,崇尚典雅和奢华成为社会风气,个人的创造力和表现力成为人们追求的目标。语言、思想和文明举止对于希腊人是不可分割的,因此,他们把智慧视作"逻各斯"的艺术。如前所说,"逻各斯"兼有言语和理性之意;在这个意义上,智慧就是用优雅的语言表达思想的艺术。智者就是传授这门艺术的教师。

智者并不是为智慧而教授智慧的思辨家,他们的教学活动有着鲜明的功利性,这就是培养能够在政治活动中获胜的人才。希腊的政治舞台充满着与奥林匹克赛会同样激烈的竞争。雅典民主制下的竞争主要通过辩论和演讲进行。不论在公民大会还是陪审团里都实行多数人统治的原则,只有那些能言善辩、巧于辞令的人,才能运用语言的说服力和煽动力控制民众情绪,获得大多数与会者的支持。具有高超的论辩和演说能力是在民主政治的竞争中成功的先决条件。据柏拉图说,当时负有盛名的智者普罗泰戈拉的学生都来自名门望族,他们的目的或是成为政治家,或是成为职业智者。① 智者正是适应民主政治和社会时尚这两方面的需要而出现的。

社会政治需要决定了智者的职业特点。智者职业带有商业特点。"智者"来自"智慧"这一词,意思是"有智慧的人"(sophist)。然而,在希腊文里,"有智慧的人"最初用"智慧"(sophia)的形容词形式表示,指诗人、音乐家、预言家、狂诵者,希腊历史上著名的"七贤"、伊奥尼亚的哲学家也有这样的称号。直至公元前5世纪后期,"智者"才专门指那些以传授智慧为职业、并在公众事业中有所成就的人。学生交纳学费,教师则保证学生获得事业成功所需要的能力。智者传授的智慧主要是修辞学和论辩学,但这些学问与其说是"学",不如说是"术"。智者着重培养学生演说和辩论的技艺,而不传授知识学理。教学的目标是在政治和诉讼中取胜,而不是寻求真理,更不是满足个人的好奇心。在这些方面,智者与早期自然哲学家形成鲜明对照。可以说,早期哲学家是以智慧为追求目标的"爱智慧者"(philo-sophia),智者虽然是"有智慧的人",但智慧只是他们用来达到实用目的之手段。柏拉图站在哲学家的立场,把智者斥为"批发或零售精神食粮的商人"②。

自然说和约定说之争

智者的思想带有强烈的怀疑主义和相对主义的倾向,这首先是针对神话世界观的。智者生活在氏族社会转变为城邦的社会变革的时代,他们对传统的宗教信仰、风俗习惯和世袭观念提出挑战。怀疑主义是他们进行诘难和批判的工具,相对主义则是怀疑的依据和结论。他们认为,一切都因时、因地、因人而异,没有不变的真理,一切都可以怀疑,一切被人们奉为规矩的常理都能在论辩中被推翻。普罗泰戈拉在《论神》一书的开头写道:"关于神,我既不知道他们存在,也不知道他们不存在。有许多东西使我们不能认识这些,如:问题的晦涩,人生的短暂。"③由于这段"大不敬"的文字,他被驱逐出雅典,著作也被焚毁,足见智者的批判与传统势力之间斗争的激烈程度。

智者在讨论人事问题时,特别在涉及到国家的起源和性质、个人和法律的关系等一些重要问题上,形成了自然说和约定说两种观点的争论。自然

---

① 柏拉图:《普罗泰戈拉篇》,315a。
② 同上书,313c。
③ 拉尔修:《名哲言行录》,9卷50章。

说所坚持的"自然"来自自然哲学中的本原观念,特指人类本性。自然说认为人应按照自己本性决定自己命运,不应受外在法律和习俗的约束。约定说所坚持的"约定"指非自然的社会属性。约定说强调人和动物、社会和自然物的区分,主张用社会力量约束和改善人的本性。自然说和约定说虽然彼此对立,但它们又都与传统的氏族势力相对立。自然说所要摆脱的约定主要针对落后的习俗,约定说所要约束的本性主要指蒙昧的本能。除此之外,自然说和约定说并无特定的政治归属。平民和贵族、民主派和寡头派都既可以持自然说,也可以持约定说。

普罗泰戈拉著有《事物的本原》一书,用约定说观点解释了国家的起源。柏拉图在《普罗泰戈拉篇》里复述了他的观点。据说,神在造出各种生物之后,又分配给它们适合其本性的生存手段,惟独人没有得到护身的工具。普罗米修斯于是从宙斯那里盗火,送给人类。人类由于分享了神圣的技艺,得到了生活必需品。但是,人类一开始分散居住,不能抵抗凶猛的野兽,他们之间也相互为敌。为了使人类不致灭绝,宙斯派赫尔墨斯把尊敬和正义带到人间,建立政治和社会秩序。他要求把这些德性分给每一个人,不要像分配技艺那样,只让少数人所有。普罗泰戈拉并不相信神的存在。柏拉图借他之口所说的故事应被理解为:人为了生存而在共同认可的道德原则之下组成国家,这些原则是人为的,需要通过人的共同努力,特别是通过传授和学习的过程,才能得以维持和延续。普罗泰戈拉的约定说代表了民主派的政治观点。

寡头派政治家克里底亚(Critias,卒于公元前403年)在《西叙福斯》的剧本中如此解释社会约定的过程:最初人生活在无序的野蛮状态,为了向恶人报复,人制定了法律,让正义统治,使暴力屈服。但法律不能阻止人们私下作恶,因此一些更聪明、赋有良好理智的人发明了对神的崇拜,用恐惧和神圣原则阻止人们邪恶的行为和思想。克里底亚通过不信神的西叙福斯之口表达了对这种人为约定的蔑视。

自然派中有寡头派和民主派。寡头派利用自然说为强者的权力辩护。比如,斯拉西马库(Thrasymachus)露骨地说,法律是"弱者,即大多数人"约定而成的,法律是大多数弱者限制少数强者本性的枷锁,它禁止一个人通过强力得到比别人更多的东西;然而,出自本性的真理却是:强者应该拥有比弱者更多的东西。① 强者打击人,弱者遭受打击,这是天经地义的事。这是"强权就是公理"的最早表达。

另有一些自然派则提出平等和民主的要求。他们说,人在本性上没有高低、贵贱、强弱之分。智者希庇阿斯(Hippias)说:

> 我们之所以是亲戚和公民,是由于自然的联系,而不是约定。物以类聚靠自然,而不靠约定。约定是强加在人们头上的暴君,强迫人去做很多违反本性的事。②

另一位智者安提丰批判贵族世袭制度和奴隶制度说:

> 我们敬仰和尊重贵族的后代,却既不敬仰、也不尊重一个卑贱家庭的后代。这种做法使我们自己成为野蛮人,因为我们都可能是天生的希腊人或野蛮人(因为希腊人和野蛮人平等地继承了同一个本性)。③

这是一个连哲学家也未能达到的结论,它反映了某些智者对传统观念的批判已超出了哲学家所能接受的激烈程度。

智者的功过

智者对传统观念的批判的范围和影响比早期自然哲学家对神话世界观的批判更加广泛。早期哲学家关于自然的思辨与社会生活实际并无紧密联系,他们中一些人所持的伦理观没有充分展开,也没有被民众广泛接受。智者把对神话世界观的批判引向社会政治领域,把哲学的主题由原初的"自然"转向人事。

我们在肯定智者的怀疑主义、相对主义所具有的批判传统的积极意义的同时,也要看到这种思想倾向对以往哲学成果的破坏作用,以及对哲学的生存和发展所构成的威胁。早期哲学家都以追求真理为己任。怀疑主义和相对主义却否认确定的或唯一的真理标准,智者或者片面夸大感觉的相对性和主观性,把知识归结为因人而异的感觉;或者以自然哲学各派学说的分歧为口实,否认理智的思辨可以达到共同的知识。总之,在智者看来,无论感觉或理智都不能告诉人们确定的真理。为了表明一切都可以怀疑和反驳

---

① 柏拉图:《高尔吉亚篇》,484c-484e。
② 柏拉图:《普罗泰戈拉篇》,337d。
③ 引自 H. D. Rankin, *Sophists, Socratic and Cynics*. Croom Helm, London, 1983, p. 65。

的立场,他们往往选择普遍公认的真理和哲学家认为无可置疑的原则为攻击目标,得出相反的结论。智者的怀疑主义和相对主义与希腊哲学家爱智慧、求真理的传统格格不入。尤其值得注意的是,他们是在哲学内部破坏和否定哲学成果和哲学传统的。他们运用论辩的方法,围绕哲学家提出的问题,针对哲学家的信念,进行怀疑和反驳,直至否认解决哲学问题的任何可能答案,甚至取消这些问题。哲学家之间的争论是围绕着共同问题、以某种共同原则为前提而展开的,智者和哲学家之间的争论的焦点恰恰是这些问题和原则有无公认的合理性、能否成为确定的知识。如果智者的意见得逞,那么将不会有追求确定知识的哲学思辨和探究理论是非的哲学争论。虽然苏格拉底、柏拉图和亚里士多德与智者的怀疑主义和相对主义进行了不懈的斗争,他们并未消除这个内部隐患。我们将看到,希腊哲学发展到晚期,受到怀疑主义的更大破坏。

第二节 智者代表人物

普罗泰戈拉

普罗泰戈拉(Protagoras,约公元前490—前421年)生于边远城邦阿伯德拉,是德谟克利特的同乡。他在雅典当了40年的教师,后因被指控亵渎神灵而遭驱逐。据柏拉图说,他是第一个自称智者的人。普罗泰戈拉认为奥尔弗斯、赫西俄德、荷马和其他过去的传授技巧的圣人事实上都是智者,只是没有智者的名义。他声称跟随着他们,但又说:"我公开承认我是智者,并教育人们,在这一点上和他们相反。"①他以善辩著称,培养了一大批学生,还有不少著作,其中有《论神》《论真理》《矛盾法》等。普罗泰戈拉在古代社会享有很高声誉。在埃及孟菲斯被挖掘出来的托勒密王朝时的塑像中,普罗泰戈拉与泰利斯、赫拉克利特、柏拉图等人并列。

普罗泰戈拉有一句脍炙人口的名言:"人是万物的尺度。"人们经常引用它来表述各种不同的思想。如果"人"在这里被理解为与世间万物相对立的人类,那么这句话表达了人类中心主义的观点。如果"人"在这里被理解为与其他人相对立的个人,那么这句话表达的是唯我主义的观点。对于

---

① 柏拉图:《普罗泰戈拉篇》,317b。

"尺度"亦可做不同理解:人究竟是按照自己的欲望,还是依据自己的认识来衡量万物的呢?如果是后者,那么,人究竟是用感觉,还是用理智来作为判断事物的标准的呢?苏格拉底把"人是万物的尺度"理解为"事物就是对我显现的那个样子"。如果这是符合普罗泰戈拉的原意的,那就是一种感觉主义的真理观。柏拉图转述普罗泰戈拉的话说:"我们每一个人都是事物是或不是什么的尺度,世界中的一切对于一个人来说不同于另一个人,正因为对一个人来说向他显现的东西不同于向另一个人显现的东西。"[1]按照这种理解,相对主义把知识归结为感觉,并把感觉等同为个人的感觉。既然每个人都只能根据自己的感觉判断事物,既然人们的感觉各不相同,那么,他们必不能就事物的存在和性质做出不变的共同判断。再者,每一个人都有自己的尺度和标准,没有一个共同的标准衡量这些不同认识的优劣是非,这样,相对主义的结论便顺理成章地推导出来了。苏格拉底反驳说,如果把这一相对主义的原则更加彻底地贯彻,那么将没有理由否认猪、狗、猴等动物也是万物的尺度,因为它们和人一样具有感觉,有什么理由说人的感觉优于动物的感觉呢?[2] "人是万物的尺度"于是走向了自己的反面。

高尔吉亚

高尔吉亚(Gorgias,约公元前480—前370年)在一本题为《论非存在,或论自然》的书中提出了三个命题:

> 第一,无物存在;第二,如果有某物存在,人也无法认识它;第三,即便可以认识它,也无法把它告诉别人。[3]

他说这番话的动机大概不是为了表达一种极端虚无主义和彻底怀疑主义的观点,否则,他应首先解释这些观点何以能够存在,他是如何把握和表达它们的。他的动机似乎是为了验证"任何事物都有两种正相反对的说法"这一相对主义的原则。按巴门尼德的说法,有物存在,无物不存在;不存在的东西既不能被认识,又不能被说出。高尔吉亚反其道而行之,提出并论证了相反的观点,以便向人们表明:既然被当作绝对不变的真理都有相反的说法,其他道理还能例外吗?

---

[1] 柏拉图:《普罗泰戈拉篇》,152a,166b。
[2] 同上书,161c。
[3] 参阅《西方哲学原著选读》,上卷,56—57页。

第三节 苏格拉底

苏格拉底(Socrates,公元前469—前399年)出生于雅典的中等阶级家庭。他从父亲那里继承了一个雕塑作坊。他的母亲是一个助产婆。苏格拉底面目丑陋,身材矮小,步履蹒跚,性格尤其特别。他在伯罗奔尼撒战争中是一个勇敢、顽强的战士,平时生活像一个智者,以教育青年为己任。他的对话式教学方法也有智者风格,但他与智者有本质上的区别:他从不收取学费,更反对诡辩和似是而非的夸夸其谈。他自称是没有智慧但爱智慧的人,而不自诩为有智慧的人。"爱智慧者"和"有智慧者"虽只有一字之差,含义却根本不同。前者指追求确定真理的哲学家,后者指靠炫耀知识赚钱的智者。哲学对于苏格拉底来说不是纯思辨的私事,而是他对城邦所尽的公民义务。在此意义上,他自称是针砭时弊的神圣牛虻。

苏格拉底处在雅典民主制面临危机的时代,公民各行其是,政客乘机摇唇鼓舌,结党营私,煽动民众,造成审判的不公正,削弱了国力。雅典民主制的弱点在伯罗奔尼撒战争中充分暴露。公元前406年,雅典海军在阿吉牛西之役大败斯巴达人。政客却以阵亡将士尸首未能及时收回为由,对10名海军将领提出诉讼,公民大会判处其中9人死刑。苏格拉底担任这次大会轮执主席,他认为审判不合法,投了反对票,因而得罪民主派。公元前404年,战败的雅典人被迫接受寡头制,苏格拉底的学生克里底亚是执政的三十寡头的核心人物。苏格拉底对他们的暴力统治深感不满。寡头们命令苏格拉底去逮捕政敌,他甘冒受极刑的危险也不愿参与他们的活动。然而,民主制复辟之后,苏格拉底却被视为民主派的政敌,被指控犯有"亵渎神明"和"腐化青年"两条罪名,尽管他在法庭上发表了义正词严的申辩,仍被判处死刑。苏格拉底在狱中仍然与人讨论哲学问题,最后从容赴死。他的最后一句话是:"我们还欠阿斯克雷皮阿斯一只公鸡,还了这个愿,别忘记了。"①苏格拉底是一个伟大的爱国主义者,他的政治理想是社会正义和国家强盛,这是耽于党派之争的政客所不能理解的。如果说他反对过民主派,那只是因为他看到了雅典民主制的衰败。没有理由认为他反对的是伯利克里宣布的"对一切人公正"的民主制原则。事实上,苏格拉底正是以正直的人格力

---

① 《菲多篇》118a。阿斯克雷皮阿斯是古希腊的医药神,也掌管毒药。

量赢得人们的爱戴。

苏格拉底以他的实践和人格为后世哲学家树立了不朽的榜样。他没有任何著作,他的思想在与别人的对话中表达。今人主要通过他的两个学生——色诺芬尼和柏拉图的著作来了解他的生平和思想。色诺芬尼是历史学家,在《家政篇》《辩护辞》《宴会集》和《回忆录》四本书中记录了苏格拉底的言行。柏拉图的对话多以苏格拉底为主角,但一般认为,只是他的早期对话才基本上反映苏格拉底的思想,其中尤以《申辩篇》《克力同篇》《尤息弗罗篇》《拉刻斯篇》和《菲多篇》记录苏格拉底在审判和狱中的对话为信实资料。

认识你自己

据古人说,苏格拉底是第一个把哲学从天上拉回到人间的人。苏格拉底早年曾潜心研究自然哲学,但无收获,最后得出结论:哲学不能单纯研究自然,而不知道有用处的人事问题,诸如虔诚、适宜、正义、明智、勇敢等德性的定义,治国的道理,统治者的品质等。不研究这些人事问题而猜测天上的事物是不务正业,不通晓人事问题的人连奴隶都不如。更重要的是,自然哲学家的途径错了。他们"用眼睛盯着事物,或者试图用某种感官来把握它们",这种感觉观察的方法毫无帮助,思辨的方法也无裨于事。苏格拉底原来对阿那克萨戈拉提出的"心灵是安排一切的原因"的原则寄予厚望,但最后却非常失望。他说:

> 我往下看,发现这位哲学家完全不用心灵,也不把它当成安排事物的原则,而是求助于气、以太、水和其它稀奇古怪的东西。①

概观苏格拉底对早期自然哲学的批判,我们可以看到,苏格拉底思想并没有完全摆脱智者思潮的影响。他主张哲学研究由自然转向人事的主要理由还是实用的考虑。他把公众利益作为哲学的目标,放弃了对自然奥秘的思辨。因此,他的思想始终局限在道德实践领域,他习惯于社会交往的实际行动,没有提出世界观和伦理学的完整理论。另一方面,我们也要看到,苏格拉底的批判达到了智者思想所不能及的深度。他在自然哲学内部挖掘出摆脱自然哲学困境的原则,这就是以心灵为本原的原则。他赞扬阿那克萨

---

① 参阅《西方哲学原著选读》,上卷,63页。

戈拉发现了这一原则,同时批评他未能将这一原则贯彻到底。

"认识你自己"是德尔斐神庙的铭句。苏格拉底以此要求首先研究人自身,通过审视人自身的心灵的途径研究自然。他认为人的心灵内部已经包含着一些与世界本原相符合的原则,主张首先在心灵中寻找这些内在原则,然后再依照这些原则规定外部世界。他打比方说,那些直视太阳的人会弄坏眼睛,不如通过太阳映在水面的影子去看太阳。同样,灵魂是人认识外部事物的中介。苏格拉底说,为使灵魂不致盲目,必须求助于灵魂内的原则去发现事物的真理。他说:

> 在任何情况下,我首先确定一个我认为是最健全的原则,然后设定:凡是看起来符合这个原则的东西,不管是在原因方面,还是在其它方面相符合,都是真的;凡是与之不相符合的东西,就不是真的。①

德性就是知识

那么,这个内在于心灵的原则是什么呢?苏格拉底说,这个原则就是德性(arete)。"德性"指过好生活或做善事的艺术,是一切技艺中最高尚的技艺。他认为这是一种每一个人都能够学会、或可以确定地知道的原则。在此意义上,他把德性等同于知识。"德性就是知识"②与"认识你自己"是两条相互呼应的原则:一个人对他自己的认识,就是关于德性的知识。他说明了这样一个道理:如果一个人自称知道一件事是善,但又不去实现这件事,这恰恰说明,他实际上并未真正知道这件事的好处(善),他并没有关于这件事的知识。相反,一个人知道什么是善,必然会行善;知道善而又不实行善是自相矛盾的,因而是不可能的。苏格拉底相信,一切恶行都是在不知道善的情况之下做出的。亚里士多德对苏格拉底的"无人有意作恶"这一断言有这样的概述:"如果人们不相信一件事是最好的事,他们就不会去做这件事;如果他们这样做了,那只是出于无知。"③

苏格拉底提出"德性就是知识"的主要目的,在于强调知行合一、真善一体的道理。他并没有仔细考虑到那些直到后世才产生的复杂的理论上的区分,他只是身体力行自己认识到的真理。可以说,苏格拉底的道德实践就

---

① 参阅《西方哲学原著选读》,上卷,65页。
② 色诺芬尼:《回忆录》卷3,9:5。
③ 亚里士多德:《尼各马可伦理学》,1145b 25。

是对"德性就是知识"的最好注释。当他被判处极刑之后,他多次有生的选择:他可以交付一笔赎金,换取生命,他的朋友也愿意代他交付赎金;他还可以把妻子和孩子带上法庭求情,用妇孺之情感化陪审团;在临刑前夕,朋友们又为他安排好了出逃的道路。但他认为,这些行为都是与法律相抵触的不正义的行为,他在知道什么是正义之后不能再做不正义的事。他宁可承受不正义的惩罚,也不愿做不正义的事。因为人们对他不正义的惩罚乃是出于无知,而他若做不正义的事便是出于自愿。他为"德性就是知识""无人有意作恶"的道理付出了生命的代价。

苏格拉底方法

苏格拉底与智者不同之处在于,他不传授知识,只是与人对话。因为他承认自己一无所知,只能通过对话才能接近真理。承认自己无知,正是苏格拉底的智慧所在。据说,德尔斐神庙祭司传下神谕说,没有人比苏格拉底更有智慧。自知没有智慧的苏格拉底为了验证神谕,开始考察被人们称作有智慧人的智慧。他先后与政治家、诗人和工匠交谈。他发现政治家自以为是,实际上却一无所知,"发现那些名气最大的人恰恰最愚蠢";他还发现"诗人写诗并不凭智慧,而凭灵感";最后,他又发现工匠"因为自己手艺好,就自以为在别的重大问题上也有智慧,这个缺点淹没了他们的智慧"。[①] 苏格拉底于是领悟到:别人没有智慧但却自以为有智慧,他承认自己没有智慧,这正是他比别人更有智慧的原因所在。

苏格拉底式的无知是真诚的态度。它既不是欲擒故纵的圈套,也不是大智若愚的讥诮。没有真诚的无知,便没有对知识的真诚探索,无知的态度是实施苏格拉底对话的关键环节。我们可以从两个方面分析它的作用。第一,承认自己是无知的学习者,这样便能使苏格拉底在对话中只提出问题,却不回答这些问题,把学习变成不断探索新知识的主动过程。第二,承认自己无知的态度使对话者双方处于同等的地位。苏格拉底的对话不是教师的训导,更不是智者的炫耀。他既不先预定一个原则,然后自圆其说地为之辩护;也不先想出一个答案,然后千方百计地把对方引向这个答案。当然,苏格拉底式的无知只是一种态度,他提出的问题以及对别人回答的反诘包含着一定的见解,显示出他的智慧。难能可贵的是,他并没有把自己的见解和

---

① 参阅《西方哲学原著选读》,上卷,67页。

知识变成定论和信条,它们只是对话的催进剂。

苏格拉底把自己的方法比作他母亲从事的"助产术",两者有这样一些可比之处:苏格拉底在对话时并不宣布问题的正确答案,正如助产士的任务是帮助产妇生育,她自己并不生育;对话者对自己既有成见的否定好比是临产前的阵痛,这是每一个获得真理的人必经的途径;对话的结果是对话者在自己内心中发现真理,正如产妇从自己体内产生新的生命。

苏格拉底方法让对话者自己发现真理的结果,这反映了希腊人真理观的一个特点。希腊文"真理"(*a-letheia*)一词包含一个否定性前缀"不"和动词词根"被蒙蔽"。据考证,巴门尼德在首次使用"真理"一词时,已经表达出"除蔽"之意。苏格拉底方法所朝向的真理也有这种意义。他认为,每个人的灵魂都蕴涵着真理,但人们未加考察便加以接受的偏见和谬误蒙蔽了已有的真理。反诘的作用在于清除蒙蔽,但不制造真理。蒙蔽一旦被清除,真理便会显露在心灵之中,无须别人越俎代庖地教导什么是真理。

第四章
柏拉图哲学

第一节 生平和著作

柏拉图(公元前427—前347年)生于雅典贵族家庭,母亲出身于名门望族。早年丧父,母亲改嫁,继父是伯里克利的朋友。青年时参加过伯罗奔尼撒战争,目睹雅典民主制的衰败与无能。柏拉图受过良好的教育,涉足哲学和文学,和当时的其他贵族子弟一样热衷于政治。20岁时成为苏格拉底的弟子,一生景仰其师的思想和人格。三十寡头执政期间,他的舅父查米德斯和表弟克里底亚均是寡头,但他不满于寡头们的暴力镇压手段,对他们企图假苏格拉底之手害人的行径更感厌恶,因此拒绝参与寡头政治。民主制复辟后处死苏格拉底,使他对现存的一切政体完全失望,决心通过哲学改变统治者,以此改造国家。

怀着这一政治抱负,他三下西西里岛,企图通过教育独裁者的途径建立新的政体。公元前388年,他第一次在西西里时触怒了叙拉古国王狄奥尼索斯一世,被送往市场当作奴隶拍卖,幸遇昔兰尼派哲学家阿尼克里出资为其赎身。公元前367年狄奥尼索斯一世去世,他应邀再去西西里岛教育狄奥尼索斯二世,与国王的舅父狄翁友情笃厚。狄翁与国王发生内讧后被迫离开西西里,柏拉图也返回雅典。公元前361年又应国王邀请去西西里传授哲学,但终未能实现自己的政治计划,次年返回雅典。狄翁于公元前357年成为叙拉古的统治者,但不久遭谋杀。柏拉图的政治理想遂彻底破灭。

在政治事业屡遭失败的同时,柏拉图的哲学事业却获得成功。公元前387年自西西里返回雅典之后,他在以希腊英雄阿卡德穆命名的运动场附近创立学园,这是西方最早的高等学府,后世的高等学术机构(Academy)因此得名。柏拉图在那里除讲授哲学之外,还讲授数学、天文学和声学、植物学等自然科学知识,但以哲学为最高级课程。学园的目标不是传授实用的技艺,而是注重思辨的理论智慧,吸引了各地的学生到此学习。

作品概要

柏拉图的授课内容没有流传下来,我们现在看到的柏拉图作品主要是四十多篇对话,其中28篇被确定为真品或可信程度很高的作品;现存的13封信中,可能只有4封为真品。柏拉图的对话有很高的文学鉴赏价值,对话人物性格鲜明,场景生动,对话充满情趣,严密的论证配以优美的语言,行云流水的雄辩夹杂着隽永的格言,达到哲学与文学、逻辑与修辞的高度统一。现在专家们对柏拉图对话的写作时间的意见尚不统一,我们按柏拉图思想发展顺序,把他的对话分别归于四个时期。

(1)苏格拉底时期:对话表达苏格拉底观点,讨论德性的定义,但多无结果,包括:《申辩篇》(苏格拉底在法庭的辩护辞)、《克力同篇》(苏格拉底在监狱里拒绝出逃,恪守公民守则)、《尤息弗罗篇》(在监狱里与人讨论虔诚,无结果)、《拉刻斯篇》(在监狱里与人讨论勇敢,无结果)、《菲多篇》(临终前论理念与灵魂的关系)、《伊翁篇》(反对诗人与狂诵者)、《普罗泰戈拉篇》(论德性是知识及其可教性)、《查米德斯篇》(论节制,无结果)、《吕雪斯篇》(论友谊,无结果)。

(2)过渡时期:对话表达了柏拉图观点的酝酿,包括:《高尔吉亚篇》(论政治家、强者的权利、正义的代价)、《曼诺篇》(论学习就是回忆和灵魂不朽)、《优苔谟斯篇》(反对智者的巧辩)、《大西庇阿斯篇》(论美)、《小西庇阿斯篇》(论有意做坏事比无意做坏事更坏)、《克拉底鲁篇》(论语言)、《美内克索斯篇》(对修辞学的嘲弄)。

(3)成熟期:对话表达了柏拉图的理念论,包括:《会饮篇》(论美与爱情)、《理想国》(论两个领域的区分、什么是正义和最好政体等问题)、《菲德罗篇》(论爱的本性和哲学修辞学的可能性)。

(4)晚期:柏拉图在这些对话里发展了他的理念论和政治学说。包括:《泰阿泰德篇》(论知识不是知觉和真判断)、《巴门尼德篇》(考虑到对理念论的一些批评,并试图回答这些批评意见)、《智者篇》(以通种论回答对理念论的批评)、《政治家篇》(论统治者应有智慧,以法治国是权宜之计)、《菲利布篇》(论快乐和善的关系)、《蒂迈欧篇》(宇宙生成论)、《克里底亚篇》(论理想的农业国家及其与海上霸权国家的不同)、《法律篇》(考虑到现实条件,对《理想国》中的政治学说做了修改)。

柏拉图和苏格拉底

柏拉图的思想是对以前的希腊哲学,包括早期自然哲学、智者的思想和方法以及苏格拉底的原则和方法,所做的创造性综合。从苏格拉底那里,他学到了从研究心灵入手来认识外部世界的基本原则,学到了反对智者相对主义和怀疑主义诡辩的基本立场,也学到了以普遍定义为认识目标的对话方法。柏拉图对话的主角多为苏格拉底,他说:

> 过去和将来都不会有柏拉图写的著作,现在以他署名的作品都属于苏格拉底、被美化与恢复了本来面目的苏格拉底。①

这些话固然出自哲学家的伟大谦虚,但也反映出苏格拉底对他影响之深,当然,这并不是说,柏拉图的对话只是述而不作,他和苏格拉底之间的差异是有踪可寻的。

柏拉图在哪些方面继承和发展了苏格拉底的思想呢?苏格拉底提出在心灵中寻找规定外部世界的内在原则,但他并没有把这些原则外在化,并没有说这些原则对应于独立于心灵的外部存在。他只是把心灵的内在原则伦理化,致力于探讨德性的定义,普遍定义适用的对象显然不能与人的思想和行为相分离而单独存在。他认为人的心灵中已有潜在的真理,需要通过对话的诱导才能把真理发掘出来,但他并没有说明潜在真理的来源,没有解释他的方法何以能够奏效的原因。总之,苏格拉底并没有明确地规定心灵所能认识的原则、定义和真理是什么,当然没有,也不准备去探讨为什么会有这些原则、定义和真理的原因。在这些问题上,他确实保持着"无知"。

柏拉图从世界观的高度,论证了苏格拉底的伦理原则,为他的方法论提供了认识论的基础。他的理念论不但确定了心灵的内在原则、定义和真理是什么,而且解释了为什么如此的原因。他的基本观点是:理念型相是独立于可感事物的存在,否则就不会有确定的知识;灵魂属于永恒的理念序列,否则它就不可能预先具有潜在的、有待揭示的知识。因此,他在个别的、可感的事物之外设定了一个普遍的、可知的理念领域。他主张理念型相与个

---

① 柏拉图:《第二封信》,314c。

体相分离,乃是出于发展苏格拉底的伦理思想,使之完满化的需要。他的理念论综合了本原论和认识论、灵魂观和伦理观以及社会政治学说,是希腊哲学第一个完整的、成熟的理论体系。

第二节 两个领域的区分

分离学说的论证

"分离学说"是柏拉图主义的要义,它肯定在可感的个别事物组成的整体之外,还有一个理智可知的更加真实的领域。虽然这个学说有悖于日常经验和常识,并且在很多情况下被混同于宗教教义,但实际上,它是柏拉图在总结过去各派哲学的基础上,运用思辨论证的产物。在哲学史上,一个论证过程往往比它所达到的结论更加重要。理解柏拉图区分两个领域的论证,是理解"分离学说"的关键所在。

柏拉图在其主要代表著作《理想国》中提出这样一个推理:

> 如果不同的能力在本性上与不同的对象相联系,并且意见和知识是彼此不同的能力,那就应该说,知识的对象无法等同于意见的对象。①

这句话表达了这样一个推理:

大前提:不同的认识能力与不同的认识对象相对应;
小前提:意见和知识是不同的认识能力;
结论:意见的对象和知识的对象是不同的。

小前提表达了以前和当时哲学家普遍同意的一个区分,即感觉和理智的区分。关于这句话的大前提,《理想国》里有这样的论证:"知识在本性上与是者相对应";"无知必然地归诸非是者";"意见总是对于某些东西的意见,而非是者不能归诸某一个东西,只能被当作无"。结论:"意见的对象既不是是者,又不是非是者","它既是又不是,这类事物介于纯粹地、绝对地是一个东西和完全不是一个什么东西之间"②。

---

① 柏拉图:《理想国》,478b。
② 同上书,477a—479e。

从哲学史上看,柏拉图的区分调和了巴门尼德和赫拉克利特的矛盾。赫拉克利特看到可感事物都处于流动变化的过程中,得出它们"既是又不是一个东西"的结论。巴门尼德以"一个东西不能既是又不是"的逻辑区分推翻"既是又不是"的说法。柏拉图同意巴门尼德的意见,任何能被认识的对象必须为"是者",非是者是无法被认识的。但他并没有由此得出结论说被认识的对象不能"既是又不是一个东西"。他同意赫拉克利特的说法:可感事物的运动变化不是完全不可认识的。但他补充说,这种认识并不是知识、真理,而是等而次之的意见。作为意见对象的运动变化决定了意见的相对性和不确定性,"既是又不是"正是意见含糊不清、似是而非的特征。意见好像这样一个谜语:一个不是男人的男人,看见又看不见,用一块不是石头的石头,打又没有打一只站在不是一根棍子的棍子上的不是鸟的鸟(谜底:一个独眼太监用一块浮石打却没有打中一只站在芦苇上的蝙蝠)。柏拉图说:

  这些东西具有含糊的两重性,使人不能明确地知道它们中任何一个是或不是什么,也不知道它们都是或都不是什么。①

柏拉图的结论是:"知识所知道的存在的东西不同于意见所认识的东西。"就是说,可感领域不是真正的是者,但也不完全是非是者;真正的是者是知识的确定对象,属于理智的领域。可感的与理智的是两个分离的领域。

"四线段"的比喻

柏拉图用"四线段"的比喻形象地说明了两种认识、两个领域的区分。他说:"把一条直线分割成两个不相等的部分,然后再把每一部分按同样比例分割,部分代表可感和可知的序列,比例表示它们相对的清晰和模糊的程度。"②柏拉图心目中的"比例"究竟是多少呢?他在前面的讨论中做了一点暗示。在知识、意见和无知三重区分中,他说意见不如知识清晰,但不像无知那样模糊,介于二者中间;同样,在是者、可感事物和非是者的三重区分中,可感事物介于二者中间。他说:"把两端归给两端,把中间归于中间。"③这句话的意思可用下图表示。

---

① 柏拉图:《理想国》,479b。
② 同上书,509e。
③ 同上书,478e。

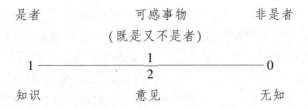

上图可以说是"四线段"的草图。它使我们清楚地看出一定的比例关系:知识以及与之对应的存在领域是绝对的完满的状态,意见以及与之对应的可感事物处于既是又不是、半真半假、有无之间的状态,可喻为数学上1与0的中点位置。因此,上文提到的表示可知序列和可感序列"相对的清晰和模糊程度"喻为比例关系 $1:\frac{1}{2}$。按照这一比例分割出来的四线段用长度的计量比喻性质的程度,即事物以及与之对应的认识的真实性的程度,勾勒了世界和认识的等级图式。

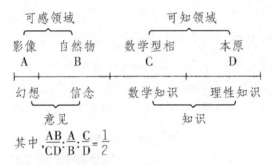

柏拉图对四线段代表的意义以及各部分之间的关系做了进一步解释,深化了两个领域、两种认识的区分。

(1) 幻想。这是个人的想象和印象。它们因人而异,一个可感对象向一个人的显现可能不同于向另一个人的显现,人们通过幻想只能认识事物向他自己的显现,即影像。按柏拉图的说法,诗和艺术作品都属于认识的这一阶段,文艺作品中的人和事都是诗人和艺人个人想象的产物,不是实际的可感事物,只是可感事物的影像。

(2) 信念。这是关于可感事物的共同知觉。柏拉图承认信念是真判断,但仍把它排除在知识之外,原因在于,与信念相对应的可感事物是个别的、变化的,不能确定地说它们"是"什么,只能说它们"既是又不是"什么,这种处于不断流变之中的事物叫"活物",例如,动物、植物、人工制品等。

在《蒂迈欧篇》中，柏拉图把物理学（或自然哲学）归于信念。信念是对日常生活有用的经验，但缺乏知识必须具备的确定性。

（3）数学。这是低级的知识。柏拉图说它"介乎意见和理智之间"。数学的中介作用表现在：第一，数学研究的数量和形状虽然是普遍的、不变的性质和关系，但却往往借助可感的图形和事物来说明不可感的数的规定性，心灵利用这些肖像，才能认识数的型相；第二，数学方法的特点是从前提到结论的推理，推理的最高前提是这样一些公理和定义，它们想当然地被当作自明的原则，但却具有假设的性质。柏拉图后期关于无理数的思考进一步揭示了当时被人们当作自明真理的数学公设，如"一切数都可通约""一切数非奇数即偶数"等的假设性质。他在这一时期所论述的数学中介作用为后期的"数学型相论"埋下伏笔。

（4）理性知识。这是纯粹的知识，哲学就是这种知识。哲学的方法是辩证法，它和数学的推理不同，不是从假设下降到结论，而是由假设上升到原则。辩证法以假设的定义为出发点，在苏格拉底式的对话过程中，逐步剔除和修正定义中的假设成分，从一个定义过渡到另一个定义，最后达到最完善、最确定的定义。用柏拉图的话来说，辩证法把假设"当作梯子和跳板，暂时搭一脚"，一步一步往上爬，到达目标之后就不再需要假设的"梯子"了。另外，哲学纯理智的思辨也摒除了数学尚保留的感性色彩。辩证法所运作的定义，包括被暂时利用的假说，都与被称作"理念"的理智对象相对应。柏拉图说，辩证法的"全过程不掺和任何可感事物，只在理念之中移动，最后到达理念"①。理智最终认识的本原就是统摄一切的原则——善。

太阳的比喻

柏拉图把苏格拉底的伦理原则外在化为世界本原，用太阳比喻善。他说，可感领域中最崇高、最伟大、最美丽的是太阳，善在可知领域占有同样的位置。按照他一贯坚持的认识能力与认识对象相对应的原则，柏拉图从两方面进行比较。

在认识能力方面，太阳是肉眼视觉的源泉，善则是"心灵的眼睛"认识的源泉。他说，仅有视力和可视对象不足以使肉眼看见对象，必须有一个媒介把两者联结起来，这个媒介就是太阳发出的光。若没有光，眼睛只有"视

---

① 柏拉图：《理想国》，511b-c。

而不见"的能力,光使视力变成看见可视对象的活动。同样,仅有理智和理智对象不足以使心灵知道理智对象,善为理智提供活动的动力,促使理智朝向、并把握与之相适应的对象。

从认识对象方面说,太阳是可感事物生长的源泉,使可感对象显现出来;同样,善决定可知对象的所是,使之向心灵显示。一个对象的"所是"既指它自身存在,又指它所具有的本性。"显示"则指"真理"的意思。柏拉图说:"给知识对象以真理,给认知者以认知能力的实在,就是善的理念。"但他又接着说,善高于理念:

> 知识和真理可被看做类似于善,但以为它们等于善则错了。
> 知识的对象不仅从善所在之处获得它们的可知性,并且从善得到它们自己所是之处。善本身却不是一个是者,它的尊严和统摄力量都超过是者。①

善究竟是不是一个理念?这个问题类似于:太阳究竟是不是一个可感事物?就善与理智的关系而言,善是一个理念,并且是最高的理念,正如太阳是肉眼可见的一个事物一样,但就善与整个可知领域的关系而言,善是安排、规定这一领域的秩序的外在原则和原因;正如太阳高悬于可感领域之上,照耀着、培育着可感事物一样。柏拉图强调,善是知识和真理的源泉,不能反过来用知识和真理来规定善。善不囿于某一个存在和本质,但却统摄着所有的存在和本质。理智知道善的方式也不同于它知道理念的方式。柏拉图在《会饮篇》中谈到,爱善、爱美和爱智慧是同一活动:爱善的目标是永恒地占有善,爱美的目标是通过生育在有朽中实现不朽,爱智慧的目标是把有限的知识融会在无限的持续过程之中。②言下之意是:作为爱的目标的真善美是统一的。柏拉图所说的真善美的统一不是一个推理论述的结果,而是神秘情感所能达到的最高境界。

洞穴的比喻

柏拉图对两个领域的区分有着强烈的现实针对性,寄托着哲学家的使命感和政治理想。他在"太阳"的比喻和"四线段"比喻之后,又以"洞穴"

---

① 柏拉图:《理想国》,508e,509b。
② 柏拉图:《会饮篇》,205e-209e。

比喻说明了他的学说的现实意义。这是一个意味深长的故事。① 有一群人世世代代居住在一个洞穴里,他们从出生时起就被铁链锁在固定地点,犹如囚徒,甚至连脖子也被锁住,不能回头或环顾,只能面壁直视眼前的场景。在他们的身后,有一堆火,在火与囚徒之间有一堵矮墙,墙后有人举着各种各样的雕像走过,火光将这些雕像投影在囚徒面对的洞壁上,形成多样的、变动着的影像。囚徒们的一生都犹如在看皮影戏,他们不能相互观望,不知道自己的模样,也不能回头看到造成影像的原因,他们都以为眼前晃动的影像就是真实的事物,用不同的名字称呼它们,仿佛这些影像就是真实的人、动物和植物。洞穴的环境可用下图表示:

囚徒们已经习惯了这种生活,他们并不感到悲惨,也没有挣脱锁链的念头。但是,有一个囚徒偶然挣脱了锁链,他移动脚步,回过头来,生平第一次看到炫目的光亮,火光会使他感到刺眼的痛楚,使他看不清原先已经习以为常的影像。经过一段时间的适应,他终于能够分清影像和雕像,明白雕像比影像更真实,影像是火造成的投影。他不顾刺目的疼痛,逼近火光,走向洞口。后来有人把他从陡峭的洞口拉出洞外。当他第一次看到阳光下的真实事物时,再次眼花缭乱,甚于初见火光时所受的痛苦。他只能慢慢适应阳光的照耀,先看阴影,再看水中映象,进而看事物本身,抬头看天上的月亮和星辰,最后直接观察太阳,知道太阳是岁月和季节的原因,主宰着世间万物。

很明显,洞内和洞外分别比喻两个领域:洞内的影像和雕像分别相当于"四线段"比喻中的形象和自然物(活物),被锁住的囚徒的观看是幻想,自由的囚徒在洞内的观看是信念。洞内的火相当于"太阳"比喻中的太阳,洞

---

① 柏拉图:《理想国》,514a-517a。

外的太阳相当于"太阳"比喻中的善,洞外的自由人看见的是理念,他的观看是知识,获得知识的渐进过程相当于借助"阴影"和"映象"的数学推理,以及逐步上升的辩证法,最后认识到最高原则和万物本原是善。至此,柏拉图讲述的是一个囚徒解放的历程,但这个故事却有一个悲壮的结局。

再说这个解放了的囚徒,当他回想往事时,他在庆幸自己的解放的同时,怜悯他的囚徒同胞。这些囚徒中最有智慧者,充其量不过是敏于发现倏忽即逝的影像、善于记住它们出现的惯例、正确推测将出现的影像的可怜虫。知道事物真相的人不会向往洞穴中的荣誉和奖赏,按照他自己的意愿,宁愿在外面作贫困的主人,也不愿回到洞穴里当高级囚徒。但是,为了解放他的同胞,这个解放了的囚徒还是义无反顾地回到洞穴里。他的失败却是不可避免的。他从光明处来到黑暗处,已不能适应晃动的影像。别人会因为他看不清影像而嘲笑他,说他在外面弄坏了眼睛不合算。没有人相信他在外面看到的东西,他不得不在法庭和其他场合与他们论争幻觉和真理、偶像和原型的区分,因此激起众怒,恨不得把他处死。他虽然最终失败了,但却经历过真正的幸福,值得赞扬,因为他失败的原因是光明不能适应黑暗。他的同胞因为黑暗不能适应光明而未获解放,则是可悲叹的。

很明显,柏拉图借解放囚徒失败的故事比喻苏格拉底的悲剧。他从失败汲取教训,总结了哲学家的使命和工作。按照他的想法,哲学家的兴趣在可知的理念,最高的目标是追求善;除此之外,他们没有世俗的兴趣和利益,包括参与政治的兴趣。他说:"达到这一高度的人不愿参与公众事务,他们的心灵渴望停留在上方;那些从神圣的沉思下降到世间生活的人会认为自己犯了愚蠢的过错。"[①]然而,柏拉图又说,哲学家如同返回洞穴的自由人一样,他们为了其他人的利益,不得不放弃个人兴趣和思辨的幸福而参与政治。启蒙和解救陷于悲惨境地而毫无自觉的人,乃是哲学家的公民义务。柏拉图提出"哲学家王"的主张并不是因为当王符合哲学家的兴趣、利益和目标,而是因为哲学家当王符合国家与公众的利益。他说:"除非哲学家成为这个世界的王,或者我们现在称之为王和统治者的人真正成为哲学家,否则,国家的灾难,人类的灾难将没有尽头。"为了国家和整个人类的利益,政治权力和哲学要被同样人来掌握,"用一个排斥另一个的做法要被有力地禁止"。[②]

---

① 柏拉图:《理想国》,517d。
② 同上书,473d-e。

柏拉图还说,他犹豫再三才说出这样的话,因为很难找到一条既符合公共幸福又符合个人幸福的道路。看来,哲学家的命运只能是放弃个人思辨的幸福而为公众谋幸福,哲学家为公众谋幸福的途径是启蒙教育。

第三节 理念论

何谓理念

柏拉图把理智的对象称作理念。"理念"(*eidos*, *idea*)来自动词"看"(*ide*),原意是"看到的东西"。在荷马和早期自然哲学家恩培多克勒、德谟克利特等人的著作中,这个词都指有形事物的"显相""形状"等。他把希腊文"显相"的意义引申为"心灵的眼睛看到的东西",可译为"理念"(相当于英文 Idea)或"型相"(相当于英文 Form)。"理念"的译法强调它是人的理智所认识的、外在的理智之中的存在;"型相"的译法强调它向人的理智所显示的是普遍的真相。尽管这两个角度是相关互补的,我们仍能够根据上下文的意思,采用"理念"或"型相"的不同译法,以便突出柏拉图所要强调的意义。根据上述分析,理念或型相的主要特征是分离性和普遍性。主张理念与个别事物相分离,这是柏拉图学说的一个鲜明特点。

分有和摹仿

柏拉图在区分两个领域、两种认识的同时,用"分有"说明个别事物与型相之间的隶属关系,用"摹仿"说明两者之间的相似关系。

"分有"(*metechis*/participate)一词的意义由"部分"(*meron*/part)演变而来,表示"具有一部分"之义。柏拉图认为,事物的类别是型相,一类事物中的每一个都具有这个型相的一部分,用他的话来说,每一个事物都分有一个型相。他在《菲多篇》中首先详细说明了"分有"的意义。他指出:

> 理念型相是可感事物的原因,因为可感事物分有了理念型相,比如,美的东西之所以美,只能是因为它分有了美的型相;同样,大的东西分有"大",小的东西分有"小"……事物要分成两个,就必须分有

"二",要成为一个,就必须分有"一"。①

不难理解,"分有"一开始是一个解释事物存在的原因的概念,柏拉图的解释方法实际上是一种语言分析。"为什么美的东西存在"的问题被他转变为"为什么'美'的概念适用于这个东西",答案显然是:这个东西具有"美"的概念的规定性。我们应当记住,对柏拉图来说,"美"的概念指示"美"的理念型相,因此,具有"美"的概念规定性的东西必然分有"美"的理念型相。

由于分有物和被分有的理念型相之间的关系相当于个别概念和它所归属的普遍概念之间的关系,分有物只能在一定的程度上与被分有的理念型相相似,但不可能达到等同的程度。一个东西分有了什么样的理念型相,它就是什么样的存在;分有到什么程度,就与理念型相相似到那种程度。以"美"的理念型相为例,《会饮篇》中谈到不同程度的美的事物与"美的型相"或"绝对的美"之间的相似性。一个美的形体具有最小程度的美,一切美的事物的可感性质具有稍多的美,本性为善的灵魂具有更多的美,体现了善的法律制度最美,或者说,最接近于"美"的理念型相,但不等同于它。②

"摹仿"(mimesis/imitate)是一种技艺活动,摹仿的复制品和被摹仿的原型之间没有分有物和被分有的理念之间那种逻辑关系。柏拉图把技艺的观念引入摹仿说,解决了一个逻辑分析解决不了的问题:认识内容何以能与认识对象相似?柏拉图把技艺分为神圣的与人工的两种,制造者也分为造物主和工匠两种。不论造物主还是工匠,他们所制造的产品都是对思想中一个原型的摹仿。于是便有了这样的四重区分:神圣的原型、神圣的摹仿物、人工的原型、人工的摹仿物。关键在于,神圣的摹仿物就是人工的原型,这样,柏拉图便可以证明:人的意见只是对理念型相的摹仿,按照意见制造的人工产品则是摹仿的摹仿。比如,他在《理想国》中指出,"床"的理念型相是造物主创造的型相,木匠制造的床是对这一型相的摹仿,同时又是画匠绘制的床的原型,就是说,"床"的图画是对"床"的型相的摹仿的摹仿。在《智者篇》中,自然物被说成是造物主依照理念型相创造的神圣摹仿品,影像则是对这些摹仿品的摹仿。最后,在《蒂迈欧篇》中,可感世界被说成是造物主摹仿理念世界的原型而创造出来的。③"摹仿"说在柏拉图哲学中占

---

① 柏拉图:《菲多篇》,101c。
② 柏拉图:《会饮篇》,210a-212a。
③ 柏拉图:《理想国》,596b;《智者篇》265c-d;《蒂迈欧篇》,30c-31b。

有重要地位,柏拉图的宇宙生成论和艺术观都依赖于这一思想。

"分有"说的困难

柏拉图在《巴门尼德篇》中,借老年巴门尼德和少年苏格拉底的对话,揭示了自己"分有"说面临的困难。少年苏格拉底距巴门尼德之后还有约半个世纪的时间,两者的对话当然不是历史事实。这场对话是柏拉图依据爱利亚派和理念论的分歧而建构出来的。他与爱利亚派分歧的焦点并不是理念型相是否存在(他们都承认理智的对象是真实存在),而是:理念型相是否被可感个体所分有?爱利亚派否认理智对象的可分性,否认个别的、运动的事物存在;柏拉图承认这些事物对理念的分有,因此承认它们一定程度的存在。文中的巴门尼德把"少年苏格拉底"的学说归结为"把型相与分有它们的事物分离开来",认为这是他的独创思想。① 巴门尼德攻击的矛头指向"分有"说。

(1) 首先,"分有"以可感个体与理念型相的对应为前提,我们应能从可感个体推知相应的型相的存在。苏格拉底坚信伦理型相,如正当、善、高尚型相的存在,但对物理型相,如人、水、火的型相的存在有所怀疑,最后不得不否认卑贱物,如头发、污秽物有相应的型相。"分有"说的适用范围并不是全部可感事物,最确定的适用对象只是伦理行为。

(2) 更重要的是,众多个体不可能分有一个型相。"分有"或者是对型相全部的占有,或者是对型相一部分的占有,犹如一块帆布或者盖在一个人身上,或者盖在许多人身上,每人分占一块。但是,分有不等于占有:如果一类事物的每一个都占有型相的全部,那么这个型相将同时分布在不同的事物之中,全部不可能同时分布在不同的部分之中,正如一块帆布不可能同时全部地盖在不同人身上。如果每一个体只是占有它们共有型相的一部分,那么个体将不会具有型相的规定性,因为一个性质在被分割之后不再保持原来的性质。比如,"大"的型相被分割成许多部分,每一部分都小于"大"的型相整体,分有这些部分的每一个事物可以说分有了比"大"小的型相,但它们仍被称作大的东西,于是便产生出这样的矛盾:具有比"大"小的性质仍然具有"大"的性质。总之,不论把个体分有型相的方式理解为分有型相全部,抑或把分有理解为分有型相部分,都不能解释分有物何以与被分有

---

① 柏拉图:《巴门尼德篇》,130b。

的型相相似。

我们知道,"分有"的原意是"分别占有一部分",表示部分与整体的关系。然而,"分有"说所依据的却是个别与普遍的概念关系。当柏拉图说,苏格拉底分有了"白"的型相时,他的理由是:"白"的概念可以表述"苏格拉底";当人们说"苏格拉底是白的"时,他们的意思当然不是指"苏格拉底"与"白"之间有部分和整体关系。以上诘难所利用的,正是"分有"表示的部分与整体关系与"分有"说依据的个别与普遍关系不相符合的情况。为了摆脱这一困境,必须强调型相所依据的概念表述功能,可以通过两条途径,或者把型相等同为普遍概念,或者把型相理解为个别事物之间的相似性。但这两条途径也都由于(3)和(4)的理由分别遭否决。

(3) 型相是心灵内的概念指示的外部对象,这是柏拉图"分离学说"的一个基本观点。他借巴门尼德之口,再次重申:"思想必然是对于某物的思想",概念只是关于型相的概念。假如型相只是概念,就是说,仅仅存在于思想之中,那么"分有"说也失去了基础;因为,如果型相只有思想属性,那么分有它的事物也有思想属性,"你必然要么说每一事物都由思想构成,因而都在思想;或者说它们是不在进行思想的思想"。这些说法都不合理,前者不符合事实,后者不符合逻辑。① 柏拉图所要说明的道理是:不能以牺牲"分离学说"的代价来解决"分有"说的困难,因为型相的分离存在是普遍性的基础,型相若丧失分离性,也不再具有表述事物的普遍性。

(4) 假设型相使分有物相似,那么,它本身必然与每一个分有物相似。譬如,若 B 和 C 通过 A 而相似,那么唯一的可能性是 B 与 A 相似,C 与 A 相似。然而,这种"分有"关系只能解释分有物之间的相似,却不能解释分有物与被分有的型相之间的相似。在上例中,为了说明 B 或 C 与 A 相似,又要设立一个使它们相似的型相 A_1,它们因分有 A_1 而彼此相似;为了说明 B 或 C 和 A 与 A_1 的相似,又要设定另一个被分有的型相 A_2,依次类推,陷入无穷倒退,永远不能说明事物之间相似何以可能。这一诘难的意义在于指出"分有"不表示个体与个体之间的关系;如果型相是介于两个个体之间的第三个个体,那么在解释型相的中介联系作用时,又需在型相和任何一个个体之间插入新的第三者作为中介。亚里士多德把"分有"的无穷倒退称作"第三者"的问题,即:如果需要第三者来说明两个事物的关系,那么需要设

---

① 柏拉图:《巴门尼德篇》,132b-c。

立无限多的第三者。现代哲学家称之为"外在关系说",即:如果两事物之间的关系是外在于它们的独立存在,那么需要设立无限多的外在关系,比如,若 aRb(R 表示 a 和 b 的关系)中的 R 表示外在于 a 和 b 的存在,那么为了说明 a 和 R 的关系,又需要设立 R_1,同理,aR_1R 中的 R_1,表示外在于 a 和 R 的存在,于是又需要设立 R_2,R_3,……乃至无穷。

(5) 最后,可把"分有"理解为"摹仿"。"摹仿"说强调的不是上面遭诘难的型相与个体之间的相似性,而是认识与认识对象之间的相似。"老巴门尼德"把认知者与认识对象的关系比作主人和奴隶的关系。知识犹如理念世界的主奴关系,意见犹如可感世界的主奴关系。他接着反诘道,正如理念世界的"主人"不能驾驭可感世界的任何一个奴隶一样,理念型相也不可能把握可感事物;正如可感世界的任何一个主人不能控制理念世界的"奴隶"一样,可感的认知者也不能认识理念世界的对象,他说:"型相本身只能被认知的型相所把握",可感对象只能被可感世界的认知者所把握。就是说,认知者(以及认识内容)与认知对象之间的相似(或摹仿)只能分别发生于理念世界或可感世界,理念世界的型相与可感世界的对象以及认知者都没有被摹仿与摹仿的相似性。结果是:"我们不能认识美本身、善本身以及我们一切当作自身存在的型相";同样,"神的知识对我们以及我们世界的一切都毫无所知","这个剥夺了神的知识真是奇谈怪论"。[①] 这个论辩所指出的悖谬是:"摹仿"说原意是强调"神圣制作者"(理念型相)对可感世界的统摄作用,结果却导致了他对这个世界不起任何作用的结论。

总之,上述五个论辩反驳的目标皆为"分有"概念的意义:论辩(1)指出"分有"不是严格的一一对应关系;论辩(2)指出"分有"不是部分与整体的关系;论辩(3)指出"分有"不是被思想所把握的概念与概念的关系;论辩(4)指出"分有"不等于个体之间的相似关系;论辩(5)指出"分有"不是认识者与认识对象之间的"摹仿"关系。至此,"分有"一切可能的意义俱被否定。这五个论辩都使用了揭示矛盾的方法,柏拉图选中巴门尼德作为自己的代言人的一个原因,大概是因为矛盾法的创始人芝诺是巴门尼德的学生。

通 种 论

"通种"(*gene*/genus)即最普遍的型相,有时与"型相"不作区分。《智

[①] 柏拉图:《巴门尼德篇》,134c-e。

者篇》中列举的通种有:"是者"、"运动"与"静止"、"相同"与"相异"。柏拉图由阐明"是"的意义入手,证明了这些通种之间的逻辑关系,以普遍概念的表述功能说明了"分有"的实际意义。

柏拉图指出,"是者"不等于"存在","非是者"不等于"非存在"。他的理由是:如果"是者"等于"存在",那么就不能用"是"表述"非存在";如果"非是者"等于"非存在",那么它也不能表述"存在"。但实际情况不是这样。他分析说:当我们说这个东西不存在时,"这个"已经是一个可指称的对象,已经"是一个东西"。并且,"不存在的东西"这种说法有单数和复数两种形式,本身已经"是一个有数量规定性的东西"。更为重要的是,如果可说出的东西都是存在,那么人们将不能有错误的表述。他于是提出一个"大胆的设想":"按某一方式,非是者存在;另一方面,是者在某一意义不存在。"①就是说,"是者"和"非是者"的意义是相通的。

同样,"是者"与"运动"和"静止"也是相通的。因为我们既可以说运动是什么,静止是什么;也可以说:"是者在运动""是者静止"。因此,"是者"与"运动"和"静止"这对概念是相容的。然而,我们却不能说:"运动是静止"或"静止是运动",这种自相矛盾的说法表明"运动"和"静止"两个概念的不相容性。

比较"是者""运动"和"静止"三个通种,会发现它们两两相异,每一个又与自身相同。由此可知"相同"和"相异"也是同样普遍的型相。进一步的考察表明,"是者""运动"和"静止"都与"相同"和"相异"这对概念相通,但又不会与它们中的一个相等同。因为:如果"运动"和"静止"是"相同",那么就会造成"运动是运动","静止是静止"的同义反复;如果"运动"和"静止"是"相异",那么就会造成"运动是静止"的矛盾;如果"是者相同",那么运动和静止也相同,因为它们都是是者;如果"是者相异",那么是者将不是自身,便不能说这个东西是什么。这些论辩说明:"是者""运动"或"静止"可以同时分有"相同"和"相异",而不能只分有它们其中的一个。这无异于说,存在、运动或静止的东西既是一(相同),又是多(相异);但不能说,它们只是一而不是多,或者只是多而不是一。这又是一个反巴门尼德的论证。

如果一个东西同时分有"相同"和"相异",我们便可以说它既是又不

---

① 柏拉图:《智者篇》,237a。

是。柏拉图明确地说:"当我们说出'非是者'时,我们并不指与是者相矛盾的东西,而是指相异的东西。"①因此,"是者"与"非是者"相异而不矛盾。柏拉图总结说:"我们不仅证明了不是的东西存在,而且表明了非是者的真实性质。我们证明相异的性质存在,这些性质分散在所有相互联系的存在事物之中。"②

"通种论"是柏拉图理念论的一个重要发展,它不但具有反驳爱利亚派、论证自己学说的现实针对性,而且对于形而上学的诞生和发展具有长远的理论意义。柏拉图用逻辑分析的方法,打破了爱利亚派在"是者"和"非是者"、"动"和"静"、"一"和"多"之间设置的悖论,使这些基本哲学范畴融会贯通,为哲学发展开辟了广阔的领域。

就柏拉图学说自身而言,"通种论"的重要性也是显而易见的。如前所述,"既是又不是""既相同又相异""既运动又静止""既是一又是多"等说法,是可感事物性质的合理表达。"通种说"还是对《巴门尼德篇》中对"分有"诘难的一个间接回答。通种之间的分有不是整体与部分的关系,而是概念之间相容与不相容的逻辑关系;并且,个体所分有的型相不是单独的,而是相互贯通的众多型相,从而避免了"老巴门尼德"提出的相似性的无穷倒退问题。

两 分 法

柏拉图说哲学家"是区分和集合的热爱者"③。区分和集合是辩证法的两条途径:集合是由低到高逐步上升的过程,区分是相反的由高到低的下降过程。区分的方法实际上是两分法,它的程序是这样的:为了确定一个概念的定义,从包含它的最高概念开始,把它分成两个相互矛盾的概念;撇开其中与所需定义无关的一个,把另一相关概念再分析为相互矛盾的两个概念,……以此类推,逐步下降,直至所需定义出现为止。两分法的一个实例是柏拉图对"政治家"的定义,④如下页图所示。

---

① 柏拉图:《智者篇》,257b。
② 同上书,258d。
③ 柏拉图:《菲德罗篇》,266b。
④ 柏拉图:《政治家篇》,261e-268a。

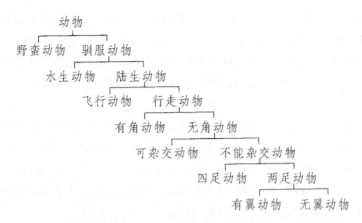

右边一系列概念把"人"从"动物"中区分出来。他对"人"的定义却引起异议:人难道只是无翼的两足动物吗？亚里士多德后来把定义方法规定为"种加属差","人"被定义为"有理性的动物"。亚里士多德把两分法看做一系列选言推理,批评两分法犯了偷用结论的错误。比如:从"动物可分为可朽或不朽"这一选言判断,得不出"人是可朽动物"的结论,除非事先已经肯定人有"可朽"的属差。① 亚里士多德还批评两分法不能发现某一类事物的本质特征(属差)。②

但是,柏拉图使用两分法的目的本来就不是为了找出事物的本质。两分法具有维护分有说的作用,它通过从上向下的分析,接近了个体,从而提供了联结普遍型相和可感个体的纽带。型相因其普遍性而与个别事物相分离,因其特殊性而与个别事物相接近。当然,即使最特殊的型相,相对于可感事物而言,仍然具有一定的普遍性,但是,它们与可感事物差距最小,可以成为可感事物的直接原因,或者说,可感事物是与它们最相似的摹本。柏拉图的两分法的最终产物被称作"不可分割的型相",它们是普遍性最低的型相,因而能够与个别事物直接联系。

第四节　灵魂学说

灵魂与肉体的区分是两个领域区分的延伸:正如世界有可见与不可见

---

① 亚里士多德:《前分析篇》,46a 31-35。
② 亚里士多德:《形而上学》,1037b 28-1038a 35。

两种,人也有可见与不可见两部分。可见的人是人的形体,不可见的人则是寓存于人的形体之中的"内在的人"①。他的区分蕴涵着后来被称作身心二元论的观点,即,灵魂和身体是两个相互独立的实体。柏拉图并未像以后的身心二元论者那样否认灵魂与身体之间的相互作用。一个明显的理由是:按照不可见的理念统摄可见的有形物的原则,灵魂统摄身体。柏拉图把人的本性归结为灵魂,在他看来,人不是灵魂与身体的复合,而是利用身体达到一定目的之灵魂。另一方面,他也看到身体对灵魂的反作用,这种作用或者有益于、或者有害于灵魂。

灵魂的三重区分

《理想国》首次对灵魂做出理性、激情和欲望的三重区分,柏拉图称它们为灵魂的三个部分。② 但我们应该理解,"部分"仅仅是一个比喻的用法,在此之前,他用的是"型相"这个词,说明灵魂包含着人的行为必须服从的三个原则:理性控制着思想活动,激情控制着合乎理性的情感,欲望支配着肉体趋乐避苦的倾向。柏拉图认为,理性把人与动物区别开来,是人的灵魂的最高原则,它是不朽的,与神圣的理念相通。激情和欲望则是可朽的。激情高于欲望,因为激情虽然也被赋予动物,但只有人的激情才是理性的天然同盟。欲望专指肉体欲望,理性的欲望被称作爱欲(erros),这是对善和真理的欲求。肉体的欲望或服从理性而成为一种德性,或背离理性而造成邪恶。

柏拉图所说的灵魂和身体的关系归根到底是灵魂内部理性和欲望的关系:当理性原则支配着灵魂时,灵魂正当地统摄着身体;反之,当欲望原则支配着灵魂时,身体反常地毁坏着灵魂。不管在哪一种情况之下,起决定作用的总是灵魂自身的原则。《菲德罗篇》里有一个比喻,灵魂好像是两驾马车,理性是驭马者,激情是驯服的马,欲望是桀骜的马。③ 灵魂的善恶取决于驭马者驾驭着这辆马车,还是桀骜的马不受控制地拉着马车任意狂奔。凡此种种,说明了这样一个道理:灵魂始终支配着身体活动,即使身体对于灵魂的有害影响也是通过灵魂中的欲望而起作用的。

柏拉图在《蒂迈欧篇》中说,理性存于头部,激情存于胸部,欲望存在于

---

① 柏拉图:《菲德罗篇》,279c。
② 柏拉图:《理想国》,444b。
③ 柏拉图:《菲德罗篇》,246a-b。

腹部。① 这种说法可追溯到荷马史诗。柏拉图运用这一传说是为了强调灵魂的每一部分都是支配身体的原则,因此与身体的各部分分别相对应。他还把灵魂的各部分与各种德性相对应:理性对应于智慧,激情对应于勇敢,欲望对应于节制。我们将看到,灵魂与德性的对应关系是政治等级关系的基础。

柏拉图对灵魂做出的三重区分并不影响他所坚持的灵魂统一性。在他看来,灵魂的本性是理性,激情和欲望都应服从于理性;欲望违背理性而耽于肉体享受是违反灵魂本性的反常行为。当他不加区别地使用"灵魂"这一词时,往往指合乎本性的灵魂。比如,他所说的"灵魂不朽",主要指理性灵魂的不朽。只是在需要分析灵魂与身体、道德和政治活动的对应关系时,他才区别灵魂包含的不同因素,而不把"灵魂"与"理性"等同起来。在不同的场合,他有时强调灵魂的统一,有时强调灵魂的区分,然而却始终坚持了灵魂在本性上高于身体的原则,保持着灵魂学说与理念论的衔接。

灵魂回忆说

灵魂既是理念,为什么会与身体结合在一起呢?柏拉图用一个神话故事做出解释。宙斯率领诸神去赴宴,次等的神和灵魂跟随在后面。装载他们的马车由一些顽劣的马拉着,驭马者也缺乏高超的技巧,在经过陡峭天路时失去对马车的控制,被顽劣的马曳落到地上。灵魂被折断翅膀,不能上升到天上的理念领域,只得附着于肉体作为暂居之处。② 这个神话以隐喻方式暗示,灵魂是一些不纯粹的理念,包含着向往身体的因素("顽劣的马"),灵魂和身体的结合虽然是一种堕落,但却是符合灵魂状况的堕落,具有某种必然性。

灵魂在未跌落之前,对理念领域有所观照,包含着天赋的知识。灵魂在附着身体之后,由于身体的干扰或"污染",它忘记了过去曾经观照到的东西。只有经过合适的训练,才能使它回忆起曾经见过的理念。因此,学习就是回忆。在《曼诺篇》中,苏格拉底做了一个实验,通过适当的提问,便使从未学过数学的童奴知道如何计算正方形面积,知道两个正方形面积之比等于它们边长平方之比。柏拉图通过这个事例说明:知识不是后天获得的,也

---

① 柏拉图:《蒂迈欧篇》,69d。
② 柏拉图:《菲德罗篇》,246a-248b。

不是从灵魂中自发产生的,而是灵魂固有的,或者说,先天地存在于灵魂之中,但处在潜在状态,宛如在梦境一般。学习的作用在于触动、提示或唤醒知识,使之明白地昭示于灵魂。① 如果把柏拉图的语言变成现代的语言,他的意思是:灵魂有无意识和意识两种状态,无意识包含着意识的内容,意识活动是对无意识内容的自觉与反思。

柏拉图说,"回忆说"旨在解决这样一个难题:"一个人既不会寻求他所知道的东西,因为他既然已经知道它,就无需再探寻;他也不会寻求他不知道的东西,因为他甚至连他要寻找的东西是什么都不知道。"②智者提出这个悖论是为了否定知识的可能性。"回忆说"肯定一个人可以学习他所知道的东西,但对"知道"的意思进行了分析:知识包含于灵魂之中,已经是被知道的东西;被知道的东西不一定是被关注的东西,拥有知识的灵魂不一定知道它的拥有。"回忆""寻求",都是灵魂对自身的关注,是对拥有知识的再认识。按照这样的分析,原初的知识是灵魂对理念的自我观照,知识的学习则是对原初知识的摹本,灵魂的摹仿就是回忆。在此意义上,柏拉图说,回忆是"死亡练习"。他的理由是,原初的知识既然是灵魂在降落在肉体之前获得的,既然灵魂在肉体之中忘却了知识,那么,只有尽量地净化肉体的污染,才能尽可能地接近知识。最彻底的净化是灵魂与肉体的完全分离,这意味着个人生命的终结,灵魂重新回到对理念的观照,最高的智慧只有在死亡之后才能达到。因此,哲学家是唯一不畏惧死亡的人,不畏惧死亡的人也不会畏惧其他任何东西,哲学家因而是最勇敢的人。③ 柏拉图把灵魂的回忆等同于灵魂的净化,强调智力训练和道德修养的一致性,"死亡练习"和"爱的追求"同样神秘,最后到达"惊喜交集,不能自制"的迷狂境界。④

"回忆说"在柏拉图哲学中占有重要地位,它的主要作用在于:第一,为苏格拉底方法提供了理念论的论证。苏格拉底方法相当于由低到高的集合法,这种方法之所以能够在灵魂内部诱导出真理,原因在于灵魂回忆起既有的知识,在于灵魂与理念领域的相通。第二,回答了生活在可感世界的人何以能够认识理念的诘难。在《巴门尼德篇》提出的诸诘难之中,这一诘难给

---

① 柏拉图:《菲多篇》,81e-86c。
② 同上书,80e。
③ 同上书,68d。
④ 柏拉图:《菲德罗篇》,250c。

理念论造成了"最大的困难"①。"回忆说"依据"同类相知"的认识论原则做出答复:灵魂来自理念领域,它所拥有的知识是理念对于理念的把握,人类知识是灵魂对过去经历的回忆。第三,论证了灵魂不朽。柏拉图把灵魂分为九等,最高级的灵魂属于哲学家、爱美者和音乐家,最低的两种灵魂分别属于智者和暴君,清白的哲学家如果在三个时期(每期一千年)都过着这样的生活,他们的灵魂就会重新长出翅膀返回世界。其余人等的灵魂在生命结束时则要接受审查,根据生前的善恶,或上升到较高等级,或下降到较低等级。暴君如果继续作恶,他们的灵魂将会沦为动物灵魂。② 西方伦理学有把灵魂不朽说作为道德生活必要前提的传统,柏拉图的轮回说可以说是开这一传统之先河。

"国家是大写的人"

柏拉图认为社会起源于经济需要,一个人与另一些人合作的目的是为了获得更多更好的生活必需品。相互帮助和合作的人聚集而居,"并把聚集的居所称作城邦"③。社会的原则首先是专业分工的原则:每一个人都按照自己的自然禀赋从事一门职业劳动,这样,社会劳动的技能和产品数量才能优于社会分工之前的状况,最初的职业有农夫、织匠、鞋匠、木匠、铁匠、牧人、商人等,随着财富的增长,又出现了适应奢侈生活需要的职业:乐师、诗人、教师、护士、理发匠、厨师、糖果商等。然而,随着城邦人口的增长,维护奢侈生活的需要必然导致对外扩张,因此发生与邻邦的战争。

按照专业分工原则,有一批人承担保卫城邦的职责,他们构成了与上述生产者阶层有别的武士阶层。武士除了具有勇敢的禀赋之外,还赋有智慧。他们知道什么是城邦的真正敌人,同时必须知道什么是真正的善。他们的知识不可能来自混淆善恶的神话传说和伤风败俗的诗歌文艺,必须有人承担教育武士的职责。这些教育武士的人是从武士阶层中挑选出来的最有智慧、最有力量、最关心城邦的优秀人才,是经过长期磨炼和考验的、富有治国经验的长者。柏拉图称这些人才是完善的保卫者,武士则是真正保卫者的助手。他在严格的和一般的意义上使用"保卫者"和"统治者"。一般意义

---

① 柏拉图:《巴门尼德篇》,132b。
② 柏拉图:《菲德罗篇》,248d-249b。
③ 柏拉图:《理想国》,369c。

的统治者包括武士和真正的保卫者,两者共同统治着生产者。严格意义的统治者专指武士的指导者,武士则是实施他们治国方略的执行者。

在柏拉图设想的理想国家中,统治者(包括武士)除了国家的利益之外没有任何个人的利益。为了在统治阶层中排除个人利益,他提出了统治者共享财产和配偶的设想。柏拉图认为男女的差别只表现为生育中的不同作用。除此之外,女人和男子具有同等的自然才能,应该接受同等教育,担负同等职责,包括统治者的职务。没有根据认为柏拉图主张把妇女当作财产分配,所谓的"共妻"主张不过是国家严格控制婚姻和生育的一种政策,只在统治阶层内部实行。男女统治者均由国家指定配偶,配偶不固定,致使统治者无家庭。并且,配偶在指定的时间里生育,以便能生出天性优秀的后代。婴儿出生之后即交给国家抚养教育,不属于父母。统治者也没有个人财富,摒弃金银玉器的装饰,只从生产者那里取得满足朴素生活的必需品。

柏拉图对社会等级的分析出于对社会发展进程的考虑。从最基本的经济生活发展出战争活动,最后产生出政治活动。伴随着社会生活由低到高的发展过程,依次产生出生产者、武士和政治统治者这样三个社会阶层。尽管承认社会等级的差别,柏拉图却反对以某一等级的利益为基础的阶级社会。他认为等级的区分是依照社会分工原则在不同禀赋的社会成员之中产生的自然区分,将某一等级利益凌驾于其他等级利益之上却是不公正的人为追求。他在批评"强权即公正"的论调时说,如果少数人凭借自然赋予的优势来压迫多数人,那么多数人也可以凭借数量和力量的优势来压迫少数人;每一阶层都有各自的优势和劣势,"强权即公正"是一条自我毁灭的原则。[①] 他对统治阶层的生活做出极其严格的规定,就是为了防止统治者把他们的自然优势转变为压迫生产者的强权。

柏拉图认为,社会正义就是每一个人都只做适合他的本性的事情,这就是,统治者以智慧治理国家,武士以勇敢保卫国家,包括生产者在内的所有成员以节制协调彼此的行为。反之,三个等级相互干预、彼此替代则是不正义,如天性应该当生产者的人企图跻身于武士行列,军人企图掌管治国的大权,这种僭越行为将毁灭国家。[②] 柏拉图的社会观的基础是"自然说",基调是知识精英主义。

---

① 柏拉图:《高尔吉亚篇》,488b-490b。
② 柏拉图:《理想国》,433a-434c。

政治哲学

柏拉图的哲学思想和政治生涯密切相关,他终生关心什么是正义城邦的问题。为了建立正义城邦,柏拉图提出"哲学王"的主张。他说:"除非哲学家成为这个世界的王,或者我们现在称之为王和统治者的人真正成为哲学家,否则,国家的灾难,人类的灾难将没有尽头。"①"哲学王"作为知识和智慧的公共导师,承担教育和指导武士阶层的职责。柏拉图设计一个教育方案,要求从小培养有教养、有知识的身心健康的武士阶层,从中选拔出懂辩证法、有智慧和实践经验的治国者。柏拉图承认,他设计的"理想中的城邦,在地球上是找不到的","在天上有它的原型,希望看见它的人可以在心里找到它"。②

柏拉图生活在民主制和僭主制激烈交锋的时代,他对两者均持批判态度。柏拉图把现实中的城邦划分为五类,逐次堕落,从君主制或贵族制堕落到荣誉制,再次堕落到寡头制,又堕落到民主制,最后堕落到僭主制。柏拉图敏锐地发现,雅典民主制有三个致命缺点。第一,无节制的自由,社会无序混乱,"现在父亲害怕儿子,儿子把自己当作父亲一样的人","老师害怕学生,迎合学生","狗也像女主人一样,马和驴在街上任意横行,践踏行人,有不受阻拦的自由"。③ 第二,实行大多数人统治的原则,不按照理性而按照意见决策,造成处死苏格拉底那样的不公正的审判。第三,民主制必然导致僭主制。在这种秩序混乱的社会中,人人不能自保,大多数人愿意一个强者当政保护他们,僭主借机上台,上台后制造更大的罪恶,社会堕落至极。

柏拉图在后期著作《法律篇》中,提出现实可行的"次好"的法制。柏拉图主张以法治国。他说:"法律是主宰,统治者只是法律的仆人";又说:"一个可朽的灵魂,当他承担了最高的、不受约束的权力,就一定会失去他的智慧和真诚。"④为了防止权力的腐败,柏拉图设计的法律制度保留了民主制的一些优点,如完善公民大会和陪审团制度。但《法律篇》的基调是保守主义。在思想上,柏拉图主张把宗教置于国家指导之下,禁止个人私下崇拜神祇,尤其要采取严惩无神论者的法律措施,如终身监禁,财产充公,死后不准

---

① 柏拉图:《理想国》,473d。
② 同上书,592b。
③ 同上书,562e-563d。
④ 柏拉图:《法律篇》,715d,691c。

埋葬。在政治上,他主张严格限制选民资格,城邦不应设在海边,应是农业社会,而不是商业社会;应当生产,而不应进口。他说:

> 大海作为日常伙伴是令人愉快的,但却带来苦涩的盐味,它使大街上充斥着商贾和店董,使人们的灵魂不诚实、不确定,使城邦对她的公民和其他人等既不忠实,也不友好。

他还说,一个城邦的公民人数应为5040人,分为59个部落。① 这些主张显然违反氏族农业社会向城邦商业社会发展的历史潮流。

---

① 柏拉图:《法律篇》,705a,737e。

第五章
亚里士多德哲学

第一节 生平和著作

亚里士多德(Aristotle,公元前384/3—前322年)出生于色雷斯地区的斯塔吉拉城,父亲为马其顿国王的宫廷医生。17岁时去雅典学园,师从柏拉图二十年,直至公元前347年柏拉图逝世。他对其师充满崇敬之情,在悼念诗文中写道:

> 对于这样一个奇特的人,坏人连赞扬他的权利也没有,他们的嘴里道不出他的名字。正是他,第一次用语言和行动证明,有德性的人就是幸福的人,我们之中无人能与他媲美。①

对柏拉图人格的敬仰并未使他盲目崇拜柏拉图的学说,相传他的格言是:"吾爱吾师,吾更爱真理。"他明确地批评柏拉图的理念论,力图克服柏拉图轻视感觉经验、不注重研究运动变化的倾向,创立了自己的哲学体系。柏拉图去世之后,他即离开雅典,前往亚索斯开办学园的分校。

公元前343年,马其顿王菲力浦邀请他任王子亚历山大的教师。七年之后,亚历山大即位。亚历山大大帝保持着对亚里士多德的尊重,在东征的繁忙军务之中,仍不忘为亚里士多德搜集植物标本,差遣上千名奴隶为他的经验研究服务。但亚里士多德不满于亚历山大的大希腊化政策以及对自己侄子的处决。公元前335年,他回到雅典,建立吕克昂学园,这是一个与柏拉图学园并立的哲学中心。他习惯在一条名为 *peripatos* 的林

---

① 《亚里士多德残篇》,623节。

中小道上,一边散步,一边与学生们讨论哲学问题,因此,人们通常把亚里士多德开创的学派称为逍遥派(peripatetic)。公元前323年亚历山大死后,雅典人反马其顿情绪激昂,殃及亚里士多德,他的学说也被指控犯有"不敬神"的罪名。他说,为了不让雅典人再犯"反哲学"的罪(指雅典人宣判苏格拉底死刑),他宁愿离开。他被迫来到爱琴海一个岛屿上,次年病殁。

亚里士多德的著作分为两种:第一种是公开发表的作品,这种作品只留下残篇;第二种著作是课堂讲稿,生前并未成书,直到公元前1世纪时,才由逍遥派代表人物安德罗尼科(Andronicus)编辑成书。这些著作构成亚里士多德全集的主体,共分五类:

(1)逻辑学著作:《工具篇》,包括《范畴篇》《解释篇》《前分析篇》《后分析篇》《正位篇》《辩谬篇》六篇论文。

(2)形而上学著作:《形而上学》,由不同时期的讲稿合成,因被安德罗尼科编排在物理学著作之后而得名。"形而上学"(meta-physics)一词的希腊文意思是"物理学之后",中文译名系据《周易·系辞》中"形而上者谓之道"一句意译而来。

(3)自然哲学著作:《物理学》《论灵魂》《论天》《论生灭》《气象学》《动物史》《论动物的部分》《论动物的行进》《论动物的繁殖》《自然小著作》。

(4)伦理学著作:《大伦理学》《尼各马可伦理学》《尤苔谟伦理学》《政治学》和1891年才被发现的《城邦政制总汇》。

(5)美学著作:《修辞学》和《诗学》。

亚里士多德堪称希腊哲学的集大成者。按照他对哲学的理解,哲学是一切科学(即柏拉图所谓的知识)的总汇,包括理论科学、实践科学和艺术三类。理论科学又被分为第一哲学(即后人所谓的形而上学)、数学和物理学,以及作为理论科学导论和方法论的逻辑学。实践科学包括指导个人实践的伦理学和指导公共实践的政治学。艺术指包括制造工艺在内的一切技艺,亚里士多德专门研究了使用文字所创作的文学艺术。上述五类著作论及除数学以外的所有学科,建立了希腊科学最全面的体系。我们按照亚里士多德思想的分类和秩序,着重概述他的物理学、形而上学、灵魂学说和伦理学。

第二节　物理学

"自然"的概念

物理学即自然哲学。关于它的研究对象,亚里士多德给出这样一个定义:

> 自然是自身具有运动来源的事物的形态或形式,这些形态或形式只有在思想中才能与事物相分离。①

他认为,物理学研究的自然是运动的事物的本原和原因,不能脱离运动的事物来研究自然。毕达哥拉斯所说的"数"和柏拉图所说的"理念型相"都是与事物相分离的形式,不能成为物理学的对象。物理学研究的是运动着的事物之中的形式和形态。

亚里士多德的自然观受到他的生物学研究的影响,他把所有事物分为两类:一类依自身本性而存在,另一类依其他原因而存在,这主要指人工产品。第一类事物是自然物,包括动物、植物和气、水、火、土、以太等元素,自然物是"自身具有运动来源的事物"。动物的繁殖和行动,植物的生长都是自身的运动所致,是自然物运动有内在源泉的证据。即使无生命的元素,也有自身的运动来源。当然,自然物还不是自然,"自然"这一概念特指自然物的本性,即它们运动变化的原因和依照的原则。用亚里士多德的话来说,物理学研究的是自然物的"形式和形态"。

三本原说

亚里士多德总结了以前的自然哲学,说事物运动的本原既不是一个,也不是无限多,而是三个。形式、缺乏和质料是运动的三本原。质料是运动的载体,它在运动中保持不变。形式决定运动的事物所处的状态。缺乏(privation)决定运动所朝向的状态;缺乏也是一种形式,即事物应该有、但尚未有的形式。一旦事物拥有它所缺乏的形式,它便完成了从一个形式向另一个形式的变化,即完成了一个运动过程。总的来说,一事物的运动就是在不

---

① 亚里士多德:《物理学》,193b 4-5。

变载体的基础上从一个状态向另一个状态的变化。比如,气的形式是热,缺乏冷,当它的形式变化为冷时,气变化为水;反之,水的形式是冷,缺乏热,当它的形式变化为热时,水变化为气。在气变水、水变气的运动过程中,运动的载体不变。如图所示:

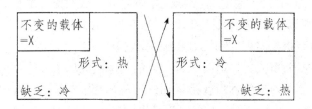

现实与潜在

亚里士多德还把运动定义为"潜在的现实化"①。潜在性相当于"缺乏",是应该有、但尚未实现的形式,现实性则是事物已有的形式。从潜在到现实的转化也就是缺乏的形式转变为实际具有的形式。不过,在这里,亚里士多德表达了比"三本原"说更多的思想。他强调:第一,缺乏不但决定了运动的朝向,而且是朝着这一方向运动的潜能;事物内部就是实现自身目的的能力。第二,潜在的现实化是暂时的,一个潜在的形式被实现后,另一个潜在的形式又出现,由此构成了运动的连续性。第三,潜在的现实化是相对的,每一阶段的运动都不可能完全实现潜在因素。第四,潜在又相当于不变的质料;载体是不能被现实化的潜在,因而它在运动全过程中保持不变。

现实和潜在可以说是运动的两重本质,"两本质"和"三本原"是从不同的角度分析运动现象得出的结果。"三本原"说基于逻辑分析,亚里士多德根据运动的对立性质以及对立面联结的条件,确定两个对立的本原以及它们共同的载体。"两本质"说则更多地来自对经验事实的观察,如亚里士多德说,现实和潜在的意义"可以通过归纳从特殊事例中看出来,用不着去寻求每一样东西的定义,只要把握其中的类似之处就够了"②。他列举的事例大如成熟、衰老、学习、治疗、建筑,小如减肥、行走、睡眠、观看,所有自然活动,包括人的身体活动和思想活动,都被归结为从潜在到现实的过程。

---

① 亚里士多德:《物理学》,191a 16-20。
② 亚里士多德:《形而上学》,1048a 36。

四 因 说

亚里士多德还讨论了事物运动的原因。古代人的"原因"观念不同于近代以来的"因果性"观念，后者指先于结果并产生结果的事件，而古希腊人所谓的"原因"却不总是与"结果"相对应的一个观念。在亚里士多德物理学中，"原因"与"为什么"相对应，并不与"结果"相对应。对于一个对象，我们可以提出多少"为什么"的问题，它就有多少"原因"。为了知道事物运动的原因，首先需要追问"为什么"的问题。亚里士多德提出了四方面的问题，与之相对应的理由就是运动的四种原因。(1)事物为什么在运动中继续存在？因为它们由不变的质料构成，这一理由即质料因。(2)事物为什么会以某一种特定的方式运动？因为它们各有特定的形式，表述本质的定义即形式因。(3)事物为什么会开始或停止运动？因为它们受到推动或作用，推动者或作用者即动力因。(4)事物为什么要运动？因为它们都朝向各自的目的。解释运动朝向目标的理由即目的因。比如：雕塑活动的质料因是铜，形式因是雕像的模型，动力因是雕塑者，目的因是雕像的完成。建筑房屋活动的质料因是砖石等材料，形式因是建筑蓝图，动力因是建筑者，目的因是房屋的完成。

亚里士多德强调，形式因、动力因和目的因"通常是一致的，因为：第一，形式因是事物的本质，而一个事物在运动中朝向的目的就是它所缺乏的形式，所应该有的本质；第二，一事物只能接受与它本质相同的东西的作用，比如，人生人，元素推动元素"①。因此，形式因、目的因和动力因都属于形式，或者说，统一于"形式"这一概念。亚里士多德强调三者的一致性是为了把"四因"最终归结为质料与形式的区分。另一方面，运动的三本原也可以归结为质料与形式（缺乏也是一种形式）的区分，潜在与现实也分别表现为质料与形式。这样，运动的本原、原因和本质就都可以用质料与形式的关系加以说明了。三本原说、四因说和潜在与现实关系说都从不同角度和方面，对运动中事物的质料与形式关系进行分析，它们是将分析方法运用于运动现象所得到的产物。

---

① 亚里士多德：《物理学》，198a 25-27。

目 的 论

亚里士多德在《形而上学》中指出,四因说是对以前哲学的总结,泰利斯的水、阿那克西美尼的气、赫拉克利特的火、恩培多克勒的"四根"和阿那克萨戈拉的种子都是对质料因的不同说明;恩培多克勒和阿那克萨戈拉还企图在质料因之外寻找动力因,分别把动力因说成是爱恨和心灵;柏拉图在毕达哥拉斯之后,主张用形式因统摄质料因;但所有这些人都忽视了目的因。① 亚里士多德特别重视目的因,视之为自己独创性的发现。

亚里士多德主张把自然看做有目的的活动。他说,自然绝不会做无用或无目的之事②,自然"明智地行使她的作品","追求可用的东西","寻找最好的东西","期待"某种结果,"不做任何无目的或不合理性之事","总是眼看着最好的东西行动","好像一个好管家,从不扔掉一切可以产生出有用东西的物品",③如此等等,不一而足。我们应该理解,拟人化的手法并不表示准确的哲学意义。亚里士多德并不认为自然能够像人那样有意识地选择自己的目的,更不认为自然必须满足人的目的。他所谓的目的不过是事物实现自己本性的自然倾向。并且,他认为这种倾向会因受到阻碍而中止,因而出现偏差,比如产生出"人面牛"之类的怪物,怪物只是有目的之努力失败的结果。有目的之自然倾向受到阻碍也是自发性和偶然巧合的原因。

亚里士多德把"自发性"和"目的性"当作两个矛盾的概念使用。另一方面,他又把"必然性"和"目的性"当作两个相近的概念使用。他说:

> 自然在一种意义上是有目的之活动,在另一种意义上是有必然性的活动。④

他的目的论是内在的目的论,与后来出现的外在的庸俗的目的论,如说老鼠存在的目的是为了给猫吃之类的说法不可同日而语。

位移运动

以上讨论的,是适用于一切运动的原则和原因。从概念的外延上说,运

---

① 亚里士多德:《形而上学》,993a 12-24。
② 亚里士多德:《论动物的繁殖》,774b 16;《论天》,290a 31。
③ 见亚里士多德著作 731a 24,615a 25,336b 27,778a 5,291b 13,708a 9,774b 16 等处。
④ 亚里士多德:《后分析篇》,94b 37。

动包括三类:性质的、数量的和位置的。比如,水变气是实体性质的运动,生物的生长是实体数量的运动,天体运行和地面上事物的直线运动是实体位置的运动,后者又被称作"位移"。

在阐述了关于运动的一般性道理之后,亚里士多德又专门讨论了位移运动的性质。他认为,每一事物都有自己的自然位置。自然位置是适合一事物自身本性的位置,而不是本身无上下左右之分的几何空间。在他看来,上下左右之分不是人为的区分,而是由事物的自然属性所规定的不同位置。比如,火的自然位置在上,土的自然位置在下,气、水在中间。当每一事物都占据各自的自然位置时,不会发生移动。移动只是在一事物受到外力的推动、被迫离开自然位置,进入另一事物的位置时才发生。被挤出的事物又进入第三个事物的位置,因此连锁移动。在移动中,事物彼此交换位置,一事物从一个位置中移动出去,另一事物随即移动进来。每一事物都不会丧失位置,每一位置都不会不被一个事物所占据。最初的移动虽然是由外力造成的,但处于移动之中的事物内部也有朝向自己的自然位置移动的力量,事物背离自己的自然位置移动总是外力大于内在自然力的结果。由此不难知道,直线运动不可能是匀速的:事物在朝向自然位置移动时做加速运动,如重物下落、空气上升;反之,它们在背离自然位置时做减速运动,如重物上抛、空气下沉。

从亚里士多德的位移运动观中可引申出一些重要推论。一个推论是:宇宙整体的位置是球形。因为宇宙中事物交换位置而产生的位移必定是一个循环运动,即最初开始移动的事物所遗留的位置必定要被最后开始移动的事物所占据,这样才不会出现没有位置的事物或没有事物的位置这样荒谬的结果。为什么不可能有不包容事物的空的位置呢?亚里士多德的另一个重要推论:宇宙没有虚空,即后人常说的"自然害怕真空"。

亚里士多德的位置观念后来成为阻碍近代物理学的羁绊。例如,它否认真空,取消惯性,用自然位置规定运动的速度,否认匀速直线运动。在当时的历史条件下,亚里士多德的位置观以及相关的移动运动观是一个自满自足的理论体系,在近二千年的时间里长久地主导着人们看待世界的方式。

时　　间

时间之于事物的运动,犹如位置之于运动的事物。亚里士多德对时间的定义是:"依先后而定的运动的数目。"①"依先后而定"指均匀计数的方式,"运动的数目"指按此方式衡量运动所得到的一个个数目,即"现在"的系列。按照这个定义,时间是间断性和连续性的统一。时间的间断性表现在"现在"的前后之分,连续性表现为"现在"的均匀延续。他说:"现在就是能被计数的先后数目,不论在先还是在后,现在作为存在是同一的(因为先与后都处在运动之中),但又不是同一的,因为现在在计数过程中有先后之分。"②亚里士多德第一次把时间的单元分析为"现在",把时间解释为由"现在"所构成的连续系列。这种以"现在"为基础的时间观,比较完满地解释了时间的均匀流动性、前后不可逆性、可分割的间断性和不停驻的连续性等特点,成为长期统治西方人思想的经典时间学说。另据现代哲学家海德格尔的说法,这种时间学说与传统的"在场"的形而上学有着密切联系。

连续性和无限性

连续性是与位置和时间相关的一种性质。亚里士多德认为,有一些连续系列是无限的,有一些则是有限的。他讨论了三种情况。③ (1)体积不可能无限扩展,但却可能无限地分割,或者说,有最大的体积,但却不可能有最小的体积;因此,宇宙的体积是有限的,它的体积不可能无限大。(2)数目可以无限扩展,但却不可能无限地被分割,或者说,有最小的数目,但却没有最大的数目。这里所说的数目指自然数,以 1 为最小单位。(3)时间既可以无限地伸展,又可以无限地被分割,或者说,既没有最长的时间,又没有最短的时间。

亚里士多德认为,如果想象一个无限系列而不陷入任何矛盾,便可以肯定这个无限系列。这种意义上的无限性当然不是现实的无限性,而只是一种潜在的无限性。他还认为,如果把无限性当作独立的、可感的存在,那就会得到"恶无限",即造成恶性循环的错误。"恶无限"的一个著名例证是芝诺否认运动的悖论。亚里士多德指出,芝诺的错误在于把时间和距离无限可分割的可能性(潜在)偷换为现实性。

---

① 亚里士多德:《物理学》,220a 25。
② 同上书,219b 11-14。
③ 同上书,204a-208a 。

天界与地界的区分

亚里士多德把移动分为直线运动和圆周运动两大类,认为只有圆周运动才是连续的、均匀的。他争辩说,如果直线运动也是连续的,那么它势必在永恒的时间里无限延伸,宇宙的体积将变得无限大;根据无限大体积的不可能性,他否认了直线运动的连续性。只有圆周运动可以在有限的区域做永恒的、连续不断的运动。并且,圆周运动是平面运动,圆周上没有上下之分,做圆周运动的物体不会朝向或偏离自己的自然位置,因此,圆周运动是匀速运动。根据这些理由,他得出圆周运动比直线运动更加完善的结论,并以此做出了天界与地界的区分。

地界即地球的位置,被气、火、水、土四种元素所占据,四元素朝向或偏离自己自然位置的移动是直线运动。因此,它们所构成的事物按照本性做直线运动。直线运动是断续的、暂时的,这些事物也是可朽的。天界即地球之外的位置,被称为"以太"的第五种元素充满天界,以太做匀速圆周运动,因此,天界以及由以太构成的天体都是球形。天体的运动是连续的、永恒的,因此,天体也是不朽的。圆周运动虽然不会趋向静止,但也是由一个静止状态开始的。按他对运动本质的说明,从静止到运动的过程是从潜在到现实的内部变化,但只是在一个外在于潜在的现实推动者的作用下,这个内在过程才能完成。在位移这种运动方式中,静止和运动、潜在和现实的关系最终被归结为被推动者和推动者的关系。天界的圆周运动需要一个推动者才能开始运动,并且这是一个"第一推动者"。第一推动者本身不运动,否则又需要设立引起它运动的推动者,陷入无穷倒退的说明。这个不动的第一推动者又被称为神,是形而上学的最高原则。

第三节　形而上学

"形而上学"在希腊文中的原意为"物理学之后"。后人对物理学与形而上学的先后顺序有不同的解释。有一种意见认为,这仅仅是在编辑亚里士多德著作时所做的偶然排列;另一种意见认为,编辑的顺序反映出教育顺序,亚里士多德实际上沿着从物理学到形而上学的顺序循序渐进地传授他的思想。还有人进一步认为,教育顺序反映出亚里士多德的思想顺序;"物理学之后"的意思是"超越物理学",即超越经验领域到达靠思辨把握的神圣领域。

后一种解释符合亚里士多德的原意。《形而上学》的第一句话是"人在本性上是求知的",接着说明了人们追求知识的由低到高的等级,从感觉到理智,从个别的、具体的到普遍的、抽象的对象,最后到达最高的知识,以最高、最普遍的原则为对象,亚里士多德称之为"第一哲学"和"神学"。

对理念论的批判

亚里士多德通过对他以前的哲学批判性的考察,验证了他的哲学观,说明了所有哲学家都在寻求世界的本原和原因,但他们都未能达到第一哲学的高度,或者把次要原因说成首要原因,把部分原因说成全部原因,或者在可感世界之外寻求首要的、全部的原因。自然哲学家属于前者,柏拉图则是后者的代表。

从根本上说,亚里士多德并不反对柏拉图坚持的可感事物服从于无形本质的基本立场。他与柏拉图之间的分歧在于,本质是与可感事物相分离的理念型相,还是可感事物之内的形式。他对柏拉图的批判集中于"分离学说",其要点如下。

首先,与个别事物相分离的理念型相是无用的设定。设定理念型相的目的本来是为了解释个别事物具有共同本质或普遍性质的原因,但是,设定理念型相却达不到这一目的。这是因为,所谓理念型相,实际上不过是与个别对象同名的类。比如,一个人的理念型相是"人",一头牛的理念型相是"牛",一个红色的东西的型相是"红"。有多少类个别事物或性质,就需要设定多少个理念型相。其结果非但没有解释清楚个别对象与类概念的关系,反而把需要解释的对象扩大了一倍。"这样做,就好像一个人要想清点东西,却认为东西少了数不清,企图把东西的数目扩大了再来数一样。因为理念实际上和事物一样多,或者并不比事物少。"① 亚里士多德提出,第一哲学应使用尽量少数的原则。按照宁简毋繁的主张,把逻辑上的类概念说成独立存在的理念型相既无必要,又无用处。

亚里士多德还从物理学的角度说明理念型相是无用的设定。理念型相自身不变不动,它们何以能够解释个别事物的运动和变化?它们与可感事物相分离,何以能够解释可感的性质?它们是与个体不同的存在,何以能够

---

① 亚里士多德:《形而上学》,990b 2-5。

解释个体对它们的依存？把理念型相与个别事物分离开来，就会遇到这些不可逾越的困难。亚里士多德说，坚持理念论的人之所以无视这些困难，是因为他们不关心运动着的具体事物，只考虑不变的绝对存在。在他看来，这种想法完全颠倒了相对与绝对的关系。相对者即有条件的东西，绝对者即无条件的东西。我们只能从运动和变化出发才能认识不变的存在（如不动的推动者），但却不能从不变的存在出发来认识运动和变化。在此意义上，运动和变化是绝对的，不变的存在则是相对的。

其次，设立分离的理念型相的理由是难以成立的。认识内容与认识对象并无严格的一一对应关系。比如，我们可以想象不存在的事物或已经消失的事物，但不能据此肯定与之相对应的外部现实存在。反过来，我们感觉到的对象也不全都对应于思想概念，因而不全都对应于理念型相，如污秽之物没有理念型相。

更为严重的是，设定两种认识对象相分离，还会造成"第三者"的逻辑悖谬。所谓"第三者"，指为了解释两个概念的相似性而设定第三个概念的无限倒退。亚里士多德提出这样的诘难：由于一个个别事物及其理念有共同名称，两者必有相似之处，需要用一个概念表示这种相似性。但这个新概念与前两者中任何一个又有相似之处，需要再用一个概念表示，如此循环无止境。比如，为了说明一个人与他所属的理念型相"人"的相似之处，需要第三个关于人的理念型相；为了说明这个新设的理念型相与它所要说明的"人"之间的相似之处，再设立一个新的第三者，如此等等。"第三者"的循环是普遍与特殊相分离所导致的恶果。

为了避免"第三者"的逻辑悖谬，把个别事物与理念型相的关系说成"分有"和"摹仿"也无济于事。亚里士多德说："把理念说成原型，其他的东西分有理念型相，那只不过是说空话，带诗意的比喻而已。"①

形而上学的对象

亚里士多德在总结了以往哲学的是非得失之后指出，第一哲学的研究对象既不是"自然"，也不是"理念型相"，而是"是者"。他说："有一门研究是者自身以及出于它的本性的属性的科学。"②这一门科学就是后人所谓的

---

① 亚里士多德：《形而上学》，991a 20-22。
② 同上书，1003a 20。

形而上学,亚里士多德本人称之为第一哲学。他认为,"是者"范围最广,地位最高。没有一样东西不属于"是者"的范围,但其他科学只研究"是者"的某个部分或性质,只有第一哲学才研究"是者"自身和本质属性。

亚里士多德明确地把第一哲学的对象归结为"是者",这标志着哲学思维的一大突破,亚里士多德之前的哲学缺乏统一的研究对象。他在前人所研究的众多对象中,选择了"是者"作为其他研究对象的聚集点。他的选择的理论基础一是对"是"动词极为普遍的用法的逻辑分析,二是前人对"是者"的哲学意义所做的深入探讨。亚里士多德成功地把形式逻辑和哲学史结合起来。用"是者"概括了诸如"本原""存在""本质""一与多""不变与变""善""真理"等等研究对象。哲学自从围绕着这样一个统一的对象之后,便可展开多层次、全方位的系统性研究。在此意义上,说形而上学使哲学成为科学并不是夸张之辞。

系词"是"的逻辑功能

亚里士多德的形而上学的秘密在逻辑学。要理解"是者"的哲学意义,我们首先必须了解,在亚里士多德创立的逻辑体系中,系词"是"具有何等重要的逻辑功能。概括地说,"是"的逻辑功能有下列三个:

(1) 判断的联结词

直称判断是最简单、最基本的判断,其形式是"S 是 P"。S 是主词,P 是谓词,需要系词"是"的联结才能成为判断。

(2) 指称主词自身

"S 是"在希腊文中是一个完整的句子,表示主词 S 是自身。现代西文也有这样的用法,如在英语里,说"S is"的意思是"There is S"。在这样的用法里,"是"的用法不是联结主词和谓词;即使 S 没有任何谓词,"是"也可以指称 S 自身。

(3) 表示被定义的概念与定义的等同

定义的形式是"S 是 Df"。定义与判断不同,判断的谓词表述主词,被表述的词与表述词的位置不能互换,如判断"花是红的"的意思不能反过来说"红的是花"。但被定义的词与定义的位置却可以互换而意义不变,如"人是有理性的动物"与"有理性的动物是人"的意义是等值的。这是因为,"是"在这里表示的是等同关系。

"是者"的实体意义

与系词"是"的上述三种逻辑功能相对应,"是者"的哲学意义也有三种。简单地说,"是者"的哲学意义是"实体",而"实体"的每一种意义都可以通过对系词"是"的逻辑功能的分析而得到。

(1) 实体与属性

亚里士多德说:"我们可以在很多意义上说一件东西是,但一切是者都与一个中心点有关系,这个中心点是确定的东西,它毫无歧义地被说成为实体。"①从概念的意义上说,"是者"既不是单义词,也不是歧义词;它所表示的众多意义都与一个中心意义相关,这个意义就是"实体"。

为什么说"是者"的中心意义是实体呢?亚里士多德紧紧抓住系词"是"联结判断的主词和谓词的用法,揭示实体的意义。按照他的逻辑区分,主词和谓词分属两类逻辑范畴:主词所属的范畴是"实体",谓词所属的范畴是属性。他把范畴数量归纳为十个:除"实体"之外,其他九个分别是实体的"数量""性质""关系""位置""时间""姿势""状态""活动"和"受动"。只有实体可以充当主词,其他九个范畴都是用来表述主词的谓词。比如说,"一个人(实体)是五尺高的(数量)","他是有能力的(性质)","他是父亲(关系)","他昨天是在学校(位置和时间)","他是戴帽的(状态)","他是站着的(活动)"。"他是被撞着的(受动)"。亚里士多德说:

> 只是由于实体这个范畴,其他任何范畴才能"是";实体必定是首要的,即,非限定意义上的、无条件的"是者"。②

实体与属性类范畴的主次关系可以从"S 是 P"的判断形式看出。S 和 P 有先后之别:S 在先,P 在后。这一逻辑区别的哲学意义是:实体是先是的东西,属性是后是的东西。亚里士多德说:"实体在定义上、认识顺序上、时间上都在先。""定义上优先"指实体是本质,而属性是偶性,"是者"的定义首先必须包括关于实体的定义;"认识顺序上优先"指认识"是者"的认识过程首先是指出它是某一个东西,然后进一步认识这个东西有什么属性;"时间上优先"指"是者"表示的存在首先是实体,其次才是依赖于实体而存在的属性。

---

① 亚里士多德:《形而上学》,1003a 33-b10。
② 同上书,1028a 29-b1。

亚里士多德说:

> 某些东西,我们说它们是,是因为它们是实体,另一些东西则因为它们是实体的属性,还有一些东西则因为它们是趋于实体的过程、实体的毁灭、缺乏、性质,或者是实体的产生,生成,或者是实体的相关者,或者是所有这些东西以及实体自身的否定。正因为这个道理,我们说,即使非是者也是什么都不是的东西。①

在这里,亚里士多德说明了多种多样的属性都因围绕着实体这个中心而有意义。就实体和属性的关系而言,实体是独立存在,不依赖其他东西而存在;属性必须依附于实体才能存在,因此,属性虽然也是一个东西,但却是依附于另一个"是者",任何属性都是实体的属性。在此意义上,"是者"的中心意义是实体。

(2) 第一实体与第二实体

判断的主词再可被分为两种:第一,有些主词只能作为主词来使用;第二,有些主词也可以用作谓词。试比较"人是会死的"和"苏格拉底是人","人"是第一个判断的主词和第二个判断的谓词;而"苏格拉底"却只能作为主词。这两类主词实际上是通名和专名的区别:通名指示种和属,专名指示个别事物。亚里士多德在《范畴篇》中明确地说:

> 实体在最真实、最原初和最确切的意义上说,是既不表述,也不依存于一个主体的东西,例如,个别的人或马。在第二性意义上所说的实体,指的是涵盖第一实体的属,以及涵盖属的种。例如,个别的人被涵盖于"人"这个属之中,而"人"又被"动物"这个种所涵盖,因此,"人"和"动物"被称作第二实体。②

这段话肯定了个体事物是第一实体,而种和属是第二实体。

作为主词的专名的逻辑形式是"S 是自身"。这样的判断没有谓词,系词"是"的作用是指称主词,好比指着一个事物,说它就是"这一个"(tode ti/ that it is)。所有专名的意义都是"这一个"。亚里士多德在《形而上学》中说,"这一个"是第一实体。值得注意的是,希腊文中并没有"存在"这个概念。亚里士多德用"这一个"表示"是者"指称的个别事物的存在。

---

① 亚里士多德:《形而上学》,1003a 33-b10。
② 亚里士多德:《范畴篇》,2a 11-17。

（3）第一实体与定义

除了《范畴篇》和《形而上学》中关于个别事物是第一实体的论断之外，《形而上学》的 Z、H 两卷又提出了形式或本质是第一实体的讨论。希腊文中没有"本质"这一概念，亚里士多德用来表示本质的术语是"其所是"（ti estin/what it is），也可意译为"本质"（essense）。亚里士多德说：

> 定义是其所是的表达，其所是在完全的、首要的和无条件的意义上被归诸实体。①

"S 是 Df"是定义的逻辑形式，其中的"是"，表达出主词与定义之间的等同关系。如果被定义的主词是一个实体，那么定义表达的本质就是实体本身。就是说，第一实体是本质，正如亚里士多德所声称的那样："形式和本质是第一实体。"②

两种关于第一实体的理论

我们看到，亚里士多德在不同的场合谈到第一实体的不同意义。他有时说第一实体是个别事物，有时说第一实体是形式。这两种说法是否矛盾呢？首先应该肯定的是，这里没有逻辑矛盾。按照我们的分析，这两种说法有不同的逻辑根据，分别与"S 是自身"和"S 是 Df"这两种逻辑形式相对应。既然这两种逻辑形式不是矛盾的，而是并行不悖的，我们也不能说由此而产生的两种关于第一实体的理论是逻辑矛盾。

但不容否认的是，这里确有矛盾。我们应该理解，本质（"其所是"）、定义和形式对于亚里士多德是同义词，如他所说："本质和形式是等同的"；③并且，他所说的"形式"与柏拉图所说的"理念"或"型相"在希腊文中是同一个词 eidos，表示普遍性。这样就产生了一个问题：如果第一实体是"这一个"，那么它就是个别事物；如果第一实体是"其所是"，那么它就是普遍的形式；第一实体到底是个别的还是普遍的？

再者，"这一个"所指称的不是任何属性，而是事物的存在，而"其所是"表示的不是个别的存在，而是本质属性。这样又会产生这样一个问题：第一实体到底是事物的存在还是本质呢？

---

① 亚里士多德：《形而上学》，1031a 12-14。
② 同上书，1030b 5。
③ 同上书，1032b 1-15。

亚里士多德看到了他的第一实体的理论有矛盾或不一致之处。他试图调和实体的个别性和普遍性、存在和本质之间的对立，探讨所谓的实体的个别化原则的问题。他试图把本质个别化，把个别化的本质作为第一实体。但是，在亚里士多德的体系中，本质是不能被个别化的；因为本质由定义表达，而根据他的逻辑，定义的一般形式是"种＋属差"，任何定义必然是普遍的，而不能是关于个别事物的定义。如果一定要为个别事物下定义的话，那也只能是现代意义上的直指定义，即指着一事物，说它是"这一个"。这样一来，又回到了第一实体是个别事物的立场，仍无法与第一实体是本质的立场相调和。

亚里士多德的实体理论对后世有着难以估量的巨大影响。由于他的第一实体的理论一开始就包含着矛盾，后世的形而上学始终存在着普遍主义与个体主义、本质主义与存在主义之间的不同倾向，中世纪的实在论与唯名论的争论也与之有关。

具体实体

以上所说都是对实体意义的逻辑分析。我们需要理解，亚里士多德不但是逻辑学家，而且是经验型的学者，他还考虑到经验世界的实体的现实意义。亚里士多德区分了实体与具体实体，他说："实体是内在的形式，形式和质料在一起是所谓具体实体的来源。"①前者指完全逻辑意义上的实体，即定义所表达的形式；后者指现实意义上的实体，即经验世界的运动着的事物。具体实体既然处于运动之中，它就要有现实性和潜在性，就是说，是由质料和形式共同构成的。经验世界的一切具体实体都由形式和质料、实在与潜在两方面因素构成。这种观点后来被称作"质型论"（hylemorphism，其中 hyle 表示质料，morphe 表示形式）。

根据形式与质料、实在与潜在所占的不同比重，具体实体被分为由下到上的等级：实体的质料或潜在性越多，则形式或现实性越少，所处的等级也就越低；反之则处于较高的等级。实体沿着形式或现实性越来越多的方向上升，最后到达没有任何质料或潜在性的纯形式、纯粹的现实性。《形而上学》提出了三类实体构成的世界等级。第一类是可朽的运动实体，第二类是永恒的运动实体，第三类是永恒的、不动的实体。第一类实体是地界的个

---

① 亚里士多德：《形而上学》，1037a 30。

体,第二类实体是天体。这两类实体都是可感的、具体的物理实体,都是由形式和质料组成的。第三类实体也是个别的,但却不是感觉对象,也没有质料;它不属于经验世界,而是神学研究的神圣实体,亚里士多德称之为"神"。

神　学

亚里士多德关于神的概念有三层意思:第一,不动的推动者或第一推动者;第二,纯形式或纯活动;第三,纯思想或思想的思想。关于第三点,他论辩说,神既然不包含任何质料和潜在,便不可能有任何形体,只能是纯粹的思想。但纯思想不能有任何外在对象,否则它将追求一个外在的目的。因此,神是一个思想实体,永恒地思想自身,神的活动是思想活动。至于神对自身的思想活动何以能够成为引起物理实体运动的推动力,这是一个谜。

"神"实际上是形而上学的最高原则和首要原因的代名词,是为了解释可感的物理实体的合理性而做出的理论设定。亚里士多德之所以称之为神,是为了强调最高实体依然是个别实体。他所谓的神不是有人格、创世的神,不是对之顶礼膜拜的宗教对象。对他来说,对神的崇拜是纯思辨活动,是智慧和幸福的顶点。研究神学是哲学的最高境界,不包括实用或实践的动机与利益。他还明确地说,人与神之间无友谊可言,因为神不会报答人对他的爱,人也不能用爱的情感去对待神。① 总的来说,亚里士多德关于神的观念继承了希腊哲学的理神论传统,没有陷入神人同形同性论的窠臼。然而,另一方面,他把形而上学归结为神学,把最高的哲学原则或最高实体冠以"神"的名称,在物理领域之外设立了一个超自然的神圣领域,为形而上学与各种宗教(基督教、伊斯兰教、犹太教)的神学的同盟开辟了道路。

第四节　灵魂学说

亚里士多德把灵魂当作一种特殊的运动的原则,即有生命的事物运动的原因。在此意义上,对灵魂的研究属于自然哲学。另一方面,他的灵魂学说始终贯穿着形而上学的基本原则,灵魂被当作一种特殊的形式,对它的研究属于实体学说。另外,他的灵魂学说包含着认识论。这样,他把自然哲学、形而上学和认识论融会在灵魂学说之中。

---

① 亚里士多德:《大伦理学》,1028b 26-32。

灵魂的性质

《论灵魂》批判地吸收了前人的思想。亚里士多德说,调和前人关于灵魂的思想是为了"得益于他们好的意见,避免他们的错误"①。他批评了两种倾向:第一种是倾向于把灵魂当作独立的运动实体的柏拉图观点,第二种是把灵魂和身体看成两个分离的实体的二元论观点。关于第一种倾向,他说,灵魂必须有一个宿主,灵魂的活动是宿主的活动;因此,感情和知觉等活动不仅仅是灵魂自身的活动,正如我们不能说编织和建筑只是灵魂的活动一样。正确的说法应该是,人以他的灵魂感受、学习和理解。关于第二种观点,他说,如果灵魂和身体是两个独立实体,那么很难解释两者在本性上的适合,正如木匠不能以笛子为工具一样,灵魂不能以任何一种形体为工具,灵魂与身体之间的内在、必然的联系不能被归结为实体之间的外在关系。②

按照亚里士多德的实体观,事物在宇宙中被排列为由低到高的等级,有生命的事物比无生命的事物更高级。灵魂只存在于有生命的事物之中,无生命的事物没有灵魂。这种看法在某种程度上克服了古代流行的"万物有灵论"。他给灵魂下的定义是:"潜在地具有生命的自然形体的形式","所谓生命,指靠自身摄取营养和生长(以及相应的朽灭)"。③

亚里士多德强调,灵魂是生命的现实性原则。按照他的定义,生命是靠自身摄取营养和生灭变化的运动过程。和一切运动过程一样,生命有潜能和现实两个方面,潜能即身体的潜在能力,灵魂使身体的潜能转变为现实的生命活动。更确切地说,灵魂在身体内部推动生命活动,是身体生灭和运动的原因。这种原因是自因和内因,与从外部推动无生命的事物做位移运动的推动力不同。

灵魂的功能和类别

一切有生命的实体都有灵魂。有生命的实体分植物、动物和人三大类,灵魂也相应地分成植物灵魂、动物灵魂和人类灵魂。植物灵魂的功能是消化繁殖,这是生命活动最普遍的特征。动物灵魂除了具有植物灵魂的功能

---

① 亚里士多德:《论灵魂》,403b 20。
② 同上书,408b 1-15,407b 13-26。
③ 同上书,412a 20,15。

之外，还执行着感觉、欲望和位移的功能。感性活动是动物的最普遍的特征，因此，动物灵魂也被称作感性灵魂。人类灵魂除了具有植物灵魂和动物灵魂的功能之外，还有理性思维的特殊功能，因此又被称作理性灵魂。

不难看出，植物灵魂、动物灵魂和人类灵魂在逻辑上按照种和属的顺序排列，在事实上则被排列为由低到高的等级。植物灵魂是灵魂的最普遍的种，包含在一切灵魂的定义之中。动物灵魂是植物灵魂的属，它的定义由植物灵魂（种）和感性功能（属差）构成。人类灵魂是动物灵魂的属，它的定义由动物灵魂（种）和理性功能（属差）构成。因此，亚里士多德做了一个著名定义：人是有理性的动物。

逻辑上由普遍到特殊的关系在事实上表现为由低到高的等级，较高一级的灵魂具有较低级灵魂的功能，反之却不然。因此，动物灵魂亦有消化和繁殖的功能，人类灵魂也有动物灵魂的全部功能。这意味着，较高级的灵魂包含着较低级的灵魂，以其作为它的一个构成因素。较高级的灵魂不是一个单纯的形式，因为它的定义包含着种和属差的区分。另一方面，灵魂不是一个复合体，灵魂以及它的构成因素是无形的。灵魂和它的构成因素的关系不是整体和部分的关系，而是特殊和普遍的关系，普遍的种寓于特殊的属之中。

《论灵魂》论及的各种灵魂形式和功能的等级，可由下图表示：

植物灵魂	动物灵魂	人类灵魂
营养功能：消化、繁殖	同左	同左
	感性功能：感觉、生理欲望、行动	同左
		理性功能：1. 理论理性（想象、抽象）；2. 实践理性（思虑、选择）

灵魂的感觉活动

亚里士多德从活动和对象两方面分析了感觉的性质。从活动方面来区分，感觉可分为触觉、味觉、视觉、听觉和嗅觉五类简单活动，每一类活动都与一个感官相对应，感觉就是感官的运动。除此之外，他还设想存在着一种通觉。他在《论梦》一文中说："还有一种伴随着所有的单独的感觉的活动能力……这是感觉的统一的活动以及感官的统一主宰。"①他认为简单感觉是相通的,必定有一种活动把它们统一起来。通觉伴随着每一种简单感觉,因此,视觉所见的形状和颜色与触觉所感受的硬度,味觉所感受的味道相统一,等等。通觉也有与之相应的感官,亚里士多德认为这就是心脏。心脏是"感官的统一主宰",因为"心脏是血液的源泉和首先出血的场所"②。他观察到,凡有感觉活动的器官都有血液,而血液来自心脏的运动,心脏在供给感官血液的同时传递着通觉,把各个感官产生的感觉统一起来。

亚里士多德说:"感觉从一般和全部意义上来说,应被理解为一种撇开质料而接受可感形式的能力。"③他把灵魂比作蜡块,蜡块接受的是图章的印迹,而撇开金或铜这些构成图章的质料。"蜡块"的比喻暗示着两个观点:第一,感觉是一种消极的接受能力;第二,在外在对象作用之前,没有任何关于这些对象的感觉。

亚里士多德强调,感觉接受的是可感形式,而不是可感事物。这一接受过程是这样造成的:由形式和质料构成的可感事物作用于感官,但感官本身也是一个由形式和质料构成的可感事物,它的质料是身体或身体的一部分,它的形式是一种现实性或活动,即感觉活动。亚里士多德似乎采用了早期自然哲学家"同类相知"的认识论原则,认为可感事物的质料作用于感官的质料,可感事物的形式作用于感官的形式。他说,过强的刺激作用可以毁坏感官,这只能用质料对质料的撞击作用来解释,如外物对琴弦的打击。另外,植物之所以没有感觉,这只是因为它缺乏与可感事物形式相应的形式,因而不能接受外来形式。总之,感觉内容是外在的可感事物作用于感官的结果,可感事物质料是不可知的,它对感官质料的作用也是不可感的,可感的只是作用于感官形式的外来形式,即压在灵魂上的印象。

"可感形式"既不是可感事物本身,又不是可感事物的本质,不是定义所表达的形式。可感形式有以下几个特征:(1)可感形式虽然脱离质料,但总是关于可感性质的印象,而本质形式却进一步脱离了可感性质。亚里士多德常用"扁鼻状"和"凹面"的例子说明两者的区别:前者虽不是具体的扁鼻,但总与鼻子的大小、位置相关,后者却是一个脱离具体事物可感性质的

---

① 亚里士多德:《论梦》,445a 15,20。
② 亚里士多德:《论动物的部分》,666b 1。
③ 亚里士多德:《论灵魂》,424a 17。

几何概念。可以说,"扁鼻状"是扁鼻的可感形式,"凹面"却是扁鼻的本质形式。(2)可感形式与可感事物相比,具有一定的普遍性。被感觉的可感形式虽然来源于一个个体,但却适用于众多个体。比如说,"扁鼻状"这一可感形式不只适用于苏格拉底的鼻子,还适用于其他一些人的鼻子。(3)可感形式虽然被感觉所接受,但却被想象所贮留。想象既不同于感觉,又不同于理智,而是介于两者之间的一种能力。这是一种恢复、重现过去所接受的感觉印象的能力,并对这些印象加以整理、归纳和安排,产生出一些从未接受过的印象。想象不再是消极的接受力,但仍然停留在对可感形式的认识,它构成了从感性认识到理性认识的一个中间环节。

灵魂的理性认识

感觉是人和动物共有的活动,人类所特有的活动是理智活动。理智是理性灵魂的特殊功能、活动和内容,是人类灵魂除去动物灵魂所执行的那些功能之后所剩余的核心要素。亚里士多德承认:"关于理智的问题,它在何时、如何、从哪里被有理智的人所悉知,是一个最令人困惑的问题,我们必须尽我们所能,解决能被解决的问题。"①

亚里士多德对照感觉,对理智的性质做了说明。首先,理智是一种主动的能力,或者说,理智活动的原因在理智自身,不像感觉活动那样,来自外部事物的作用。"因此,人有随心所欲地思想的能力,他却不能随心所欲地感觉,只能在感觉对象呈现时才能感觉。"②如同感觉的对象是可感形式一样,理智的对象是可知形式。关键在于,理智是如何把握可知形式的呢,根据理智的性质,亚里士多德做了如下说明:"理智是形式的形式,感觉是可感事物的形式。只有可感的、有形的物体才能独立地存在,可知形式包含在可感形式之中,两者都是从可感事物中抽象出来的不同状态和性质。因此,没有感觉的印象,人们不能知道或理解任何东西。在科学认识中,思想把握想象的印象。这些相似的东西在撇开质料的情况下被感知。"③这里说明了认识的三个阶段。首先,感觉接受可感形式,可感形式同时包含了可知形式,只是此时理智尚未发生作用,故对可知形式毫无认识。其次,想象对个别的可

---

① 亚里士多德:《论动物的繁殖》,736b 5—8。
② 亚里士多德:《论灵魂》,417b 23—25。
③ 同上书,432a 2—8。

感形式加以比较、归类,把相似的可感形式想象为一个印象,可知形式开始显露。最后,理智作用于想象的印象,把可知形式从可感形式中完全抽象出来,产生出理性的概念。

第五节　实践科学

亚里士多德的实践科学和物理学一样具有目的论的特征。所谓实践,就是以善为目的与导向的行为。国家和个人的终极目的都是同样的善,但是,国家和公众活动所实现的善比个人所能实现的善更高级、更完全、更尊贵。实践科学有两个主要分支:研究个人之善的伦理学和研究公众或国家之善的政治学。这两门学问的联系在于:个人只有在公众的政治生活中才能实现"至善"这一终极目的,因此,伦理学"在某种意义上是政治科学"①。另一方面,政治学的研究对象是规模和范围最广泛的善,可以看做伦理学的扩展,或一般意义上的伦理学的一部分。

善和幸福

亚里士多德认为,善有不同的等级,较低级的善服从较高级的善,并以较高级的善为目的。比如,服安眠药的目的是睡觉,睡觉的目的是健康,健康的目的是快乐,快乐的目的是幸福。幸福是生命的自然目的,也是最高的善。也就是说,每一个人都有追求幸福的自然倾向,幸福以自身为目的,同时又是其他一切目的之目的。这种以幸福为伦理活动终极目的的观点被称作幸福主义。

当时大多数哲学家皆持幸福主义的观点,但他们对幸福有不同的解释,不同社会阶层的人所追求的幸福也各不相同,如穷人以财富为幸福,奴隶以自由为幸福,病人以健康为幸福,有闲者以快乐为幸福,贵族以荣誉为幸福,等等。亚里士多德认为,作为生命的自然目的之幸福出自人的自然禀赋和本性;自然所产生的一切东西,都有目的和能力相适应的共同特征,无能力实现的目的或无目的之能力,都是非自然的。人的生命也是目的与能力的自然统一。人的独特的自然能力是理性,理性是一种分辨是非善恶并趋善避恶的能力。当理性如此指导人的行为时,理性便成为德性。根据自然目

---

① 亚里士多德:《尼各马可伦理学》,1094b 10。

的与自然能力相适应的道理,可知幸福生活必然是有德性的活动状态。

然而,亚里士多德并没有把"幸福"等同于"有德性",快乐也是幸福的必不可少的条件。如果有德性的活动伴随着痛苦,或最终导致不幸的后果,那么它只能在正常的意义上被认作是悲惨,而不是幸福。他认为幸福的人就是"那些按照完全的德性活动,在一生而不只是一个短暂时期有充足的外来好处供给的人"①,只有神才是不需要任何外来好处、只通过自身本性的完善便能够得到幸福的存在。人类只有借助一些外来好处,才能实现自身的德性。但他又强调,财富、名誉、门第、闲暇等外在好处不是幸福的原因,正如音乐家成功演奏的原因不是他所使用的乐器一样。他也不赞成以外在的好处为追求目的。他明确地表达了一种利他主义的道德准则:

> 善人为他的朋友和国家尽其所能,在必要时甚至献出生命。他抛弃财富、名誉和人们普遍争夺的利益,保持着自身的高尚。他宁可要短暂的强烈的快乐,也不要长期的平和的快乐,宁可高尚地生活一年,也不愿庸庸碌碌生活多年。②

亚里士多德的幸福观力图在快乐的生活和道德追求之间保持一种平衡:一方面强调德性是幸福的本质,另一方面指出快乐是幸福的外在条件。没有德性的快乐和没有快乐的德性都不是幸福,但相比之下,前者比后者离幸福更远。

有意与无意的行为

亚里士多德虽然认为德性是一种与理性相适应的自然禀赋,但他并不是一个"性善论"者。他谈到自然论和约定论对德性的不同看法时说:"德性既不是以自然的方式,也不是以违反自然的方式移植在我们之中。我们自然地倾向于获得德性,但却通过习惯培养起德性。"③他区分了"自然德性"和"严格意义上的德性",前者只是一种潜在的倾向,后者才是实现在道德活动中的德性。应该说明的是,德性从潜在到现实的过程与物理运动的自发性或必然性不同:一个人可能永远实现不了他的自然德性,甚至成为违反德性的恶人。亚里士多德说:

---

① 亚里士多德:《尼各马可伦理学》,1101a 14-16。
② 同上书,1169a 19-24。
③ 同上书,1103a 23-26。

自然赋予人用于理智和德性进程的武器很容易用于相反的目的。没有德性的人是最邪恶、最野蛮、最淫荡和最贪食的动物。①

阻碍自然德性成为现实德性的原因何在？或者说，邪恶的原因是什么？按苏格拉底的说法，无人有意作恶，无知是邪恶的原因。亚里士多德不同意这种说法，他认为无知或者被迫的行为都是无意的行为，无意的行为没有道德属性。他说，只有有意的行为才值得赞扬或责备，对无意的行为只能表示遗憾或怜悯。针对苏格拉底把德性与知识相等同的原则，亚里士多德在这里提出了有意和无意的区分，这不是知识和无知这两种认识能力或状态的区分，而是表示意志的能力或状态的区分。有意行为是受意志支配的行为，无意行为不受意志支配，但受理性之外的力量支配。无意行为没有伦理价值，既不善，也不恶。只有有意行为才有善恶之分。善良行为是理性的有节制的行为；邪恶行为则相反，是有意让非理性欲望驾驭理性的行为。因此，亚里士多德不赞成"无人有意作恶"的说法。

实践智慧

道德行为是有意地实现道德目的之活动，可被分析为"目的"和"手段"两个构成因素。亚里士多德指出："德性确保目的正确，实践智慧确保实现目的之手段"，"德性显示目的，实践智慧使我们去做受目的所支配的事情"。②"实践智慧"（phronesis/prudence）是与"理智"或"理论智慧"（一般简称为"智慧"，sophia）并列的理性。两者的区别在于：实践智慧只考虑具体环境和事实，理论智慧却追寻事实的原因③；实践智慧的对象是个别的事件，理论智慧的对象却是普遍的本质；最后，实践智慧乃是长期经验积累的结果，年轻人所能获得的只是像数学这样的理论智慧。④

实践智慧的明显特征是思虑和选择。"思虑"（deliberation）是对达到既定目的之最佳手段的思考，考虑到各种可能的手段与后果，对它们加以审慎的比较，瞻前顾后，深思熟虑，不同于思辨的推理过程。选择（choice）是思虑的结果，通过思虑，选择出最佳手段。思虑和选择的对象是可欲的，过程

---

① 亚里士多德：《政治学》，1253a 35-37。
② 亚里士多德：《尼各马可伦理学》，1144a 7-19,1145a 5-6。
③ 亚里士多德：《形而上学》，993b 20-23。
④ 亚里士多德：《尼各马可伦理学》，1142a 23-27,1173b 29-31,1142a 11-16。

却是理性的。使欲望服从于理性,这正是合乎德性的有意行为(自我节制)的特征。正如亚里士多德所说:选择"属于有意行为领域",是"欲望和理性的结合","对我们所能及的欲望的思虑"。① 思虑和选择不是单纯的理智活动,而是受理智支配的意志活动。这两个概念的意义一方面表达了一种理智主义的伦理观,另一方面又包含着"意志自由"观点的萌芽。

中道学说

实践智慧既然是一种有理性的选择,必然具有选择德性的标准。实践智慧选择德性的标准被亚里士多德概括为"中道"。他说:"德性是牵涉到选择时的一种性格状况,一种适中,一种相对于我们而言的适中,它为一种合理原则所规定,这就是那些具有实践智慧的人用来规定德性的原则。"② 伦理上的"中道"不是数学上的"中值",两者在希腊文中为同一词 meson(英文 mean),但中值是相对于事物的量而言的适中,由理论智慧所确定;中道是相对于人的情感和行为而言的适中,由实践智慧规定。毕达哥拉斯派混淆了两种不同意义的适中,把数学的比例关系混同于灵魂的和谐。柏拉图已经区分了数学度量和道德评价。③ 亚里士多德采用了这一区分,把"中道"作为德性的标准。德性的对立面是两个极端:"过分"和"不足",过分是"主动的恶",不足是"被动的恶"。以情感为例,自信是骄傲(过分)与自卑(不足)的中道,义愤是易怒(过分)与麻木(不足)的中道。以行动为例,勇敢是鲁莽与怯懦的中道,大方是奢侈与吝啬的中道。需要注意的是,德性是相对于两个邪恶的极端而言的中道,但相对于各种不同程度的恶而言,德性本身也是一个极端,即善,德性与邪恶的关系可用下图表示:

---

① 亚里士多德:《尼各马可伦理学》,1113a 11。
② 同上书,1107a 1-2。
③ 参见柏拉图:《政治家篇》,284 a-b。

由图可见,德性与"主动的恶"和"被动的恶"的区别不是程度的区别,德性不是程度上的适中,它是与一切邪恶相分离的善。"中道"表示德性的特质和独一无二的品格。亚里士多德引用一句诗说:"人们行善只有一途,作恶的道路却有多条"①,形象地说明了"中道"标准的唯一性和邪恶程度的多样性。由于中道不是程度上的适中,各种邪恶情感和行为没有中道,或者说,程度适中的邪恶仍然是邪恶。如亚里士多德所说:

> 怨毒、无耻、妒嫉、通奸、盗窃、谋杀,这些活动的名称已经意味着它们本身的恶的性质,并非由于它们的过分或不足才是恶的。所以,要想在不义、卑怯、淫佚的行为中发现一种中道,一种过分和不足,同样是荒谬的。②

城邦国家

亚里士多德分别从时间的顺序和自然的顺序两方面探讨了国家的起源。从时间的顺序上说,国家是家庭和村落的延续。最初的社会组织是家庭,家庭为了满足人的日常需要而存在。当人们的需求扩大,若干家庭联合为村落,以满足人们日益增加的需要。最后,若干村落组成国家,满足人们所有需要,包括物质生活和精神生活的需要。亚里士多德对国家起源所做的历史性探讨,基本上符合希腊社会由家族部落向城邦发展的进程。

所谓"自然顺序",实际上是对人的本性所做的理论分析。从自然顺序上说,国家先于其他一切社会组织形式。这是因为国家出自人的政治属性。他说:"很明显,国家是自然的产物,人在本性上是政治动物。那些出于本性,而不是出于偶然性没有国家的人,或高于人,或低于人。"③这句话被演绎为"人是天生的政治动物"这样的名言。

国家是为了达到人类道德和理智生活最高目的之社会组织,个人只有在公共的政治生活中才能最大限度地实现自己的德性,达到最高的幸福。为了公民的幸福生活,国家至少应有下列一些功能。第一,国家必须保持适当疆域,以便提供足够的资源。国土不能太小,否则将缺乏生活必需的自然资源;但也不能太大,否则过剩的资源将产生挥霍浪费的生活方式。第二,

---

① 亚里士多德:《尼各马可伦理学》,1106b 35。
② 同上书,1107a 10-20。
③ 亚里士多德:《政治学》,1253a 1-4。

国家必须维持社会等级制度。农民和工匠等生产者虽然是必要的社会成员,但不应有公民权。只有能够保卫国家的武士才是真正意义上的公民。公民是一生履行国家职责的人,他们在青年时是武士,中年时是统治者或立法者,老年时是祭司。公民在城郊或军事要塞附近拥有一块土地,雇佣农民耕种。第三,国家的一项重要功能是教育,教育从体育和德育开始,从小培养道德习惯,铸造健全体魄。

亚里士多德在研究希腊城邦的宪法和政制的基础上,对各国政体做了形式上的区分。政体被分成了为公民共同利益的好政体和为了执政者私人利益的坏政体两种。每一种分为三个属:好政体包括由一个人统治的君主制,由少数人统治的贵族制和由多数人统治的立宪制;同样,坏政体也依由一个人、少数人和多数人统治,被分为暴君制、寡头制和民主制。值得注意的是,亚里士多德并不认为统治者人数的多寡决定政体的优劣,统治者的德性和目的才是决定性因素。每一类坏政体都是由相应的好政体蜕变而来的。比如,由一个人统治的政体,如果统治者贤明,则为君主制,如果统治者邪恶,则为暴君制,暴君由君主蜕变而来。同样,贵族制蜕变为寡头制,立宪制蜕变为民主制。

在讨论哪一类政体最好这一问题时,亚里士多德区别了最理想的政体和现实中最佳的政体。最理想的政体是君主制,公民被一个在各方面都最卓越的人统治,并被他当作自由人来统治,这样的政治在理论上说是最好的。但是,英雄时代已经结束,现实政治中没有一个人有高于其他任何人的统治资格。贵族制比君主制实际上更好。但是,贵族制也只能在少数城邦实行,对于大多数城邦依然是一个政治理想,因为很难保证少数执政的贵族不蜕变为寡头。现实中最佳的政体是立宪制。立宪制的优越性在于稳定、持久。它是由中等阶级统治的政体,它是由少数富人统治的寡头制和由多数贫民统治的民主制的中道。他说:

> 这个阶级是一个国家中最安稳的公民的阶级,因为他们不像穷人那样觊觎邻人的东西,别人也不觊觎他们的东西;既然他们不谋害别人,又不怕别人的谋害,所以很安全地生活。①

在中等阶级人数众多的城邦中,国家会治理得很好。如果中等阶级的力量

---

① 亚里士多德:《政治学》,1295b 27-40。

超过富人和贫民力量的总和,或者至少超过其中之一,就会阻止坏的政体出现,防止社会变动和革命。亚里士多德不赞成用革命的手段改变政体,认为革命的原因是坏政体的极端做法,结果是相反的极端,永远不会达到符合中道的好政体。亚里士多德关于中等阶级的政治理论是他的"中道"伦理学说的延伸,他所说的中等阶级有着鲜明的历史特征,指那些能够购买重装军备,在战时成为武士,平时拥有适度财产、温文尔雅的自由民。亚里士多德的伦理学和政治学归根到底代表着这一阶层的利益。他的哲学的调和、综合特征也曲折地、间接地反映着他们的社会地位和文化特征。

第六章
晚期希腊哲学

从公元前 322 年亚里士多德逝世到公元 529 年东罗马帝国皇帝查士丁尼下令关闭雅典所有的学园,这段时期在哲学史上构成一个相对独立的完整阶段,但这段时间在历史上却经历了两个不同的时期:希腊化时期和罗马时期。在希腊化时期,希腊哲学随着马其顿王国的军事征服带来的文化扩张,传播至东方,埃及的亚历山大城与雅典并列为文化和哲学的中心。在罗马时期,希腊哲学进一步传播到拉丁语地区,不擅长思辨的罗马人在哲学上因袭希腊人,但使用拉丁文表达希腊哲学的思想,产生出最早的拉丁文哲学典籍。从思想内容上来看,这两个历史时期的哲学都是希腊哲学的延续,流行着同样的学派,表现出基本稳定和一脉相承的思想特征,因此似无必要在其中单独区分出所谓的罗马哲学。

晚期希腊哲学有四个新的派别:伊壁鸠鲁派、斯多亚派、怀疑派和新柏拉图主义。老学派以柏拉图追随者组成的学园派和亚里士多德追随者组成的逍遥派为主。这些学派长期并存,既相互渗透和影响,又彼此攻讦和争论,呈现出错综复杂、扑朔迷离的局面。

这个时期的新学派区别于老学派的一个显著特征是伦理化的倾向。所谓伦理化,指以伦理学为核心或归宿,哲学的主要目标不再是追求智慧,而是追求幸福。虽然各派对于幸福有不同理解,但都认为理性的生活只是达到幸福的一个途径,没有为智慧而智慧的思辨精神和穷究世界奥秘的探索精神。他们在纯粹思辨领域都没有大的建树,但借助前人的形而上学、自然哲学和知识论,作为自己伦理学的基础,如伊壁鸠鲁派之于原子论,斯多亚派之于赫拉克利特,新柏拉图主义之于柏拉图,怀疑派之于学园派,都有这样的联系。伦理化倾向的原因,一方面是城邦制的瓦解所造成的社会动荡和融合,深刻而全面地改变了人与人、人与社会的关系,人们在迅速变化的复杂的社会环境中,普遍渴望安宁和谐的生活;另一方面是罗马人和东方人的实用态度和宗教信念侵入希腊哲学内部,怀疑主义和相对主义引起的无谓争吵也从内部毁坏了希腊人固有的思辨理性精神。

从理论形态上看,原来属于哲学思辨范围的某些对象出于实用的需要,从哲学中分化出去。这一时期的学术研究向着专业化方向发展,几何学、天文学、力学、地理学、历史学和文学等方面都有辉煌成就,堪称学术上的"黄金时代"。在这样的理论背景中,哲学更加注重专业性的学术研究所不涉及的领域,关注人生问题,朝伦理化方向发展。

第一节 伊壁鸠鲁派

伊壁鸠鲁(Epicurus,公元前342—前270年)生于萨摩斯,早年学习柏拉图和德谟克利特学说。18岁时来到雅典服兵役。之后在外地学习和教学。公元前306年再次来到雅典,在自己住宅的花园里开办学校,他的学校因而被称作"花园"。花园聚集着伊壁鸠鲁的朋友,吸引了不少学生,包括一些妇女。伊壁鸠鲁生前享有崇高的威望,追随者把他当作神圣者来崇拜,他的教导被当作正统学说严格执行,形成了花园派独尊师长的传统。伊壁鸠鲁著述传说有三百余卷,但只有三封信和题为《格言集》和《学说要点》的残篇流传下来。

伊壁鸠鲁认为,哲学是通过论辩和讨论的方式产生幸福生活的一种活动;正如不能治疗身体疾病的医药是无用的技艺,不能解除灵魂痛苦的哲学是无用的空话。为了能够幸福地生活,必须学习伦理学;为了摆脱错误的认识和不必要的忧虑与恐惧,必须学习物理学。

原子论的自然观

伊壁鸠鲁是德谟克利特的原子论的忠实继承者。面对各派自然学说,他坚决维护原子和虚空的真实性。原子和虚空虽然是不可感的,不能被自明的感觉所直接证明,但它们的真实性却不可辩驳;就是说,如果不设定原子和虚空,那么自明的感觉将被推翻;感觉的自明性证明了原子和虚空的真实性。伊壁鸠鲁对德谟克利特的原子论做了重要的补充。他认为,原子除有形状、次序和位置之外,还有重量这一性质。原子的运动原因有二:一是由于原子自身的重量,原子在无限的虚空中垂直下落;二是由于原子相互碰撞,造成原子碰撞的原因是某些原子在下落运动时产生偏斜,碰撞沿另外垂直方向运动的原子,产生出横向和斜向的运动。原子相互碰撞组成了原子团,所有的事物都不过是大大小小的原子团,都是无序的碰撞造成的结果。马克思在他的博士论文中首次阐发了伊壁鸠鲁新贡献的理论意义,指出原子的重量和偏斜所造成的运动既有必然性,又有偶然性。用这种方式,伊壁鸠鲁否认了目的论、宿命论和神意,甚至神本身也被当作原子运动的结果。这些神远离人事,不干涉自然,没有理由畏惧这些与我们的生活无关的东西。

快乐主义

伊壁鸠鲁的伦理学被称为快乐主义。按照感觉主义的准则,快乐无可辩驳地具有崇高的价值:感觉证明了快乐为善、痛苦为恶这一常识的正确性,感情显示了趋乐避苦的自发性和自明性,快乐的伦理价值是显而易见的真理。

伊壁鸠鲁虽然把快乐与幸福相等同,但却坚决反对把快乐与享乐相等同。他说:"每一种快乐由于其自然吸引力,都是某种善,但并不是每一种快乐都值得选择。"①那么,什么样的快乐才值得选择呢?伊壁鸠鲁区分了三类不同的快乐:第一种是自然的和必需的,如食欲的满足;第二类是自然的,但却不是必需的,如性欲的满足;第三类是既不自然又不是必需的,如虚荣心、权力欲的满足。他又区分了强烈但不能持久的快乐与平静而长久的快乐,还区分了动态快乐和静态快乐;前者是欲望的要求和满足,如娱乐和高兴,后者是痛苦的消除,如无饥无渴、无欲无求的轻松状态。

伊壁鸠鲁在比较了各种快乐的得失之后,认为静态快乐高于动态快乐。他的理由是:最高的幸福是不可增减的,人们在动态快乐中得到的享受或强或弱,只有在静态快乐中才能处于平稳不变的幸福状态。从历史上看,把希腊哲学中流行的"不变高于变化"的观念应用于"快乐"概念,始于亚里士多德。他曾说,快乐更多地存在于静止之中,而不在运动之中。② 伊壁鸠鲁也认识到,享乐无止境,欲望对快乐的追求和满足是贪得无厌的。他说:"你

---

① 引自《古希腊哲学》,苗力田主编,中国人民大学出版社,1989年,648页。
② 参见亚里士多德:《尼各马可伦理学》,1154b 28。

在需要快乐的时候,正是你因缺乏快乐而痛苦的时候。"[1]欲望的追求和满足总是摆脱不了痛苦,过度的享受最终导致痛苦,这也是"欲壑难填"的道理。

伊壁鸠鲁所谓的静态快乐指身体免遭痛苦和心灵不受干扰两个方面;或用肯定的方式表述,指身体健康和心灵宁静。伊壁鸠鲁认为这两个方面相互影响,身体遭受痛苦时心灵不能宁静;反之,心灵受到干扰时身体健康也会受损害,但是,他更加强调心灵的快乐。"宁静"的心态是静态快乐的主要特征,伊壁鸠鲁把它和审慎的生活相联系,认为这种生活才是最高的善。他本人对自己的伦理思想身体力行,一生过着宁静生活,赢得追随者的信任和尊重。

无论从理论上看还是从实践上看,伊壁鸠鲁都没有提倡享乐主义或纵欲主义。然而,在历史上,享乐主义的坏名声和纵欲主义的不实之词却加在了伊壁鸠鲁头上。这固然出自后人的误解和穷奢极欲的罗马贵族的曲解,但伊壁鸠鲁快乐主义确实包含着某些易被曲解和利用的因素。首先,伊壁鸠鲁虽然区分了动态快乐和静态快乐,但并未否认动态快乐。相反,他认为动态快乐增加了快乐的种类,丰富了快乐的体验,人们在痛苦时主要通过对快乐的回忆和期待来摆脱痛苦,而动态快乐所提供的体验是回忆和期待的来源,因而是达到静态快乐的手段和途径。其次,他虽然强调心灵快乐高于身体快乐,但在不影响健康的条件下,并不排斥身体快乐;有时还容许把无害的尽情享受当作摆脱痛苦的手段。伊壁鸠鲁甚至说:"胃的快乐是一切善的起始和根源,智慧和文雅也与之相关。"[2]必须再次强调的是,一切官能享受只有在不妨碍身体健康和心灵宁静的前提下才能被认作快乐。

不可否认,伊壁鸠鲁的快乐主义确有难辞其咎的一些缺陷,这就是它的个人主义倾向。他的伦理学关心的只是个人的快乐,而不是社会的福利,达到个人快乐的途径也与社会服务和利他行为无关。伊壁鸠鲁所能想象的快乐的社会生活只是友谊,但这不是相互帮助、济贫救困式的友谊,而是悠闲的知识阶层之间的愉快交往。

罗马诗人卢克莱修(Lucretius,约公元前98—前53年)的《物性论》可以弥补伊壁鸠鲁在社会观上的不足。该书用原子论世界观描述世界从自然

---

[1] 引自《古希腊哲学》,中国人民大学出版社,1989年,648页。
[2] *The Hellenistic Philosophers*, vol., ed. by A. Long, Cambridge, 1987, p.117.

到社会的演化,特别强调宗教的心理根源是无知、恐惧,社会根源是作恶的人企图依赖神的护佑免除惩罚。卢克莱修认为,他首先用罗马人"祖国的语言",说出了原子论的真理,他要用自然理性之光破除宗教造成的迷信和恐惧,把人提升到快乐生活的光明之境。卢克莱修如此直言不讳,后世也就顺理成章地把伊壁鸠鲁主义归为无神论了。

第二节　斯多亚派

概　论

斯多亚派是希腊哲学中流行最广泛、延续时间最长的一个派别,按照时间顺序和思想倾向,斯多亚派可分早期、中期和晚期三个阶段。早期斯多亚派流行于公元前4世纪至公元前2世纪左右的希腊化时期,中期斯多亚派流行于罗马人征服希腊化地区之后的罗马共和国时期,晚期斯多亚派流行于罗马帝国时期。

它的第一创始人芝诺(Zenon,公元前336—前264年)生于塞浦路斯岛,早年到雅典求学。公元前300年左右开办了自己的学校。他在一个画廊讲学,他的学派因此而得名(希腊文"斯多亚"*Stoa*的意思是"画廊")。经过三十年的努力,他使画廊成为与学园和花园齐名的雅典著名学校。他死后,雅典人为他建墓立碑,碑文赞扬他"在这个城市从事哲学多年,在各方面都是一个善人,鼓励年轻人恢复德性和节制,走上正道。他本人的生活是所有人的榜样,与他教导的学说完全吻合"。为此,雅典人决定按照法律给他戴上金冠。①

克里尼雪斯(Cleantlies,公元前331—前232年)来自小亚细亚的阿萨斯。他以顽强的毅力学习和实践芝诺的教导,以热烈的情感颂扬神,把芝诺的自然哲学和伦理学进一步神学化。他的继承人为克吕西甫(Chrisippus,公元前280—前206年),把芝诺的学说系统化,以精密的逻辑论证斯多亚派观点,反驳学园派和伊壁鸠鲁派,著述多达七百余卷,对斯多亚派哲学体系的形成和传播贡献最大,被称作斯多亚派的第二创始人。

罗马政体由共和国转变为帝国之后,斯多亚派几乎成为罗马帝国的

---

① 拉尔修:《名哲言行录》,7卷36章。

"官方哲学"。第一任皇帝奥古斯都的两位教师都是斯多亚派哲学家,从他统治时期开始,斯多亚派不但出入于宫廷,而且活跃在一切公共场所;不但流行于贵族阶层,而且深入一般民众之中。这一时期斯多亚派代表人物是塞涅卡(Seneca,公元前4—公元65年)、爱比克泰德(Epictetus,55—135年)和马可·奥勒留(Marcus Aurelius,121—180年)。他们之中一个是权贵,一个是奴隶,一个是皇帝,足见斯多亚派影响范围之广。晚期斯多亚派的重要著作大多被完整地保留下来,都以拉丁文写成。罗马斯多亚派理论没有系统性,但对人在世界中的地位、人的社会责任和道德规范、合适的生活方式和内心修养的途径等直接关系到个人幸福的实践问题做了深入阐述。

斯多亚派的哲学体系包括逻辑学、自然哲学和伦理学三部分。早期斯多亚派哲学家把哲学比作一个动物,把逻辑学比作骨骼和腱,自然哲学比作有肉的部分,伦理学比作灵魂。他们还把哲学比作鸡蛋,称逻辑学为蛋壳,伦理学为蛋黄,自然哲学为蛋白;又拿肥沃的田地作比喻,逻辑学是围绕田地的篱笆,伦理学是果实,自然哲学则是土壤或果树。① 按照这些比喻,伦理学是哲学的核心和目的,自然哲学是基础,逻辑学是手段。在罗马斯多亚派的著作中,逻辑学和自然哲学不再受重视,伦理学与神学更密切地结合在一起,与罗马人的宗教信仰和生活方式相协调,为统治阶级提供精神支柱。

物 理 学

斯多亚派物理学的基本原则是:有两种本原,一种是主动的,另一种是被动的,它们在不同的层次上构成世界万事万物。

在微观的层次上,万事万物均由元素构成,并消解为元素。据史料记载,"斯多亚派说有些元素是主动的,有些是被动的,气和火是主动的,土和水是被动的"②。主动的元素向上运动,被动的元素向下运动。在圆球形的世界中,"向下"意味着向中心聚集,"向上"意味着向边缘扩散。最初只有火元素,火在做向下运动时,依次生成出气、水和土元素,因此,宇宙外层是由火构成的星球,其次是气和水,中央是大地。当元素做向上运动时,按照

---

① 《西方哲学原著选读》,北京大学西方哲学史教研室编译,上卷,商务印书馆,1981年,178—179页。

② The Hellenistic Philosophers, vol.1, ed. by A. Long, Cambridge, 1987, p.282.

土、水、气、火的次序，一切都复归为火。只有火是永恒的，其余三种元素都从火元素产生，并且包含着火的活动力。只不过水和土包含的火较少，活动力较小，故被当作被动的元素。火与气这两种能动的元素构成精气，精气并不是火与气的混合物，而是最富有火的能动性的热气，又被称作气息或"普纽玛"（pneuma），一般译作"精神"（Spirit），但需注意的是，"普纽玛"不能按现代意义被理解为"无形体"的精神，因为它是由能动元素构成的，而元素是精气的形体。

在可感的宏观层次，被动的本原是质料，能动的本原是"逻各斯"或理性，两者结合为运动着的形体。质料只是没有任何规定性的实体或存在，只有理性才赋予存在以运动的能力。理性依自身能力的不同而被分为不同等级，理性所规定的形体也相应被排列成无生命物、植物、动物、人和神。最低级、但却最普遍的理性是弥散于宇宙之间，渗入万物之中的气息或"普纽玛"，"普纽玛"给予质料以"内聚力"，使之形成一个单一的整体。即使石头中也有"普纽玛"，否则它就不能保持其完整的形状。植物中的理性除了有内聚力之外，还有生长力。这种理性被称作"种子理性"（logos spermatikos），它控制着生命的生长、扩大和繁殖的过程。动物的理性除有内聚力和生成力之外，还有自动和感觉的能力，这种理性即"灵魂"。人除有灵魂之外，还有理智。理智是最高级的理性，是人与神共享的活动力。理智或"奴斯"（nous）与"普纽玛"不同之处在于它是纯粹的火，不再掺杂着较被动的气。斯多亚派认为神是"有智谋的火"，只有神才具有完全的理智。人介于神和动物之间，他与神分享理智，与动物分享灵魂。

在斯多亚派的术语中，神、理性和火常常被用作同义词。例如，当他们说质料和神分别是消极的和积极的本原，或说石头中有神时，并非表达后人所说的泛神论观点。毋宁说，这里表达的是一种带有唯物主义倾向的理性观，即认为精神和灵魂是有形体的观点和形体自身包含着能动力量的观点，这些观点贯穿于斯多亚派的世界观。

在宇宙观层次，斯多亚派认为宇宙本身就是一个活着的形体，即包含着千千万万个体的普遍形体。他们使用的"宇宙"一词包含三层意思：第一，事物的全部；第二，宇宙的秩序；第三，两者结合的整体。他们争辩说，"全部"不等于"整体"。事物的全部只是有限的形体，宇宙的秩序把有限形体结合在无限的虚空之中，使之成为宇宙整体。这一整体是有理性的，因为宇宙的各部分都是有理性的，整体不可能没有部分所有的性质，宇宙的所有部分都受理性的秩序的支配。按照他们的解释,充斥宇宙的"普纽玛"的颤动具有一定的节律,宇宙按照这样的节律做循环运动。从宇宙万物由火中生成到万物复归于火是一个周期,称为"大年"。宇宙的整体在空间上是有限的,被无限的虚空所环绕;在时间上是有朽的,按照一定的秩序生成和毁灭。只有火才是永恒的、神圣的。很明显,这种思想来自赫拉克利特,宇宙被看做是一团活火,在一定的分寸上熄灭,在一定的分寸上燃烧。

按照自然生活

斯多亚派关心自然的目的是为了达到幸福生活,他们的口号是"按照自然生活"。这里所谓的自然指世界的本性,即"逻各斯""正确理性"或"共同法"。按照自然生活也就是按照理性生活,按照自然律生活。需要注意的是:按照斯多亚派的严格的决定论,按照自然生活也就是服从命运。他们认为每一个人都有自己的命运,人不能改变或控制命运,但却可以控制对待命运的态度。爱比克泰德把命运比作每一个人在人生舞台上扮演的角色;有人当主角,有人当配角;有人当英雄,有人当小丑。人生舞台的总导演是神,神赋予每一个人的角色就是他们的命运。人不能控制和改变他的命运,但却可以控制他对待命运的态度。正确的态度是顺从命运,努力承担命运赋予的职责。不正确的态度是为幸运而沾沾自喜,为厄运而怨天尤人,就好像一个演员不演好自己的角色,却嫉妒别人所承担的较好的角色,或喧宾夺主,企图改变剧情。公元2世纪的基督教哲学家希波利特(Hippolytus)曾如此形容斯多亚派的命运观:"好比一条狗被拴在一架车上,当它情愿遵从时,它拉车;当它不情愿遵从时,它被车拉。"①斯多亚派所提倡的顺应命运的态度,正像一条奋力而欣快地拉车的狗。

斯多亚派认为,不顺应命运的态度是非理性的情感,这样的情感有四种:忧伤、恐惧、欲求和快乐。他们有如下定义:"忧伤是非理性的压抑,恐惧是非理性的退缩,欲求是非理性的扩展,快乐是非理性的膨胀。"②"压抑""退缩""扩展"和"膨胀"指示不足和过度的心理状态。与此相反,理性的态度的特点是"不动心"。即使面对死亡,也要不动心。马可·奥勒留说:"有理性的人不要以烦躁、厌恶和恐惧心情对待死亡,而要等待这一自然动

---

① 希波利特:《驳一切异端》,1卷21章。
② H. Von Arnim, *Stoicorum veterum fragmenta*, Stuttgart, 1905, vol. 3 No. 391.

作的来临。"①不动心即他所推崇的坚忍。他说:

> 像岬角那样屹立,任凭脚下波浪滚滚,直至咆哮的冲击波被制服平息。不要说"我遇到这样的事多么不幸",而要说"即使遇到这样的事,我却没有创伤,不被现在所压倒,不对未来抱有恐惧,这是多么的幸运!"②

可以说,不动心是斯多亚派所追求的幸福目标。塞涅卡说:"什么是幸福?和平与恒常的不动心。""如何获得它们? ……把理性放在硬壳之中。"③斯多亚派提倡"不动心"的理由是:幸福归根到底是一种心理感受;人们既然不能控制外界发生的事件,就应该排除外在事件对心灵的影响,以心灵的不变对付外界的万变。不管什么样的命运,不管外界发生了什么,有智慧的人都能保持平稳而又柔和的心情。爱比克泰德心目中理想的斯多亚人,"虽病而幸福,危险而幸福,被放逐而幸福,蒙受羞耻而幸福"④。

命运和自由选择

斯多亚派认为,一切都按照命运而发生。这是因为一切都被"逻各斯""火"或"神"严格地决定着。虽然在斯多亚派术语中,"逻各斯""火"或"神"都指示同一种支配宇宙、规范运动的力量,但却区分了不同程度的必然性。"命运"(fate)表示最严格的必然性,如天体在特定的轨道上运行。产生命运的原因是宇宙理性或"逻各斯"。按照"同类相知"的原则,命运被人类理性所理解。斯多亚派用以表示必然性的另一术语为"天命"(Providence)。天命和命运的区别在于天命暗示着人格神的预见和前定,命运却是非人格的理性的决定作用。西塞罗后来解释说,"天命"一词只是"神的天命"的缩语,它肯定"神以预见统治着宇宙"这一信条。⑤ 按照克里尼雪斯的说法,命运包含着天命,神也不能摆脱命运。

斯多亚派的命运观是严格的决定论,但并不一定导致消极无为的宿命论。斯多亚派的论敌声称,斯多亚派的命运观是一种"懒惰学说",就像对病人说:"如果你命定要康复,找不找医生看病都不起作用。如果你命定不

---

① 奥勒留:《沉思录》,9 卷 3 章。
② 同上书,4 卷 49 章。
③ 塞涅卡:《信件集》,65 件 12 节。
④ 爱比克泰德:《言谈集》,2 卷 19 章 24 节。
⑤ 西塞罗:《论神的本性》,2 卷 29 章 73—74 节。

能康复,医生也不能起作用。因此,不论你的命运是什么,你都不用找医生看病。"克吕西甫回答说:"命运是整体的连续不断的秩序,一类事物跟随着另一类,并导致别的一类,它们之间的相互联系不可违反。"①他提出"合成原因"的概念:每一个事件都有自身原因,命运是这些原因的合成原因。正如睡梦者不能观看一样,逃兵不会获胜,不劳者没有收获。合成原因的概念排除超自然的奇迹,使命运观成为因果决定论。

斯多亚派又区别了"近因"和"主因"。在物理世界,形体运动的近因是外力推动,主因是形体的内趋力。在伦理领域,人的活动的近因是呈现在心灵中的表象,主因是心灵对表象的反应。虽然人的表象被外物所决定,但人却可以自主地选择对待表象的态度。爱比克泰德用抵制女色诱惑为例,说明了人选择表象的自由:

> 不要被表象弄得急不可耐,对自己说:"表象啊,等一会,让我看一看你是谁,要干什么,让我考验你一下。"不要让表象牵着你走,不要把你要做的事想得栩栩如生,否则你就会受它任意支配。要用另外一个美丽、高尚的表象与之相抗衡,把这个卑鄙的表象排除。

他说,这种表象之间、感情之间的冲突才是"真正的竞技"②。如果做出正确的选择,那么他就是幸运的人。虽然世界上一切都被命运严格地决定着,人仍然有行善的幸运和作恶的不幸。严格的决定论仍然留有自由选择的余地。

有一句名言:一个人的性格就是他的命运。斯多亚派不能回答这样一个问题:一个人能否选择他的性格呢? 如果人不能选择他的性格,那么他的一切都是命定的;如果他的性格是他的创造,那么他就掌握了他的命运。斯多亚派既要避免宿命论,又要肯定人的自由和自主性,他们的学说在理论上是有矛盾的。

世界城邦和自然法

芝诺著有与柏拉图《理想国》同名的著作,却表达了与柏拉图相反的政治理想。这部著作提出的"世界城邦"和"世界公民"的思想具有划时代的

---

① *The Hellenistic Philosophers*, ed. by A. Long, Cambridge, 1987, vol.1, p.336.
② 爱比克泰德:《言谈集》,2卷18章24—28节。

意义。苏格拉底和犬儒派的第欧根尼是这一思想的前驱,他们在被问及"你属于哪一城邦"的问题时,都回答说:"世界。"芝诺根据理性统一性的宇宙图式,认为有理性的人类应当生活在统一的国家之中,这是一个包括所有现存的国家和城邦的世界城邦,它的存在使得每一个人不再是这一或那一城邦的公民,而只是"世界公民"。斯多亚派提出大一统的国家学说绝非偶然。早期斯多亚派哲学家大多出生于希腊本土以外,他们生活在文化交流空前活跃的大希腊化时期,反对希腊哲学家狭隘的民族优越感和城邦政治。"世界城邦"的思想预示了后来兴起的大一统的罗马人统治的国家,客观上有助于希腊哲学和文化的传播。

"世界城邦"是完善的国家。按芝诺所描绘的蓝图,它的法律是自然显现在人心的普遍有效的"正当律",而不是各民族人为约定的万民法,或在各城邦实施的法律,后者只是前者发展的低级阶段。斯多亚派关于自然律的思想不但在哲学史上有深远的意义,而且在实际中促进了罗马人的法学研究;可以说,希腊哲学和罗马法这两大西方文明源泉的合流肇始于斯多亚派。

自然律是宇宙理性或"逻各斯"的无声命令,无条件地被人类理性所接受。芝诺以自然律的名义,摒除希腊城邦不合理的法律和习俗。他说,世界城邦没有阶级、种族和任何等级差别,一切人都是平等的公民,是互爱互助的兄弟。男女是平等的,男人不能把女人作为自己的财产。他们应当穿着同样服装,无须向对方遮掩自己的身体。男女以自由结合方式组成家庭。这个城邦将没有殿堂、庙宇和法庭辩论,没有剧场和体育场,没有货币,总之,凡是无助于德性的设施一律废止,让理性以自然方式起作用。

自然律的第一条命令是履行责任。芝诺是第一个使用"责任"的人,他把它定义为"与自然相一致的行为"。他说,由驱动力产生的行为,有些被赋予责任,有些没有责任。区别有责任行为的标准是"可以合理地加以辩护的行为"。责任并非专属于人类,动物也有责任。简而言之,动物对一切有待实现的自然本性都负有责任。自我保存、避害趋利、婚配繁殖是一切动物的责任。但是,人还有组成社会的自然本性,因此,人对他人和国家负有责任,孝敬父母、敬重兄弟、热爱朋友、忠于国家是人所特有的责任。

自然法与罗马法不无矛盾,比如,按照自然法,奴隶制不合法;按罗马法,反对奴隶制不合法。西塞罗(Cicero,公元前4—公元65年)以折衷主义阐发自然法的理论。一方面,各种具体法律,如公民法、宗教法和各国各地法规,都应按照自然法的普遍原则来制定,不符合自然法的法律是非法之法。另一方面,自然法规定的每一项善德都负有相应的社会责任:智慧的责任是充分ardır明智地发现真理,正义的责任是维护有序的社会组织,勇敢的责任是树立刚强不屈的高尚精神,节制的责任是克己稳重的言行表率作用,这些可谓是"罗马精神"。

第三节 怀疑派

希腊后期哲学贯穿着独断论和怀疑论两种对立倾向。按当时的区分,那些声称自己发现了真理的人是独断论者,逍遥派、伊壁鸠鲁和斯多亚派都属于独断论。学园派则认为真理是不可知的,怀疑派对真理是否存在持犹豫不决的存疑态度。学园派和怀疑派实际上都具有怀疑论的倾向,只是学园派包含着被怀疑派认作为"独断论"的因素,即尚且肯定真理的不可知。从词源学上来看,"怀疑"一词的希腊文的意思是"探究"(*skeptikoi*)。怀疑派认为,真正的怀疑应该是不断的探究,不应该终结于某一个肯定的或否定的结论。这种彻底怀疑态度的代表者是皮罗(Pyrrhon,约公元前365—前270年)。他出生于希腊城邦爱利斯,早年做过画匠,后追随德谟克利特的继承者阿那克萨库(Anaxarchus)学哲学。皮罗生前无著述,以独特的生活方式赢得追随者,"皮罗主义"遂成为怀疑主义的代名词。皮罗主义者思考三个问题:第一,事物实际上是什么同样的东西?第二,我们应对它们采取什么态度?第三,这种态度有什么后果?皮罗主义者对第一个问题的回答是"不可知",对第二个问题的回答是"悬搁判断",对第三个问题的回答是"不动心"。

不可知论

皮罗主义者认为,关于事物的知识都是独断论。皮罗主义者并不断定独断论是错误的,否则他们自己也会陷入独断论。他们的策略是指出,独断论所认定的真判断都有同等合理和有效的不同判断,在不一致甚至相互矛盾的判断中,我们既不能断定何者为真,也不能断定何者为假,充其量只能说事物"似乎"如此,而不能说事物"是"如此。这意味着,人们不能对事物的存在和认识的真假作出判断,因此可以说事物是不可知的。

皮罗主义者说,人对事物做出判断的理由有一定的样式。判断者的样式因感觉、感官、个人、人种而异;被判断事物的样式因事物的位置、环境、关系、数量、发生频率的变化而异,判断者与事物混合的样式因习俗而异。怀疑派用很多事例说明人的认识中的复杂性和差异性,但把各种感性事例等量齐观,有很多不分主次、混淆是非的诡辩成分。黑格尔说,怀疑论的这些手法,"真正说来,都不是逻辑的说法,并不归于概念,而是以经验的方式,——直接反对经验的东西。从直接的确认提出某物为真的,再以同样的方式指出此物的反面也同样确实"①。

悬搁判断

皮罗的口号是:"不作任何决定,悬搁判断。"②"悬搁"(*epoche*)的意思是中止,既不肯定,也不否定。皮罗主张悬搁对事物的判断,其理由是事物本身的不确定性。皮罗声称,事物都同样是没有差别的、不可测定的和不可判别的。由于这一原因,我们的感觉和意见都不告诉我们真理或错误,因此,我们一点也不能相信它们,而应该无意见,不介入,不动摇,对任何一个东西都说它既不是也不非,既同为是和非,又不同为是和非。真正采取这种态度的结果首先是沉默,然后是没有任何烦恼。③

"悬搁判断"的理论意义是为了避免怀疑的悖论。亚里士多德在《形而上学》中指出,像矛盾律和排中律这样的根本原则是不可怀疑的,对它们的怀疑将导致相反的结果。④ 让我们以对排中律的怀疑为例来说明这一悖论。如果怀疑派说,不能够肯定"A 或 ~ A"是真的,那么试问:"A 或 ~ A"是不是真的呢?如果它不是真的,那么恰恰证明了"A 或 ~ A"是不可怀疑的;如果它是真的,那么也否定了对"A 或 ~ A"的怀疑。皮罗既不肯定、也不否定排中律之为真,不做任何判断,当然也就不会陷入逻辑悖论了。

不 动 心

如同当时的其他哲学派别一样,怀疑论的最终目的也是寻求幸福,也是要达到不动心或宁静的心境。恩披里克指出,怀疑论的起因是希望获得安宁。在各种相互矛盾的事物中做出判断,必然会引起争论,使心灵不得安

---

① 黑格尔:《哲学史讲演录》,第三卷,商务印书馆,1959 年,133 页。
② 拉尔修:《名哲言行录》,9 卷 76 章。
③ *The Hellenistic Philosophers*, ed. by A. Long, Cambridge, 1987, vol.1, p.14.
④ 亚里士多德:《形而上学》,1006a。

宁;无论什么样的判断,都会引起困惑,因为"对任何一个命题都可以说出相反的命题";因此,只有悬搁判断,才能避免争论和困惑。皮罗因而说:"最高的善就是不作任何判断,随着这种态度而来的就是灵魂的安宁。"①"悬搁"不仅是一种认识论的态度,而且也是一种生活态度,皮罗的怀疑论同时也是一种生活方式。一些哲学家之所以欣赏皮罗思想,并不是因为接受了他的怀疑论,主要出于伦理上的原因。

皮罗所说的"不动心"指两种不同的情况。一种是完全消极的状态,既无思想和情感的冲动,又无积极的作为。据拉尔修写的传记,皮罗不关心任何事物,也不避免任何事物,对像车祸、摔倒、被狗咬之类的危险无动于衷。有一次,他的朋友跌入泥坑,他径自走过,没有伸手相助。又有一次在海上遇到风浪,别人都惊慌失措,他却若无其事,指着船上一头正在吃食的猪说,这就是哲人应有的不动心状态。但是,一个人如果真的如此生活,可能很难存活,皮罗只是在其朋友紧随其后,不时地把他救出危险境地的情况下,才能过那种"不动心"的生活。另一种更为合理的观点是,"不动心"是一种随遇而安的态度。据史料记载,皮罗主义者"并不背离正常的实践",他们接受生活的四条常规:自然的指导,情感的约束,习俗和法律的传统以及技能的使用。按照这种理解,"不动心"只是平常心而已,并非哲人才能达到的高深境界。看来,皮罗派还是区分了理论和实践;他们所悬搁的只是理论上的判断,而不是日常生活不可缺少的经验判断。

第四节　新柏拉图主义

新柏拉图主义的创始人普罗提诺(Plotinus,204—270年)生于埃及。28岁时到亚历山大城师从阿曼纽斯(Ammonius)学习哲学。阿曼纽斯是当时著名的学者,但没有著作,并且不许学生们传授他的思想。普罗提诺跟随他十一年。普罗提诺抱着到波斯学习哲学的想法,参加罗马对波斯的军事征服。这次军事行动彻底失败,他逃亡回来。40岁左右时在罗马定居。他在罗马开办的学校吸引了不少达官贵人,甚至包括加里安皇帝和皇后。他说服皇帝在康帕尼亚建立一座"柏拉图城",实现柏拉图《理想国》的蓝图。这项计划因遭大臣的反对而搁浅。普罗提诺生活简朴,善意助人,在他周围

---

① 《西方哲学原著选读》,上卷,商务印书馆,1981年,177页。

形成了尊他为精神导师的团体。在他60岁时,波菲利(Porphyre)成为他的热忱追随者。波菲利所写的《普罗提诺生平》的回忆录记载了这位哲学家的生平和善举。特别提到他所具有的强烈的宗教热忱。在波菲利和他交往的六年之中,他四次陷入与神直接沟通的迷狂境界。普罗提诺在50岁时开始写作,写成的五十四篇论文分批寄给波菲利。波菲利把它们整理成六集,每集九篇,故名《九章集》。

普罗提诺在前人研究的基础上,论证太一、理智和灵魂为"三个首要本体"。"本体"(Hypostasis/Principle)一词被普罗提诺赋予独特的意义,与过去出现的"是者""实体""基体"等范畴相区别。普罗提诺所谓本体指最高的、能动的原因,现代人也把它译为"原则"。严格地说,本体并不是抽象的原则,而是具体的神。

第一本体"太一"

"太一"(to en/the One)指无所不包的统一性。"太一"这一中译概念取自《庄子·天下》中概括老子学说的一句话:"主之以太一。"如同老子的"道"既是有、又是无一样,太一有肯定和否定两重规定性。肯定地说,太一是善本身。它的善不是伦理之善,而是本体的完善和圆满,或者说,它是生命之源、力量之源。否定地说,太一不是一个东西,也不是万物的总和,而是先于万物的源泉。正因为如此,它不能与任何一个有生命、有力量的东西相等同。太一无形式、无德性、无意志、无思想、无意识、无运动、无变化。因为太一不具备多样性,是不可分割的原初的单纯的统一性。一切能肯定的东西都有它的对立面,都是区分和分割的结果,只能归属于"多",而不是"一"。太一也不是理智的对象,因为理智只能靠概念和范畴去把握对象,而一切概念和范畴都需要区分才能被定义,因此只适用于能被分割的东西,但不适用于不可分割的太一。总之,太一是不可名状的,不可认识的。

普罗提诺特别强调太一的否定特征,以此说明它超越了"是者"所指示的存在和本质,太一不是一个东西,而是"是者"的前提和基础。一个东西之所以为是者,首先因为它有某种统一性。在此意义上,他说:

正依靠太一,是者才是一个东西。除去太一,是者就不再是什么东西了。……任何东西失去了其所是。①

这段话表明,普罗提诺意识到柏拉图和亚里士多德关于最高原则的分歧,他同意柏拉图把善作为最高原则,而不同意亚里士多德把"是者"作为最高原则。

流 溢 说

普罗提诺虽然没有用过多的概念来规定太一,但却用形象来比喻它。太一时常被喻为"太阳""源泉"。按照这些比喻,太一虽然不运动,但却能生成其他本体,这一生成过程被喻为"流溢"。这一比喻有两方面意义:其一,太一的生成并不是主动的创造,创造是一种外求的活动,但太一却是完满自足的,"因为它既不追求任何东西,也不具有任何东西,更不需要任何东西,它是充溢的,流溢出来的东西便生成其他本体"②。或者毋宁说,流溢是善的自然流露。普罗提诺说,物满自溢,这个道理甚至连无生命的事物也要遵从。无生命的事物尚且尽可能地滋生繁殖,何况那最完善的太一呢?"那最完满的原初之善怎么可能封闭在自身之内,好像嫉妒无能似的呢?它是万物的力量!"③其二,流溢是无损于自身的生成,正如太阳放射出光芒无损于自身的光辉一样。太一的生成是完善的本性所在,是自满自足、产生外物而又无损于自身。

第二本体"理智"

理智或心灵是最先从太一中流溢出来的本体,被产生的本体不再保持原初的绝对统一性,它包含着一些原初的区分,因而具有肯定性质,可用最一般的范畴表示它。当然,理智仍然享有太一的统一性,因此,被区分出来的多样性仍然是统一的。如果说太一是绝对的一,理智则是一和多的统一。用柏拉图的语言来说,理智本体是理念型相的领域。

普罗提诺还进一步说明了适用于理智的范畴,它们是:思想和存在、异和同、动和静。以上六范畴基本取自柏拉图的"通种论"。普罗提诺认为,通种只适用于第二本体"理智",因为它们是区分的产物,不能适用于不能

---

① 普罗提诺:《九章集》,6集9篇1—2节。
② 同上书,5集2篇1节。
③ 同上书,5集4篇1节。

被区分的太一。通种表示的三组区分是最高的理智区分,是区分一切可感物的前提。

第三本体"灵魂"

灵魂从理智中流溢出来。普罗提诺说,理智的流溢是对太一的流溢的模仿。作为第三本体的灵魂即柏拉图所说的世界灵魂,它是一种能动力量。它的能动性表现在变动不居,活跃于各个领域,既可以作用于和自己本性相一致的理智和太一,也可以作用于和自己本性不一致的低级对象。或者说,灵魂既是一,又是多:当它与理智和太一相通时,它复归于原初的统一,因而是一;当它被分割在个别事物之中时,作为推动事物变化的内部动力,它是多。

普罗提诺使用哲学与宗教相混杂的表达方式说,太一、理智和灵魂是三个本体,但又是同一个最高的神。他和其他希腊人一样,相信星辰日月都是神,但他在哲学上却是一神论者。用单数大写的神表示三大本体。用哲学的语言说,神即是一,或是绝对、纯粹的一(太一),或是一和多的统一(理智),或既是多,又是一(灵魂)。① 就是说,三个本体为同一位神。后来的基督教教父将"本体"译为神的"位格",把神作为单一实体,引申出上帝"三位一体"的概念。

可感世界

普罗提诺承认在三大本体之外,还有质料。质料没有任何规定性,包括形状的规定性,但质料不是"虚无",而是"非是者"、非存在。非存在并非一无所有,而是一团漆黑的混沌。排除了事物所有性质之后,事物不成其为事物,剩下的只有质料。正如涂抹一切颜色之后仍有黑色一样,质料并不是完全虚无的状态。

质料和太一是对立的两端,犹如黑暗与光明的对立。正因为如此,由太一发端的流溢终止于质料,犹如光线不能穿越无际的黑暗。然而,灵魂以其活跃的能力,却能与质料相结合,产生出个别的、可感的事物,它们的总和就是可感世界。

---

① 普罗提诺:《九章集》,5集1篇1节。

人的灵魂

人生活在充满灵魂的可感世界,人的灵魂与周围的灵魂相通,普罗提诺称之为"同情"。这种作用力虽然是无形的,但却是一种物理(自然)的力量,推动着人的活动。但是,人的灵魂不是完全被决定的。普罗提诺承认人有自主的能力,因为影响人的灵魂的"灵魂"本体处于中间地位:一方面可以上升到最高本体,另一方面可以下降到可感世界。同样,人的灵魂既可以通过思辨和观照追求神,也可以耽于肉欲而陷入身体不能自拔。应该注意的是,人的灵魂两种相反的能力并不表示自由状态,恰恰相反,它表明灵魂无自我完善的能力,不可避免地受外部力量的影响。普罗提诺没有"自由选择"的观念。按亚里士多德的说法,意志的自由选择表现在人们对"应当做什么"的思虑的结果;按普罗提诺的说法,人不会自觉地思虑"应当做什么"的问题,因为"自觉"和"专注"成反比关系,当一个人专心致志做一件事时,他不会自觉地思考这件事的性质,正如一个专心读书的人,不会对读书这件事有自觉意识。对他来说,人的灵魂决定做或不做什么时,都不自觉地受到外部灵魂的影响。

灵魂的上升

人的灵魂被禁锢在肉体之中,人的灵魂朝向本体或神的上升活动是摆脱肉体的唯一途径,具有趋善避恶的伦理价值。普罗提诺说:

> 灵魂很自然地对神有一种爱,以一个处女对她的高贵父亲的那种爱要求与神结合为一体。可是当她委身于被造物时,她在婚姻中受骗了,于是她把以前的爱转换成尘世的爱,失去了她的父亲,变得放荡起来。一直要等到她重新开始厌恶尘世的放荡,她才再次纯洁起来,回到她父亲那里,一切才都好起来。①

灵魂如何回归到神呢?普罗提诺要求通过德性的修养,净化灵魂,经过对神的沉思,最后达到观照神的最高境界。观照使人达到迷狂境界。迷狂是比幸福更强烈、更充实的生命体验,是灵魂出窍、舍弃躯体与至善的太一合一的不可名状、无与伦比的神秘状态。普罗提诺这样形容观照:"他不再

---

① 普罗提诺:《九章集》,6集9篇9节。

看见一个对象,但将视线与对象融合,致使从前的对象变成视线,他忘记一切其他景象。"① 可以说,观照只见光线,不见对象,或者说,把一切可视对象都融会在光线之中,即使神的形象也不会出现,否则将不会有神人合一的境界。神人合一的思想是普罗提诺给柏拉图主义注入的新内容。新柏拉图主义叙利亚学派的创始人扬布里柯(Iamblicus, 3 世纪中叶—326 年),以及雅典学派的代表人物普洛克罗(Proclus, 412—485 年)把新柏拉图主义与希腊神话和东方宗教相结合,繁衍出复杂的多神教体系。他们宣扬降神术、通神术和星象学,把新柏拉图主义融化在各种宗教之中。

希腊哲学的衰落

公元 529 年关闭雅典的哲学学校只是一个象征性事件。在此之前很长一段时间,希腊哲学业已衰落颓败。希腊哲学的衰败不但有表可征,而且有因可循。

亚里士多德在《形而上学》开端对希腊哲学的性质做了精彩总结。他认为哲学起源于诧异,哲学家追求非实用的智慧,哲学是为知识而求知的自由事业。正是这种特有的纯思辨精神,使得希腊人创造出周围民族所没有的文化形态——哲学。尽管希腊哲学也包含非理性因素,具有现实针对性,但它的基本精神是理性的沉思和超脱的静观。它的优越性同时孕育着危险。理性思辨或囿于自身领域而维持自足和纯粹,或满足外在需要而与宗教、道德和政治实践相结合。在前一种情况下,纯理性思辨自身不能克服内部争论和冲突,孕育着自我毁灭的危险;在后一种情况下,伦理化的哲学一旦不能满足民众的道德追求,就丧失了自身存在的价值,面临全面崩溃的危险。

我们在罗马后期看到的就是希腊哲学各派这样两种结局。学园派和怀疑派的思辨和争辩否定一切普遍的、公正的规范和标准,破坏了一切理论基础,没有任何积极的建树,这种相对主义、怀疑主义的思潮从内部阻止希腊哲学发展,为知识而求知的自由探索蜕变成为否定而争论的理性自杀。伦理化的哲学也逐渐丧失指导道德实践的功能。伊壁鸠鲁的快乐主义被歪曲为纵欲主义,唯物主义被庸俗化为物质利益至上,成为贵族和富人放纵无度的享乐生活的辩解和安慰。斯多亚派堕落为一种"官方哲学",他们宣扬的

---

① 普罗提诺:《九章集》,6 集 7 篇 35 节。

节制、忍让、服从命运、安分守己、尽忠尽责、热爱他人的说教，与罗马统治者残暴、奢侈和争权夺利的行为形成鲜明对照。斯多亚派学说丧失了道德哲学所必需的实践性和说服力，成为贵族们寄托精神的清谈和空想。至于后起的新柏拉图主义、神秘主义的修行方式流为迷信和巫术，和各种荒诞的偶像崇拜相掺杂，也不能为哲学理论发展提供动力。事实表明，希腊哲学已丧失了自身的活力，不能作为积极的意识形态而存在，必须被吸收到另一种意识形态和文化形态之中才能保存自身价值。历史证明，这种新的意识形态就是新兴的基督教。

基督教的兴起是希腊哲学衰亡的外部原因之一。基督教以其素朴的信仰取代繁芜的思辨和论辩，用新的伦理化宗教的理想满足了人们的道德追求，因而在与希腊哲学优胜劣汰的斗争中战而胜之，取而代之。至于在基督教与希腊哲学的冲突与融合过程中如何产生出独特的基督教哲学，这正是我们在下一章里所要阐述的主题。

第七章
基督教哲学的诞生

如果说基督教与希腊神话分属两种文化传统的信仰体系,希腊神话与希腊哲学是同一文化传统的两种不同文化形态,那么,希腊哲学与基督教就是分属两种文化传统的两种不同文化形态。然而,早期基督教向希腊化地区传播的过程中却产生了融基督教思想与希腊哲学于一体的神学—哲学理论——基督教哲学。希伯来和希腊是两种文化传统,宗教和哲学是两种文化形态,它们从冲突到融合,经历了几百年时间,其间充满着宗教冲突、政治斗争、文化碰撞和哲学争论。

第一节 教父哲学的基本倾向

《圣经》和哲学

基督教之所以能够与希腊哲学相结合而形成基督教哲学,其秘密在《圣经》与希腊哲学的可比性。脱胎于犹太教的基督教的《圣经》包括犹太教的经典《旧约》和记载耶稣基督及其使徒言行的《新约》。早在基督教诞生之前,一些受希腊文化影响的犹太人已经有意识地用希腊哲学语言解释《旧约》;至于在希腊化地区成书的《新约》,其作者不可避免地使用一些希腊哲学概念,表明了对希腊哲学的态度。

《旧约》树立了一个至高无上的、唯一的神——耶和华的形象。耶和华虽然有人格,但却不与人同形同性。他始终在隐蔽处与人交谈。当犹太教的创始人摩西问他的姓名时,耶和华说了一句富有哲理的话:"我是我所是(I am who I am)。""是者"即希腊哲学所致力认识的对象。希腊哲学也反对人神同形同性论,反对偶像崇拜,把最高的、唯一的原则或实体称为神。

不过,希腊哲学中的神是"理神",是理性的化身;而《旧约》里的耶和华是人的理性不能认识的。正如《诗篇》所说:"耶和华啊!你的工作何其大,你的心思何其深!畜类人不晓得,愚顽人也不明白。"①这种与希腊哲学格格不入的反理智主义态度也反映在《新约》里。从《马太福音》《马可福音》和《路加福音》三部"同观福音书"的记载来看,耶稣传教的对象是文化水平不高的普通民众。他强烈反对垄断知识的法师、文士和法利赛人;他所表达的全新的宗教观念和伦理观念毫无希腊化的痕迹。

基督教在希腊化地区传播过程中,不可避免地接受了包括哲学在内的希腊文化的影响,《新约》使徒书信的作者自觉不自觉地采用了希腊哲学的一些概念,如"逻各斯""精神""智慧""心灵""实践智慧""灵魂"和"肉体""种子"等等,来表达基督教义,从而为基督教和希腊哲学的比较提供了现实的可能性。

在基督教与犹太教分离,并向希腊化地区传播的进程中起决定作用的人是保罗。保罗是"便雅悯支派的人,是希伯来人所生的希伯来人"②。另一方面,他在希腊化地区受到良好教育,兼有犹太教徒和罗马公民的双重身份。这一特殊身份使他比其他使徒都更敏感地觉察到基督教和希腊哲学的异同。保罗在传教时遭到希腊化知识分子的攻击,他对此做出的强烈反应是:

> 就如经上所记:"我要灭绝智慧人的智慧,废弃聪明人的聪明。"智慧人在哪里?文士在哪里?这世上的辩士在哪里?神岂不是叫这世上的智慧变成愚拙吗?世人凭自己的智慧,既不认识神,神就乐意用人当作愚拙的道理拯救那些信的人,这就是神的智慧了。③

他还警告信徒们不要让人"用他的理学和虚空妄言,不照着基督,乃照着人间的遗传和现世的哲学,就把你们掳去"④。这些话承袭了耶稣基督在传教时的反理智主义的态度。但另一方面,保罗并不认为基督教和希腊哲学的冲突是不可调和的。保罗在希腊中心雅典传教时,曾与伊壁鸠鲁派和斯多亚派哲学家辩论。他说:

---

① 《旧约·诗篇》92:5—6。
② 《新约·腓立比书》3:5。
③ 《新约·哥林多前书》1:18—22。
④ 《新约·歌罗西书》2:8。

>雅典人,我看你们在宗教事务上异常谨慎。我四处查看你们崇拜的对象。我注意到一座神坛,上面刻写着"未识之神"。你们崇拜但又不认识的,正是我现在要宣扬的。①

保罗抓住了希腊哲学理神论的一个缺陷:非人格的神缺乏宗教信仰所需要的感性特征,人不能崇拜他无法感知的"未识之神"。他进而宣称,希腊人不能认识的神就是他致力于宣扬的"钉在十字架上的基督"。"灭绝智慧人的智慧"和"宣扬你们崇拜但又不认识的神"这两句话,反映出保罗对希腊哲学两种不同态度。基督教一开始就注定要处于与希腊哲学既相反对,又相联结的关系之中。基督教哲学始终贯穿着这一矛盾。

《约翰福音》是四部福音书中成书最晚、哲理最强的一部。它在开篇就显示出与前三部"同观福音书"的不同之处:后者都以记述耶稣的家世为开端,前者却抛弃历史记载与凡人的常识观念,对耶稣和上帝的关系做了理论阐释。这就是著名的"道成肉身"的学说:

>太初有道,道与神同在,万物是凭着他造的。
>道成了肉身,住在我们中间,充充满满地有恩典有真理。
>恩典和真理都由耶稣基督来的。从来没有人看见神,只有在父怀里的独生子将他表明出来。②

"道"即希腊文"逻各斯"的意译。我们知道,在希腊哲学,尤其在斯多亚派学说里,"逻各斯"与"神"是同义词,并且,"逻各斯"又是精神、气息,可以具有一定的形状、形象。后期斯多亚派也把希腊罗马宗教的神说成"逻各斯"的化身。《约翰福音》不是哲学论文,其作者也不是哲学家,但他把耶稣当作"逻各斯"的化身,将"逻各斯"与上帝同一,这就为人通过理性("逻各斯")来认识上帝、解释教义开辟了道路。所以,现代神学家哈纳克(A. Hanack)说:"基督教学说史中最重要的事件发生于公元2世纪开端,在基督教使徒们揭示出'道是耶稣基督'的等同关系之时。"③我们也可以说,"道"的概念引入基督教义是基督教哲学史的重要事件。

---

① 《新约·使徒行传》17:22—23。
② 《新约·约翰福音》1:1—18。
③ 引自 E. Gilson, *History of Christian Philosophy in the Middle Age*, Random House, New York, 1955, p. 5.

教父的思想倾向

早期基督教包括使徒时期(公元1世纪)和教父时期(公元2—6世纪)。基督教在教父时期经过经文规范化、组织制度化、信仰正统化的大一统过程,成立了以罗马教皇为首的公教会。公教会(Catholic)这一名称具有"普遍"或"大一统"之义。教父是基督教实现大一统过程中教义的捍卫者、教规的制定者和公教会的组织者。被称作教父的基督徒一般应具备四个条件:遵循正统学说,过圣洁生活,被教会所册封,生活在基督教早期(主要集中在2—6世纪)。按使用语言的不同,教父被划分为希腊教父和拉丁教父。两类教父各有四大博士,他们是:希腊教父纳西益的格列高里、巴兹尔、约翰·克里索斯顿和阿塔纳修斯;拉丁教父安布罗斯、哲罗姆、奥古斯丁和大格里高利。

教父都是神学家,大都没有完整的哲学理论,人们一般也不称他们为哲学家。但是教父在创立神学理论时,用不同的方式处理他们所知的哲学思想,或排斥哲学,或求同存异,或改造利用。哲学史家把教父著作包含的哲学因素,如他们提出的哲学问题、使用的哲学概念和思辨推理等抽取出来,概括为教父哲学。希腊教父中的格列高里、巴兹尔,拉丁教父中的奥古斯丁在哲学史上有着重要的地位。

早期教父大多为护教士。从现存的护教辞来看,他们的辩护主要针对罗马统治者的政治迫害和思想偏见以及内部异端这样两个目标。早期基督教的传播是血与火的历史。罗马统治者在长达三百年时间里实行镇压基督教的政策,全国性大迫害有十次,在尼禄、德修斯、戴克里先和朱利安等皇帝执政期间尤为酷烈。即使被视为最明智的皇帝马可·奥勒留也实行不宽容政策。奥勒留和朱利安分别信奉斯多亚派哲学和新柏拉图主义,他们及其他皇帝的政治迫害在很大程度上反映出希腊哲学家的文化歧视。后者视基督教为无知狂热的群氓,指责基督教义荒诞不经、亵渎神灵、背离理性。一些哲学家还著书反驳基督教,其中著名者有塞尔修斯(Celsius)于179年写就的《真逻各斯》、波菲利反基督教的论著等。

护教士的另一个目标是捍卫正统教义,谴责内部异端。"正统"(orthodoxy)的意思是"正确的信仰"。护教士深信,只有依靠正确的信仰才能得救。错误的信仰使一切礼仪崇拜丧失意义;正确的信仰只有一个,违反它就是异端。在争夺正统的斗争中,教父赢得了与使徒教导乃至《圣经》教义一以贯之的合法权威。在被护教士所谴责的形形色色的异端中间,诺斯替派(Gnostics)是正统的大敌。这一名称是希腊文 *gnosis*(知识)的音译,该派主张通过神秘的知识,即无法言传的宗教体验得救。它的主张广泛吸收了新柏拉图主义的神秘主义、多神谱系、世界图式和巫术迷信,吸引了不少基督徒的信任。护教士反驳诺斯替派的斗争不可避免地与希腊哲学发生冲突。

护教士在与希腊哲学家遭遇时,往往开展"名分之争",论证基督教才是真正的哲学,希腊人的哲学只是片面的或错误的哲学。把基督教纳入哲学的领域,这是基督教哲学诞生的一个重要标志。教父对待希腊哲学的态度有两种:一是理性辩护主义,即,利用希腊哲学为基督教义辩护;一为反理性的信仰主义,这是把基督教信仰与希腊人的理性完全对立起来的立场。

理性辩护主义

早期护教士利用基督教义与希腊哲学的相似之处为基督教的权利辩护,同时进一步指出基督教高于希腊哲学的优越之处,论证基督教是真正的哲学。被人称为"基督教哲学真正的第一个开端"的护教士查士丁(Justin,100—165年)首先提出了"基督教哲学"的概念。[1] 在《与蒂尔弗的对话》中,他谈到皈依基督教就是成为真正的哲学家。他始终认为哲学的真正使命是探求神圣的真理。他先后向斯多亚派、逍遥派、毕达哥拉斯派和柏拉图主义者请教,都未能得到令他满意的答案,最后终于在一位基督教长老的启发之下,领悟了基督教就是自己寻觅已久的神圣真理。他的结论是:"我发现只有这个哲学才是可靠、有益的,我因此而成为哲学家。"[2]

除了现身说法之外,查士丁还从理论上论证基督教是高于希腊哲学的哲学。他说,圣道就是基督,但在基督降生之前,圣道之光已经部分地照亮了希腊人的心灵,希腊哲学是上帝赐予的礼物。苏格拉底之所以看出希腊宗教所崇拜的神是虚假的,正是因为他在一定程度上认识了上帝。斯多亚派的"逻各斯"概念是对圣道的比喻。在此意义上,在基督教诞生之前就已经有了基督徒。圣道之光同时还以另一种方式在希腊以外的地区传播。犹

---

[1] A. H. Armstrong, *The Cambridge History of Later Greek and Early Medieval Philosophy*, Cambridge, 1967, p. 198.

[2] 查士丁:《与蒂尔弗的对话》,6章。

太先知更早、更全面地接受了这份礼物,"摩西是第一个先知,比任何希腊著者都要早得多","柏拉图的创世说是从摩西那里学来的"。① 基督教虽晚于犹太教和希腊哲学,但来自耶稣的真传,而耶稣又是圣道的化身,因而基督教比其他任何哲学都更全面、更真实地接受了圣道。或者说,基督教包含着其他哲学以不充分方式认识的因素。根据这些道理,查士丁不无自豪地对身属斯多亚学派的罗马皇帝奥勒留宣称:"一切被人们正确说出的东西,都是我们基督徒的财产。"②

公元3—4世纪基督教神学中心在亚历山大城,该地的希腊教父克莱门特(Clement,153—217年)认为,希腊哲学来自以东方宗教为代表的智慧,两者最后汇入基督教所代表的最高智慧。他在《规劝异教徒》的辩护辞中以丰富的历史资料说明,古代犹太人、巴比伦人、埃及人和印度人的智慧融会贯通,必有共同来源,这就是上帝的启示。他又指出,希腊人并无承袭天启的幸运,只能窃取东方人的智慧,希腊哲学只是二手货。但是,他并不把希腊哲学和基督教对立起来。他有这样的评价:"在(希腊)哲学里虽然只有如同普罗米修斯窃取的火种那样微弱的光芒,但也能燃成显示上帝智慧和力量的大火。"③他的《杂文集》保留了希腊哲学的残篇,着眼点在于表明东方神秘智慧、希腊哲学和基督教之间源远流长的关系。

克莱门特并不笼统地使用"哲学"这一概念,"哲学"往往特指希腊哲学,而东方智慧和基督教则被称作"智慧"。希腊文的"哲学"本是"爱智慧"之意,但克莱门特却只把哲学当作知识的总汇。哲学虽然是一切学问的"主妇",但"智慧就是哲学的女王"④。中世纪的神学家后来用"哲学是神学的婢女"的说法来概括这种哲学观。

拉丁护教士拉克坦修(Lactantius,260—330年)同样关心基督教与一般意义上的哲学(智慧)和特殊意义上的哲学(希腊哲学)之间的联系。他在致君士坦丁大帝的辩护书《神圣的原理》的开头宣称,真正的智慧与真正的宗教是同一的。他试图让读者相信,希腊、罗马人的宗教和智慧相分离,基督教达到了两者的同一。他说:

---

① 查士丁:《辩护辞之一》,59章。
② 查士丁:《辩护辞之二》,13章。
③ 克莱门特:《杂文集》,1卷17章。
④ 同上书,1卷5章。

> 在哲学和宗教体系相分离的情况下,从有智慧的教授那里学不到关于神的道理,从宗教祭司那里学不到智慧,这就表明一个不是真正的智慧,另一个不是真正的宗教,……但两者不可分离地结合在一起时,必然是真正的智慧和宗教。

他承认希腊哲学家已经达到了人类智慧的顶峰,但他们缺乏宗教信仰,企图依靠自己的智慧寻求知识,结果无不走入迷途。苏格拉底早已知道人不能达到真正的知识,后来的怀疑论者又使各种猜测破灭,在知识和猜测这两大方式破灭之后,人类的智慧走上自我毁灭的道路。拉克坦修接着指出,基督教融智慧与宗教于一体,"在智慧中崇拜,用实际活动成全我们的知识"①。这样,就能以确定的理智取代怀疑精神,用宗教实践代替贫乏虚伪的道德说教。如果基督教是真正的智慧和宗教,那么可以在原则上承认基督教是真正的哲学。拉克坦修虽然没有明确地引申出这一结论,但已经指明了基督教哲学取代希腊哲学的趋势。313 年,罗马皇帝君士坦丁颁布米兰敕令,承认基督教为合法宗教。不知君士坦丁是否读过他的上书,但无论如何,《神圣的原理》已从理论上宣布了基督教统治时代的开始,从查士丁到拉克坦修的护教士们完成了历史的使命。

信仰主义

面对罗马统治者的政治迫害和哲学家的文化歧视,一些护教士引用《圣经》中反理智主义和反理性骄傲的经文,得出了反理性、反哲学的极端信仰主义的结论。值得注意的是,他们不只是反对希腊哲学,而是反对一般意义上的哲学;不只是与哲学比高下,而是突显信仰与哲学的对立。

第一个拉丁教父德尔图良(Tertullian,145—220 年)以激烈的言辞表达了反哲学的倾向。在他看来,希腊哲学就是哲学一般,哲学就是异教徒的智慧,哲学家比其他异教徒对基督教更危险。他在《辩护篇》中向统治者建议,应该把公开摒弃宗教崇拜的哲学家与虔诚信神的基督徒交换地位,用迫害基督徒的方法对待哲学家才是公正的。他愤愤不平地说:"这些人没有被送去喂野兽,其实完全应该这样做,因为他们是哲学家而不是基督徒。"哲学家和基督徒虽然都反对罗马宗教崇拜,但哲学家出于不敬神的态度反

---

① 拉克坦修:《神圣的原理》,4 卷 1 章。

对罗马宗教,基督徒则出于对真正的神的虔诚态度反对罗马宗教,两者不可同日而语:

> 基督徒和哲学家之间哪有什么相似之处呢?在希腊人的信徒和上帝的信徒之间,在追求名声的人和追求生活的人之间,在言说者和行动者之间,在建设者和摧毁者之间,在朋友和敌人之间,在真理的败坏者和保卫、传授者之间,在真理的统领和囚徒之间难道有什么相似之处吗?①

如果说,这些话仅仅表达了哲学与基督教之间的笼统分歧,那么,《反异教的信条》一书就详细地论述了反哲学的理由。首先,哲学是"人和魔鬼的学说","哲学的素材是现世的智慧,是对自然和上帝旨意的草率解释"。其次,"异端是哲学教唆出来的"。比如,诺斯替派创始者瓦伦提诺属于柏拉图学派,另一异端领袖马谢安出身于斯多亚派,伊壁鸠鲁否认灵魂不朽,所有的哲学家都不相信尸身复活,斯多亚派的芝诺将神等同于物质,一切崇拜火的异教都与赫拉克利特有关。再次,哲学的理性推理方法是错误的途径。他嘲笑说:

> 不幸的亚里士多德,他为这些人发明了辩证法,即上溯下推的艺术,真命题含糊其辞,猜测远不可及,论证太苛刻,极易产生争议,以致迷惑了自己。它包含一切,但事实上什么也没有解决。②

值得注意的是,德尔图良所反对的是哲学,而不仅仅是希腊哲学。他并未像其他护教士那样提倡希腊哲学之外的"野蛮人哲学"或基督教哲学。他毫不含糊地排除了基督教与哲学相结合的可能性:"让斯多亚派、柏拉图、辩证法与基督教相混合的杂种滚开吧!我们在有了耶稣基督以后不再需要奇谈怪论,在欣赏了福音书之后不再需要探究。"③

"不需要探究"表达的是一种极端的信仰主义立场。德尔图良甚至反对进一步理解和解释信仰。在《论基督肉身》一文中,针对那些为基督被钉死在十字架上而感到惶恐的信徒,他说:

> 上帝之子被钉在十字架上,我不感到羞耻,因为人必须为之羞耻。

---

① 德尔图良:《申辩篇》,46 章。
② 德尔图良:《反异教的信条》,7 章。
③ 同上。

上帝之子死了,这是完全可信的,因为这是荒谬。他被埋葬又复活了,这一事实是确定的,因为它是不可能的。①

这些话后来被概括为"惟其不可能,我才相信"的口号,用以排拒对信仰进行理性辩护和论证。

德尔图良最后脱离了正统教会而加入异端,这不是偶然的。教会最后采取的是理性辩护主义的立场,而不是德尔图良的极端信仰主义的主张。教父思想的集大成者奥古斯丁充分表达了这种理性辩护主义的立场。

第二节 奥古斯丁

奥里留·奥古斯丁(Aurelius Augustine,354—430年)生于罗马帝国北非努米底亚省的塔加斯特镇(现位于阿尔及利亚)。幼年时曾从母亲加入基督教,但19岁在修辞学校读书时成为摩尼教追随者。从修辞学校毕业后,先在迦太基城,后到罗马和米兰教授修辞和演讲术。其时受米兰主教安布罗斯影响,脱离摩尼教,一度醉心于柏拉图主义和怀疑派的著作。他最后皈依基督教的契机是"花园里的奇迹"。据他的自传《忏悔录》记述,某日正当他在住所花园里为信仰而彷徨之际,耳边响起清脆的童声:"拿起,读吧!拿起,读吧!"他急忙翻开手边的《圣经》,恰是圣保罗的教诲赫然在目:"不可荒宴醉酒,不可好色邪荡,不可争竞嫉妒,总要披戴主耶稣基督,不要为肉体安排,去放纵私欲。"②奥古斯丁年轻时生活放荡,他感到这段话击中要害,"顿觉有一道恬静的光射到心中,驱散了阴霾笼罩的疑云"③。387年复活节,他接受安布罗斯洗礼,正式加入基督教。此后回到北非的家乡,隐居三年之后被教徒推选为省城希波教会执事,395年升任主教。在任职期间,他以极大的精力从事著述、讲经布道、组织修会、反驳异端异教。他在晚年目睹了汪达尔人的入侵,死于希波城沦陷之前。他去世之后,汪达尔人控制的北非脱离了罗马帝国,从此不再受罗马教会管辖。但奥古斯丁的著作流传到西方,成为公教会和16世纪之后的新教的精神财富。

奥古斯丁是教父思想的集大成者。他的著作堪称神学百科全书。在这

---

① 德尔图良:《论基督肉身》,15章。
② 《新约·罗马书》13:13—14。
③ 奥古斯丁:《忏悔录》,8卷7章19节。

些卷帙浩繁的著作中,《忏悔录》《论自由选择》《论三位一体》《上帝之城》可算作代表作,包含不少哲学论述。

"基督教是真正的哲学"

奥古斯丁在罗马教育制度下受过良好教育,18岁时因读到西塞罗的著作而对哲学产生兴趣,后来又读过柏拉图主义者的著作。他从自己亲身经历中感受到改造和利用哲学的必要性。他对"哲学"概念的理解来自一位名叫伏洛(Varro)的人所写的哲学手册(现已失传)。其中列举出288种哲学,它们都是对于"如何取得幸福生活"这一共同问题的不同回答。奥古斯丁根据这一流行观念,把基督教理解为"真正的哲学",因为它和其他哲学一样以幸福为目标,并且知道什么是真正的幸福,提供了达到幸福生活的唯一正确途径。在此意义上,他称自己皈依基督教是"到达哲学的天堂"①。

奥古斯丁认为,世俗哲学家把人类智慧当作幸福,以为依靠个人才能和前人的知识遗产便可获得最高幸福。他说,事实上,"即使具有极高才智和充裕时间的少数人精通深邃的学问,他们也只能研究灵魂的不朽性,而不能达到灵魂的可靠的、真正的幸福状态"②。哲学家的智慧只能产生各种意见的纷争,远离幸福状态。基督徒把幸福看做上帝赐予的福分,只有被上帝拯救的人才会有幸福,只有认识并践履上帝智慧的人才能被拯救。上帝的智慧已经被铭刻在《圣经》之中。《圣经》的作者才是"哲学家、圣者、神人和先知,正直和虔诚的教师"③。基督教和一般人所谓的哲学的区别不是宗教和哲学的区别,而是"真正的哲学"和"现世的哲学"的区别。圣保罗在《歌罗西书》中提醒信徒防范现世哲学,并不是反对哲学本身。④

奥古斯丁称基督教为"真正的哲学",并未完全否定现世哲学的价值。他认为,真正的哲学可以利用普遍流行的现世哲学。他说:"如果那些被称为哲学家的人,特别是柏拉图主义者说出一些确实为真、与我们的信仰相一致的话,我们不应害怕,而要把这些话从他们不正当的主人那里拿回来,为我们所用。"真理不是哲学家本人的发明,而是上帝恩赐给人类的财富,却

---

① 奥古斯丁:《论幸福生活》,1卷1章5节。
② 奥古斯丁:《论三位一体》,13卷9章12节。
③ 奥古斯丁:《上帝之城》,18卷41章。
④ 奥古斯丁:《论秩序》,1卷1章32节。

被"邪恶、不正当地奉献给恶魔",基督徒"应该取回它们,用于传授福音"。他还以《出埃及记》里以色列人掠夺埃及人财宝为例,说明基督徒可以合法地使用异教徒的精神财富,因为"异教徒各门学问不只是错误和迷信的幻觉,殚思劳神的谜团,……也含有适合真理之用的博雅学科教育,极为卓越的道德准则和一神崇拜的真理"①。但另一方面,奥古斯丁又强调,现世哲学需要经过改造才能被利用,基督徒所要学习的哲学应以经文为典籍,而不应该沉溺于现世哲学著作。他说,以色列人在埃及带走的金银财物与他们后来在所罗门统治时建立的耶路撒冷圣殿的辉煌相比是贫困的。同样,从异教徒书籍里搜集到的有用知识与神圣经典的真理相比是贫乏的,"不管人们从其他来源学到什么东西,都要谴责有害的,包容有利的"②。

奥古斯丁本人正是按照批判、改造、利用、吸收的态度对待古代文化遗产,建立基督教学说的。在哲学上,他认为柏拉图主义是福音书的前身,对其充分利用,使之适合基督教信仰。要之,奥古斯丁思想的特点是不区分哲学与神学。我们不可能离开神学的问题和立场来理解他的哲学;反过来说,不知道当时哲学争论的问题和焦点,也不能理解他的神学。

对怀疑论的反驳

早期基督教信仰遇到怀疑派哲学家的严重挑战。为此,奥古斯丁写了《反学园派》反驳怀疑论。他指出,即使怀疑也有一定的依据,也要相信一定的道理。比如,自称不依赖任何东西的怀疑论者也不能怀疑矛盾律,否则便不能表达自己的怀疑。他还说,即使最初步的知识——感觉也是可靠的。当船桨在水中被看成弯曲的时,眼睛并没有欺骗我们,只是当心灵把船桨判断为弯曲的时候,错误才会发生。感觉只是把事物的外形呈现在人们面前,不能要求感觉提供它们不能提供的东西。就是说,感觉并不提供判断真假的标准。

在《论自由选择》一书中,奥古斯丁针对"一切都可以怀疑"的皮罗主义观点,提出了一个有力的反驳:"我问你:'你存在吗',你是否害怕被这一问题所欺骗呢?但如果你不存在,你也就不可能被欺骗了。"③他说,怀疑是为

---

① 奥古斯丁:《基督教学说》,2卷40章60节。
② 同上书,2卷42章63节。
③ 奥古斯丁:《论自由选择》,2卷3章7节。

了避免被欺骗,但只有相信自己存在的人才会害怕被欺骗,才会进行怀疑。换言之,"我怀疑,故我存在",这是怀疑论者不能怀疑的真理。奥古斯丁继续推论:"既然你确实存在,那么你只有活着才能知道这一点,因此你也确实活着,你知道这两件事绝对为真。"①进而言之,我在怀疑这一事实证明至少有三件事是我所确定不疑的,即:我存在,我活着,我理解。怀疑论者鼓吹的"一切都可以怀疑"的原则是与他们的怀疑相悖的。奥古斯丁反驳怀疑论的论证,在哲学史上可以看做17世纪近代哲学奠基者笛卡儿的"我思故我在"的先声。

上帝存在的知识论证明

奥古斯丁关心的主要问题并不是知识的确定性问题。对他来说,人类知识的确实可靠性是显而易见、无可置疑的事实。他竭力探究的问题是:人的知识为什么会有这样的确定性?确定的知识是从哪里来的?通过对这些问题的考查,他得出上帝是真理自身和人类真理的来源这一结论。他的探究并没有直接诉诸教义,宣扬上帝的全知全能,而是以缜密的推理说明人的认识的性质、过程和标准。

奥古斯丁按照柏拉图主义的思想,把知识对象和知识的关系理解为由下到上的等级关系,人的外感觉以外部有形事物为对象,内感觉以外感觉为对象,理性以内感觉为对象。这样,有形事物、外感觉、内感觉和理性构成了一个由低到高的等级。他说:"很明显,有形事物被身体感觉所感知,身体感觉不能感知自身。内感觉不但可以感知被身体感觉所感知的有形事物,而且可以感知身体感觉自身。理性却认识所有这一切,并认识自身。因此,理性拥有严格意义上的知识。"②所谓"严格意义上的知识"指确定的真理,包括数学命题、逻辑原则和像"人人都追求幸福"之类的哲学命题。

奥古斯丁接着追问:人的理性所拥有的这些真理的来源是什么?只有三种可能的答案:来自理性之下、之中和之上。他依次分析了这三种可能性。

首先,真理的来源不可能低于理性。因为在上述知识对象和知识的等级关系中,在上者居于判断在下者的优越地位;如果真理低于理性,那么真

---

① 奥古斯丁:《论自由选择》,2卷3章7节。
② 同上书,2卷12章34节。

理将被理性所判断,而不是相反。然而,真理作为判断的规则,不可能处于低于理性的、被判断的地位。

其次,真理也不可能来自理性之中,因为理性不可能于自身中产生规则。理性是心灵的能力和状态,处于流动变化之中,而真理却是确实不变的,不随理性的变动而变动。奥古斯丁说:"我们的心灵有时认识得多,有时认识得少,因此证明了自身的可变性。但真理却固守自身,不因我们认识得多而夸张,也不因我们认识得少而短缺。"永恒不变的真理不可能等同于变动不居的理性。

奥古斯丁的结论是:"如果真理既不低于、也不等于我们的心灵,它必然比心灵更高级、更优越。"[1]在人类知识等级之上,存在着一个处于最高级地位的真理,它赋予人类理性以确定的规则,使人的心灵认识真理。这一最高的、外在于人类知识的真理就是上帝。奥古斯丁的哲学认识论同时又是对上帝存在的神学证明,两者的密切结合显示出奥古斯丁哲学和神学一体化的特征,验证着他的"基督教是真正哲学"的思想。

光 照 说

《圣经》说道是"普照一切生在世上的人的真光",是"恩典和真理"。[2]奥古斯丁将这一教义理论化,提出了"光照说",其大意是:一切真理都存在于上帝之中,上帝是真理的来源,真理是上帝之光,"光照"(illuminatio)是人的理性获得真理的途径。

从哲学史上看,"光照说"可以说是对柏拉图的"太阳"比喻的承袭。柏拉图的理念是"心灵的眼睛"看见的对象,善是视觉活动所需的光源,被比喻为太阳。同样,"光照说"把上帝比作真理之光,人的心灵比作眼睛,理性比作视觉。正如只有在光照之下,眼睛才能有所见,心灵只有在上帝之光的照耀下才能有所认识。正如离开了光线的视觉只是一种潜在的能力,不受光照的理性不能进行认识活动。实际上,没有不受光照的理性,理性依其本性自然地趋向光照,正如视觉自然地趋向光线一样。因此,一切有理性的人都或多或少地拥有真理,但只有那些信仰上帝、热爱上帝的人才能自觉地、充分地接受真理,把这些真理集中起来,最后认识作为真理之源的上帝。奥

---

[1] 奥古斯丁:《论自由选择》,2卷12章34节。
[2] 《新约·约翰福音》1:9,17。

古斯丁说:"谁认识真理,就能认识这光;谁认识这光,就能认识永恒者,惟有爱才能认识他。"①"光照说"既是对人类知识先决条件的哲学说明,又是关于人如何认识上帝的神学理论。

作为哲学认识论的"光照说",还包括对人的认识过程的分析。奥古斯丁认为,人有感性和理性两种基本的认识能力。感性搜集材料,理性则用规则将这些材料加以分门别类的整理。知识就是两者的结合。奥古斯丁说,"认识"(cogitare)来源于"集合"(cogere),"认识是心灵所擅有的,专指内心的集合工作"②。

"光照说"包含有后来"天赋观念论"的因素。奥古斯丁认为,作为理性规则的真理具有独立于感性经验的来源,是上帝之光压在心灵之上的印迹。他说:"规则除了写在我们称作真理之光的书上还能在哪里呢?一切真理的规则都铭刻在这里,并从这里被转移到正直的人的心灵,但这种转移是无形的,犹如印章的图形被压在蜡上而无损图章自身,这些规则在人的心灵上留下自身的印记。"③另一方面,心灵通过外感觉和内感觉接受了关于外部事物和自身的材料,来自真理之光的规则加诸感觉材料之上的过程就是认识。

记忆是联系理性和感性的中介。记忆属于内感觉,保存着一切感觉材料,但同时它又是最初运用理性规则的场所。感觉材料在记忆中不是杂乱无章地堆砌在一起,而是依照理性规则有序地排放。记忆好比一个库房:

> 在那里,一切感觉都被分门别类、一丝不乱地储藏着,而且各有门户,如光亮、颜色和各种物象属于双目,声音属于耳,臭香属于鼻,软硬、冷热、光滑粗糙、轻重,不论身内或身外的,都属于身体感觉。记忆把这一切全都纳于庞大的仓库,保藏在不知哪一个幽深屈曲的处所,以备需要时取用。④

记忆容纳着数的规则、衡量规则以及其他无数的规则,它们都不是

---

① 奥古斯丁:《忏悔录》,22卷10章10节。
② 同上书,10卷11章18节。
③ 奥古斯丁:《论三位一体》,14卷15章21节。
④ 奥古斯丁:《忏悔录》,10卷8章12节。

感觉铭刻在我们心中的,因为它们无色、无声、无臭、无味,无从捉摸。①

就是说,记忆之中的规则高于感觉,因此可以判断、区分、安排感觉材料。

奥古斯丁认为,概念是在记忆的基础之上产生的。他说:

> 概念的获得,是把记忆所收藏的零乱混杂的部分通过思考加以集合,再用注意力把概念引置于记忆之前。这样,原来因分散、疏略而躲藏的东西与我们的思想相稔,很容易呈现在我们思想之中。②

在概念中,按规则分门别类的感觉材料又按照一定规则被集合在一起,成为确定的知识。奥古斯丁对认识过程的分析以记忆力为中心,始终强调理性规则的判断和指导作用,同时也承认感觉材料的独立性,这符合心理活动的自然过程。

时间学说

《旧约·创世记》关于上帝七天创世的说法与希腊人"无不能生有"的观念格格不入,引起了普遍的质疑。其中一个问题是:上帝何时创造时间?《创世记》说,上帝在第一天结束时创造昼夜,在未有昼夜之前,何来"一天"呢?如此等等。奥古斯丁开玩笑说,他准备为提出这些问题的人下地狱去寻求答案。在《忏悔录》第11卷,他讨论了"什么是时间"的问题。他说,我们把握时间的方式决定了时间的本性,流逝的时间只能被知觉的运动所度量。他说:"正是在我的心灵里,我度量时间。"③被心灵所知觉的时间即持续的知觉,知觉虽由外物引起,但知觉的持续却不取决于外物。外物消失之后,关于它的知觉仍能持续。奥古斯丁把知觉的持续称为"现在"。

"现在"不是时间的一部分,而是全部。理由有两点:第一,任何时间都可以被度量。"但是,过去的时间不复存在,将来的时间尚未存在,谁能度量它们呢?除非有人胆敢说,他能度量不存在的东西。"④第二,过去和将来都可被归结为现在。他说:

> 很明显,将来与过去都不存在,说过去、现在和将来是三种时间是

---

① 奥古斯丁:《忏悔录》,10卷12章19节。
② 同上书,10卷11章18节。
③ 同上书,11卷27章36节。
④ 同上书,11卷16章21节。

不妥的。妥当的说法似应是：有这样三种时间,关于过去事物的现在,关于现在事物的现在和关于将来事物的现在。①

这是按照知觉内容做出的区分:"关于过去事物的现在"指对过去事物的记忆,"关于现在事物的现在"指对当下事物的直观,"关于将来事物的现在"指对将来事物的期待。这三类知觉分别与过去、现在和将来相对应,但它们都是现在知觉到的状态,都是现在的时间。

奥古斯丁接着提出一个关于时间的定义:"时间是心灵自身的延伸。"②"心灵"并不专指人的心灵,应被理解为上帝的心灵。在奥古斯丁看来,上帝是永恒的,他并不是时间中的存在。时间的理念"现在"是上帝心灵的瞬间创造。上帝心灵之中的"现在"理念是一切时间的原型,人所知觉到的流逝的时间是对时间原型的摹仿。这也是上帝为什么能在瞬间创造出连绵不断的时间的道理。

神 正 论

对恶的思考在奥古斯丁思想发展中占据重要位置。他最初以为基督教无法解决恶的起源和性质问题,因而采用摩尼教的解释。摩尼教的教义为二元论,以代表善的光明之神与代表恶的黑暗之神的永恒斗争说明恶的普遍性。基督教信仰唯一的全能、全知、全善的上帝,于是产生了一系列问题:上帝造出的人为什么会犯罪？世间的恶来自何方？当时的伊壁鸠鲁派利用恶的来源问题否证了基督教信仰的全善、全知、全能的上帝。他们说,如果恶出自上帝创造,那么上帝就不是全善的。如果恶不是上帝的创造,那么它的出现是上帝不能阻止的。如果上帝不知道恶的存在而没有去阻止它,那么他就不是全知的;如果上帝因为没有能力去阻止它,那么他就不是全能的。总之,恶的存在与上帝的全善、全知、全能相矛盾。这些问题严重困扰着神学家。奥古斯丁皈依基督教之后,面临的一个重要任务是排除摩尼教的影响,合理地解释恶而不违反基督教教义。奥古斯丁关于恶的起源和性质的解释是最早的神正论(theodicy)。这个词来源于两个希腊词:"神"(theo)和"正义"(dike),它的意义是:面临着恶的存在而显示出上帝的正义。

---

① 奥古斯丁:《忏悔录》,10 卷 20 章 26 节。
② 同上书,11 卷 26 章 33 节。

在奥古斯丁之前,普罗提诺已经把恶定义为"缺乏",即应当存在而没有存在的东西。奥古斯丁接受这一新柏拉图主义的解释,将恶定义为"背离本性,趋向非存在……倾向于存在的中断"①。"趋向于非存在"不等于非存在,这一定义并未简单地将恶变为虚幻影像。相反,恶在上帝创造的世界里占据着不可否定的位置。在世界这一存在的等级系统中,低一级事物是相对于高一级事物的非存在,高一级事物是低一级事物的存在根据。如果一事物放弃这一根据,趋向比它低级的事物,这就是趋向非存在,表现出恶的性质。

按照恶的定义,一切被称作恶的东西可分为三类。第一类是"物理的恶",指事物的自然属性造成的损失和伤害,如自然灾害,人的生老病死造成的痛苦,等等。这一类恶的原因是缺乏完善性,能否把这一原因归咎于上帝创世的不完善呢?奥古斯丁断然否定。他说,上帝创造的是一个完善的整体,单个被造物的不完善性正是完善秩序的组成部分。"在宇宙中,即使那些所谓的恶,只要能够加以控制,使之处于应处之地,也能增加我们对善的景仰,因为善若与恶相比较,更显出价值,更可羡慕。"②物理的恶不但无损于上帝的善,而且衬托、显扬出上帝的善。

第二类为"认识的恶",指真理与谬误、确定与不确定的认识秩序的颠倒。认识的恶的原因是人类理智的不完善。它虽然比物理的恶更加危险,可以导致不相信上帝,但和物理的恶一样,其原因不能归咎于上帝。人类理智的不完善性"应当被看做现世生活的错误"③,只是相对的、局部的、表面的,并不影响上帝的智慧的绝对完善性。

第三类为"伦理的恶",只有这类恶才称得上罪恶,这是奥古斯丁关心的主题。他说,罪恶是"人的意志的反面,无视责任,沉湎于有害的东西"④。"意志的反面"不是说罪恶与意志无关,而是说罪恶是意志的背逆活动。他说:"当意志背离了不变的共同的善,追求个人的好处,即外在于自身、低于自身的好处,它就是在犯罪。"⑤意志是灵魂的活动,其正当目标应是高于灵魂的上帝;当意志追求低于灵魂的身体时,造成秩序的颠倒,产生伦理的恶。

---

① 奥古斯丁:《论摩尼教之路》,7卷1章2节。
② 奥古斯丁:《教义手册》,11章。
③ 同上书,21章。
④ 同上书,24章。
⑤ 奥古斯丁:《论自由选择》,2卷19章53节。

就是说,邪恶意志不是由一个外部动力所造成的,邪恶意志的原因在于意志内部的缺陷,即人类意志自身的不完善性。或者说,罪恶不是上帝的创造,而产生于人类意志的缺陷。

原罪和恩典

如果人们要继续追问:上帝为什么要赋予人有缺陷的意志,以致产生出罪恶呢?上帝为什么不赋予人只会行善、不能作恶的意志呢?奥古斯丁回答说:

> 不是有意做的事既不是恶,也不是善,因此,如果人没有自由意志,则将不会有公正的惩罚和奖赏。但是,赏罚的公正来自上帝的善,它必然存在。因此,上帝必然赋予人以自由的意志。①

人类意志的缺陷在于包含着作恶的可能性,但这种缺陷还是意志自由选择所必需的。只会行善、不能作恶的意志不是自由意志,没有选择善恶的功能;而自由选择又是惩恶扬善的公正性所必需的,人们只有对自己自由选择的事情才承担自己的责任,否则将无所谓善恶之分,也不应该接受惩罚或奖赏。

奥古斯丁把罪恶的根源归咎于意志自由,他认为灵魂的"背逆和皈依都是自愿的,而不是被迫的"②。也就是说,人的意志有行善或作恶的选择自由,上帝并不干预人的选择,但对自由选择的后果进行奖惩。上帝的恩典主要表现为赏罚分明的公正,而不在于帮助人择善弃恶。

奥古斯丁在与佩拉纠派异端的争论中,修改了早期的意志自由说。佩拉纠派的基本立场是坚持性善论,否认原罪说,认为人是否获救取决于自己的选择,人只要依照固有的善良本性行事,便可择善而从,得到拯救,不需要上帝的恩典。奥古斯丁在反佩拉纠派著作中强调,没有上帝的恩典,人的意志不可能选择善,只能在罪恶的奴役之下,不能遵循正当的秩序,丧失了选择的自由。伦理的恶的原因与其说是人类的意志自由,不如说是人类的原罪。他把《圣经》中有关"罪"的说法发展为"原罪"说。根据这一教义,亚当夏娃受蛊惑所犯下的罪,是世世代代遗传下去的原罪,

---

① 奥古斯丁:《论自由选择》,2卷1章3节。
② 同上书,2卷19章53节。

自那时以后,人类的自由意志已经被罪恶所污染,利用自由意志犯罪,完全失去上帝造人时赋予人的择善避恶的自由选择的能力。只有依靠上帝的恩典,人的意志才能摆脱原罪的奴役,做出善的选择,恢复真正的自由。上帝的恩典首先表现在为人类赎罪,上帝之子耶稣基督牺牲自己,换取全人类的新生。自此以后,人类面临的善恶选择就是做基督徒或异教徒的选择。

上帝之城

410年西哥特人洗劫罗马城,这在基督教内外引起了强烈的反响。基督徒对罗马的感情相当复杂。罗马统治者对早期基督教的迫害曾在基督徒中间引起强烈的反罗马情绪。《启示录》以"七头巨兽"比喻坐落在七座山丘上的罗马城,以身穿紫红服、喝圣徒和烈士血的淫妇影射罗马皇帝。然而,基督教成为罗马帝国的国教之后,罗马城被涂上神圣色彩。罗马历史学家、基督徒尤西比乌(Eusebius)盛赞君士坦丁大帝在历史中实现了基督的救世意愿,罗马是上帝治理人类分裂和堕落的工具。在这种看法普遍流行的环境里,不难想象罗马城的沦陷在基督教内部引起的沮丧、恐慌以及在异教徒中产生的幸灾乐祸情绪。罗马的劫难对基督徒似乎意味着罗马所担负的拯救人类的历史使命的破灭;异教徒也认为,这是罗马人背叛本民族庇护神、转而崇拜基督教而得到的报应。

为了鼓舞士气,坚定信仰,奥古斯丁写下《上帝之城》,对历史做出新的解释,做出了圣史和俗史的区别。圣史是《圣经》所记载的上帝启示于人的事件,分成七个阶段,与创世七天相对应。《旧约》描述的以色列人的历史构成前五个阶段,《新约》揭示了圣史的最后目标,圣史结束于末日审判。俗史即历史学家记载的事件,其发生时间与前六阶段的圣史平行,耶稣之后的俗史与人类命运无关,不但世界末日不可预测,而且世俗人事的兴衰都不会影响圣史已揭示了的恩典与拯救。

与圣史和俗史相区别的历史观相对应的是圣城和俗城相区别的社会观。这里所谓的"城"(civitate)是"社会"的意思。奥古斯丁认为,社会是按照一定协议组成的人的群体。他说:"一群有理性的存在者就他们所爱的对象达成共同协议而结合在一起,因此,为了知道一群体的性质,我们只需了解什么是他们所爱的对象。"①按照这一定义,"爱自己并进而藐视上帝者组成地上之城,爱上帝并进而藐视自己者组成天上之城"②。这是按基督教伦理学标准做出的圣城与俗城的区分。奥古斯丁对国家基本功能的看法与亚里士多德大致相同,认为国家的作用在于"提供现世生活必需的利益,保障能使我们在现世生活中享受健康、安全和人类友谊的世间和平"③。他接着又说,和平是有序的平衡,人与上帝的秩序表现为人对上帝的信仰以及对永恒律的服从,人与人之间的和平表现在当权者与从属者的合作以及他们对现世法律的服从。或者说,"天上的和平"是上帝之城的目的,"地上的和平"是世俗政权的目的。

奥古斯丁说,上帝之城与地上之城的说法只是"神话般"的(mystice)隐喻,表示"一部分人命定与上帝一起进行永恒统治,另一部分人与魔鬼一起永遭劫难"④。如果说,圣史与俗史在时间上平行,那么,圣城和俗城在空间上交织。他说:

> 天上的城与地上的城在世间始终交织在一起……两者享受同样的世间利益,或被世间邪恶所折磨,但伴随着不同的信、望、爱。⑤

就是说,圣城和俗城是区别实际上生活在同一国家中的人们的不同精神生活和命运的概念,并不是指两个独立的政治实体。两者在现世混居在一起,到末日才分离。

在现实生活中,圣城和俗城既然都存在于同一国家之中,这样便产生了圣城和国家之间的关系问题。这里有两种可能性:国家的目标或者与圣城相一致,或者与俗城相一致。在前一种情况下,国家的统治者是基督徒;在后一种情况下,国家的统治者是异教徒。奥古斯丁要求生活在异教徒政权之下的基督徒遵循耶稣基督关于"凯撒之物当归给凯撒,上帝之物当归给上帝"⑥的教导,服从国家法律,承担国家义务,如纳税、服役,但坚守自己的信仰。在基督教国家里,奥古斯丁要求统治者和其他基督徒一样服从上帝

---

① 奥古斯丁:《上帝之城》,19 卷 24 章。
② 同上书,14 卷 28 章。
③ 同上书,19 卷 13 章。
④ 同上书,15 卷 1 章。
⑤ 同上书,18 卷 54 章。
⑥ 《新约·马太福音》22:21。

的永恒律，以上帝之城为目标和榜样进行统治。但是，这并不意味着国家应服从教会，因为上帝之城并不等于教会。基督教国家的建立，并不意味着上帝之城的目标已经达到。这一目标只有在最后审判之时才能实现；只有到那时，俗城才会灭亡，圣城则将作为基督王国而永存。

第八章
早期经院哲学

公元455年,汪达尔人攻陷罗马。这一事件标志着早已分崩离析的西罗马帝国的灭亡。西欧历史进入黑暗时代。"黑暗时代"这一概念专指中世纪文化蒙昧和倒退的特征。过去人们曾把中世纪等同于黑暗时代,但现在很多历史学家和思想史家认为,只有中世纪初期才是黑暗时代,西方社会自11世纪开始步入文化复兴的时代。在哲学史上也是如此。6至10世纪这段时间,是哲学思想的黑暗时代。不但古代哲学的希腊文和拉丁文典籍几乎丧失殆尽,就连早期教父的基督教哲学思想也无人继承。本笃修道会虽然对文化教育做出积极贡献,但在当时经济和文化水准普遍低下的条件下,连有学问的僧侣和神父也只懂当时流行的文理不通的粗俗拉丁文,看不懂拉丁文经典文献,以致6世纪末的学者图尔的格雷戈里在《法兰克人史》中感叹说:

> 在高卢的城市里,当人们对文字的运用每况愈下,不,更确切地说是已告终竭的时候,那里已找不到一个在层次分明的写作艺术方面训练有素的学者,来把发生过的事情以散文或韵文的形式描绘出来。……悲叹的声音不断地迸发出来。人们说道:"哎!我们这个时代啊!学问的研究已经离开我们而消逝,在我们各族人中间也找不到一个能够把当代的事件写成一本书的人了。"[①]

经院哲学的诞生

在黑暗时代,哲学并未灭绝。漫漫长夜里依稀闪烁着理性的火花,延续

---

① 格雷戈里:《法兰克人史》,寿纪渝、戚国淦译,商务印书馆,1991年,5页。

着古代哲学的火种。公元 9 世纪的卡洛林王朝的文化复兴犹如黑暗中的一道闪光,但在新一轮蛮族入侵的浪潮之后很快就消失了。然而,卡洛林文化复兴时期建立的学校教育制度却保留了下来。从此时起,中世纪学校的教学内容为"七艺",包括"四艺"(代数、几何、天文、音乐)和"三科"(语法、修辞、逻辑)。直到 11 世纪初,蛮族入侵的浪潮基本结束,西欧的封建制度巩固地建立起来,文化教育开始复苏。"七艺"随着时代的变化也发生了变化。其中,"四艺"的教育由于缺乏社会需要的刺激逐渐衰落;与此相反,"三科"中的语法和修辞教育在公元 1000—1150 年间的文学复兴的形势下首先获得较快的发展。但自 11 世纪下半期起,逻辑教育成为学校的主课。这种情况与神学教学的进展有关,神学课程使用的教父语录已不能满足学生的需要。教师与学生经常在课堂上展开讨论,教师根据学生提出的问题进行研究,提出解决问题的途径与答案。神学教育和研究需要恰当地提出问题,严谨地辨析词义,正确地进行推理的能力,这些都越来越多地依赖逻辑手段。神学与逻辑的结合不但强化、深化了神学的内容,而且使人们能够重新认识教父典籍中涉及的哲学问题、命题与概念,产生出新的哲学风格和思想,教父哲学因此过渡到经院哲学。

"经院哲学"(英文 scholasticism 或 scholastic philosophy)一语来自拉丁文 scholasticus,原意为"学院中人的思想",又译作"士林哲学"。当它被译成"经院哲学"时,其特殊含义是,在公教会(或天主教)学校里传授的、以神学为背景的哲学。有人把卡洛林王朝的爱留根纳(Erigena,810—877 年)当作第一个经院哲学家,但正如黑格尔所说:"真正讲来他并不属于经院哲学行列。"[1]从社会条件和思想特征来看,经院哲学有两个基本特征:一是它以"经院"(即教会或修道院办的学校)为生存环境,二是它以"辩证法"(即亚里士多德所说的论辩推理)为操作原则。

辩证法与反辩证法之争

辩证法能否运用于神学?这是早期中世纪神学家面临的新问题。在教父时期,虽然神学家对于是否利用希腊哲学存在异议,但却一致排拒辩证法。早期护教士认为精巧烦琐的辩证法非但无助于信仰,而且会掩盖直指人心的真理。11 世纪后期,随着"辩证法"在"七艺"教育中地位的提高,它

---

[1] 黑格尔:《哲学史讲演录》,第三卷,商务印书馆,1959 年,288 页。

与神学的关系问题再次被提上议事日程,在神学家中间引起了辩证法与反辩证法的争论。争论之焦点并不在于是否需要学习和传授辩证法,而在于辩证法能否被运用于神学。这场争论涉及信仰与理性、神学与哲学的关系问题,可以看做是教父时期围绕如何对待希腊哲学问题而展开的争论的继续和发展。

图尔的贝伦伽尔(Berengar de Tours,1010—1088年)首先将辩证法用于神学讨论。他宣称,辩证法是艺术的艺术,理性的杰作;辩证法适用于一切事物,包括神圣的事物与来自神秘启示的信仰。他说:"理性应被用于一切地方,正因为人被赋予理性,他才是唯一按上帝形象被造物。"在探讨真理的时候,"理性不知比权威高多少,它才是真正的主人与裁判"①。他的《论圣餐》一书将辩证法运用于关于圣餐性质的神学讨论,否认了圣餐的酒和面包是由基督的血和肉体转变而来的"实质转化"说。

达米安(Peturs Damiani,1007—1072年)是反辩证法最得力者,他有一句名言:"哲学应当像婢女服侍主人那样为神圣的经典服务。"这句话后来被演绎为"哲学是神学的婢女"(philiosophia ancilla theologiae)而在中世纪广泛流传。这句话的意义在于规定了哲学必须服从的规范。辩证法恰恰因为不符合这一规范而不能服务于神学,它连"婢女"的资格都没有。反过来说,如果辩证法被运用于神学,那么就会有把哲学变成神学的主人的危险。达米安认为辩证法是依照逻辑规则独立运用理性的方法,它不依赖天启和信仰,运用辩证法的能力不是上帝赋予的。他甚至说,第一个辩证法和语法教师是引诱夏娃犯罪的蛇。蛇说:"你们会如神一样知道善恶。"②蛇第一次使用了"神"的复数形式(deos),暗示上帝不是唯一的神,人依靠自己也可以成为神。他认为,人类语言中包含着误导信仰因素,逻辑规则不能用来表述上帝的行为。辩证法相信逻辑规则,神学信仰上帝的启示与奇迹,两者是不相容的。他说,逻辑不可能性不适用于上帝,上帝是任意的、全能的主人,他可以使逻辑上看来是不可能的东西成为可能,甚至成为事实。早期教父德尔图良提出过"惟其不可能,我才相信"的信仰主义口号;达米安要人们相信逻辑的不可能乃是神学的可能,与德尔图良的思想如出一辙。

---

① 引自 D. Knowles,*The Evolution of Medieval Thought*,London,1962,p. 97.
② 《旧约·创世记》3:5。

第一节　坎特伯雷的安瑟尔谟

坎特伯雷的安瑟尔谟(Anselm of Canterbury，1033—1109年)生于意大利北部奥斯塔的一个贵族家庭。年轻时弃家到法国求学，先是兰弗郎克主持的贝克修道院的一名世俗学生，1060年加入本笃会，先后任学校校长、修道院院长。1093年被任命为坎特伯雷大主教，为维护教会自主权与英王威廉二世及亨利一世多次发生冲突。1494年被教皇追认为圣徒。安瑟尔谟在贝克修道院讲学三十余年，他的著作《论语法》《独白》《宣讲》《论真理》《论选择自由》《论魔鬼的堕落》等是他教学成果的记录与总结。担任大主教期间，著有《上帝为何化为人》《论三位一体的信仰》等。

安瑟尔谟被一些人说成是"经院哲学之父"。其实，在他之前，贝伦伽尔已经将辩证法运用于神学。安瑟尔谟的贡献在于推广了这一方法，并以教会所认可的研究成果表明辩证法可用作解决神学问题的理性工具。他与贝伦伽尔和阿伯拉尔等人一起，共同创建了辩证神学的新形式。

"信仰寻求理性"

安瑟尔谟把辩证法应用于当时的神学家认为理性无法理解的神秘领域，特别是上帝存在、三位一体、基督的肉身和赎罪、命运与意志自由等问题。他相信理性可以达到与《圣经》和教父教导相符合的结论，因此，在运用辩证法的推理时，可以把教义当作有待证明的结论，而不是证明的前提。另一方面，他也不像中世纪大多数神学家那样旁征博引，以权威意见为前提。他以逻辑所要求的简明性和必然性论证信仰的真理性。他相信："我们信仰所坚持的与被必然理性所证明的是同等的。"①

安瑟尔谟并不否认逻辑推理可以达到与信仰不相符合的结论。如何能够避免理性在应用辩证法过程中的错误呢？他在《宣讲》的开头表明了他的看法。他向上帝祈祷：

> 主啊，我并不求达到你的崇高顶点，因为我的理解力根本不能与你的崇高相比拟，我完全没有这样做的能力。但我渴望能够理解，因为我

---

① 安瑟尔谟:《论三位一体的信仰》，4章。

决不是理解了才信仰,而是信仰了才理解;因为我相信:"除非我相信了,我决不会理解"(《以赛亚书》,7:9)。①

"信仰,然后理解"是他的口号。

安瑟尔谟说:"不把信仰放在第一位是傲慢,有了信仰之后不再诉诸理性是疏忽。两种错误都要加以避免。"②如果说第一种错误是滥用理性的辩证法的错误,第二种错误是反辩证法的错误,那么他居理性辩护主义的中间立场。他用奥古斯丁"信仰寻求理解"的口号概括了信仰与理性的关系:信仰是理解的出发点,没有信仰就不会有理解。另一方面,有了信仰,不一定总会有理解,理解不会因信仰而自发产生,而是信仰积极寻求的产物。

上帝存在的"本体论证明"

在《宣讲》的开头,安瑟尔谟说,他的学生提出的问题使他考虑这样一个问题:"能否找到一个独立的充足的关于上帝存在的证明?"经过长期的考虑,他突然想到问题的答案,这就是哲学史上著名的关于上帝存在的"本体论证明"。"本体论证明"是康德后来赋予它的名称,其意义就是仅仅依赖于概念的分析而不依赖于经验事实的证明。与从经验事实出发来证明上帝存在的"后天证明"相比,本体论证明是典型的先天证明。它的先天性表现在两点:第一,它是对"上帝"概念的意义所做的逻辑分析;第二,"上帝"概念是证明的出发点,不像后天证明那样直到结论中才出现。照安瑟尔谟看来,人人都有"上帝"的观念,只要弄清这一观念的意义,就能理解上帝必然存在的道理。这就是他所说"独立的充足的证明"的意思。

《宣讲》中的证明被表述为下面一个推理:

因为:上帝是一个被设想为无与伦比的东西;

又因为:被设想为无与伦比的东西不仅存在于思想之中,而且也在实际上存在;

所以:上帝实际上存在。

前提中"被设想为无与伦比的东西"的意思是"不能设想有比它更伟大的东西"。它仅仅是思想中的一个观念,不等于实际存在着的无与伦比的

---

① 《西方哲学原著选读》,北京大学西方哲学史教研室编译,上卷,商务印书馆,1981年,240页。

② 安瑟尔谟:《上帝为何化为人》,1章2节。

东西。安瑟尔谟说,即使那些不相信上帝存在的"愚人"①也不能否认在他们心中有一个"不能设想比之更伟大的东西"的观念,他们可以不把这一观念称为上帝,但他能够完全理解这一观念。或者说,虽然他没有意识到这一观念,但一俟别人向他提起,他立即会承认这一观念的可靠性。其次,"不能设想比之更伟大的东西"的意义不等于"可设想的最伟大的东西"。"最伟大的东西"的观念是通过与其他人的观念比较得到的一个最高观念;不同的人有不同的"最伟大的东西"的观念,比如,基督徒、异教徒和无神论者的心目中有不同的"最伟大的东西"的观念,这些不同的观念很难进行比较。"不能设想比之更伟大的东西"是在一个人的心目中观念的比较而得到的合逻辑的结果,这一观念并不是对"什么东西最伟大"问题的正面回答,因此避免了不同人的"最伟大的东西"观念之间的比较而产生的歧义。"不可设想比之更伟大的东西"的观念比"最伟大的东西"的观念更加普遍,适用于一切有思想的人,不只适用于有着共同信仰的人们。安瑟尔谟企图向包括不相信上帝存在的"愚人"在内的一切人证明上帝的存在,因此他采用了他认为最普遍的观念作为证明的前提。

对于证明的关键步骤,安瑟尔谟做了这样的论辩:

> 被设想为无与伦比的东西不能仅仅在心中存在,因为假使它仅仅在心中存在,那么被设想为在实际上也存在的东西就更加伟大了。所以,如果说被设想为无与伦比的东西仅在心中存在,那么,被设想为无与伦比的东西与被设想为可与伦比的东西就是相同的了。但这根本不可能。因此,某一个被设想为无与伦比的东西毫无疑问既存在于心中,又存在于现实中。②

安瑟尔谟这段推论省略了一个前提:被设想为仅在心中存在的东西,不如被设想为同时在心中与现实中存在的东西那样伟大。简要地说,这里涉及两个观念完满性的比较,而不像有些人所理解的那样涉及观念与现实之间的比较。"无与伦比的东西"如果被设想为仅在心中存在,那么,心灵还会设想另外一个观念,设想它在心中与现实中都是无与伦比的,那么,前一个观念逊于后一个观念,这一观念就不成其为"无与伦比"而陷入自相矛

---

① 典出《旧约·诗篇》14:1:"愚顽人心里说,没有神。"
② 《西方哲学原著选读》,上卷,商务印书馆,1981年,241—242页。

盾。由此可见，只要一个人在思想中有一个"无与伦比的东西"的观念，逻辑必然性就会使他同时承认这个东西的实际存在。并且，不管他把这个东西称作什么，这个东西的实际意义只能是基督教信仰的上帝。

高尼罗的反驳

安瑟尔谟从"上帝"观念的意义分析出上帝必定存在的结论的证明方式从一开始就遭到人们的反对。当时法国马牟节的僧侣高尼罗（Gaunilon）写了《就安瑟尔谟〈宣讲〉的论辩为愚人辩》的反驳文章，高尼罗并不反对安瑟尔谟证明的结论，但他认为这样的证明并不能使不信上帝的愚人信服。他设想愚人可能提出的种种反驳意见。首先，他会说，理解一样东西和承认它的实际存在是两码事。一个画家在作画之前构思的观念与实际画出的图画是不同的两件事。同样，愚人可以完全理解"被设想为无与伦比的东西"这些词的意义，但却不承认这些词指示着一个真实存在的对象。事实上，他只是为着否认这样东西的存在而理解这样东西的。其次，观念内容的完满性并不包含实际存在。举例来说，传说有一个谁也没去过的最完美的海岛，人们可以理解传说中一切美好的内容，但却不能因此而推定传说中的海岛必定存在。高尼罗说，安瑟尔谟的证明就好像是这样一个推理："如果它并不存在，那么其他任何真实存在着的岛屿都不会比它更完美，那样，那个被你理解的比其他岛屿都更完美的岛屿也就不会是更完美的了。"[①]他尖锐地指出，做这样推理的人如果不是在开玩笑，就是一个真正的愚人。

安瑟尔谟的回答

安瑟尔谟把高尼罗的反驳附在自己的证明之后，然后对《为愚人辩》做出答辩。他承认，一般而言，被心灵所理解的观念并不全都指示存在的事物，观念的完满性不包括真实存在性，不能仅仅因为观念的确信性便推导观念表示的对象必定存在。然而，这些一般规则不适用于"被设想为无与伦比的东西"的观念。这个观念不同于"最完美的海岛"之类的观念。在后一种情况下，我们可以设想出一个比之更完满的其他东西，然而，"被设想为无与伦比的东西"比一个心灵所能设想的其他一切观念都伟大，如果能够设想它不存在，那么就不能设想其他任何东西存在了。如果说，我们设想的

[①] 《西方哲学原著选读》，上卷，商务印书馆，1981年，249页。

"最完美的海岛"同时被设想为不存在的海岛而不违反矛盾律,但是"被设想为无与伦比的东西"若被设想为不存在的东西必定自相矛盾。从模态逻辑的观点看,一般的观念所蕴涵的只是存在的可能性,而不是现实的存在;而"被设想为无与伦比的东西"所蕴涵的则是存在的必然性。必然性的反面是不可能性,由此可以从这一观念的不矛盾性推导出它所指示的对象必然存在。

高尼罗与安瑟尔谟之间的争论反映了哲学史上对观念与存在关系问题两种对立的立场。高尼罗代表的观点认为观念与存在是两个不同的序列,不能做出从观念到存在的跳跃。安瑟尔谟代表的观点则认为,能够解释一切的最高原则必定达到了观念与存在的同一性。哲学史上围绕着上帝存在的"本体论证明"而展开的争论延续不绝。笛卡儿、莱布尼茨和黑格尔赞同并修改了这一证明;托马斯、洛克、康德则否定了这一证明的有效性。

第二节　阿伯拉尔

苦难人生

彼得·阿伯拉尔(Peturs Abalard,1079—1142 年)生于法国南特巴莱的一个骑士家庭。据他在自传《我的苦难史》(约 1130 年)中说,他放弃了骑士称号的继承权,为的是参加"辩证法的比武大赛"。他四处寻访名师,但每次都以对老师的激烈批评而结束。他于 1115 年在巴黎圣母院的主教学校任神学教师,受到学生热烈拥戴。后因与爱洛伊丝的爱情而惨遭阉割的私刑。1118 年,爱洛伊丝被送进修女院,阿伯拉尔成为巴黎郊区圣丹尼斯修道院的修士。他在修道院写了一系列逻辑论文,其中《论神圣的三位一体和整体》在 1121 年召开的索松主教会议上被谴责为否认上帝独立人格的撒伯里乌主义。此后,他考证本院崇拜的圣丹尼斯传说中的讹误之处,僧侣群起攻之,迫使他出走,隐居乡间。很多学生慕名而来,他在法国西北部的一所保惠师修道院为这些学生设立学校,写了《是与否》《基督教神学》《神学导论》等著作。他的教学活动引起教会精神领袖贝纳尔的敌意性的关注。不安全感迫使他逃到偏远的布列塔尼地区,1126—1132 年在简陋的鲁伊修道院任院长,他力图改变那里的愚昧习俗,却差点因此被僧侣所谋害。《我的苦难史》叙述了他至此为止的经历。但他在此后的遭遇更为悲惨。

1136 年他回到巴黎主教座堂学校任教,写了伦理学著作《认识你自己》。他的一系列著作激怒了贝纳尔。1140 年召开的桑斯主教会议谴责他的学说。贝纳尔专门写了《阿伯拉尔的错误》一文,列举其十六条罪状。阿伯拉尔的《神学导论》被焚烧。他不服从判决,准备到罗马上诉。他还在途中,教皇英诺森二世就已批准了贝纳尔的报告,宣判他的学说为异端。在生命最后几年里,他写了《论辩证法》《一个哲学家、一个犹太人和一个基督徒之间的对话》等著作,死后葬在克吕尼。他的墓志铭称他为"高卢的苏格拉底","一个多才多艺的人,精细的、敏锐的天才"。

阿伯拉尔无疑是中世纪哲学家中最有个性和传奇色彩的人物之一。他是禁欲主义与思想专制主义的牺牲品。19 世纪初,拉姆萨特(De Ramusat)在《作为一个人、一个哲学家和神学家的阿伯拉尔》一书中记述了他的不幸遭遇以及与爱洛伊丝的坚贞爱情。阿伯拉尔与爱洛伊丝通信集的出版引起强烈反响。1877 年,他俩的遗骸被移至巴黎拉雪尔兹神父公墓合葬,他们的爱情故事成为文艺创作经久不衰的主题。最近,他们的爱情故事还被好莱坞拍摄成题为《天堂窃情》的电影。

辩证神学

阿伯拉尔认为,辩证法的首要任务不是证明、解释,而是探索、批判。辩证法之所以能够被运用于神学,原因在于信仰中有不确定之处。阿伯拉尔在《是与否》一书中列举了一百五十六个神学论题。每个论题都有肯定和否定两种意见,这些意见都是从教会所认可的使徒和教父著作中摘录出来的,具有同等的权威性。这些论题涉及根本的教义和信条,包括:是否只有一个上帝?圣子是否有开端?上帝能否做一切事情?上帝是否知道一切?人类第一对祖先在被造时是否可朽?亚当是否得救?彼得、保罗和所有使徒是否平等?基督是不是教会的唯一基础?圣徒的工作能否使人正义?是否所有人都应被允许结婚?等等。阿伯拉尔在所有这些重大问题上列举出"是"与"否"两种意见而不表明自己的立场。《是与否》一书代表了"辩证神学"的标准形式。虽然阿伯拉尔的其他一些著作遭到教会谴责,但这部著作却成为后来神学家效仿的楷模。经院哲学的经典著作,如伦巴底的彼得的《箴言四书》、托马斯的《神学大全》等等,都有"论题"与"论辩"两种形式。论题包括赞成与反对两种意见,论辩则用逻辑分析和推理的方法证明其中一种意见的正确和另一种意见的错误。《是与否》虽然没有论辩这部分内容,但它用分歧意见表达论题的形式已经满足了辩证法的第一个、也是最重要的步骤:合适地提出问题。

阿伯拉尔在《是与否》的序言中回答了权威的意见何以会互相矛盾的问题。他的目的并不是借此否定权威意见的合理性,而是说明用辩证法进一步探讨权威意见的合理性。他说,教父和使徒都会犯错误。例如,奥古斯丁写了《更正》一书以纠正自己的错误。不过,他们的错误并不是由于信仰引起的。有些错误是由于引用伪托的权威著作或有缮写错误的《圣经》而产生,这样的教训告诉人们,对一切权威著作"都要有充分的自由进行批判,而没有不加怀疑地接受的义务,否则,一切研究的道路都要被阻塞,后人用以讨论语言和论述难题的优秀智慧就要被剥夺"。至于真正的权威著作为什么会显得自相矛盾的原因,阿伯拉尔说,这涉及到人们对语言的不同理解以及教父著作使用语言的歧义。语言的歧义以及由此产生的理解错误是不可避免的,因为:

> 同样一个词可以有不同的意义,它有时被用作一种意义,有时被用作另一种意义。一个意义可以用很多词表达。这种情形以及表达的异常方式严重阻碍我们获得充分的理解。正如人们所说,重复是腻厌之母,就是说,它引起苛刻的反感。因此,最好用各种词语表达一切事物。①

无论考证著作之真伪,还是消除语言的歧义,都需要辩证法这一逻辑工具的审查。把理解教父著作时的疑问以论辩的方式提出来,便是运用辩证法的首要步骤。

保守的反辩证法神学家把信仰与理性对立起来,阿伯拉尔说:

> 如果他们认为一门学艺是反对信仰的武器,那么他们无疑拒不承认任何知识了。因为知识是对事物真理的把握,……真理不会反对真理。真理不会像错误被用来反对错误那样反对真理,善不会像恶被用来反对恶那样反对善;所有善的东西都是和谐的、一致的。所有知识都是善。②

"真理不会反对真理"是用来调和辩证法和信仰、哲学和神学的口号,

---

① *Yes and No*, ed. by Boyer and R. McKeon, London, 1994, p. 94.
② 引自 L. De Rijk, *Petrus Abaelardus Dialectia*, Assen, 1956, p. 469.

它与达米安所谓的"哲学是神学的婢女"口号形成鲜明对比。

第三节 唯名论和实在论的争论

波菲利问题

12世纪的经院学者围绕共相性质的问题展开了长期的激烈的争论。当时的一个学者感慨地说,花费在这一问题上的时间比凯撒征服世界的时间还要长,花费在这一问题上的金钱比"克雷兹棺材"里的钱还要多。这一问题最早由3世纪的新柏拉图主义者波菲利在《亚里士多德范畴篇注释》中提出。他提出的关于共相性质的三个问题是:

> 共相是否独立存在,或者仅仅存在于理智之中?如果它们是独立存在,它们究竟是有形的,还是无形的?如果它们是无形的,它们究竟与感性事物相分离,还是存在于感性事物之中,并与之一致?

波菲利说:"这些问题是最高级的问题,需要下工夫研究。"①这些问题在哲学史上被称为波菲利问题。6世纪的哲学家波埃修(Boethius,480—525年)首次把亚里士多德的《范畴篇》连同波菲利的注释翻译成拉丁文,并说明这一问题对于逻辑基础乃至整个哲学的重要意义。

波菲利问题在12世纪时成为神学家关注的焦点,其原因主要有两点。首先,波埃修的逻辑著作被作为教科书广泛使用,共相性质问题自然引起学生和教师的兴趣与关注。其次,11世纪神学家在运用辩证法讨论神学问题时,已自觉或不自觉地触及共相性质问题,如贝伦加尔反对圣餐的"实质转化说"的前提是不承认具有独立于饼和酒的某些普遍实质的存在,安瑟尔谟关于上帝存在的证明等神学理论都以承认普遍实质的独立存在为基础。随着逻辑辩证神学的深入发展,对共同性质的两种不同解释不可避免地发生正面交锋。总之,逻辑和神学的研究都使波菲利提出的古老问题获得了新的现实意义。

在围绕共相问题展开的讨论中,形成了唯名论和实在论两大派别,每一派别又分温和派与极端派。唯名论认为存在的事物都是个别的,心灵之外

---

① 《西方哲学原著选读》,上卷,商务印书馆,1981年,227页。

没有一般的对象;极端的唯名论认为共相只是名词,如果说它们是实在的话,这种实在不过是"声音"而已;温和的唯名论认为共相是一般概念,是心灵对个别事物的个别性质加以概括或抽象而得到的,概念只存在于心灵之中。实在论认为共相既是心灵中的一般概念,又是这些概念所对应的外部实在;极端的实在论认为一般概念所对应的外部实在是与个别事物相分离的、更高级的存在,犹如柏拉图式的理念;温和的实在论则认为,这种实在是存在于个别事物之中的一般本质。

罗色林与安瑟尔谟之争

罗色林(Roscelin,约1050—1125年)生于法国贡比涅,先后在家乡以及布列塔尼的劳切斯任学校教师。罗色林教授的观点是:逻辑是关于词的精巧艺术。这里所说的"词"(vox)仅指词的物质载体,确切地说,词即声响。罗色林根据《范畴篇》的思想,认为真正的实体只是个别事物,一切词都表示个别事物,殊相(个别概念)表示单个事物,共相(普遍概念)表示一群个别事物。当人们用词表示事物时,他们并没有改变个别事物的实在,但发出的声音也是一种实在。针对那种认为共相表示个别之外的某种实在的观点,罗色林说,这种实在不过是声音而已。他的观点被称作唯名论。"唯名论"这个词来自"名称"(nomina),意思是,一切词都是个别事物的名称,共相不表示个别事物之外的实在。与之相对的实在论认为,不同的词与不同的实在相对应,殊相表示个别实在,共相表示普遍实在。罗色林的唯名论观点若被运用于解释"三位一体"的意义,便会得出"圣父""圣子""圣灵"是三位神的名称,"上帝"并不表示他们的共同实质或实体的结论。虽然罗色林本人并没有做出这样的推论,但他很难否认这一推论的逻辑有效性。1092年索松主教会议谴责他犯有"三神论"错误。但他没有认错,而且查无实据,因此仍然赢得一些支持者,还担任了伯桑松大教堂的管堂神父。

安瑟尔谟在索松会议前夕知悉罗色林的辩解,他在随后所写的《关于肉身化的信》中反驳了罗色林的唯名论。他说,罗色林的根本错误在于把感觉印象当作理解的出发点,缺乏把握抽象观念的能力,甚至不能把颜色与它附属的事物区别开来。他说,有形世界并不是个别事物的总和,个别事物需要普遍原则的组织方能被联系在一起。这些普遍原则也是实在的。他指责罗色林是"使用辩证法的异端"。

罗色林与安瑟尔谟的争论是唯名论与实在论的第一次较量。争论的焦点是共相是否具有实在性。罗色林认为,共相除了声音之外什么也不是。安瑟尔谟倾向于把共相等同为柏拉图主义的理念。这是两种极端的立场。在后来的争论中,唯名论与实在论逐渐接近,但仍坚守各自的基本立场。

阿伯拉尔对实在论和极端唯名论的批判

阿伯拉尔讨论共相问题的著作《波菲利集注》是现存的关于早期唯名论与实在论之争的最完整的资料。根据亚里士多德《解释篇》的定义,共相就是能够表达众多事物的东西。很明显,一个事物不能用来表述其他的众多事物。只有名词才能具有表述事物的功能。殊相是表示一个事物的特殊名词,共相是表述众多事物的一般名词。共相的性质就是一般名词的表述功能。根据这一立场,阿伯拉尔批评了实在论的观点。他指出,共相的特征是能同时、全部地分布在归属它的各个事物之中。如果一个共相是一个独立的普遍实在,它无论如何也不能同时地、全部地分布在它所包括的众多个体事物之中。

按照温和实在论者香浦的威廉(William of Champeaux,1070—1121年)的观点,共相是"相似的因素的集合",就是说,属是许多个体的相似因素的集合,种是许多属的相似因素的集合。阿伯拉尔反驳说,在"柏拉图是人","苏格拉底是人"这些话语中,"人"的同一、完整的意义同时适用于所有人。如果"人"这一共相由柏拉图、苏格拉底等单个人的相似因素共同构成,那么在上述话语中,每一个"人"都是一个单独的因素,无论它们怎样相似,也不能说明"人"的概念的同一意义。

阿伯拉尔的结论是:"不论单一事物,还是集合的事物都不能被称为共相,因为它们都不能表述众多的事物,能够表述众多事物的共相只能是词。"① 当阿伯拉尔说共相是名词时,他所说的词是 sermo,而不是罗色林所说的词 vox,后者指词的物质形态,即词的语音部分,前者指词的意义(nominum signmcatio),即词的逻辑部分。阿伯拉尔从两方面区分了语音和意义。一方面,语音是可感的,外在于人的对象,意义是不可感的,但是可知的,内在于人的观念。另一方面,语音属于语言的语法学构造,意义是语言的逻辑学构造,语法上正确的构造不等于正确的逻辑表述。如"人是石头"和"人是动物"在语法上都是正确的,但"动物"正确地表述人,"石头"却不然。阿

---

① 引自 R. Mckeon, *Selection from Medieval Philosophy*, New York, 1929, vol.1, p.232.

伯拉尔认为,仅从语法学构造角度考察名词不需要知道词与事物的联系,但逻辑学的研究必须从事这方面的工作。意义就是词与事物的一种关系。

阿伯拉尔的概念论

阿伯拉尔于是提出这样的问题:使得一个词成为共相的原因是什么?为什么有的词能够同时表述众多事物,而另外一些词却没有这种功能?他回答说,造成共相的原因必定在被表达的事物之中。因为,第一,共相不可能由人的心灵无中生有地构造出来;第二,共相也不能从词的物质形态产生,于是,剩下的唯一可能便是:共相因为外在于它的事物而产生。

探讨事物如何成为共相的原因,必须弄清两个问题:首先,事物的哪些因素与共相的表述内容相对应;其次,心灵如何根据事物的相关因素把握共相?关于第一个问题,阿伯拉尔说,共相表述的是众多事物共处的"状态"(status),状态是事物的存在状态,它不能与事物相分离而存在,因此,它不是实在论所主张的普遍实体。其次,状态也不是本质。阿伯拉尔说:"我们不求助任何本质。"[①]比如,在"苏格拉底是人"这句话中,"是人"表达苏格拉底的存在状态,而不指称任何本质。关于心灵如何认识共相的问题,阿伯拉尔认为,共相与心灵之中的一般印象相关联。它是对事物相同或相似的存在状态的感性认识。这种认识涉及众多事物的比较而忽视单个事物生动、具体、清晰的形象,因此,与共相对应的一般形象必然是模糊的、细节不清的。阿伯拉尔说,理解一个共相就是"想象众多事物的一个共同的、模糊的印象"[②]。但它与梦中出现的或任意想象出来的印象不同,因为它是外部事物在心灵造成的结果。另一方面,它与纯思辨的观念,如"理性""父权"等也不相同,因为它是通过感官产生的知识。阿伯拉尔把与共相对应的印象称作"意见"。

根据上述讨论,阿伯拉尔解答了共相性质的问题。他在波菲利问题之外,又增加了第四个问题:"种和属是否必定具有因命名而来的实在?或者说,如果那些被命名的事物消失了,那个共相是否仍然具有概念的意义?"[③]第四个问题的实质是:共相是不是一个普遍实在的名称,其意义是否在于指

---

① *Selection from Medieval Philosophy*, vol.1, p.238.
② Ibid., p.240.
③ Ibid., p.219.

示事物?

  阿伯拉尔对这四个问题的回答是:第一,只有个别事物才是独立存在的实体,共相不是实体,也不表述个别实体以外的实体;第二,共相作为名词是有形的,作为名词的意义是无形的,但心灵中有关于它的印象;第三,共相表述的事物共同状态在感性事物之中,但共相把握这一状态的方式却在理智之中,表现为心灵中的一般印象。最后,个别事物是产生共相的原因,但共相一旦产生,便成为不依赖个别事物的心灵印象。即使个别事物消失,印象仍然存在。比如,在"这里没有玫瑰"这句话里,"玫瑰"的意义不表示实有的玫瑰,只表示心灵中的印象。即使没有相应的事物,共相仍有意义。

  阿伯拉尔的观点一般被称作"概念论",即认为共相是逻辑概念与心灵中的观念。但这一名称并不能完全表明他在唯名论与实在论争论中的立场,因为概念论既可属于唯名论,又可属于实在论。如果认为一般概念表示普遍的实在,这就是实在论的概念论;反之,认为概念不表示个别实在之外的实在的观点,就是唯名论的概念论。阿伯拉尔坚持共相表示的共同存在状态既不独立于、也不有别于个别事物的存在,这是一种唯名论的概念论观点。但他没有从本体论的角度说明个别存在与共同存在状态之间的关系,这为后来的实在论者留下了一块地盘。实在论说明了个别事物的共同存在状态即它们之中的普遍本质或一般存在,把阿伯拉尔的概念论转变为实在论。总的说来,阿伯拉尔既坚持共相是一般名词这一唯名论立场,又未彻底否认共相与外部一般性相对应的实在论观点,他的概念论是一种温和的唯名论。

第九章
经院哲学的亚里士多德主义

第一节 13 世纪经院哲学概况

亚里士多德主义的传播

希腊哲学灭亡之际,一批希腊哲学家流亡到中东。后来,一些因"异端"罪名受迫害的希腊学者陆续流亡到东方,他们经过美索不达米亚地区进入波斯,然后来到叙利亚。这些地区相继成为学习和研究希腊文化的中心。亚里士多德的哲学和一些科学著作被译成叙利亚文。七八世纪伊斯兰教兴起,征服了东起印度、西至西班牙、北到中亚、南至北非的广袤地区。伊斯兰教的征服者对希腊文化的传播持宽容和鼓励态度。750—1258 年间的阿拔斯王朝的文化政策尤其开明。830 年巴格达建立了"智慧所",把大量叙利亚译本转译成阿拉伯文。到 11 世纪中期,亚里士多德的大部分著作和少数柏拉图的著作被译为阿拉伯文。

阿拉伯学者在翻译中对亚里士多德著作进行研究与注释,在此基础上发展出"穆斯林的亚里士多德主义"。它有两大流派,一是于十一二世纪在阿拔斯王朝统辖区域流行的"东部亚里士多德主义",另一流派是 12 世纪继起的在西班牙流行的"西部亚里士多德主义"。它们的代表人物分别是阿维森那(Avicenna,阿拉伯文的姓名是伊本·西纳,980—1037 年)和阿维洛伊(Averroe,阿拉伯名称为伊本·鲁西德[Ibn Rushd],1126—1198 年)。阿维洛伊对亚里士多德的主要著作都有评注,他以忠实原著的精神力图恢复亚里士多德思想的原貌,中世纪的亚里士多德主义在他的著作中达到了纯粹的形式。他的名字在中世纪与"评注者"是同义词,阿维洛伊主义是亚里士多德主义的代名词。

亚里士多德哲学的传播是东西交通史上的一段佳话。在6—12世纪的阿拉伯世界,亚里士多德哲学沿着美索不达米亚→波斯→叙利亚→巴格达→西班牙的路线广泛传播。基督教徒从摩尔人手中夺取了西班牙北部地区之后,一些僧侣跟着来传教,同时大规模地搜集、翻译亚里士多德的著作。当时最著名的翻译家是意大利僧侣冈萨里兹。他本人并不懂阿拉伯文,他与懂阿拉伯文的西班牙人合作,先由后者将阿拉伯文译为西班牙文,再由他将西班牙文转译为拉丁文。他们用这种方式翻译了亚里士多德、阿维森纳和阿维洛伊等人的著作。1203年十字军攻陷君士坦丁堡后,一些希腊典籍流入西方。极少数懂希腊文的学者根据希腊文原本翻译亚里士多德著作。意大利僧侣莫尔伯克的威廉(William of Moerbeke)依希腊原著订正了过去译本的错误,并且完成了剩余的亚里士多德著作,如《政治学》《诗学》等的翻译。这样,从12世纪中期到13世纪后期一百余年的时间中,亚里士多德著作全被译为拉丁文。这些翻译对经院哲学的繁荣和发展起的作用是难以估量的。

亚里士多德主义在西方传播的另一个重要条件是大学的诞生。12世纪后期的城市中出现了大学的组织。"大学"(universitas)原意为"统一体",它原来是教师和学生的行业公会。教师按授课专业分成不同学院,一般分艺学院、神学院、法学院和医学院四部分。大学的艺学院和神学院成为继希腊学园之后的哲学摇篮。

艺学院与神学院的教学法都是固定化、程序化的经院方法。它包括授课和争辩两个教学环节。"授课"(letio)原意是"阅读",即阅读指定教材,由教师解释教材。授课的内容被记录、整理为"注释集"。阿维洛伊对亚里士多德著作所做的评注是这类著作的样板。"争辩"有两种。一种是在课堂上开展的问题争辩,这是经常进行的正式练习,目的在于解惑、传道。问题争辩的程序一般是这样的:首先由教师提出一个论点,并由他本人或由学生针对该论点提出反驳,然后由助教对这一论点进行正面论证,并答复反驳意见。学生或教师可以针对助教的论证提出新的反驳和问题。经过反复的问答、论证与反驳,最后由教师做出最初论点是否成立的结论。另一种是"自由争辩",在公开场所进行。自由争辩规模大,不局限于学术问题,后来甚至演变成大学里文化娱乐方式。"授课"与"争辩"方法的普及标志着辩证法的胜利。十三四世纪经院哲学的著作几乎全按"注释"和"争辩"体例写成"争辩集",围绕每一个题目提出一系列论点,每一问题都有"赞成"和"反对"两种意见;作者列举维护这些意见的理由,然后逐次反驳其中一种意见的理由,并论证另一意见的理由,最后得出"赞成"或"反对"意见成立或不成立的结论。多种题目的争辩集总汇称作"大全"(summa)。

拉丁阿维洛伊主义

13世纪神学家对待亚里士多德主义的态度,与早期教父对待希腊哲学以及12世纪神学家对待辩证法的态度相似:有全盘接受的激进派,有完全反对的保守派,但最终胜利的正统派主张的是批判地吸收的立场。巴黎大学艺学院的一些教师是激进派。他们主张像阿维洛伊那样忠实于亚里士多德思想,尤其反对出于维护神学教义的需要而改造、割裂亚里士多德学说,他们因此而被称作"拉丁阿维洛伊主义者"或"世俗的亚里士多德主义者"。他们不顾神学的权威,从阿维洛伊的一些注释中推导出一些违背正统教义的结论,因此有时他们也被称作"非正统的亚里士多德主义者"。作为基督教徒,他们并没有公开地否定基督教信仰。在亚里士多德观点与正统教义相冲突的场合,他们总是声称,他们只是如实地介绍亚里士多德的意见,并非赞成他的意见;他们解释这些意见只是为了理解亚里士多德的论证,并非为了论证信仰的错误。然而,当时与现在的人们都对这些声明的真诚性提出了疑问。从思想发展史的角度看问题,个人的主观动机并不重要,重要的是思想在当时造成的实际后果及对后世的影响。从这一角度评价拉丁阿维洛伊主义,应该承认这股思潮是对正统神学的猛烈冲击,对经院哲学的发展方向产生了深远的影响。

布拉邦的西格尔(Siger of Brabant, 1240—1284年)是拉丁阿维洛伊主义的主要代表人物,巴黎大学艺学院教授。13世纪40—50年代,巴黎大学神学院著名教授大阿尔伯特、波那文都和托马斯相继离职。西格尔与他在艺学院的同事在大学讲坛上占据主要位置。他们不顾教会禁令与神学教条束缚,全面地公开宣讲亚里士多德著作,不久即遭到神学家与教会的一致谴责。他被谴责的观点包括:世界是永恒的,不朽的灵魂是人类的灵魂,而不是个人的灵魂,哲学和神学是双重真理。西格尔虽屡遭谴责,但在人们心目中仍有崇高地位。但丁在1320年左右写的《神曲》中把西格尔与托马斯、大阿尔伯特等人同列在"日轮天"这一哲人的天堂之中。

教会从一开始就对亚里士多德这位异教哲学家持抵制态度,教皇和巴黎教区主教曾多次要求在大学里压制亚里士多德哲学,但未奏效。1277年1月18日,教皇约翰二十一世写信指示巴黎主教唐比埃调查巴黎大学流行的错误,并向他报告。唐比埃指定了由16位神学家组成的调查团,根据他们的调查结果,这位巴黎主教以个人名义于1277年3月7日颁布一封谴责219条命题的公开信,这就是通常所说的"七七禁令"。七七禁令涉及的哲学问题之广泛堪称中世纪之最,它主要是针对拉丁阿维洛伊主义的,西格尔等人的观点几乎全部遭到谴责。由于托马斯的神学也以亚里士多德哲学为理论基础,七七禁令不可避免地株连到托马斯。在219条命题中有20条是针对托马斯的,这些观点包括:肯定只有一个世界、质料是个体化原则、承认精神实体(天使)与物理世界有关系、关于可能理智与主动理智的区分和性质、肯定意志服从理性,等等。

4月28日教皇约翰二十一世再次命令唐比埃组织更大规模调查,不但调查艺学院,而且要调查神学院中流行的观点。只是三周后教皇死于非命,这场更大规模的迫害才未能付诸实施。在教皇约翰二十二世册封托马斯为圣徒之后,新的巴黎主教于1324年5月14日以维护托马斯为由,撤销这一禁令。

第二节 托马斯主义

托马斯·阿奎那(Thomas Aquinas,1224/1225—1274年)生于意大利的洛卡塞卡堡,该城堡是阿奎那家族的领地。阿奎那家族是伦巴底望族,与教廷和神圣罗马帝国皇帝都保持着密切关系。托马斯5岁时被父母送到著名的卡西诺修道院当修童,父母希望把他培养成修道院长。1239年被革除教籍的弗里德利克二世派兵占领并关闭了卡西诺修道院,托马斯进入那不勒斯大学学习。在这里接触到亚里士多德的形而上学、自然哲学与逻辑学著作,并于1244年加入多米尼克会。修会计划把他送到波洛尼亚的总堂深造,但在半路被他的兄弟劫回家囚禁。1245年他摆脱家庭控制,被教会送到巴黎的圣雅克修道院学习,直到1248年。大阿尔伯特在科隆开设大学馆时,他才随之来到科隆继续学习。在大阿尔伯特的推荐下,1252年秋托马斯进入巴黎大学神学院学习,1256年春完成学业。学校没有授予托钵僧侣神学硕士的先例,由于教皇亲自出面干预,托马斯才获得学位。从此托马斯正式开始了教学生涯。托马斯的著作卷帙浩繁,总字数在1500万字以上,其中包含着较多哲学观点的著作有:《箴言书注》《论存在与本质》《论自然的原理》《论真理》《波埃修〈论三位一体〉注》,代表作为《反异教大全》《神学大全》。他对亚里士多德《形而上学》《物理学》《后分析篇》《解释篇》《政治学》《伦理学》《论感觉》《论记忆》《论灵魂》以及伪亚里士多德著作《论原因》做过评注。

托马斯无疑是中世纪最重要的哲学家,托马斯主义不仅是经院哲学的最高成果,也是中世纪神学与哲学的最大、最全面的体系。我们着眼于哲学思想,对托马斯主义做择要介绍。

哲学和神学

理性和信仰的关系问题是中世纪哲学的一个基本问题。教父著作中理性辩护主义与信仰主义的矛盾,经院哲学初建时期辩证法与反辩证法的争论,都是围绕这一问题展开的。通过几番争论,正统的神学家成功地把理性变成信仰的驯服工具,把哲学当作神学的附庸。奥古斯丁主义混淆神学和哲学的观念普遍为人们所接受。早期经院哲学的一般倾向是把神学当作真正的哲学,或者把哲学当作神学的理性内容与论证方法。13世纪兴起的亚里士多德哲学突破了这种哲学概念。亚里士多德哲学显然不从属于基督教神学,但这并不影响它的卓越地位。即使不赞成亚里士多德主义的神学家亦不得不承认它博大精深,是完满的哲学体系。大阿尔伯特提倡用公正的态度理解亚里士多德哲学,实际上已经把它作为不同于神学的科学来研究。托马斯在新的思想条件下调整了神学与哲学的关系,他一方面明确地区分了哲学与神学,指出它们是两门不同的科学,另一方面又坚持神学高于哲学的传统立场,杜绝用哲学批判神学的可能性。

托马斯在《神学大全》的开端对哲学与神学各自的科学性质做了论证。他的第一个问题是:"除了哲学科学之外,是否需要其他学问?"这一问题是针对用哲学代替神学的倾向而提出的。哲学家以哲学研究对象包罗万象为理由,把哲学说成包括所有知识的科学体系。托马斯首先反对把哲学当作知识总汇,他提出了区分科学的一个重要原则:

> 科学依它们认知对象的方式不同而不同。天文学家和物理学家都证明同样的结论,比如,地球是圆的,天文学家使用数学方法(对物质的抽象),物理学家却通过对物质本身的研究。同理,哲学科学通过自然理性之光研究被认知的对象,当这些对象在神圣的启示之光中被认

知时,没有理由说没有其他能够认识它们的科学。①

托马斯认为,区分科学的标准不在于客观对象,而在于研究方式,同样的对象可以被不同的方式所认知而成为不同科学的研究对象。神学和哲学有着共同对象,如上帝、创世、天使、拯救等,但哲学以理性认识它们,神学靠天启认识它们,两者因此是两门独立科学。既不能因为哲学研究神圣对象而将它归属于神学,也不能因为神学依赖理性而否认它的独立性。哲学与神学有着共同的对象意味着两者的内容有相互重合的部分,这一部分现在通常称为自然神学。自然神学以自然理性认识神学道理,如上帝存在和某些属性。现在通常所说的教理神学只能依靠天启和权威来相信神学道理。托马斯认为,以前神学家企图用理性来证明的"三位一体""肉身化""赎罪说"等信条,其实是理性所不能认识的,应归于教理神学。

《神学大全》的第二个问题是:"神圣的学问是否一门科学?"这一问题是针对否认教理神学的科学性的人提出的。问题的核心仍然是理性与信仰的关系。问题是这样引起的:有人坚持科学依靠理性原则,但教理神学依靠信仰,因此不能成为一门科学。托马斯利用亚里士多德的"证明科学"观念论辩道,科学是从第一原则推理的演绎系统;教理神学和自然神学一样使用演绎推理,它们之间的分歧仅在于,自然神学用理性发现并证明科学的前提,教理神学因天启知道并坚信同样的前提。判断一门学问是否科学的标准取决于它是不是一个演绎体系,而不取决于它如何认识和证明演绎的前提。因此,既不能因为教理神学依靠信仰认识它的前提而否认它是一门科学,也不能因为它运用了辩证法而把它归之于哲学。

托马斯按照不同的认识方式区分哲学与神学,保证了两者有共同的原则。但又引起新的问题:既然人的自然理性可以独立地认识上帝,那么天启和信仰还有什么作用呢?为什么在自然神学之外还需要教理神学呢?对此,托马斯回答说,虽然人人都有自然赋予的理性,但充分发挥理性是艰苦的努力,需要充裕的时间,只有少数人才情愿或能够充分使用理性,这些人在经过长期训练和艰苦探索之后才能获得一部分真理,因为人的理性是不完善的,在运用过程中不免产生混乱、错误与不确定。总之,哲学是少数人的危险历程,如果哲学是通晓关于上帝真理的唯一途径,那

---

① 托马斯:《神学大全》,1集1题1条。

么大多数人将失去这一真理,这将违反上帝拯救人类的目标,因此是不可能的。他说:

> 既然人只能在上帝之中才能获得完全的拯救,这取决于对上帝的真理的认识,人类为了以更合适、更确定的方式获救,必然要通过神圣启示获得神圣真理的教义,因此,除了理性研究的哲学科学之外,还必须有一门通过启示的神圣学科。①

然而,人们又要问:既然启示能够"以更合适、更确定的方式"拯救每一个人,少数哲学家何苦要通过艰难而充满错误的理性途径达到这一目标呢?这回轮到托马斯为哲学的生存权利辩护了。他有一句名言:"恩典并不摧毁自然,它只是成全自然。"②人的理性属于自然,"凡是自然的东西不会完全枯萎"③。人总是首先通过自然理性的努力实现自己的目标,人依靠恩典而获得启示,没有启示的帮助,人很难仅靠理性而被拯救。但恩典的赐予是以自然属性为基础的,上帝只赐福给努力实现自己的自然禀性的人。自然与恩典相辅相成的关系是人类同时需要哲学和神学的根本原因。具体地说,哲学对于神学有以下作用:

> 第一,我们可以用哲学证明信仰的前兆。在信仰的科学中必然有一些可用自然理性来证明的道理,如"上帝存在""上帝是一"等关于上帝和被造物的命题。信仰倡导这些被哲学证明了的命题。第二,我们可以使用哲学来类比信仰,比如奥古斯丁在《论三位一体》中从哲学家的学说中找出相似观点解释三位一体。第三,我们可以使用哲学批驳违反信仰的言论,显示其错误或不必要。④

总之,哲学的作用被限定在证明、解释和保护信仰的范围之内,这与奥古斯丁、安瑟尔谟等人的立场并无根本区别。但他对哲学与神学性质和任务的区分具有不可磨灭的创新精神。他是中世纪第一位肯定哲学独立于神学的哲学家和神学家,他承认哲学家可以按照自然赋予的理性探索真理,这为哲学的解放开辟了道路。

---

① 托马斯:《神学大全》,1集1题2条。
② 同上书,1集1题8条。
③ 同上书,2集2部126题1条。
④ 托马斯:《波埃修〈论三位一体〉注》,11题1分题3条。

上帝存在的证明

中世纪的神学家始终为一个问题所困扰,即有限的、不完善的人如何能够认识无限完善的上帝?在这一问题上有两种倾向:一种倾向强调人与上帝的相似性,把人类语言所能描述的最好属性归诸上帝,这是按照自身形象想象神的人类主义倾向;另一种倾向强调上帝至高无上的超越地位,否定人的思想和语言可以弥合人神之间不可逾越的差距,这是企图通过否定人的思想以到达不可言说境界的神秘主义倾向。托马斯把两者的分歧归结为这样一个问题:"是否可用单义的称谓同时说明上帝与被造物?"一个称谓如果能够同时表述上帝和被造物,那么它的意义便是单一的;相反,一个相同的称谓在表述上帝与表述被造物时有着不同的意义,那么它就是一个多义词。比如在"耶稣是善的"与"苏格拉底是善的"这两句话里,如果认为"善"的意义相同,那么,人们可以用单义称谓同时表述上帝和被造物;反之,认为"善"在两句话中意义不同,便否认用单义称谓表达上帝的可能性。显然,前一种意见代表了人类主义倾向,后一种意见代表了神秘主义倾向。

托马斯说,我们用来表达上帝的称谓,如存在、真、善、美、智慧、力量、仁慈等,既不是单义的,也不是多义的。它们不是单义的,因为造物主与被造物不可能具有同等的完善性,被造物从造物主那里获得的完善性受到自身缺陷的限制,因而是有限的、不完全的。另一方面,这些称谓也不是多义的。这是因为造物主与被造物的完善性有等级高低、程度多少、范围大小的区别,但并不是完全不同的性质。如果承认一切事物是上帝创造的,那么至少应该承认被造物与造物主之间具有一定程度的相似性。托马斯称这种相似性为类比:"上帝的称谓与被造物的称谓的意义是依照比例的类比。"①这里所说的"比例"指等级秩序,造物主把被造物安排在高低不等的位置,每一被造物享有与它地位相配的完善性,处于等级顶端的造物主具有最高的完善性,等级之中的被造物依次被赋予等而下之的完善性。比如,当"健康"这一词被用来描述尿时,它表示动物健康的症状;当它被运用于医学之中时,它表示健康的原因。同样,当"善"被运用于人时,表示善的表现,当它被运用于上帝时,表示善的终极原因。

上帝与被造物之间的类比关系使人可以通过认识被造物来论证上帝的

---

① 托马斯:《神学大全》,1集13题5条。

存在。托马斯强调,关于上帝存在的证明必须从经验事实出发,必须是"后天证明",而不是安瑟尔谟那种从完满观念出发的"先天证明"。按照这样的想法,托马斯提出了关于上帝存在的五个证明,简称"五路"。

第一个证明依据事物的运动。这个证明是这样的:我们可以感觉到有些事物在运动,运动是一个事实。究其原因,一事物运动的原因在于另一事物的推动,每一推动者又被其他事物所推动,由此构成了运动的系列。这个运动系列最初必然有一个不动的推动者,他启动了整个系列,自己却不受任何东西推动。这个第一推动者就是上帝。

第二个证明依据事物的动力因。经验告诉我们,没有事物是自身的动力因,每一事物都以一个在先的事物为动力因,由此上溯,必然有一个终极的动力因。因为一个序列如果没有开端,那么也不会有中间和终端;如果没有终极的动力因,也不会有中间原因和最后结果。这违反了动力因的因果系列。因此,我们必须肯定动力因序列是有限的,存在一个终极的动力因,这就是上帝。

第三个证明依据可能性与必然性的关系。它包括两个步骤。第一步由可能存在推导必然存在,第二步由事物的必然存在推导自因的必然存在。我们看到,自然事物处于生灭变化之中,它们可能存在,也可能不存在。现在有某些事物存在的事实告诉我们:有些事物必须作为必然的事物而存在,否则的话,在某一时刻一切事物都可能不存在。如果在某一时候一切事物都不存在,这将意味着任何事物都不可能存在,这样一来,现在也不可能有事物存在了。这显然是荒谬的,因此必须肯定有必然存在的事物。如果继续追问必然存在的原因,那么应该承认:"有些事物的必然性是由其他事物造成的,有些则不是。"因为如果追溯事物必然存在的原因,最后必然会到达一个终极的必然存在,"它自身具有必然性而不从其他事物那里获得必然性,不仅如此,它还使其他事物获得必然性",这个必然存在的终极原因或自因就是上帝。

第四个论证依据事物完善性的等级。它也包括两个步骤,第一步证明有一个最完善的东西的存在,第二步证明这个最完善的东西是其他事物完善性的原因。托马斯说,我们看到一切事物都有或多或少的完善性,如真、善、美等,但是,这些有条件的完善性都是相对于一个最高的完善性而言的,只是在它们与这个最高完善性相比较的意义上,我们才判断它们具有某种程度的完善性。因此可以肯定存在着一个最完善的东西。并且,它是其他一切事物完善性的最高原因。因为事物不同程度的完善性是完善性序列的不同环节,在完善性序列中,比较完善的事物是低一级事物的原因,最完善的事物是所有或多或少完善的事物的终极原因。"正如火是最热的,因此是所有发热事物的原因。同理,必定有一个最完善的事物作为所有事物的存在、善以及其他完善性的原因,我们称之为上帝。"

第五个证明依据自然的目的性。托马斯说,我们看到,即使无理性的自然物也朝向一个目的活动,它们总是遵循可以达到最佳后果的同一条路线活动。它的活动的目的性与齐一性证明它们的活动不是偶然的、随意的,而是有预谋的。预谋需要知识与智慧,如果没有一个有知识、有智慧的存在者指导,没有理智的自然物怎么可能朝向它们的目的活动呢?正如没有射手,箭就不会飞向目标一样,必定有一个目的之预谋者安排世界的秩序,他就是上帝。

不难看出,"五路"的一般思路是把世界当作一条因果链条,由此可以从较低级的可感事物出发,追溯它们的最初原因或终极原则——上帝。但是,如果世界的因果联系不是线性的,而是复杂的相互作用的网络;或者因果关系不是有限的,而是无限的,那么,托马斯的证明就是很成问题的了。

存在与本质的区分

托马斯说,名词"存在"(ens)的意义来自动词"是"(est)。他说:

> "是"本身的意义并不指一个事物的存在,……它首先表示被感知的现实性的绝对状态,因为"是"的纯粹意义是"活动",因而才表现出动词形态。"是"动词主要意义表示的现实性是任何形式的共同现实性,不管它们是本质的,还是偶然的。①

托马斯所说的现实性即纯粹活动,"存在"的本来意义指活动本身,它赋予一切事物现实性,并不指某一个或一类事物,就是说,存在自身不等于一个事物的存在。

托马斯把亚里士多德关于现实与潜在关系的学说运用于存在与本质的关系。他进一步说明,任何事物、形式或本质在未获得存在之前都只是一种

---

① Thomas Aquinas, *On Spiritual Creatures*, trans. by M. G. Fitzpatrick, Milwaukee, 1949, pp. 52-53.

潜在，一种可能性。存在的特征在于它的现实性，它是使潜在转变为现实的活动。按现实与潜在关系理解存在与本质关系，存在高于、优于和先于本质。本质依赖存在，没有存在，就没有实在的本质。托马斯说："事物的任何卓越性都是存在的卓越性。"①他批判了把存在当作实体属性的观点和本质先于并决定存在的观点。他指出，这些传统观念出自这样一种偏见，即认为"存在如同原初质料一样是最不完善的"。托马斯针锋相对地说："我在这里把存在理解为最高的完善性，因为活动总比潜在更完善，形式若无具体存在，将不会被理解为任何现实的东西……显然，我们在这里所理解的存在是一切活动的现实性，因此是一切完善的完善性。"②托马斯第一次对"是者"的意义做出了存在与本质的区分，并以一种存在论的实体学说代替柏拉图主义的本质论。中世纪哲学史家吉尔松认为这是革命性的变化："作为一种哲学，托马斯主义实质上是一种形而上学，他对第一原则，即存在的解释是形而上学历史上的一场革命。"③

实体学说

形而上学是以"存在"意义为中心的实体论。托马斯的形而上学以存在和本质关系的学说为枢纽，对实体的等级、构造与类别做了全面论述。他把实体分为以下三类。上帝是最高实体。作为存在的原因和自由，上帝是存在与存在者的统一、存在与本质的统一。托马斯说："上帝的本质就是他的存在。"④

第二类是精神实体。精神实体的存在活动不同于它们的本质。因为它们的存在活动不是固有的，而是获得的。他们获得存在活动的接受能力被自身的本质所制约、限定。⑤ 精神实体从上帝那里获得存在活动，它的本质是固有的潜能，它限制实体接受什么样的现实以及多少现实。精神实体之中存在与本质，或活动与潜在的区分意味着，它们不可能完全、充分地接受或分享纯粹存在，这一点把它们与上帝区别开来。另一方面，精神实体只有

---

① 托马斯：《反异教大全》，1卷28题。
② 托马斯：《论上帝的力量》，7题2条。
③ Gilson, *History of Christian Philosophy in Middle Ages*, Random House, New York, 1954, p.365.
④ 托马斯：《论存在与本质》，6章。
⑤ 同上书，5章。

存在与本质区分而无形式与质料区分,这一点又把精神实体与物质实体(或无形实体与有形实体)区别开来。托马斯说,一切被造实体都是现实与潜在的复合体,但现实与潜在关系有两种:一种是存在与本质的关系,另一种是形式与质料的关系。精神实体只有第一种区分,它们是不包含质料的复合体。

第三类实体是物质实体。它们包含着存在与本质以及形式与质料的双重区分。托马斯说:"在由质料和形式组成的实体中,活动与潜在有双重组合,一是实体的组合,即质料和形式的组合,二是已经成为复合物的实体与存在的组合。"① "组合"在这里指对存在活动加以限制的方式,托马斯谈到"来自上面的限制"和"来自下面的限制",前者是本质对存在的限制,即实体的潜在本质对存在活动的限制。本质在接受存在活动之后,由潜在变为现实的形式,它还要受到来自下面的潜在质料的限制。物质实体按照潜在本质和潜在质料的双重限制接受存在活动,它们因此要比精神实体享有更少的完善性。

托马斯从存在与本质、形式与质料关系入手,把实体看做由高级到低级的等级系统。上帝实体没有存在与本质区分,精神实体含有存在与本质区分,物质实体含有存在与本质、形式与质料双重区分。区分越多,对现实性的限制越大,完善性越小。

感觉认识论

托马斯坚持"亚里士多德关于我们的知识开始于感觉的教导",他认为人的认识经历了由感觉到理智知识的发展过程,在此过程中依次认识有形事物、可感形式与抽象形式,这三种对象分别为外感觉、内感觉和理智活动所把握。

外感觉是感官活动,包括看、听、嗅、尝、触五种。区分五种外感觉的根据何在?有人认为这是按照眼、耳、鼻、舌、体五种感官做出的区分,有人认为这是按感觉对象做出的区分。托马斯认为应按感官和感觉对象的结合做区分,每一种感觉都是人所感知外部事物的不同形式。按此标准,他强调触觉是最基本、最一般的外感觉,不但因为触觉的器官是人体全部,不像其他感官只是身体一部分,而且因为触觉与可感物体直接接触,认识到可感对象

---

① 托马斯:《反异教大全》,2卷54题。

的形体,不像其他感官认识形体的某些可感性质。西方哲学的感觉论以往一直以视觉为中心,这与柏拉图主义"心灵的眼睛""太阳的光照"等隐喻大有关系。托马斯效仿亚里士多德的科学精神与分析风格,批评柏拉图"隐喻、象征的说话方式"是"有缺陷的教学方法"①。大概正是摆脱了柏拉图主义的隐喻,他才得以从"视觉中心论"转变为"触觉中心论"。

内感觉是人与动物共有的。动物不但有外感觉,而且也有内感觉。托马斯举例说,一条猎狗追踪猎物,在三岔路口停下,当它在另外两条路口没有嗅出猎物气味,它不用再嗅就会往第三条路跑,似乎它能按"排中律"判断感觉。但实际上,动物没有理性与选择能力,它们依靠本能与习惯辨别感觉对象。在此意义上,托马斯说,人的外感觉并不高于动物的外感觉,如人的嗅觉不如动物嗅觉灵敏,但人的内感觉超过动物的内感觉。"其他动物只对与食和性有关的感觉对象产生快感,人却因为它们的美丽而愉快。"②内感觉对外感觉获得的关于事物的印象进行再认识,它能在各种条件下,包括在事物不出现的情况下,从各方面认识事物全部。内感觉包括通感、辨别、想象、记忆四种。通感(sensus communis)是五种外感觉的综合,把通过不同感官获得的不同印象汇总成一个统一的印象。辨别(aestimatio)把所感知的对象与自身联系起来评估它的利弊,如辨认好坏、分清敌友。想象(imaginatio)是最重要的内感觉,它对感觉印象进行了初步的抽象,把印象中的可感性质与可感质料相分离,或在分离之后重新组合,产生新的印象。托马斯认为想象是思想的初级阶段:"想象是我们知识的一个原则,我们的理智活动在这里开始,想象不是开始的刺激,而是持久的基础。"③只是在想象从感觉印象中抽象出来的可感形式的基础上,理智才进一步抽象出不可感的本质。最后,记忆(memoria)把外感觉和内感觉中的印象都贮存起来,使之不因当下感觉活动的消失而消失,使之可以随时重新浮现在心灵之中。

托马斯高度评价感觉对于知识的作用。他说:"人被赋予感觉,不仅是为了获取生活必需品,如同其他动物那样,而是为了知识自身目的。"他着重反驳了"感觉是错误根源"的偏见。他说,感觉是自然能力,除非感官遭受损伤,否则自然能力不会不达到自己目的;除非把正常的感觉运用于可感

---

① 托马斯:《论灵魂注》,1卷8讲。
② 托马斯:《神学大全》,1集91题3条。
③ 托马斯:《波埃修〈论三位一体〉注》,6题2条。

对象之外,如使用感觉认识那些不能直接感知的对象,或认识那些需要推论的一般对象,否则感觉是不会犯错误的。他指出:"有感觉才能理解","只有当感觉健全、精确时,心灵才能自由驰骋"①。他的原则被概括为一句名言:理智之中没有不被感觉先行知道的东西。

共相理论

托马斯承认知识开始于感觉,感觉是知识的一个来源,但不是唯一来源;人的灵魂的理智活动同样也是知识的一个来源。那么,感觉与理智关系如何呢?为什么理智可以从个别的、具体的、可感的事物之中获得普遍的、无形的、不可感的概念?托马斯认为,如果把理智活动的对象称为共相,那么,共相既可以存在于有形事物之先,也可以存在于它们之中,还可以存在于它们之后。共相作为已获得的存在的本质,是独立的精神实体,存在于有形实体之先;共相作为与质料共同构成有形实体的形式,存在于有形实体之中;共相作为被人的理智抽象出来的普遍概念,存在于有形事物之后。托马斯在实在论与唯名论的争论中企图调和各种观点。他承认纯粹理智以脱离可感事物的精神实体来认识对象,在这一点上柏拉图的理念论是正确的。但他强调,人的理智不同于天使理智,人的理智只能在灵魂和肉体复合体所限定的条件之下活动,不能直接认识纯粹形式,只能在有形事物之中抽象形式,获得普遍概念。唯名论者认为物质世界中独立存在的东西只是可感个体,共相只是存在于人的思想中的独立概念或名称,这是正确的。但另一方面,实在论者认为共相是存在于可感个体之中的普遍实在,它是普遍概念的对应物,这也是正确的。总的说来,托马斯肯定共相的实在,认为普遍概念是对个体之中普遍本质的抽象,他代表了典型的温和实在论立场。

意欲和行为

托马斯认为,认知和意欲是人的两种不同活动方式:认知是由外到内的活动,无论印象或概念,都是外部原因在心灵内造成的结果;意欲却是从内到外的活动,它以外部事物为目的,把自己的力量施加在外物之上,改变或利用外物,外物的变化是意欲在心灵之外造成的结果。再者,认知活动是人的感官和灵魂的内部变化,意欲活动却是人的行为,包括感官和灵魂的内部

---

① 托马斯:《神学大全》,1集91题3条。

变化和身体的外部变化与移动。人的行为是一种特殊的自然运动。

意欲可分感性和理性两种。托马斯指出："意志即理性意欲。"①感性意欲是动物意欲，意志与感性意欲的差别就如理智与感觉、人与动物的差别一样。托马斯承认，动物意欲，如食欲、性欲是人的自然意欲，它们也是支配行为的一种因素，在一定条件下甚至是决定性因素，改变人的行为。按托马斯的区分：

> 在改变人的因素之中，有些是生理的，有些是心理的；心理的因素或是感性的，或是理性的；理性的因素或是实践的，或是理论的。在生理因素中，最强烈的是酒，最强烈的感性因素是女人，最强烈的实践因素是政权，最强烈的理论因素是真理。正当的秩序是后者依次服从前者。②

在酒、色、权、理四种决定人行为的因素中，自然意欲占大半（权力是自然意欲与理性意欲参半的行为）。但托马斯在讨论人的行为时却没有过多涉及人的自然意欲。托马斯的意欲论主要是理性意欲论，指理智与意志相统一的行为，理智考虑某一行为是否应该执行，意志决定执行的方式和手段。这与亚里士多德所说的实践智慧并无大的区别。

道 德 观

托马斯接受了亚里士多德的幸福论，认为"幸福是人类的至善，是其他目的都要服从的目的"。人类的至善是以上帝的至善为原因的结果，因此道德活动的终极目标不是幸福而是上帝。幸福与上帝分别代表了共有的善和最高的善。但是，人们只要看到一个具体目标与共有的善之间的联系便可以断定它有善的品格，并不一定知道它与最高善的因果联系，因此，人类道德行为与上帝并无必然联系。人所追求的道德的直接目的是幸福，而不是上帝。托马斯说，具体的幸福有四等之善：物理之善、伦理之善、时宜之善与终极之善。以谋求友谊的活动为例，其物理之善是友好的微笑；伦理之善是好意的表达；时宜之善是在特定环境之中的友好行为；终极之善是仁爱之心。只有仁爱之心才是上帝的恩典造成的结果，友谊的其他方面的善属于

---

① 托马斯：《神学大全》，2集1部6题2条。
② 托马斯：《自由论辩集》，12题20条。

人类幸福,与上帝并无必然联系。

托马斯在德性中区分了基本德性和神学德性。基本德性有谨慎、正义、节制和坚韧四种,它们是以理性为标准的意志的习惯:谨慎是意志对理智的服从,正义是依理智认识的秩序而行动,节制是理性对感情的压抑,坚韧是理性对感情的加强。神学德性是意志遵循上帝启示和使徒教导而培养出的好习惯,包括使徒保罗所宣扬的信、望、爱。

自 然 法

托马斯伦理学的核心是"自然法"。"自然法"(lex naturalis)不是关于自然界的一般规律,它特指关于人性行为的规律。自然法是上帝制定的永恒律,并铭刻在人的心灵中,表现为人的自然禀赋和倾向。自然法的要求依次为:趋善避恶以保全生命,通过夫妻关系来繁衍后代,在和平的环境里探索真理,服从法律以保持社会秩序。

自然法既是不成文法,又是成文法。自然法首先是直指人心、见诸人心的不成文法,它以自然方式无声无息地支配着人的行为。不成文的自然法可对人的自然生活提供充足的指导,但却不足以保障人的社会生活,由此需要成文法的补充。托马斯说:

> 人在本性上是社会动物,因此,一个人的思想需要通过语言才能为他人所知,人需要有意义的言谈才能生活在一起,说不同语言的人不可能幸福地居住在一起。①

用语言颁布人所理解的自然法是成文法。成文法的来源有两条:一是上帝直接向人类宣布的神律,包括《旧约》中的摩西十诫和《新约》耶稣的登山宝训,它们表达了自然法最一般的原则。成文法的另一来源是人的信仰与理性。人向自己内心发掘良知,用语言表达他们对自然法的共同理解,如果这种共同理解通过信仰途径形成,语言所表达的就是教规;如果这种共同理解的途径是理性,语言所表达的就是民法,民法首先被表达在罗马人制订的法律之中。托马斯强调自然法是成文法的根据,在成文法中,神律高于人法(教规和民法)。

托马斯主义一开始是多米尼克会的理论旗帜。它受到"七七禁令"的

---

① 托马斯:《神学大全》,2集2部94题5条。

牵连,多少与多米尼克会与法兰西斯会之间的宗派斗争有关。但教廷随后不久便肯定了托马斯主义的正统地位。1323年,教皇约翰二十二世册封托马斯为圣徒,宣布"托马斯著作的每一章节都是正确的"。托马斯还被授予"共有博士"和"天使博士"的称号。宗教改革时期,教廷企图通过复兴托马斯主义来恢复天主教思想的权威。特兰托会议确定托马斯主义为天主教的正统学说。随着自然科学和近代哲学的兴起,托马斯主义无可挽救地衰落下去。直到1879年,教皇利奥十三世发表《永恒之父》的通谕,号召复兴托马斯主义,新托马斯主义才成为现代西方哲学的一个重要流派。新托马斯主义继承了托马斯思想的综合与调和的特点,不但用托马斯主义统一基督教各派哲学,而且使之与近现代哲学,乃至自然科学融会贯通,为天主教的现代化运动奠定了理论基础。

第十章
英国的经院哲学家

十三四世纪时,经院哲学有两个中心:一是巴黎大学,一是牛津大学。两地的风格很不相同,巴黎大学流行的是亚里士多德主义,牛津大学继承了12世纪英国学者研究数学和自然的传统。英国的经院哲学家利用不同的思想资源,发展出与托马斯主义不同的体系。他们的影响不局限于英国,我们下面提到的司各脱主义和奥康主义都是遍及欧洲的思潮。

第一节 罗吉尔·培根

罗吉尔·培根(Roger Bacon,1214—1292年)出生于英国桑莫斯特郡的一个地主家庭。1230年在牛津大学艺学院学习。1236年在巴黎大学任教,他是第一批讲授被禁的《物理学》和《形而上学》的教师,成为亚里士多德的著名译注者。当他读到伪托亚里士多德写给亚历山大大帝的信《秘密之秘密》时,他对自然奥秘的好奇心被唤醒,他的兴趣从经院学术转向秘传学问和工艺制造。他于1247年返回牛津大学,1257年加入法兰西斯会,希望他的科学研究计划能得到修会支持。但事与愿违,他的革新计划不见容于修会的保守领导人。1261年他受到会规处罚,被囚禁在巴黎一修道院里。在备受劳役和饥饿折磨的情况下,他坚持写作《形而上学论》等著作。1266年他过去认识的主教福尔克斯成为教皇克莱门特六世。为了说服教皇采纳他的改革学术计划,培根在短时期内写成《大著作》《小著作》和《第三著作》,但克莱门特六世没有读完他的著作便于1268年去世。1272年,培根又完成了《哲学纲要》的写作。据说,他在一个短时期获释,但在1277年大迫害环境里,他又以"标新立异"罪名再度被囚,直到1290年左右才被释放,旋即去世。他的最后一部著作是《神学纲要》。

罗吉尔·培根是一位不幸的天才。他的不幸在于他的超前思想，他比同时代人更早地认识到实验和数学的重要性和科学应有的实用价值，要以实用科学的精神全盘改造经院哲学。他虽然使用奥古斯丁和亚里士多德的语言表达这些思想，但仍不能为同时代神学家和当权者所理解。直到 14 世纪末，他才获得应有的声誉。15 世纪时，他的名字已成为牛津大学的骄傲，人们称他为"悲惨博士"，以表示对他受到的不公正待遇的不满。

基督教学术革新

罗吉尔·培根主要著作《大著作》提出了全面、系统地改造经院学术现状的计划。作为一个虔诚的基督徒，他所提倡的基督教学术的目的是为了更好地理解和宣扬上帝智慧。但是，他的思想的神学色彩没有掩盖他的批判和革新精神。他在《大著作》开篇指出，在理解上帝的光辉之前，首先必须清除障碍。他把人类认识错误的根源归结为四大障碍：

> 理解真理有四个主要障碍，它们妨碍着每一个人。无论人们如何学习，也无法获得真正智慧和学识。这些障碍是：(1)靠不住的、不适当的权威的榜样；(2)习俗的长期性；(3)无知民众的意见；(4)以虚夸的智慧掩饰无知。每一个人都陷入这些困难，人们的状况靠它们维持，因为每个人在生活、学习和职业活动中都用下面三种糟糕的理由达到相同的结论，即：(1)这是我们前辈树立的榜样；(2)这是习俗；(3)这是共同信念，因此必须坚持它。可见，纵使这三种错误被理性令人信服地驳倒，人们还可以原谅他们的无知，第四个障碍总是出现在眼前或嘴边：虽然他不知道任何有价值的东西，但还是无耻地夸大所知道的一切。这样，他压制并避开真理，满足于可悲的愚蠢。①

"四障碍说"是对经院学术的尖锐批评。崇拜权威是以圣徒和教父言论定是非的教条主义，因袭守旧是恪守传统的保守主义，服从一般人信念是盲目的信仰主义，夸夸其谈是不学无术的文字游戏。罗吉尔·培根虽然推崇奥古斯丁以来的神学传统，他的著作也常引述权威意见为论据，但他深感现有学术状况的堕落、懒惰、无知与虚浮已到了非改不可的地步。他的揭露激怒了同时代的权威，他非但没能铲除这些障碍，反而被障碍所窒息。

---

① 罗·培根：《大著作》，1 部 1 章。

《大著作》等作品是写给教皇的申诉，其中突出了学术改革计划的神学意义和宗教目的，主要是出于说服教皇的现实考虑。从罗吉尔·培根设想的新学科内容来看，他提倡的革新只与哲学有关。这里的"哲学"指与神学有别的一切世俗学问的总称，他把哲学分为数学、语言学、透视学、实验科学和伦理学五部分。这种分类与亚里士多德关于科学的分类不同。更重要的是，他对这些学科性质的论述显示出与经院研究不同的科学理性精神。

罗吉尔·培根认为数学是最基本的科学，用他的话来说，数学是"其他科学的大门和钥匙"，他还特别强调数学对自然研究所起的关键作用。再如，罗吉尔·培根所谓的透视学实际上是对感觉的分析。他把感觉对象分析成二十九个感觉要素（sensibilia），它们分属两个层次。简单层次是每一感官的单独感觉，称作"专门感觉"，计有：视觉感知的光和颜色，触觉感知的热与冷、干与湿，听觉感知的声音，嗅觉感知的气体味和味觉感知的味道，共九种。第二层次是专门感觉的复合，称作"一般感觉"，计有：距离、位置、体积、形状、大小、连续化、单独性、数量、运动、静止、粗糙、光滑、透明、厚度、阴影、模糊、美、丑、近似、差别等二十种。罗吉尔·培根对感觉由简单到复杂，最后到对事物判断的感性认识过程做了详细分析，以后的经验论者也是沿着这条分析的思路来说明感觉现象的。现代分析哲学家为了说明感觉对象的简单性和客观性，借用了拉丁文 sensibilia 这一概念。应该肯定，罗吉尔·培根是英国经验论的先驱。

实验科学

罗吉尔·培根是第一个使用"实验科学"（scientia experimentalis）概念的人。他认为实验科学是最有用、最重要的科学。"实验科学"与"证明科学"的关系如何呢？罗吉尔·培根指出：

> 推理和经验是两种获得知识的途径，推理达到结论并使我们认可这一结论，但并没有给我们摆脱一切怀疑的确定性。只要结论没有通过实验的途径，心灵就得依赖对真理的直观。很多人在一些问题上提出理论，但因为缺乏经验，他们的理论是无用的，既不能使他们求善，也不能使他们避恶。如果一个从未见过火的人用推理证明火能烧人，毁坏物品，他虽会接受这一结论，但内心仍不信服。除非他用实验证明这个道理，即使把手或其他可燃物置于火中，也不会避开火。但一旦做了这个燃烧实验，心灵就会相信真理的证据。因此，推理是不够的，经验

才是充分的。

培根的另一结论是:"没有经验,就没有任何东西可被充分认识","一切事物都必须被经验证实"。①

罗吉尔·培根从三方面论证了实验科学的优越性,首先是它的实证性,它能够证明科学的结论。他一方面承认证明科学的必要性,另一方面坚持实验科学的充分性。换句话说,如果演绎推理是确定知识的必要条件的话,那么实验科学就是确定性的充分条件。他以对虹的解释为例,说明演绎和实验的差别。亚里士多德在《气象学》卷三称虹为太阳和星星之间的垂直线,塞涅卡称之为神的笛杖,彩环是日冕,这些说法是不可证实的。罗吉尔·培根设想用晶体做实验,看一看晶体的折射光的七种颜色,心灵便可能知道虹是水气反射太阳光而形成的自然现象。通过实验,人类还可以掌握无数制造彩虹的方法。其次是实验科学的工具性。没有实验的帮助,其他科学便达不到目的。在此意义上,实验高于思辨和学艺。实验可以窥测自然奥秘,发现过去和未来,谁掌握了实验科学,谁就有了创造奇妙科学的力量。他呼吁:"凡是希望在现象背后获得无可置疑的真理的欢乐的人,都必须知道如何献身于实验。"②最后是实验科学的实用性。实验不仅仅是其他科学的工具,而且是达到人为目的的工具。比如,医学实验可以找到延长生命的途径,国王和教皇若支持实验科学研究,可以发明很多挫败异教徒的军事武器。他设想潜水艇、飞机、机车、望远镜在战场上的用途,是为了劝说统治者对他研究纲领的支持。他的这些设想启迪了后人的智慧,并使他当之无愧地获得了实验科学先驱的称号。

罗吉尔·培根对实验科学的实证性、工具性和实用性的阐述在充满思辨玄学和文字争论的学术气氛中有如空谷足音,直到17世纪人们才普遍接受了这样的观念。当然,生活在13世纪的培根对经验的理解不同于近代科学的实验。除了日常经验之外,他把个人的内在的精神体验,特别是宗教感情与特殊体验,也算作经验。罗吉尔·培根对经验的看法虽然打上他所处时代的烙印,但至今并未失去意义。

哲学史上有两位姓培根的著名哲学家,他们的思想极其相似,都以改造人类知识为目的。十六七世纪的弗兰西斯·培根在《新工具》一书中对学

---

① 罗·培根:《大著作》,6部1章。
② 同上。

术现状的批判和对未来科学的展望与 13 世纪的罗吉尔·培根在《大著作》中的观点相似到难分彼此的程度。一位研究者提醒说:"当我们谈到科学中的培根改革时,我们应该提到那个被遗忘的 13 世纪僧侣,而不是那个赫赫有名的 17 世纪的大法官,这样可能更公正。"[1]

第二节 司各脱主义

约翰·邓·司各脱(John Duns Scotus, 1265—1308 年)生于苏格兰。其叔父为法兰西斯会苏格兰分会会长。司各脱 15 岁时(刚到加入修会的年龄)便加入法兰西斯会。1283—1290 年间在牛津和巴黎学习,1291 年被任命为神父。1294 到 1297 年在巴黎大学学习神学,毕业之后在巴黎和牛津等处讲授《箴言书》。正当法兰西斯会推荐他取得巴黎大学教授席位之职时,司各脱因参与教皇博尼法斯八世反对法王菲利浦的活动于 1304 年被驱逐出境。1304 年博尼法斯八世逝世之后司各脱又重返巴黎,获神学教授席位。他在一场激烈的神学争论中独自与所有的神学教授辩论,赢得"圣母纯洁之胎说"的胜利。但学校中忠于法王的势力伺机指责这一说法为异端观点。为了保护司各脱免遭谴责,修会于 1307 年把他调至科隆的法兰西斯会学馆。司各脱在那里紧张地工作了一年之后去世,享年仅 43 岁。

邓·司各脱的主要著作是《牛津评注》,这是他在牛津讲授《箴言书》的讲稿,司各脱在巴黎大学讲授《箴言书》的课堂记录稿称作《巴黎记录》。邓·司各脱是法兰西斯会的博士,他的称号是"精细博士"。"精细"这一经院哲学的一般风格在他著作中表现得淋漓尽致,他的著作因此比其他经院哲学家的更加复杂难懂。司各脱主义是经院哲学的一个新模式,他在流行的亚里士多德主义与奥古斯丁主义中敏锐地发现问题,细致地分析问题,试图合理地解决这些问题,因此才有格外精细之风格。只有联系 13 世纪哲学争论中遗留的问题,才能全面地、准确地理解他的哲学。

形而上学与神学的区分

司各脱认为,形而上学研究的"存在之为存在"是人的认识的第一原

---

[1] 引自 R. Adamson, *Roger Bacon*: *The Philosphy of Science in the Middle Age*, Manchester, 1876, p.7.

则。"第一"是最确定的、不可怀疑的意思;即使那些怀疑任何一个具体事物存在的人,他的怀疑仍然要求在肯定的意义上使用"存在"这一概念。

司各脱的独创之处在于,他把对"存在"的意义区别为两种样式:无限存在和有限存在。站在神学家立场,司各脱说明无限存在是上帝,有限存在是被造物;形而上学因此包含着关于上帝的知识。但他指出,有限与无限是非连续的,两者之间有不可逾越的鸿沟,不能从有限直接推导无限存在。因此,托马斯提出的"后天证明"是无效的。这样就产生了一个问题:有限的人在多大程度上能够认识无限的上帝?

司各脱肯定形而上学可以证明上帝存在,并在事实上做出了这种证明。不过,他又否认上帝是形而上学的研究对象。他的理由是阿维森纳的一个看法,即:"一切学科都不证明其对象的存在。"因为,"对象在学科之先",学科对一个对象的研究是以承认该对象的存在为前提的,对象的存在已经事先预定,学科的内容只与对象的属性有关。比如,物理学研究物体的运动属性而不关心这些物体是否存在,数学研究数的属性但不证明数的存在。司各脱从"把握一个对象"和"证明其存在"的区分出发,认为神学的对象是上帝的属性,但不证明上帝的存在;反之,形而上学则能证明上帝的存在,但不提供关于上帝属性的知识。

司各脱所说的形而上学与神学的区别实际上是理性与信仰的区别。人的理智属于有限存在的样式,上帝的理智属于无限存在的样式,两者有着不同的属性,不能相通,不能用有限把握无限。司各脱说,人的理智的自然对象是以自然方式获得观念,这些观念或者是关于被造物的观念,或者是被造物与上帝共有的观念,如"存在""善""真"等。理智虽然可以通过这两类观念想象、类比、猜测上帝的属性,但这是把很多观念复合在一起的活动,难免产生虚幻和错误的观念,比如"金山"这样的观念就是这样产生的。司各脱说:"在被造物的概念里面找不出反映真正属于上帝的思想或观念,上帝同任何属于被造物的东西在性质上是完全不同的,所以,用这种方法永远也发现不了关于上帝的观念。"① 就是说,人的理智达不到神学的高度。

上帝的性质虽然不是理智的可知对象,但却是信仰的可信对象,神学是信仰的学问。严格地说,神学不是知识,而是一门实践的学问,它的信条是人的行动准则,教育人们如何达到生活的最终目的,增强人们对生活意志和

---

① 司各脱:《牛津评注》,1卷1部1题。

对上帝的热爱。司各脱的本意也许是发扬通过爱心接近上帝的法兰西斯会传统,反对用形而上学的思辨削弱大多数人的信仰,或用思辨知识代替宗教道德实践。但是,他的学说的实际效果却是淡化了神学对哲学的影响,开启了哲学非宗教化的演变过程。

此性学说

在唯名论和实在论的争论中,司各脱持温和的实在论立场,他认为一个实体的形式是一类实体的共同本质,但他也看到实在论的理论弱点在于不能说明一个实体为什么是这一个而不是那一个的原因。托马斯根据亚里士多德的思想,把质料当作个别化原则。司各脱反驳托马斯说,质料属于量的范畴,量是实体的属性,因此在本性上后于实体,不能反过来把量的范畴作为规定实体个别性的原则。个别的实体造成了它的量的规定性,而不是相反;实体的单个性造成了质料的具体的形状,而不是相反。托马斯犯了以实体的属性决定实体自身的错误。

司各脱说,为了说明实体的个别性,需要在实体的形式和质料以外,再设定一个实体的要素,他把这一要素叫做"此性"。司各脱说:"此性不是质料、形式,也不是它们的复合,因为这些都是属性,此性是不同于质料、形式或它们复合物的终极实在。"①从词源上看,"此性"(haecceitas)这个词来自拉丁文"这个"(haec),其意是"决定此一事物是这个而不是那个的本性";与这个词相对的概念是"属性"(quidditaas),它来自"什么"(quid),属性规定事物是什么,它是可以用定义表达的类。按照司各脱的区分,每一实体都有共性与此性;实体的形式和质料决定共性,此性则是决定自身的终结因素。此性之所以是终极的,因为它没有需要解释的性质;任何对它的解释都使用可被定义的概念,都不免涉及共性,都会犯以共性规定此性的错误。用经院哲学的术语说,此性与共性的区分是"形式上的区分",这里"形式上"的意思是"原则上"。"形式上的区分"的具体含义是,在原则上把一事物的本质分为两个样式,一是概念不可表述的终极本质,即此性,另一个是可用概念把握的本质,即共性。但不论是此性,还是共性,都是存在于感性事物之中的实在本质。司各脱创造"此性"这一概念的一个目的是为了完善实

---

① 司各脱:《牛津评注》,2卷3部6题。

在论,回答"每一个别事物与其他事物根本不同"①这一问题。"此性"概念的意义必须在当时哲学争论的理论背景中才能被理解。在关于实体个别化原则的争论中,"此性"是一个取代"质料"和"这一个",用来表示实体的终极存在以及属性的载体和基质的概念;在唯名论和实在论的争论中,它是一个取代个别的"可感性质"的概念,用来表示事物的特殊本质的实在性。

后来的司各脱主义者离开"此性"所针对的理论问题使用这一概念,把它作为解释事物性质的原则。"此性"被庸俗化为"隐秘的质":一个事物之所以如此这般,因为它有如此这般的此性或隐秘的质;它之所以有如此这般的隐秘的质,因为上帝愿意它如此这般。这完全是没有任何解释力的同义反复。

意志主义

西方哲学的传统是理智主义,与这一传统相对立的意志主义是司各脱的一大发明。司各脱的意志主义首先是一种本体论,即关于无限存在和有限存在关系的形而上学。上帝的本质在于理智和意志,由于上帝已被证明为无限存在,他在理智和意志两方面都是无限的。上帝理智的无限性在于它包含着无限多的理念。在无限多的理念之中,有些理念有与之相对应的事物,有些理念则没有。理念与事物相对应或不相对应的关系是偶然的,由上帝的意志自由地决定。

司各脱的意志主义也是一种灵魂观。他认为人的理智与意志是人的灵魂的两种功能。当时的经院哲学家普遍以理智主义的观点看待理智与意志的关系,他们认为意志活动有一个外在动力因,它就是理智对象。司各脱对此提出两点反驳。第一,意志不受外部对象支配。"支配"意味着受吸引或被推动,意志的特征在于只有在它愿意的情况下它才接受外部对象的作用,意志不可能像无意志之物那样不由自主地受吸引或被推动。对于外部对象,意志有愿意或不愿意接受它们的自主性。第二,意志没有动力因。"意志有动力因"的说法意味着意志是事物活动造成的结果,这种说法与"意志活动"的说法相抵触。"活动"属于主动对象,而不属于被动对象,如 A 造成 B 的活动属于 A,而不属于 B。同样,如果意志是某事物活动造成的结果,那么,我们将只能谈论造成意志的事物的活动而不能谈论意志的活动,意志

---

① 司各脱:《牛津评注》,2 卷 3 部 6 题 11 条。

将成为没有活动的被动对象,这是不符合事实的说法。司各脱的结论是,不是理智支配意志,而是相反:只有当人们愿意知道某一对象时,他才会运用他的理智。从根本上说,人的意志是受上帝的无限意志支配的。

司各脱主义从一诞生就是法兰西斯会的指导思想。14 和 15 世纪时,司各脱主义的声势很大,据说,它的人数比托马斯主义者还要多。文艺复兴时期,它遭到人文主义者的激烈批判而退出大学阵地,只在法兰西斯会内部被少数人研究。司各脱的哲学对近代哲学家维柯、莱布尼茨等人都有影响。哲学史家文德尔班对司各脱评价甚高,说他是"中世纪基督教最重要思想家"①。

第三节 奥康主义

威廉·奥康(William Ockham,约 1285—1349 年),是新唯名论的创始人,他出生于英国萨里郡的奥康,1306 年加入法兰西斯会。1310 年左右进入牛津大学神学院,在取得学士学位后于 1315 至 1319 年讲授《箴言书》,1320 年他已完成获取神学博士的全部学业,先因博士候选人太多,未能及时取得学位,后因"异端"指控,终身未得"博士"称号。他的称号是"尊敬的初始者"。"初始者"(inceptor)和首创人(initiator)意思一样,奥康以未能毕业的学生身份而成为一个学派的创始人,着实令中世纪人钦佩。1320—1324 年,他在法兰西斯会办的学校里教书,牛津大学校长从他的讲稿中找出 56 个有异端思想嫌疑的命题向教廷告发。奥康在被召至阿维农候审期间,于 1328 年逃至意大利的比萨,接受驻扎在那里的神圣罗马帝国皇帝巴伐利亚的路德维希的庇护。路德维希是教皇的政敌。教皇约翰二十二世革除了奥康等人的教籍。奥康撰文反击,指控约翰二十二世观点为异端。相传奥康对路德维希说:"你用剑保护我,我用笔保护你。"人们用这句话形象地表达奥康在王权与教权斗争中起的作用。奥康随路德维希回到巴伐利亚首府慕尼黑,维护王权的权威,反对教皇的绝对权力,主张用宗教会议代替红衣主教选举教皇的制度,攻击约翰二十二世及其继承人本笃十二世、克莱门特六世,与教廷结怨甚深。1347 年路德维希去世后,教廷试图与奥康修好,但奥康未来得及签署和解正式文件便死于黑死病。

---

① W. Windelband, *History of Philosophy*, vol. 1, New York, 1958, p. 314.

指称与指代

12 世纪唯名论的基本命题是"共相是词"。13 世纪发展起来的词项逻辑对词的意义做了"指称"与"指代"的区分。奥康的贡献在于认识到这一区分对于克服老唯名论缺陷的作用,他在唯名论的"旧瓶"里注入词项逻辑的"新酒",通过词项的意义确定事物的性质和概念内容,发展出新唯名论理论。

观念符号有指称和指代两种不同的逻辑功能。符号的意义在于代表符号之外的东西,"指称"(significatio)是符号自身具有的代表功能,"指代"(suppositio)是符号在命题中才具有的代表功能。有指称功能的符号也必有指代功能,具有指称和指代双重功能的符号是关于个别事物的名称,比如,"苏格拉底"这个词有指称一个人的功能,也有在命题"苏格拉底在跑"中指代一个人的功能。但是,有指代功能的符号不一定都有指称功能。普遍概念都有指代其他符号的功能,但没有指称事物的功能。

奥康关心的是共相与殊相的区别。从词项逻辑的观点看问题,殊相是专名,是对个别事物的指称或对其他专名的指代;共相是对关于个别事物的概念或思想的指代。比如,命题:"苏格拉底在跑"中"苏格拉底"是对一个人名称的指代;命题"有人在跑"中的"人"是对某些人的名称的指代。共相与殊相的区别不在于它们所指称的实在是普遍还是个别,而在于词项不同的逻辑功能;殊相直接指称个别事物,共相则是对众多个别事物名称的指代。把殊相与共相看做词的不同逻辑功能是唯名论的基本原则,奥康利用共相的指代功能进一步回答了老唯名论者无法回答的问题。

对普遍性的唯名论解释

唯名论者面临的首要问题是如何解释科学研究对象的普遍性。一切科学的对象都是普遍的,没有关于个别事物的科学,这是公认的道理。实在论者据此反驳说,如果共相也表示个别事物,那么科学便不能通过概念把握普遍对象,科学将不可能存在。奥康认为以前的哲学家,无论唯名论者还是实在论者,都犯了一个共同错误,即混淆了单词本身的指称功能与词项在命题中的指代功能。他说,科学由命题组成,世界则由事物组成,事物总是个别的存在,直接指称事物的名称是殊相。然而,在科学的命题之中,殊相被共相所指代,或者说,科学总是通过普遍概念和一般判断来把握个别事物,其研究对象是共相及其组成的普遍命题,而不是个别事物。另一方面,共相有指代殊相的逻辑功能,它归根到底是关于事物的自然符号。奥康说:

> 当科学被说成是以共相为对象时,人们应当这样理解:它是以能够指代事物的共相为对象的。①

这里所说的事物指个别事物,共相通过指代殊相而表示个别事物的实在。就是说,"一切科学的研究对象都是普遍的"与"实际存在的只是个别事物"这两个观点是相容的,唯名论同样可以论证科学的普遍性。

据同样道理,奥康解释了一般命题谓词和定义的普遍性。在单称命题"S 是 P"中,如果主词 S 指称一个事物,谓词 P 表述 S;在全称命题"所有 S 是 P"中,P 是表述指称一类事物的主词。实在论者于是肯定说 P 必定指称一个内在于这一类所有事物的共同本质,否则不能解释 P 何以能够表述众多主词。奥康解释说,谓词正确表述主词的功能就是它的指代功能。在"人是动物"这一命题中,"人"是对每一个人名称的指代,"动物"又是对"人"的指代。个体实在和谓词的指代功能足以解释为什么一个谓词可以普遍地表述个别事物,不需设立一个与谓词相对应的普遍实在对象。

同样,实在论者用普遍本质解释定义的实在对象既无效,又无必要。实在论者的理由是:定义(即"种加属差"式定义)的对象是类;另一方面,亚里士多德所说,定义的首要对象是实体,因此,类是实体。奥康反驳说,定义对象不是实体或实在的类,而是普遍词项,理由是:定义与定义对象有互换性,比如说:"人是有理性动物"和"有理性动物是人"是同一回事。定义是语言单位,它只能与语言单位互换,而不能与实在对象互换。奥康接着把定义形式"X 是 Df"和命题形式"S 是 P"相比,Df 是词组而 P 是词项,但两者都有指代作用。定义是对所有被定义的对象的名称(不管它们是殊相还是共相)的指代,它是指代的指代,因此比谓词有更高的概括作用,但归根到底,它是对有指称作用的个体名称的指代,它适用于一类事物。

科学研究对象的普遍性、谓词表述对象的普遍性和定义对象的普遍性是支持实在论的三个主要理由,也是坚持共相与殊相都指称个别事物的老唯名论者无法逾越的障碍。奥康利用词项逻辑的指代理论,区分了殊相指

---

① 奥康:《箴言书注》,1 卷 2 部 4 题。

称的个别事物和共相指代的普遍功能，这样既坚持了语言的实在对象只是个别事物的唯名论立场，又解释了实在论所能解释的语言普遍性，从而把唯名论推向新的理论高度。

自明知识与证据知识

指代理论解释了词项的意义，但词项本身没有真假；词项组成的命题才有真假之分。奥康指出，我们可以通过两条途径判断一个命题的真假：一是通过词项之间的关系就可以知道它们组成的命题的真假；另一途径是需要通过词项与事实之间的对应关系才能知道它们组成的命题的真假。比如，对于命题"苏格拉底是人"，只要知道词项"苏格拉底"和"人"的关系，就可以知道这一命题必然为真；对于命题"苏格拉底在跑"，则要知道这些词项是否与外部事实符合，才能知道它的真假。奥康把对词项之间的意义联系的认识叫做抽象认识，把对词项与事物之间有无联系的认识叫做直观认识。

抽象认识和直观认识都是简单的，由它们组成的复合知识有两种：直观认识组成证据知识，抽象认识组成自明知识。证据知识是由一些直观证据组成的复合经验。比如，"苏格拉底是哲学家"是由许多直观认识的命题，如"他与某人讨论什么是美德""他说过知识是美德""他教柏拉图哲学"等组成的证据知识。自明知识的复合性在于，它由抽象概念构成的推理、命题的主谓词以及三段式中词之间的必然联系，保证了推理的逻辑自明性。"凡人皆会死，苏格拉底是人，故苏格拉底会死"，便是一个由两个抽象认识命题为前提得出自明结论的典型例证。

不难看出，直观认识表达的偶然命题，以及以它为基础的证据知识是偶然知识；以抽象认识的必然命题为基础的自明知识是必然知识。奥康关于经验证据与逻辑推理、简单认识与复合认识、偶然知识与必然知识的区分，是近代英国经验论的重要来源。

奥康的剃刀

奥康的知识观不仅预示了重视经验证据的新科学观，而且对他自身理论有直接意义。它的一个重要推论通常被称作经济思维原则。既然只有自明知识或证据知识才能算作知识，那么，一切既无逻辑自明性又缺乏经验证据的命题和概念都必须从知识中剔出去，可用经验证据直接说明的东西不

需用非经验的原因解释,可用自明的命题证明的东西不需用意义不明的论辩,用他的话说:

> 切勿浪费较多东西去做用较少的东西同样可以做好的事情。①

这句话后来被人转述为"如无必要,切勿增加实质",这就是"奥康的剃刀"的由来。所谓必要,即逻辑自明或经验证据,没有两者中任何一条的支持,任何东西都不能算作知识。"奥康的剃刀"锋芒所向,直指实在论所设立的普遍实质。在他看来,无论出自逻辑理由,还是出自经验理由,都没有必要在个别事物之外设立普遍的实体或实质。我们已经看到,按照他的指代理论,没有必要为了说明科学对象、命题谓词和定义对象的普遍性而设立普遍实在。按照他的认识论,同样没有必要为了解释普遍概念的性质而设立与之对应的普遍实在。

唯名论的后果

奥康的唯名论认为,在自然界和社会中真实存在的只有个体,个体之间的关系是外在的、偶然的关系。传统的世界图式是各类事物按照内在本质的完满性程度高低构成的一个等级系统,上帝处在等级顶端,人可以自下而上地推溯上帝的存在和属性,或在事物不完满的本质中,看出上帝的完满本质。奥康的唯名论完全改变了这一图式,按照他的理论,在上帝以下的一切事物都是平等的个体,不但个体之间的关系是直接的、偶然的,上帝与每一个体之间的关系也是直接的、偶然的。从这一原则出发,他提出一系列神学、伦理学和政治学观点。

奥康认为,不但上帝的存在,上帝的属性,如全能、至善、创造、无限、永恒等,也都不能被哲学所证明。他说:"我们不能知道上帝的统一性、无限的力量、神圣的善和完满性,它们并不指称上帝,而是我们在命题中用来指代上帝的符号。"②关于上帝属性的概念只是对"上帝"这一名称的指代;就是说,它们除了说明"上帝"名称的意思之外并不表示任何关于上帝的实际知识。

奥康承认,表示上帝存在和属性的神学命题虽然不是知识的对象,却是

---

① 奥康:《箴言书注》(记录本),2 卷 15 题。
② 奥康:《箴言书注》,1 卷 3 部 2 题。

信仰的对象。神学命题以信仰为依据,知识的命题以经验证据和自明证据为依据。两者不可混淆:神学命题不要求证明和证据,知识也不以权威意见为证据和原则。神学命题所依据的"信仰的真理"来自《圣经》。《圣经》中描写的上帝按自己意志创造世界、决定人的命运。上帝意志是信仰的最高原则,奥康的神学中的意志主义比司各脱的意志主义更为彻底,司各脱尚且承认神圣意志以神圣理念为选择对象,奥康否认了上帝的意志与理智的区别,认为上帝意志不通过理智中的理念原型直接创造世界,上帝在理智中产生出个别理念与上帝意志创造出现实个别事物是同一过程。理念和事物同样是偶然产物,理念与理念之间也无内在必然联系。这意味着上帝以偶然的方式知道世界发生的一切。他说:"不可能说明上帝认识未来偶然事件的方式,但必须坚持他以偶然方式知道这些事件。"[1]就是说,人的理性不可能知道上帝的预知和先定的命运。

奥康把意志主义运用于伦理学领域,否认有发自人的内在本性的普遍道德规范。在整个中世纪,人们普遍相信人的灵魂有向善的本性,它是上帝创造的自然法在人的灵魂上的不可磨灭的印证。可以说,"灵魂本性"或"自然法"在伦理学中的地位犹如"内在本质""共相存在"在实在论和认识论中的地位。奥康认为,关于人的灵魂本性的谈论都是信仰,而不是知识。我们感知不到作为共同形式、共同本质的灵魂,可以感知到的只是自己的理智活动、意志活动和欲望活动。三者都是个人的部分,它们相互配合,但一个部分不能统摄或代替另一个部分。意志既不服从理智的判断,也不受欲望的支配。意志是完全自由的。他对"自由"的定义是:"不管我受到什么力量作用,我任意地、偶然地造成一些可以造成、也可以不造成的后果。"[2]奥康与中世纪其他哲学家一样认为意志的终极目标是上帝:"除了上帝之外,没有其他对象可以满足意志。"[3]然而,即便上帝可以最终地满足人的意志,个人也不必然地朝向上帝。因为人的意志可以自由选择目标,这种选择有善恶之分:凡是以上帝为终极目的之意志是善的意志,否则是恶的意志。

14世纪下半叶,经院哲学的主流是奥康开创的唯名论思潮。这股思潮以"现代路线"(via moderna)相标榜,以区别于托马斯主义和司各脱主义为

---

[1] 引自 Copleston, *A History of Philosophy*, Image Books, vol. iii, pt. i, p. 104。
[2] 奥康:《自由论辩集》,1集16题。
[3] 奥康:《箴言书注》,1卷1部4题。

代表的实在论的"老路线"(via antiqua)。与12世纪唯名论和实在论的争论相比,14世纪两条哲学路线之争有着更为广泛和深刻的内容,两者的分歧不再局限于共相性质问题。更重要的是,它们代表了两种不同的思维方式和思想风格。"老路线"代表了经院哲学教条、思辨、论辩的传统,"现代路线"则以批判、经验的态度和探索精神为主要特征。现代路线的胜利进军动摇了经院哲学的基础,唯名论思潮的发展从内部瓦解了经院哲学,此后的哲学步入了中世纪形态向近代形态过渡的时期。

第十一章
文艺复兴时期的哲学思想

中世纪晚期的重大历史事件是 15 世纪发端于意大利的文艺复兴运动和 16 世纪席卷欧洲各国的宗教改革运动。这一时期的文化交织在经济、政治和宗教的矛盾与斗争之中。随着公教会权威的跌落,经院神学与哲学在意识形态中失去了统治地位。正如 13 世纪亚里士多德主义的传播造成了经院哲学的繁荣,15 世纪以更大规模传入的古希腊文化促成了文艺、语言学、科学、哲学和神学的新发展。文化上出现了新旧并行或交替的局面:人文科学与神学、古代哲学与经院哲学、柏拉图主义与亚里士多德主义、个人主义与权威主义、批判精神与教条主义、理性与信仰、经验科学和自然哲学、科学与伪科学,相互撞击与混淆,表现出过渡时期文化的特征。过渡时期哲学与其他学科和文化形态之间的界线并不十分明显,它从属于一般的文化思潮和学术理论倾向。15 和 16 世纪的社会文化思潮可以被归结为五类:人文主义、古代文艺复兴、宗教改革、自然科学精神和传统的经院学术。布克哈特在《意大利文艺复兴时期的文化》一书中把这一时期的成果概括为"人的发现和世界的发现"这两大主题。① 宽泛地说,这两大发现是文艺复兴时期一切哲学思想的主题。

第一节 人的发现

人文主义的巨擘或为文学家,或为艺术家。前者如但丁、彼得拉克、拉伯雷、塞万提斯、莎士比亚,后者如米开朗基罗、达·芬奇、拉斐尔。他们的

---

① 参阅布克哈特:《意大利文艺复兴时期的文化》,何新译,商务印书馆,1979 年,280—302 页。

文学观、艺术观和道德观传播了与经院哲学不同的价值观念。人文主义的思想家则从哲学和神学的角度论证了人的崇高价值。在他们的笔下,人不再是匍匐在上帝之下的可怜的被造物,而是上帝创造的杰作,世间最可宝贵的生灵。人文主义者发现的人的价值包括尊严、才能和自由。

人的尊严

教皇英诺森三世在《论人类悲惨状况》的文告中强调人是值得怜悯的悲惨动物,他承认自己没有涉及人的尊严这一主题。有鉴于此,彼得拉克(Francesco Petrarca,1304—1374年)说他是第一个讨论人的尊严的人,他也是第一个自称为"人文主义者"的人。人文主义者以"人的尊严""人的崇高"为题,歌颂人的价值。人的灵魂和肉体、人的创造和幸福都是他们讴歌的对象。

人文主义者托麦达(Anselm Turmeda)在《驴的论辩》中设想人与驴争论谁更优越。人用人能建造辉煌的宫殿为例,证明人比动物更高贵,驴用鸟筑巢的本能证明动物的建筑才能也不差;人说人以动物为食,因而比动物更高级,驴举出寄生虫以人体为养料、狮子老虎也吃人的反例。但是,人最后找出的证据说服了驴:上帝肉身化的形象是人,而不是其他动物。德国的人文主义者阿格里帕(Rudolph Agricola,1443—1485年)说,人体的比例是万物的尺度,人体的构造是小宇宙。人不但包括地界的四种元素,还包括天界的精神元素,人体的直立姿势使人不像其他动物只能俯视地面,人能够仰望苍天,因而能够以精神世界为归宿。西班牙的人文主义者斐微斯(Juan Luis Vives,1492—1540年)热情地讴歌了人的形象。他说,在奥林匹斯山诸神的眼里,人的形象"如此协调一致,任何一部分若被改变或损益,都会失去全部的和谐、美丽和效用"①。

艺术家阿尔伯蒂(Battista Alberti,1404—1472年)说,人是自然的一部分,却不同于其他部分;上帝创造人是为了让他的杰作被人欣赏。人在自然界中的崇高地位在于自然赋予人的卓越本性,他说:

> 自然,即上帝赋予人理智、可教性、记忆和理性,这些神圣性质使人能研究、辨识、认识需要避免或趋向的东西,使他以最好的方式保存自

---

① E. Cassirer, *The Renaissance Philosophy of Man*, Chicago, 1954, p. 391.

已,除了这些无价的、可企羡的伟大礼物之外,上帝还给予人的精神和心灵另外一种能力,这就是沉思。为了限制贪婪与无度,上帝给人谦和与荣誉的欲望。另外,上帝在人心之中建立了把人类联结在社会之中的坚固纽带,这就是正义、平等、自由和互爱。①

人的才能

"人文主义"这个词最初的意思指人文学科(studia humaniatatis),当时的人文学科大致相当于古代罗马学校讲授的博雅学科(liberal arts)。15世纪意大利崇尚古代文化,恢复以古典拉丁文为主的人文学科,包括语法、修辞、诗学、历史与道德哲学,它的培养目标是个人的表达能力和文化修养。人文学科最初在新开设的拉丁学校中讲授,后来欧洲各国的中等学校也普遍开设,不但学习古典拉丁文著作,还学习希腊文著作。人文学科的培养目标是优雅的语言、细致的艺术鉴赏和创造能力以及高尚的道德,它塑造了与中世纪的经院学者完全不同的新人,同时在社会上树立了新时代的人的崇高形象。

人文主义者追求语言典雅、流畅,刻意摹仿古罗马雄辩家的风格。人文主义者瓦拉(Lorenzo Valla,1407—1457年)在《拉丁文是优雅语言》中把中世纪的语言称为"野蛮的拉丁文",他声称自己的目的是恢复古典拉丁文的高尚和纯洁。他更反对野蛮拉丁文表达的经院哲学。他在《辩证法的争论》一书中说,哲学家的争论很多都是语言上的纠缠,语法和修辞可以解决这些困难;他的目标是用古典拉丁文的用法简化逻辑,用修辞手段代替呆板的演绎程式。他把雄辩术称为"万事万物的皇后",他要"举起雄辩术之剑——至上的皇后之剑反对哲学家的偷偷摸摸的剽窃,处治他们的罪行。雄辩家可以更清楚、更严肃、更优雅地说明含混的、可怜的、贫乏的哲学家要说明的问题"②。

但更重要的是,人文主义者都认识到"文"与"人"的联系。他们提倡古罗马的优雅拉丁文,目的是为了传播新的生活方式。佛罗伦萨大学1397年章程说:"修辞艺术不仅是一切科学用来说服人的工具,而且是公众生活最

---

① L. B. Alberti, *Della Statua*, trans. by R. N. Waikings, Columbia, 1969, p. 135.
② L. Valla, *On Pleasure*, trans. by A. K. Hieatt, London, 1977, p. 505.

伟大的装饰。"①斐微斯认为:"语言是自然赋予人行善的工具。"彼得拉克说得更清楚:语言的实质在于社会凝聚力、人性的表达以及利他主义的精神,这些不仅体现在哲学理性之中,而且更重要的是表现在有雄辩力量的语言之中,这一语言"不仅修正我们道德生活与行为,而且也修正语言自身的用法"。修辞是展示自己心灵与劝人为善的工具,对于提高道德水准和伦理实践至关重要。②

文艺复兴时期的道德观念也发生了根本的变化。亚里士多德的《伦理学》仍然是道德教科书,但人们强调的是亚里士多德幸福观的世俗方面,把健康、富有、幸运等作为外在的善,它们是实现内在的善的必不可少的手段。人文主义者既不赞成禁欲,也不以思辨为幸福,但他们也不认为财富和其他物质利益自身有道德属性;他们把古罗马人追求的荣誉和高尚作为首要的德性。但丁早在《神曲》中就说过,哪里有德性,哪里就有高尚。中世纪的武士尚武,新兴的商人拜金,两者都不符合崇尚人的尊严的人文主义者的情趣。他们追求的德性是荣誉及其外在标记,如优雅的语言、服饰和举止,高超的艺术鉴赏力等。

人的自由

人文主义者认识到,人的最高价值是自由,即选择和造就他自己地位的力量;自由是神赋予人的礼物。人运用自由最后达到了与神的儿子和神一样的最高境界。斐微斯在《人的寓言》中说,世界是天神朱庇特为人准备的一座舞台,人在上面可以扮演从最高的天神到最低的动物的一切角色;造物主从人的本性中除去固定的本质,让他的行为决定他的存在,人因此比其他实体具有更多、更高的本质。

新柏拉图主义者费奇诺(Marsilio Ficino,1433—1499年)在《柏拉图神学》中构造了一个新柏拉图主义的宇宙等级体系。它由太一、心灵、灵魂、形式和形体五个基本实体构成。"太一"是基督教的上帝,他包含着万物的理念;理念注入天使的心灵,心灵产生理性的灵魂;灵魂包含着与心灵中的理念同样多的"精微理性",灵魂的创造把精微的理性外在化为形式;形式与形体的结合组成可感的具体事物。在这个宇宙图式中,灵魂占据着联系

---

① N. S. Struever, *Language in the History of Renaissance*, Princeton, 1970, p. 105.
② C. B. Schmitt, *The Cambridge History of Renaissance Philosophy*, Cambridge, 1988, p. 176.

精神世界（太一、心灵）和物质世界（形式、形体）的中介位置，费奇诺所说的灵魂主要指人的灵魂。个人灵魂是世界灵魂的个体化，因而人可以利用精微活力进行创造，比如，医生集中天体影响力治疗身体紊乱；天象也影响人的想象和思维，使他们能够发现事物的隐秘性质与和谐，创造文艺作品；人还有把事物中精微活力激发出来的创造力，这就是魔术。费奇诺把魔术称作最崇高的自然哲学。然而，他心目中的人性的楷模是艺术家的灵魂。人所创造的奇迹主要是艺术：伟大的城市、辉煌的建筑、雕像和绘画、有用的工具器械，表现了人利用自然、装饰自然的创造力，显示了人的灵魂的神圣。人就是地球上的神。

著名的人文主义者皮科（Giovanni Pico, 1463—1494 年）不满意把人置于宇宙中心或把人看做"小宇宙"的观点：他说，造物主在完成创世活动之后，决定再创造一个能够景仰他的杰作的伟大而美观的存在者，这就是人。上帝已经把恩典分摊给了其他被造物，他决定让人分享这些被造物所有的一切。皮科借上帝之口对亚当说：

> 我们没有给你固定的位置或专属的形式，也没有给你独有的禀赋。这样，任何你选择的位子、形式、禀赋，你都是照你自己的欲求和判断拥有和掌握的。其他造物的自然一旦被规定，就都为我们定的法则所约束。但你不受任何限制的约束，可以按照你的自由抉择决定你的自然，我们已将你置于世界的中心，在那里你更容易凝视世间万物。我们使你既不属天也不属地，既非可朽亦非不朽；这样一来，你就是自己尊贵而自由的形塑者，可以把自己塑造成任何你偏爱的形式。你能堕落为更低等的野兽，也能照你的灵魂决断，在神圣的更高等级中重生。[①]

皮科借上帝之口，为人性和自由谱写了一曲我们在现代人本主义者那里才能听到的赞歌。

人的局限

文艺复兴时期有人文主义与反人文主义的对立，人文主义内也有不同派别。当人们把视野从抽象的人性转向社会政治中的人，他们对人的局限有更深刻的反思和批判。马基雅维利（Niccolo Machiavelli, 1469—1517 年）

[①] 皮科：《论人的尊严》，顾超一、樊虹谷译，北京大学出版社，2010 年，25 页。

堪称第一个用世俗眼光审视政治本性的哲学家。他在《君主论》中认为，荣誉是君主的目的，为了取得成功的荣誉，君主可以采用任何手段，传统公认的美德对君主没有约束力。为什么违反道德的政治不可避免呢？马基雅维利的回答是"人性恶"。他说："关于人类，一般地可以这样说：他们是忘恩负义、容易变心的，是伪装者，冒牌货，是逃避危难，追逐利益的。"马基雅维利教导君主，生活在这样的人群当中，君主就要"善于运用野兽的方法"，"应当同时效法狐狸与狮子"，因此，君主"必须做一个伟大的伪装者和假好人"，因为人总是单纯地受当前利益支配，"要进行欺骗的人总可以找到上当受骗的人"。① 就是说，统治者和被统治者都不是什么好人，政治的本质是以恶制恶，使用欺骗和暴力混合的手段才能在政治上取得成功。

宗教改革的领袖马丁·路德（Matin Luther，1483—1546年）和加尔文（John Calvin，1509—1564年）都认为，人在本性已经全然败坏："我们的本性不但缺乏一切的善，而且罪恶众多，滋生不息。……人的一切，如知识和意志，灵魂和肉体，都为情欲所玷污；或者简直可以说，人除情欲以外，别无所有"；"腐化不是局部的，乃是没有一处是纯洁而不受它致死的病毒所沾染"，"而且腐到不可医治的程度，以致非有一个新天性不可"。② 宗教改革继承了奥古斯丁关于原罪和恩典的神学，路德要人摒弃"自我"（Ichheit），承认自己的非存在，完全依赖和热爱上帝，只有得到"因信称义"的恩典，人才能由"罪人"变为"义人"。人不能自以为义，但却能够确定已被上帝称义。路德把获救的确定性比作判断理性而不被理性判断的真理标准。他说："人的理解力可以确定并毫无疑虑地断定三加七等于十，但却不能提出任何理由证明为什么其是真，为什么不能否定其为真。……即使在哲学家中也无人规定那些判断一切的共同观念。同样，圣灵在我们心中判断一切而不被任何人所判断。"③

加尔文要求的"因信称义"不只是信仰的皈依，而是从旧人到新人的全身心的转变。加尔文论证说，无论宗教善事还是道德努力，都不能使人摆脱罪的状态，既没有虔诚信仰，也无真正的道德。在全心全意的精神转变中，心（cerebri）比理智更重要。理智理解信仰对象，而心把理解了的信仰对象

---

① 马基雅维利：《君主论》，商务印书馆，1985年，80页、83—84页。
② 加尔文：《基督教要义》，2卷1章8,9节。
③ *Luther Werke*, ed. by J. G. Walsh, IXX, SS. 128-129.

转变为内在情感,以及行善避恶的意志,信仰在虔诚的心中达到知情意的统一。加尔文把"因信称义"看作从拣选到成圣的全过程。在此过程中,人不仅要在内心转变精神,而且要过模仿基督的圣洁生活。圣洁生活不仅表现为宗教道德的精神领域,而且也表现在政治、经济、科学等公共领域。加尔文比其他宗教改革家都注重律法。他说:"人是处于两种管制之下的:一种是属灵的,由于属灵的管制,良心得到造就,知所以对上帝存虔敬之心;另一种乃是政治的,由于政治的管制,人得到教导,在人类的往来关系中遵守社会本分。"①

米歇尔·蒙田(Michel Montaigne,1523—1592年)是后期人文主义的代表。在经历了宗教改革触发的宗教战争之后,蒙田对早期人文主义的人性论持批判的反思态度。蒙田不再相信人在自然界的优越性。相反,他认为正是人自诩的优越性造成了人性中骄横自负方面的膨胀。蒙田的随笔自始至终都强调,五花八门的关于人的见解是不可靠。他认为,天下找不出哪两个人对同一事物持完全一致的看法。世界上大多数弊端来自人们内心对承认自己无知的害怕。蒙田说:"承认自己无知,我认为是说明自己具有判断力的最磊落、最可靠的明证之一。"②他认为人是渺小的,"自高自大是我们与生俱来的一种病,所有创造物中最不幸、最虚弱、也是最自负的是人。……这种妄自尊大的想象力,使人自比为上帝,自以为具有神性,自以为是万物之灵"③。蒙田有句座右铭:"我知道什么?"他用怀疑主义探究人的问题,并非要否定一切。相反,他声称自己的"生活哲学"是一种健全的常识。这种常识哲学的特点是自然主义。蒙田说:我的生活方式是自然的生活方式,"惟其生活得自然,所以生活的幸福","我们不能不跟随自然"。④

第二节 自然的发现

一般说来,人文主义者不关心研究自然。彼得拉克说,自然物"即使是真实的,对于幸福生活也是无关紧要的,因为如果我了解到兔类、蛇类等动物的本性,而忽视或蔑视人的本性,人生的目的,人的起源和归宿,那对我又

---

① 加尔文:《基督教要义》,3卷19章15节。
② 《蒙田随笔大全》中卷,译林出版社,1996年,82页。
③ 同上书,124页。
④ *Autobiography of Michel de Montaigne*,Boston,1935,p.372.

有何用呢?"①一般说来,除了少数艺术家之外,人文主义者也像彼得拉克那样,把自然的研究与人文学科对立起来。文艺复兴时期的新的自然观主要是通过人文学科以外的途径发展起来的,这些途径包括:柏拉图主义的复兴、自然哲学的思辨和奇异科学的实践。

和谐的自然

在人文主义艺术家创造实践的总结中,我们看到了关于自然的和谐美的真知灼见。文艺复兴的巨匠列奥那多·达·芬奇(Leonardo da Vinci, 1452—1519年)在艺术诸形式之中,最推崇绘画,称颂绘画是一门"绝妙的科学"②。这是因为,绘画的本质在于自然界的最基本的性质——连续性。绘画用点、线、面、体的流动过程反映了一切自然现象的构造和运动的连续性。绘画的"反映"是一种类比关系。在达·芬奇的笔记里,有两个典型的例子。一个是水与空气波动的类比。他观察到投入水中的石头造成的涟漪从投入点散发开去,但石头在水中保持不动;一个可类比的现象是,鸟在滑翔时翅膀在空气中保持不变,他于是推测,空气也有类似于水的圆轮式的波动,推动着鸟的飞行。正是根据这一空气动力学的原理,他设计了第一张飞机图纸。另一个例子是血液循环与树的结构之间的类比。按照权威的盖伦医学,静脉源于肝脏。但达·芬奇却通过类比,得出了"心脏是生长出静脉之树的根"的结论。他的理由是:正如树根为树提供水分,心脏为人体提供血液;正如水分在树中循环,血液也在体内循环,从心脏流出,又归复心脏。达·芬奇根据自然界连续性的设想,天才地猜测到后来为实验科学所证实的结论。

如果说,达·芬奇认为和谐是一种类比关系的话,那么,阿尔伯蒂的观点就更接近于近代科学,他认为和谐是一种数字比例关系。他注意到,事物的自然美不在于事物本身,而在于事物之间的可用数学描述的比例关系。阿尔伯蒂还得出"美是稀有的"的结论。他说:"在单个形体上绝看不出完全的美,美是稀有的,散布在许多形体之中。因此,我们应非常仔细地发现和学习美。"③审美是一种发现比例的推论。他举例说,以苗条为美的画家

---

① C. B. Schmitt, *The Cambridge History of Renaissance Philosophy*, Cambridge, 1988, pp. 58, 102.
② *Literary Works*, trans. by J. R. Richler, Oxford, 1929, section 32.
③ L. B. Alberti, *On Painting*, trans. by J. R. Spencer, New York, 1956, p. 93.

笔下的美人常常带有病态,以健壮为美的画家笔下的美人显得粗野,两者的中值才是美。音乐是声音的和谐流动,比例关系变化不定;绘画、建筑的美有固定的比例关系。相比之下,有固定比例关系的静态美更易于把握和欣赏。审美本身是和谐的活动,与外部和谐有类比关系。阿尔伯蒂为了研究美的本质而把数学引入自然之中。他说:"我每天都越来越相信毕达哥拉斯教导的真理:自然按照始终如一的方式活动,它的一切运动都有确定的比例。"①他相信,和谐的数学比例使得自然成为完善和神圣的,他甚至发出了"自然即上帝"的感叹。

具有新柏拉图主义倾向的德国哲学家库萨的尼古拉(Nicolas of Cusa, 1401—1464年)从神学出发,也得出了要通过数学认识自然的结论。为了解答"人如何认识上帝",他悟出"有知识的无知"的新思想。就是说,关于上帝的学问归根到底是一种无知。不过,这种无知不是一无所有的状态,而是以"无限"为对象的知识。库萨的尼古拉区分了三种意义上的"无限":首先,无限是绝对的极大,它是不可损益的"一";其次,无限也是相对的极大,它是宇宙的界限,是绝对与相对的统一;再次,无限又是极大与极小的统一,以数字为例,"把一个数叫做无限与说它是极小的,是完全相同的一回事"②。

库萨的尼古拉并没有抽象地谈论无限的绝对与相对、极大与极小的统一。他明确地说,绝对的无限是上帝实体,相对的无限是宇宙,两者的统一的现实意义是:上帝在万物之中"展开"(explication)。展开就是运动,因此,宇宙没有静止,地球也不例外,既然事物运动都是上帝的展开,那么研究自然可以提供比神学更多的关于上帝的知识。库萨的尼古拉说,有知识的无知要从"上帝亲手写的书中"去寻找,这就是"到处都可看到的自然之书"。更重要的是,自然这本大书是用数学符号书写的,因为数学中充满着极大和极小的协调统一,如圆周和直径、弧和弦、圆的面积与内接多边形面积之间的关系都是如此。对自然的数量关系知道得越多,就越接近于上帝和宇宙的对立统一的本质。库萨的尼古拉提出用数学研究自然的思想为近代自然科学开辟了道路。

---

① L. B. Alberti, *Ten Books on Architecture*, trans. by J. Leoni, London, 1995, p. 243.
② 库萨的尼古拉:《论有学识的无知》,尹大贻译,商务印书馆,1983年,10页。

能动的自然

文艺复兴时期是自然哲学的繁荣期。自然哲学家从古代哲学中吸取了物活论、生机论和泛神论的因素,把自然看做是生机勃勃的运动实体,自然和神连成一体,研究自然与研究上帝属于同样的工作。通过这样的方式,宗教信仰激起了人们研究自然的兴趣,过去人们在神学研究上花费的时间和精力被引导到对自然的研究上。毋庸赘言,这种转变是从中世纪神学到近代自然科学的过渡的一个重要环节。

特勒肖(Bernardino Telesio,1508—1588年)在《物性论》中表达了一种物活论的世界观。他反对经院哲学把抽象的理性模式强加在自然之上,要按可以感觉到的自然本身的原则解释自然。可感的自然原则是冷和热,它们是上帝创造的本原。冷是绝对静止的原则,热是运动的原则。这两种原则是无形的、对立的;更重要的是,它们是能动的。冷和热的能动性在于它们富有感觉,可以感觉到自身的存在和对立面的毁灭,因此具有自我保存的倾向。这两种原则统辖一切事物,不论有机物,还是无机物都有求生避害的本能。人的特殊性在于能够利用这一本能趋善避恶。

康帕内拉(Tommaso Campanella,1568—1639年)要求用读《圣经》的方式读自然这本书,这就是观察自然的神圣性质。他说,自然是上帝的活塑像,是上帝的镜子。上帝的第一性质是能力、智慧和爱。一切自然物都与上帝类似,在不同程度上具有这三种性质,并按照这些性质的反比例,具有相反的性质。这意味着,每一事物既有存在的能力,又有非存在的能力;既有智慧,又是无知的;既有爱,也有恨。

帕特里奇(Francis Patritias,1529—1597年)的自然哲学的体系是以泛光论和泛灵论形式出现的泛神论。他认为自然的本原是光,光源是上帝。上帝之光是有生命、有智慧的,上帝以光的流溢的方式创世,世间的物理之光因此也是有灵的,它化为热和湿气。热是来自光的能动性,构成事物的形式方面,湿气是阻碍光的惰性,构成事物的质料方面,两者组成世界万物,并决定着事物的生成变化。他把上帝自然化为光,又把光神圣化为上帝,这是典型的泛神论的自然观。

乔尔丹诺·布鲁诺(Giordano Bruno,1548—1600年)是文艺复兴时期最著名的自然哲学家。生于意大利南部的诺拉,18岁加入多米尼克会。因为对天主教教义发生怀疑而被指控为异端,1576年逃亡国外,先后去过日内瓦、巴黎、伦敦、威丁堡、法兰克福等地讲学、写作。1591年应威尼斯贵族摩森尼哥邀请回到意大利,次年因摩森尼哥向宗教裁判所告发而被捕,在审讯中拒绝放弃自己的哲学观点,1600年被烧死在罗马鲜花广场。主要著作有《记忆术》《太一的理想》《论原因、本原和太一》《论无限、宇宙和众多世界》《论英雄气概》《驱逐自然野兽》《论单子、数目和形状》等。

布鲁诺的自然观也是泛神论。他把上帝解释为对立之中的统一、复杂之中的单一。上帝是唯一的实体,自然界是上帝的自我显现,自然事物是神圣实体的偶性。他运用经院哲学术语,把上帝说成"能生的自然",自然界则是"被生的自然"。上帝的力量是柏拉图式的世界灵魂,一切自然物都以世界灵魂为形式因。就是说,灵魂不但存在于自然整体,而且存在于自然的部分;因此,"万物在自身中有灵魂,而且有生命"①。不但如此,灵魂还存在于自然的部分的部分,如此分析下去,构成事物的最小单位也有灵魂。有灵魂的最小单元被称为单子,每一个单子都能在内部反映出弥漫在宇宙中的世界灵魂的影像。正是从这种一与多、最大与最小、无限与有限的统一关系出发,布鲁诺得出了太阳是世界中心,宇宙有无数个像太阳系这样的世界的结论。他的日心说因为有泛神论为理论基础,因此格外被教会所不容。

经验的自然

文艺复兴时代,自然科学与伪科学掺和在一起,把两者联系在一起的共同点是对经验和实用的关注。14世纪后期,在奥康关于证据知识的思想的影响下,在巴黎大学形成了以布里丹为代表的经验科学学派。文艺复兴时期盛行占星术、巫术、魔术、炼金术、通灵术,这些在当时被称为"奇异科学"(occulta scientia)。这些奇技异术之所以被当作科学,是因为它们以实用为目的,要求可感的经验证据和检验,在原则上符合经验科学的一般标准。奇异科学是自然哲学的一个重要组成部分,很多新柏拉图主义者也提倡神奇科学。

奇异科学的一个主要代表人物是瑞士人帕拉塞尔苏(Paracelsus de Hohenh,1483—1541年)。他有着强烈的反权威意识,轻视书本知识,重视经验观察。他说,在旅行中观察自然是一种行动技术,要比任何一门学问都更

---

① 《西方哲学原著选读》,北京大学西方哲学史教研室编译,上卷,商务印书馆,1981年,325页。

有知识，真正有用的科学是能够控制自然物的魔术，而不是思辨的自然哲学。

奇异科学的另一个代表人物是意大利人卡尔达诺(Girolamo Cardano，1501—1576年)。他写的《论简明性》可以说是一本关于自然的百科全书。他区分了人类知识和自然知识。人类知识使用语言修辞的力量，以欺骗和控制他人为目的；自然知识的目的是功用，研究自然是为了改变自然，改善人类生活状况。卡尔达诺自称是第一个朝向功用目标努力的人。卡尔达诺关于实验的观念虽然以占星术为模式，但他关于自然知识的目的和手段的看法接近于近代自然科学。

总的说来，文艺复兴时期的自然观与近代自然科学精神之间的差距还很大。奇异科学与自然科学在研究对象和经验方法上不可同日而语，自然哲学的生机论和泛神论与自然科学的机械论针锋相对，当时对数学作用的认识也没有摆脱类比和比例关系的思辨，远远没有达到自然科学的精确计算。哥白尼提出的日心说，标志着自然科学的诞生，但自然科学在文艺复兴时期还处在萌芽状态。在优胜劣汰的竞争中，自然科学显示出自身的理论优势和强大的生命力，终于战胜其他关于自然的学说，成为占统治地位的思想。至于自然科学的胜利对于哲学的重大意义，将是下一章的主题。

第十二章
近代哲学与自然科学的精神

第一节 近代自然科学与理性主义的哲学

17和18世纪是理性的时代。西方思想从来不乏理性主义,为什么偏偏这一时期被称为理性的时代呢?原来,理性的时代中的"理性"有其特殊的意义。古希腊的理性是与宇宙的心灵相通的思辨,中世纪的理性是神学和信仰的助手。近代哲学的理性主义之所以能够成为时代的精神,首先是因为它与自然科学精神的关联。近代理性主义哲学的特征、对象、问题和作用无不与当时的自然科学相关;反过来看,近代自然科学的发展也受到当时哲学同样深刻的影响。

近代自然科学的哲学精神

近代自然科学诞生时,仍被看做是自然哲学的一部分。自然科学的创始人伽利略、开普勒、牛顿等人仍然坚持科学和哲学的亲缘关系,伽利略的《关于两个世界系统的对话》《关于两种新科学的对话》和牛顿的自然哲学都是充满了哲理的科学著作。他们都自觉地反对亚里士多德的物理学以及在此基础上由经院哲学建立起来的神学世界观。自然科学在破和立的过程中所体现的哲学的精神,主要有以下的表现。

首先是探索自然奥秘的求知精神。亚里士多德的自然哲学的解释被打破之后,神学世界动摇了,自然留给人以无穷的奥秘。运动观、时空观、物质观、宇宙观都发生了根本的变化,人们不承认任何权威和禁区,大胆探索。探索的目的不是解释、论证既存的理论,而是发现新的未知的原因。伽利略号召人们读自然这本大书。在中世纪已有这样的说法:上帝之书写了两遍,一遍写在《圣经》之中,一遍写在自然之中。但在中世纪,人们研究自然的目的不过是为了验证《圣经》这本书,受神学教条的束缚。近代科学家没有传统包袱和现存答案,只相信通过自己的探索而建立的知识。科学家求知不完全是为了满足个人好奇心,他们有着为了全人类的功利目的。科学认识自然的目的是为了控制自然、改造自然。这一目的决定了科学的关注点。科学家关注于能够直接改变事物的原因,以及能够控制事物生成和运动的力量。

其次是重视观察和实验的求实精神。古代人早就知道经验对于认识的重要作用,但他们被感觉经验如何能够产生出概念这一问题所困惑,心灵的抽象、概括作用对他们是个难解的谜,在这个谜没有解开之前,他们沉溺于共相性质问题的思辨而不能自拔。13 世纪时,罗吉尔·培根首次提出了"实验科学"的概念,14 世纪在唯名论内部开始了对自然现象的经验研究。伽利略在观察、试验基础上提出惯性定律、自由落体定律、抛物运动定律等,并用观察结果证实日心说。牛顿说:"实验科学只能从现象出发,并且只能用归纳来从这些现象中推演出一般的命题。"[①]科学的经验是实验,而不是常识;科学的方法是归纳而不是类比。实验的方法按照科学理论设计并限定感觉经验,具有目的性、选择性、可操作性、可重复性等特点,从而使经验观察结果能起到发现和证实的作用。应该看到,近代科学家对经验进行科学设计的方法是认识的一大进步,它填补了感性和理性的差距,用实践的结果解答了感觉经验如何能够产生抽象概念的问题。科学的经验并不排斥理性。牛顿要求抛弃未经审视、没有必要的形而上学前提,提出"物理学,警惕形而上学"口号,但一些观察不到、而又不得不设定其存在的概念,如"力""以太""原子""第一推动者""绝对时空"等,还是被保留了下来。它们中有的为后来的实验所证实,有的则被淘汰,但在科学发展初期,这些理论设定是实验科学的重要组成部分,如果没有它们,理论便不完整,解释就不全面。

再次是通过精确的量化而达到的确定性。自毕达哥拉斯以来,很多人就相信数的和谐是事物的本质,文艺复兴时代也流行着只有经过量化处理的学问才是知识的观点,但人们那时普遍相信,人们不能把握这种量化的精确本质,计数和度量的不精确性是无法逾越的障碍;人们因而满足于形而上

---

① H. S. 塞耶:《牛顿自然哲学著作选》,上海人民出版社,1974 年,8 页。

学思辨和文字上的类比。自然科学家则相信,确定的知识必须是精确的,经验观察必须经过数学分析才是可靠的。伽利略说,自然这本大书是用数学符号写的,首先是用三角形、圆形和正方形等集合图形写的。近代科学之所以能够成功地用数学语言精确地描述客观规律,主要有两个原因。一是人们观念的转变。人们相信,用数学建立的模型不是主观的创造,对经验加以理想化的处理与客观规律的发现是一致的;即使实验材料不能与数学模型完全符合,数学描述的模型仍然是客观规律。第二个原因是数学和物理学发展的一致性。新的数学手段的发明,如笛卡儿的分析几何、牛顿和莱布尼茨的微积分等,突破了初等数学的局限,为描述较复杂的观察现象提供了精确手段。

最后是理解世界的机械论图式。在古代和中世纪的自然哲学中,世界被描述为两个系列。一是按照本质区分的由下到上的等级系列,质料和形式、物质和心灵、无机和有机、人和天使,按照本质的高低,接受同样的作用力,因此可以被安排在同一系列之中。第二个系列是按照运动性质区分的上下系列,天上的物体和地上的物体有不同的质料,进行不同方式的运动。天界物体做圆形运动和地界物体做直线运动,两者界线分明。早期自然科学的范式是牛顿力学,它只承认推动与被推动的因果链,不承认上下高低的等级系列。它想象世界的模型是机械模型,世界被想象为一架大机器,自然物被想象为有形而无灵魂的零件,没有本质的高下之分,它们按相同规律运动,没有天界和地界之分。上帝被设想为自然这架机器的设计师和第一推动者。按照机械论的图式,宇宙间的引力也可被想象为机械力,如开普勒把太阳光想象为"流溢"出的力量,牵引着行星,由此行星围绕着太阳做向心运动,运动的轨道为椭圆。人的感觉运动也被想象为外物刺激感官,推动神经和心灵的机械运动。当时的科学家,如伽利略、波义耳把感觉接受到的物体的性质称为第二性的质,与物体自身的"第一性的质"相别,这不是关于感觉运动与机械运动的区分,而是对机械运动不同的主体做出的区分。

近代哲学的科学精神

近代哲学家大都精通数学和自然科学,有些人,如笛卡儿和莱布尼茨,还是原创性的数学家和科学家。哲学家与科学家的交往也很多。哲学家并没有自己的组织,他们属于科学界。英国皇家学会和法国科学院是科学家和哲学家的共同组织。近代哲学家非常自觉地从自然科学的新发现中汲取养料,把科学的需要、科学的成果作为建构哲学理论的动力。近代哲学与科学的发展大致是同步的,但从诞生的时间看,自然科学略早于哲学。自然科学首先突破了旧哲学的禁锢,为新哲学的诞生开辟了发展空间。自然科学首先动摇了神学世界观,打破了经院哲学的一统天下。近代哲学家所做的工作是乘胜追击,深入批评早已失去说服力和解释力的经院哲学。有的研究者早已指出,经院哲学衰落的主要原因是自然科学的兴起;即使没有受到哲学的批评,经院哲学迟早也会退出历史舞台。由此我们不难理解,为什么近代哲学的主要建树并不是对旧哲学的批判,而是对新兴科学的迎合与推进。近代哲学如何适应科学的需要,从哪些方面体现了科学的精神呢?

首先,哲学适应科学发展的需要,发生了方向性的变化。近代哲学的中心问题是认识论问题,与古代和中世纪哲学相比,近代哲学发生了"认识论的转向",它的首要目的是建立新型的科学观。按照传统的科学观,科学只是证明科学,科学的方法是三段式的演绎法。自然科学需要新的科学观和方法论来确立自身的合法性和有效性。这个任务历史地落在近代哲学家的身上,他们无不关心知识的起源、性质、对象、基础和范围等问题,在前人没有涉足之处开始建立新的知识体系。笛卡儿说:"如果我要想在科学上建立一些牢固的、经久的东西,就必须……重新从根本开始做起。"[①]从头开始,从知识的基础开始,这是近代哲学家的典型态度。近代哲学的"认识论转向"不是依靠自身的逻辑、靠思辨推理出来的结果,没有自然科学这一外来的刺激,认识论不会成为哲学的中心问题。另一方面,我们也要看到,哲学的认识论转向为自然科学的发展提供了必要的、不可取代的保障和导向。现在有些人批评近代哲学的知识论,说科学和其他知识不需要外加的基础。这是用科学成熟期的状况来否认科学诞生期对可靠基础的需要,这种没有历史眼光的观点是不足为训的。

其次,近代认识论中有经验论和唯理论两大阵营,两者的分歧除了唯名论和实在论这一遥远的历史根源之外,还直接地、集中地反映了对自然科学方法的不同理解。自然科学是实验方法和数学方法的结合,但是,在不同的领域,不同的阶段,甚至不同的个人思想中,这两种方法不是等量齐观的,两者在运用的先后、作用的大小等方面有所区别。这些差别经过哲学的放大

[①] 《西方哲学原著选读》,北京大学西方哲学史教研室编译,上卷,商务印书馆,1981年,366页。

之后,便成为经验论和唯理论的分歧。唯理论以数学为知识的模型,因此,唯理论者无不推崇数学的方法,把天赋观念作为知识的起点,把必然真理作为知识的目标,把观念的内在标准作为真理的标准。经验论者则把实验科学作为知识的模式,因此提倡实验和观察,把经验作为知识的来源,重视或然真理,把观念与经验的符合作为真理的标准。

虽然有以上那些分歧,经验论和唯理论都属于理性主义。经验论的对立面不是理性主义,唯理论亦承认经验的作用。不论唯理论所说的理性(rationality),还是经验论所说的经验(experience),都属于"理性"(reason)或"知性"(understanding)的范畴,只是他们对理性有不同的解释而已。两者都崇尚人的理性,不以宗教信仰、神学教条为知识的前提、基础和标准;都关注知识基础问题,区别了知识、无知和伪知识,确切的知与不确切的知;都持"基础论"的立场,认为知识的确切的真理是在确切的基础上按照正确的方法建构出来的;都从简单的、无可置疑的命题出发,使用分析与综合的方法,对整体与部分、原因与结果的关系进行探讨。

再者,近代哲学和自然科学一样,也有机械论的特征。现在人们喜欢把"机械论"和"唯物主义"紧紧地联系在一起,"机械唯物主义"已成为固定术语。其实,机械论不仅是近代唯物主义的特征,而且是近代哲学的普遍特征,不管是唯物论,还是唯心论,不管是经验论,还是唯理论,都受到自然科学的影响而有机械论的倾向。但是,各派对机械性的因果关系所做的解释,各有特点。唯物论把人的精神活动归结为感官活动,并最终还原为机械运动,得出了"人是机器""心灵是物质"这样彻底的唯物主义的结论。唯理论把心灵作为与物质不同的实体,心灵活动与物质运动属于不同的因果系列,因此产生了身心如何相互作用的问题。经验论把因果关系等同为观念之间的关系,因此产生出因果联系是否普遍有效的问题。这些问题和结论困惑着近代哲学家,并一直持续到现代。这些围绕因果关系的问题而产生的问题和结论,只有在机械论占统治地位的思想体系中才能得到理解。

最后,近代哲学的理论是以自然科学为范式而建立起来的。笛卡儿哲学按照"普遍数学"的要求建立了近代第一个形而上学体系,斯宾诺莎按照几何学的模式建立名为"伦理学"、实为形而上学的又一体系,霍布斯把自然法的观念推广到社会政治领域,建立了近代第一个政治哲学的理论,休谟以牛顿的物理科学为榜样建立"人性科学"。近代哲学一般都采取科学论文的形式,与古代哲学的对话、诗、散文等自由文体,与中世纪以问题为中心的逻辑论证的"学问",都截然有别。近代哲学是科学意义上的理论,具有系统、确定、简约等特点以及一定程度的经验实证性。

近代哲学的思辨与实践精神

近代哲学继承了古代和中世纪哲学的思辨精神,但同时也表现了前人所没有的实践精神。近代哲学家是一个特殊的生活群体,他们大都不是大学教授,他们或服务于宫廷,或供职于公务部门,更多人从事自由职业。哲学不是他们谋生的手段。他们在工作之余,沉浸在思辨之中,因此感到精神上的快乐。斯宾诺莎甚至把知识的沉思当作最高的幸福和人生的拯救来追求。这使人联想起亚里士多德把哲学家的智慧作为最高的美德、把哲学家的生活作为最高的幸福的著名论断。但是,近代哲学家还有他们独特的时代特点,他们和希腊哲学家不同之处在于,他们不仅仅追求个人好奇心的满足,他们从事哲学还有明确的功利目的;就是说,除了追求纯粹的智慧,他们还积极谋求经世济用的智慧。

近代哲学家的一个目的是解决学术界、思想界和社会中的重大问题。这些问题有的属于自然科学,因此哲学家往往也是科学家;有的不属于自然科学,但哲学家试图以科学方法解决它们。在他们看来,个人的思辨与建功立业,满足好奇心和对人类事业做贡献是一致的。休谟的一段话很有代表性。他说:

> 当我倦于娱乐和交往,蛰居室内,或独步河边,一意沉思的时候,我感到自己思想完全集中在内心深处,很自然地倾向于把我的眼光放在平日读书交谈时所遇到的许多有争议的问题上。我不仅怀着好奇心,想要弄清楚道德上的善和恶的原则,政治的本性和基础,……当前学术界对那些驱使我、支配我的情感和倾向的原因一概无知,我很为这种可怜的状况担忧。我感到雄心勃勃,有志于对教育人类作出自己的贡献,并以自己的发明和发现获得名声。这些想法在我的心情只很自然地涌现出来。假如我设法把心思放在其它事业或消遣上,从而驱散这些想法,我感到自己将会损失很多愉快。这就是我研究哲学的由来。[①]

近代哲学的功利性也从另一侧面反映了它与科学之间的亲缘关系。科

---

① 《西方哲学原著选读》,上卷,商务印书馆,1981 年,531—532 页。

学的理性的特点是工具理性,这就是把科学作为宰制科学研究对象的工具。培根发出的"知识就是力量"的口号表达的是工具理性的力量。以古代和中世纪哲学为代表的学问没有改造和控制知识对象的力量,因此在近代被排除在知识的范围之外。近代哲学以改造和控制自然的科学为榜样,提出了改造和控制社会、人性乃至个人生活的方案。哲学在理性的时代,获得了前所未有的改造世界和改造生活的巨大力量。

近代哲学的开端

一般认为,近代哲学肇始于笛卡儿。但人们出于各种各样的理由把笛卡儿称为"近代哲学之父"。黑格尔在《哲学史讲演录》中是这样说的:

> 近代哲学的出发点是古代哲学最后达到的那个原则,即现实自我意识的立场;总之,它是以呈现以自己面前的精神为原则的。
>
> 勒内·笛卡儿事实上正是近代哲学的真正创始人,因为近代哲学是以思维为原则的。独立的思维在这里与进行哲学论证的神学分开了。把它放到另外的一边去了。思维是一个新的基础。①

但是,其他一些哲学派别不能同意黑格尔把笛卡儿当作近代哲学创始人的理由。经验论者和唯理论者出于他们各自的原则,把培根和霍布斯与笛卡儿并列为近代哲学创始人。根据上面所说的近代哲学与自然科学的联系,我们可以从三个方面来看待近代哲学的开端。首先,笛卡儿运用数学分析的方法解决哲学问题,反映了近代哲学与数学的联系。其次,培根是经验归纳法的创始人,他的思想反映了近代知识与实验科学的联系。另外,霍布斯的哲学则集中地反映了机械论对近代哲学的影响。从另一个角度看,笛卡儿是第一个唯理论者,培根和霍布斯是英国近代经验论的早期代表。我们在这一章先来看一看近代哲学在英国的诞生。下一章将集中考察笛卡儿对近代哲学的贡献。

英国经验论的开端

16世纪末至17世纪是英国新旧时代交替的历史时期,其间经历了推翻王权的革命和复辟。在此期间,新兴的自然科学在英国初见端倪。这些

---

① 黑格尔:《哲学史讲演录》,第四卷,贺麟、王太庆译,商务印书馆,1978年,63页。

都为新哲学的产生提供了必要条件。但是,为了理解这种新哲学的理论形式,我们还必须了解它的思想渊源。中世纪的英国经院哲学受亚里士多德主义影响较小,它的一些主要代表人物,如罗吉尔·培根、威廉·奥康等人的思想都有重视经验和实验科学的倾向。继之而起的新哲学从英国经院哲学吸收了重视经验的因素,而抛弃了经院哲学的问题和思维方式,它从诞生之时起就采取了经验论的立场。英国经验论既有来自中世纪思想的历史连续性,又适合于近代新兴的自然科学和政治理论的需要,可谓是应运而生。16世纪与17世纪之交是经验论的开始阶段,这一阶段英国哲学的主要代表是弗兰西斯·培根和霍布斯。

第二节 培 根

弗兰西斯·培根(Francis Bacon,1561—1626年),新贵族出身,毕业于剑桥大学。毕业后从政,历任国会议员、国王顾问、大法官等要职。1621年被指控犯有受贿罪而下台。他的主要著作有《论学术的进展》和《新工具》。培根还是一位政论家,著有《政治和伦理论文集》。

培根是近代自然科学的鸣锣开道者。他最早表达了近代科学观,阐述了科学的目的、性质,发展科学的正确途径,首次总结出科学实验的经验方法——归纳法,对近代科学发展起到指导作用。培根是除旧立新的思想革新者,他对经院哲学的科学观和传统逻辑思维方式的批判为自然科学的发展扫清了道路。我们应该从"除旧"和"立新"两个方面评价他对自然科学所做的伟大贡献。

传统科学观批判

培根的《新工具》是相对于亚里士多德的《工具篇》而言的,他对旧哲学的批判主要集中于对亚里士多德所开创的、并为经院哲学所继承的传统科学观和逻辑体系的批判。我们知道,亚里士多德并没有区分科学与逻辑,对他而言,一切科学都是"证明科学",都是按照演绎逻辑所进行的公理体系。按照亚里士多德的逻辑,经院哲学建立了"大全"式的体系,并把它们作为唯一的科学。培根指出,亚里士多德的逻辑与科学联为一体,这一谬种流传,造成了历史的和现实的人类知识中的种种弊端。

传统的和现实的知识的种种缺陷的要害在于没有实用性。培根说,传统的科学来自希腊的智慧,因而它"具有儿童特征;它能够谈论,但是不能生育,充满着思辨,却没有实效"。这些所谓的知识只是为了满足言谈、争辩、宣传、个人名利和个人思辨的需要而存在,但却偏偏没有服务于人类的实用性。这样的知识没有任何进步,"不仅过去说过的话现在还在说了又说,而且过去提出的问题现在还是问题"。在这样的传统禁锢下,人们的思想故步自封,创始人的学说被凝固、僵化,没有发展,研究者为迎合世俗需求和判断,牺牲个人兴趣,离开自己道路。由此在科学界出现一系列的弊病:权威压制、沽名钓誉、缺乏实验、方法笨拙、逻辑不精细,等等。①

培根用以衡量知识的标准是实用性,他以此否认传统知识继续存在的权利。公允地说,古希腊和中世纪知识,包括哲学和神学,并非没有实用性。培根也承认,它们可以满足言谈、论辩和思辨等方面的需要,满足精神生活的需要岂不也是一种实用性么?我们应该理解,培根所说的服务于人类的实用性是一种特殊的价值观,只是指满足人类物质生活需要的用途,不包括精神生活方面的需要与满足。按照这种新的科学价值观,以思辨和伦理价值为取向的古代知识以及以宗教价值为取向的中世纪知识理所当然地被排除在科学知识的范围之外了。

"四假相"说

培根形象地把科学发展的障碍比喻为"假相",他把这样的假相归结为四个。"四假相"说更深入地分析了传统科学观赖以生存的心理根源和社会根源。

"种族假相"指人性的缺陷,大致相当于希腊人所说的"人是万物的尺度"和现代人所说的"人类中心"论。按培根的说法,人的感性和理性都以人为尺度衡量外物,缺乏科学所需要的中立态度和客观性,因而导致主观与客观相混淆的错误。

"洞穴假相"是个体差别造成的缺陷,每一个人都囿于自己所处的"洞穴"。因个人立场、观察角度、思维方式、成见等不同而产生的主观性、偏隘性,就是这样的洞穴,这好比我们中国俗语所说的"坐井观天"。

"市场假相"指语言交往中产生出的误解。有的语言有其名而无其实,有的语言虽然表示实在,但定义不精确,含义模糊,使用不当,这些都会产生

---

① 《西方哲学原著选读》,上卷,商务印书馆,1981年,340—345页。

混乱;语言的混乱又会产生思想的混乱,使人是非不分,真假难辨。这相当于现代分析哲学所要消除的"语义的混淆"。

"剧场假相"指各种哲学体系以及流行理论造成的错误。培根把历史上的哲学和思想比作舞台上演出的一出出戏剧。他把历史上的理论体系归结为三类。第一类以亚里士多德逻辑体系为代表,它从较少事实取出较多的事实,以偏概全,从个别推导一般,强迫让一切事实符合个别原理。培根把这一类理论称作"诡辩派"。第二类理论是培根所说的"经验派",它建立在少数狭隘和暧昧实验之上,这种理论似乎具有实验证据,但这些证据是不可置信的、徒然的,具有很大的迷惑性和危险性,比如,炼金术就是这样的学说。培根生活在自然科学与伪科学并存的时代,他虽然没有直接批判伪科学,但他对狭隘经验的批评包括了对伪科学的揭露。第三类是经院派,他们从信仰和幻想出发,把自然科学与神学糅在一起,建构荒诞的自然哲学体系。培根要求把科学与信仰分开,他说:"把只属于信仰的东西归于信仰,乃是很合宜的。"①

科学的实验方法

培根要从头开始建立全新的科学,关键要有一个真正的科学方法,他认为这个方法就是迄今为止人们尚未使用过的、他称之为"新工具"的实验方法。科学为什么必须采用实验的方法,科学的实验方法与人们日常经验有何不同,它的本质何在?培根为了证明其方法之新之科学,首先必须回答这些问题。

方法是达到目的的手段,科学的目的决定它必须采用实验的方法。培根明确地指出,科学的目的是在认识自然的基础上支配自然,"达到人生的福利和效用"②。在此意义上,他提出了"知识就是力量"的口号。

如果人们要问,知识是如何获得改造自然的力量呢?培根的回答是,人的知识是对自然的因果规律的了解,了解自然的因果规律之后,就可以改变它、命令它,趋利避害,使自然规律为人类的利益服务。培根进一步指出,"规律及其不可分的部分"是事物的形式。"形式"是培根的自然观的一个中心概念,指事物的简单性质,如黄色、重量、不透明性、坚韧性等。为了获

---

① 《西方哲学原著选读》,上卷,商务印书馆,1981年,357页。
② 同上书,345页。

得支配自然的力量,科学需要"发现一种性质的形式",并"在一个物体上产生和加上一种或几种新的性质"①。实验是发现和支配事物的形式的唯一途径;只有实验可以使得那些有利于人类的性质重复出现,可以把不利于人类的性质与事物相分离,并利用简单形式产生出人所需要的新的物体。

培根提倡的实验方法离不开感觉的观察,但实验不依赖感觉,而是对感觉的改进。培根与后来的经验论者不同,他对感觉抱有不信任的态度,他指出:"感觉本身是不可靠和易发生错误的。"感觉包含意志和情感的主观因素,不能符合科学的客观要求,没有理性的指导,感觉本身是迟钝、无力的,有时甚至产生出有欺骗性的表象,被伪科学所利用。科学实验通过感觉进行,但对感觉进行选择、设计和定向处理,排除了感觉自身的缺陷,因此能够接触到自然和事物本身。培根说,感觉与理性的结合只能在实验中才能实现。他使用了一个形象的比喻,说只相信经验的人像蚂蚁,他们只会搜集材料,不知道如何加工、处理这些材料;只知道思辨的人像蜘蛛,他们只凭借自己的材料编织体系;真正的实验科学家像蜜蜂,他们既采集材料,又通过自身消化处理这些材料。②

科学的归纳方法

培根提倡的实验方法的程序是归纳。归纳是与亚里士多德主张的演绎相反的程序。演绎依靠感觉建立起的第一原则,由此开始从上到下的推理。培根指出,演绎有两个致命的缺点。首先,它所依靠的第一原则没有充分的证据,只是建立在少量的、不可靠的感觉的基础之上;原则一旦被确认为演绎的前提,就不再受经验和理性的检验;它所包含的错误不但得不到纠正,而且经过演绎的扩展,产生出"失之毫厘,差之千里"的谬误。第二,演绎过程只在思想内部进行,没有考虑到思想是否与具体环境的具体事物相符合的问题,演绎的步骤越多,它所达到的结论离实在的事物也就越远,没有多大实用价值。

与之相反,归纳法不是单向的推理过程,而是时上时下、循序渐进的过程。归纳法不依靠最初的前提,也没有终极的结论。培根说,要谨慎地使用理性,"毋宁给它挂上重物",不让它直接由个别的经验飞跃到最高的原则。

---

① 《西方哲学原著选读》,上卷,商务印书馆,1981年,345—346页。
② 同上书,358页。

"给理性挂重物"这一比喻形象地说明了理性与经验的联系。归纳法与演绎法的另一不同是,归纳的步骤围绕着"中间原理"而展开;因为"中间原理是真正的、坚固的、活的原理,事物和人的幸福都以之为依据"①。培根在这里所说的中间原理即是对事物的形式或规律的认识,它既不像第一原则那样抽象,也不像个别事例那样具体。中间原理的发现要经过从下到上、再从上到下的反复检验,要用实验和理性、分析和综合相结合的方式来揭示。

培根还具体地说明了归纳法的要求。他指出,归纳法开始于收集材料,收集的材料要充足、完全。然后再整理材料,他把材料的分门别类称为"三表法",即,所有正面的例证构成具有表,所有反面的例证构成缺乏表,不同程度的例证构成程度表(又称比较表)。最后,根据这些例证,推导出一般的结论。培根强调,归纳法不只是对正面例证的积累,而且"要用适当的拒绝和排斥的办法来分析自然"②。这就是说,要重视运用反面的例证来修正,乃至推翻已有的结论。当代科学哲学中的证伪主义批评归纳法仅仅是证实的方法,他们把证实与证伪对立起来,而没有注意到,归纳法从一开始就要求正面的和反面的事例的结合,证实和证伪的结合。

不过,培根所说的归纳法还比较粗糙,属于现在所说的"简单枚举"的方法,即,从一个个事例只推导出一般性的结论。显然,简单枚举的结论没有必然性,只有或然性。归纳法究竟能够达到多大程度的或然性,具有多大程度的可靠性? 这是归纳法从一开始就面临的难题。培根看到了这一问题,他提出"真正的归纳",以克服简单枚举的缺陷,达到最大程度的可靠性。但是,他设想的"真正的归纳"的种种办法和步骤,不是语焉不详,就是皮相之谈,没有解决要害问题。后来,休谟重提归纳法可靠性的问题,引起近代和现代哲学家和逻辑学家的广泛关注。

总的来说,培根的思想比较浅显,他对归纳法的看法只是其中一例。这是他的缺点,也是他的优点所在。他以尖锐的批判和通俗的语言,传播了自然科学的价值观和方法论,对近代科学的兴起功不可没。但是,他的科学观有简单化和片面化的倾向:他把精神价值排除在科学实用性之外,要求不受任何主观性"污染"的科学客观性和中立立场,把自然作为人类的异己对象加以利用、改造和征服,把知识的力量仅仅当作施加于自然的物质力量。

---

① 《西方哲学原著选读》上卷,商务印书馆,1981年,360页。
② 同上书,361页。

第三节 霍布斯

托马斯·霍布斯（Thomas Hobbes，1588—1679年），毕业于牛津大学，毕业后不久担任贵族卡文迪什家庭教师，在英国革命中，他与这个贵族家庭一样持保皇党立场，并于1640年一起流亡法国。他在流亡期间成为查理三世的数学教师。1651年回到克伦威尔统治下的祖国，并发表代表作《利维坦》。斯图亚特王朝复辟后，他的政治理论遭到王党和革命党双方攻击，教会把《利维坦》一书列为禁书烧毁。主要著作还有《论物体》《论人性》《论公民》等。

机械论的哲学

霍布斯熟悉伽利略新创立的物理学，又精通数学，他的哲学突出地表现了近代科学的机械论的特点。我们试举数例来说明他的哲学与机械论的联系。

例一：世界和人都是机器。霍布斯把世界看做由因果链组成的大机器。世界只有物体存在，物体由因果关系连接为整体。物体分为两类：自然物体和人工物体。人属于自然物体，人是世界这架大机器中的精巧的小机器；人和钟表一样，心脏是发条，神经是游丝，关节是齿轮，这些零件一个推动一个，造成人的生命运动。人工物体指人所制造的国家，国家反过来又影响了人的行为，因此，国家塑造的人也是人工物体。哲学研究的对象是物体，处在因果关系之中的物体。自然哲学研究自然物体，公民哲学研究人工物体，包括研究社会中的个人的伦理学和研究国家的政治学。①

例二：实在的性质只是物体的广延。霍布斯关于物体的定义是："物体是不依赖于我们思想的东西，与空间的某个部分相合或具有同样的广延。"②霍布斯所说的广延其实只是物体的大小。不包含物体的广延只是想象物体被移走之后而留下的位置，"是一种想象的空间，因为它只是一种影像"。同样，时间也只是想象物体被移走之后的运动，也是一种影像。霍布斯与亚里士多德一样，不相信虚空的真实性，认为运动就是物体放弃一个位

---

① 《西方哲学原著选读》，上卷，商务印书馆，1981年，386页。
② 同上书，392页。

置,取得另一个位置的位移,一物体力图进入另一物体的位置而引起推动力;如果被推动的物体产生足够大的反作用力,作用力与反作用力相抵消,物体保持在自身的位置,这就是静止。①

例三:可感性质是偶性。霍布斯说,在一切性质中,只有物体的广延或形状才是必然的,其余都是偶然的。他把这些性质称为"偶性"。偶性指事物产生概念的能力。这种能力是偶然的,有赖于感觉。物体作用于感官,并通过感官的反作用产生出关于物体性质的概念。这些概念是物体的偶性的产物,是事物的变形,不反映事物本来面目,不是物体固有的性质。由此,霍布斯说:"形象或颜色只是运动、激动或变动对我们的显现。"②当时的科学家(如伽利略)和后来的经验论者都区分了事物固有的、不依赖人的感觉的第一性的质与事物和感觉相互作用而产生的第二性的质。这样的区分不一定是机械论的反映。但是,霍布斯把除物体的形状以外的性质都归于偶性,或第二性的质的范围,却是出于机械论的理由。

例四:哲学的方法是加减。哲学的功用和方法建立在事物都处在因果链中的信念之上。哲学根据事物因果关系的认识,利用或产生对人有利的结果。哲学的方法是由因推果或从果溯因的推理,而推理则是加法和减法。"加"指词意的合成,如,人 = 物体 + 活动 + 有理性的;正方形 = 四 + 等边 + 直角。"减"指词意的分解。霍布斯认为,原因比结果简单,结果是几个原因共同造成的复杂现象。因此,从原因推导结果是由简单到复杂的综合,相当于词义的组合;从结果推导原因是相反的从复杂到简单的分析过程,相当于词义的分解。因此,"推理和加与减是相同的"③。

社会契约论

不能把霍布斯的哲学全都说成为机械论,在政治哲学领域,他表现出不同于自然科学精神的极大的独创性。霍布斯和荷兰的政治学家格老秀斯同是对西方政治学说和实践做出划时代意义的社会契约论的创始人。社会契约论第一次用人的自然属性和自然理性说明国家的起源和本质,它取代了中世纪流行的"君权神授"的信仰。霍布斯的出发点是"自然人"的观念,自

---

① 《西方哲学原著选读》,上卷,商务印书馆,1981 年,394—395 页。
② 同上书,397 页。
③ 同上书,343 页。

然人是一种自然物体,他完全服从自然法。自然法原是中世纪的概念,指神圣的道德律。随着自然科学的兴起,自然界失去了宗教的和伦理的属性,自然法也由道德律变为关于趋利避害的人的自然本能的规律。霍布斯认为,人类在进入社会之前,生活在自然状态下,完全按照自然法行事。他总结出两条自然法:一是利用一切手段保存自己,二是为了最大限度地维护自己的利益,在必要时放弃别人也同意放弃的权利。

人的最大利益是自我保存。根据第一条规律,人们为了维护各自的生命权,一开始处于"人对人是狼"的战争状态。但是,战争状态威胁到人的生命,违反了最大的利益,因此人们必然要求和平。根据第二条规律,和平协议是这样一个契约:每个人都同意放弃和别人一样多的权利,并因此而享受到和别人一样多的利益。这就要求每个人都把自己的权利转让给一个人或一群人,由他或他们代理行使权利,以保全契约者的生命。"保全生命"的意义不是苟且偷生,而是在对生命不厌倦的条件下生活。国家是这一契约的产物,同意转让权利的契约者是被统治者,接受契约的代理权利者是统治者。

霍布斯提出社会契约论的初衷是为王权辩护。他所规定的社会契约对于被统治者是极其苛刻的。被统治者除了自己的生命权之外,转让其他一切权利。为了保障他们的安全,统治者要强大到足以产生巨大的威慑作用的地步。《新约·启示录》中有一个可畏的巨大海兽"利维坦",霍布斯说,国家就是伟大的"利维坦",是"可朽的上帝",具有绝对的权力和至高无上的权威。国家元首的权力是不可分割、不可剥夺的。因为他不是契约的一方,不受契约人的制约,推翻他是毁约的不合法行为,是违反自然理性的叛乱。但是,霍布斯也承认,只有在一种情况下,即,在国家元首不能保护契约人生命的情况下,才能替换他。他已经看到了资本主义兴起的必然性,如果说主权者是国家的化身,那么臣民就是资本主义公民的雏形。霍布斯认为,臣民的自由发生在法律沉默的地方,"臣民的自由只有在主权者未对其行为加以规定的事物中才存在,如买卖或其他契约行为的自由,选择自己的住所、饮食、生业,以及按自己认为适宜的方式教育子女的自由,等等"①。

---

① 霍布斯:《利维坦》,商务印书馆,1985年,165页。

第十三章
笛卡儿的唯理论

勒内·笛卡儿(Réne Descartes,1596—1650年),出生在法国贵族家庭,信奉天主教,从小在耶稣会办的学校受教育,后在大学学习医学和法学,同时对数学和科学保持着长期的兴趣。毕业后曾一度参加荷兰雇佣军,退役后到各地旅行。1628年后移居荷兰,潜心研究和写作,他的主要著作都是在荷兰完成的。晚年应瑞典女王之邀到宫廷讲学,次年在瑞典逝世。笛卡儿不但是哲学家,还是著名的数学家和科学家,他是解析几何的创始人。他的主要哲学著作有:《指导心智的规则》(1628年)、《方法谈》(1637年)、《第一哲学沉思集》(1641年)、《哲学原理》(1644年)。

第一节　方法论的反思

笛卡儿生活在新旧知识交替的时代,他首先从方法论的角度,摧毁旧的经院哲学体系的基础,同时证明新兴的自然科学的合法合理性。他的《方法谈》和培根的《新工具》一样,为理性时代制定了新的"游戏规则"。

普遍数学

笛卡儿坚持统一的科学观,所有科学门类都统一于哲学。他把哲学比作一棵大树,树根是形而上学,树干是物理学(自然哲学),树枝是医学、力学、伦理学等应用学科。他说:

> 我们不是从树根树干,而是从枝梢采集果实的,因此,哲学的主要功用乃是在于其各部分的分别功用,而这种功用,是我们最后才能

学到的。①

那么,哲学如何能够统一各门科学呢?笛卡儿的回答是,科学的统一性不在研究对象,而在于方法,哲学首先要研究科学方法。他认为数学方法是普遍适用的一般方法,但数学家却没有对数学的方法进行反思,对它反思是哲学家的任务。他说,古代的几何和当代的代数有狭隘和晦涩混乱的局限,"应当寻求另一种包含这两门科学的好处而没有它们的缺点的方法"②。笛卡儿称科学的方法为"普遍数学"(mathesis universalis)。

普遍数学把数学最一般的特征运用到其他学科。数学的一般特征有二:"度量"和"顺序"。这两个特征在运用于更大范围时,需要从哲学上加以界定,使它们获得更普遍的意义。数学的"度量"只是量与量之间的比较。在数学以外的领域,我们可以把度量转化为不可量化的对象之间同与异的比较。比如,哲学研究的对象不是同质的,没有一个统一的衡量尺度,但我们可以通过概念的比较,把握不同的对象之间在性质和程度上的相似和差异。

科学研究的顺序有两种:一是从简单到复杂的综合,一是从复杂到简单的分析。在数学中,研究对象是同质的,这两种方法是可逆的。但在形而上学关于因果关系的研究中,终极原因是无限的上帝,被造的事物是有限的,原因和结果是不同质的,处于不同系列,因此,形而上学不能诉诸无限的第一原因,从中推导出所有结果,而需要找到一个确定无疑的简单的出发点,由此建构出关于原因和结果的知识。就是说,形而上学的方法首先是分析,寻找确定的第一原则,然后再运用综合,从第一原则推导出确定的结论。

方法论规则

按照先分析后综合的顺序,笛卡儿建立起四条方法论的规则:

第一,决不接受我没有确定为真的东西;

第二,把每一个考察的难题分析为细小部分,直到可以适当地、圆满解决的程度为止;

---

① *The Meditations, and Selections from the Principles of Rene Descartes*, trans. by J. Veitch, Open Court, La Salle, 1948, pp. 119-120.

② 《西方哲学原著选读》,北京大学西方哲学史教研室编译,上卷,商务印书馆,1981 年,364 页。

第三,按照顺序,从最简单、最容易认识的对象开始,一点一点地上升到对复杂对象的认识;

第四,把一切情况尽量完全地列举出来。①

上述规则的第一条说明分析的必要性,指出分析的目的是找到无可怀疑的、确定的"阿基米德点";第二条说明分析是由复杂到简单的过程,分析的结果要尽可能地细致,细致到可以加以满意地解决的程度为止;第三条指综合的过程,从分析的结果出发,由简单的、确定的真理一步一步推导到复杂的道理;第四条指分析和综合的过程不能半途而废,分析要彻底,综合也要全面,才能达到完全的真理。这四条规则都没有经验感觉的地位,分析和综合都是理性的方法。

第二节 第一哲学的沉思

笛卡儿的《第一哲学沉思集》是上述方法的应用。该书包括六个沉思,前三个沉思用分析方法,建立第一原则"我思"(cogito)和第一原因"上帝",后三个沉思用综合方法,从简单推导复杂,得到关于外部世界的知识。

普遍怀疑

哲学家的一些奇特思想多与他们某些奇异经历和体验有关,笛卡儿也是如此。1619年11月10日晚,笛卡儿连续做了三个梦。在第一个梦中,很多幽灵出现在他面前,使他心惊肉跳;在第二个梦中,他觉得眼前光亮闪烁,他能清楚地看到周围的东西;在第三个梦中,他看到一部字典和一本诗集,并能够判断,字典象征各门科学的综合,诗集象征着哲学和智慧的统一。这三场梦境如此清晰,几乎与现实不分。笛卡儿从这些梦得到的启示是,他必须完全在理性基础之上重建知识体系。

笛卡儿认为,现有的一切知识都是不可靠的,因为它们建立在不可靠的基础之上。为了重建知识,必须找到一个坚实可靠的基础。建构哲学体系好像盖房子一样,只有基础打牢了,才能在这个地基上一砖一瓦地建筑知识的大厦。为了要打牢地基,首先要清理地基,即,取消所有的不可靠知识的

---

① 《西方哲学原著选读》,北京大学西方哲学史教研室编译,上卷,商务印书馆,1981年,364页。

基础地位。"不可靠"不一定等于"不真",而只是说,这些知识未经充分的考察,不能成为知识的基础。"因为基础一毁整个建筑物的其他部分必然跟着垮台,所以我将首先打击我的旧意见所依据的那些原则。"①笛卡儿的打击策略是怀疑的方法,凡是不能通过怀疑的推敲的原则,都要被排除在知识的基础之外。

笛卡儿的怀疑是普遍的。被怀疑的对象与梦境事物有关,人们一般认为不可怀疑的确定性,都在怀疑之列,包括:周围世界、我的身体和数学的观念。首先,周围世界是感知到的现象;笛卡儿说,既然我们有过被感觉欺骗的经历,感觉之不可靠是显而易见的,因此,周围世界是可疑的,我们关于周围世界的知识不能成为知识的基础。

其次,我们对自己身体活动的感觉好像是确定无疑的;但是,我们在梦中对自身亦有感觉,我们不知道如何区别梦中的感觉和清醒的感觉。如果有人企图用有无外物对应来区别梦幻与真实的感觉,那是徒劳的,因为感觉和梦幻、想象一样,都可以在外物并不存在时发生。早在二千年前,《庄子》中就有过"庄周梦蝶"这样富有哲理的比喻,可惜笛卡儿不知道,否则他一定会引以为同道的。

最后,数学观念是简单的,因而是清楚、明白的,好像是不会有错的,"因为不管我醒着也好,睡着也好,二加三总是等于五,正方形总不会有四条以上的边;这样明白、这样明显的真理,看来是决不会有任何虚假和不确实的嫌疑的"②。但是,这也只是未经推敲的印象而已,笛卡儿的怀疑是彻底的,即使像数学观念这样明白、清楚的对象,也是可以怀疑的。笛卡儿指出,数学是我们思想的对象,但思想的对象是可以怀疑的;因为可能有一个"邪恶的精灵",他恶作剧般地把一个根本不存在的对象置于我们的心灵之中,使之成为我们思想的对象,但这些对象不是思想的产物,而来自一个错误的根源。笛卡儿使用了"邪恶的精灵"的想象,好像不太严肃。但笛卡儿确有受幽灵蛊惑的梦境经历,他相当严肃地说:"我的怀疑并不是由于漫不经心或轻率,而是有很强的、考虑成熟的理由的。"③从理论上分析,"邪恶的精灵"的假设涉及的问题也是一个十分严肃的形而上学的问题。自毕达哥

---

① 《西方哲学原著选读》,上卷,商务印书馆,1981年,366页。
② 同上书,367页。
③ 同上书,368页。

拉斯以来,哲学家一直在追问数学基础的问题:数的观念是从哪里来的?它们有无外部原因?有无客观的实在与之相对应?因为对这些问题尚无确定的答案,我们无法肯定数学的观念是清楚明白、确定无疑的。就是说,未经哲学的论证,自身基础不稳的数学不能成为知识的第一原则。

从方法论的角度看,笛卡儿的普遍怀疑属于分析的范畴。他的分析从复杂的现象(关于周围世界的观念)开始,经过比较简单的现象(关于我们自身的观念),达到简单的数学观念。根据分析要考虑一切可能性的规则,笛卡儿还要考察最后剩下的一个可能性:思想能否怀疑自身?笛卡儿的回答是否定的,从而找到了一个不可怀疑的第一原则。

"我思故我在"

笛卡儿说,思想可以怀疑外在对象,也可以怀疑思想之内的对象,但却不能怀疑自身。思想自身是思想的活动,当思想在怀疑时,思想可以怀疑思想的一切对象和内容,但却不能怀疑"我在怀疑",否则的话,怀疑就无法进行。并且,怀疑活动一定要有一个怀疑的主体,"我"就是怀疑活动的主体;这样,由于想到我在怀疑,可以确定地知道作为怀疑主体的"我"是存在的。

笛卡儿由这一分析得出了一个普遍的结论:"我思故我在"(Cogito, ergo sum / I think, therefore I am)。这个命题有两个部分:"我思"和"我在"。"我思"指思想活动。笛卡儿说:"什么是在思想的东西呢?就是在怀疑、理解、肯定、否定、愿意、不愿意、想象和感觉的东西。"[①]必须注意的是,"我思"包括一切意识活动,不管是理性的,还是感性的,或是情感的,都属于"我思"。更重要的是,"我思"是没有内容的纯粹活动,如果它是有具体内容和对象的思想,那么它也就是可以怀疑的了。或者更确切地说,"我思"是以意识活动为对象的自我意识,即后来哲学家所说的反思的意识。笛卡儿虽然还没有用"自我意识""反思"这些词,但他已表达出这样的道理:一切思想活动的核心是对这些活动的自我反思。他说:"当我看的时候,或者当我想到我在看的时候(这两种情况我是不加分别的),这个思想的我就决不可能不是同一个东西。"[②]就是说,思想的活动同时是反思的活动,当我在看、在想的时候,我必须同时意识到我进行这样的活动,由此,笛

---

① 《西方哲学原著选读》,上卷,商务印书馆,1981年,370页。
② 同上书,372页。

卡儿没有区分思想活动与对于这一活动的意识。当我在看或在想的时候，我可以不看、不想任何对象，但对于"我在看"或"我在想"的活动，却不可能没有意识。

笛卡儿又说，思想的主体和反思的主体是同一个主体，主体就是实体。"我思"和"我在"之"我"是同一实体。"我思故我在"中的"故"表示的不是两个实体之间的因果关系，而是本质和实体之间的必然联系。从逻辑上说，"故"也不表示从已知到未知的推理。"我思"是该实体的本质，"我在"是该实体的存在。笛卡儿认为，人们只能通过属性来认识实体，每一个实体都有一个特殊的属性，这就是它的本质。从自我的思想活动，我们可以得到自我必然存在的结论。就是说，"自我"是一个这样的实体，"这个实体的全部本质或本性只是思想"①。

真理的标准

"我思故我在"是笛卡儿全部哲学的出发点。这个命题的意义在于确定了自我是一个思想实体，但它并没有告诉我们思想的具体内容。笛卡儿下一步的工作是从这个我们迄今为止唯一可以确定的命题出发，推导出其他的确定的知识。我们需要了解，从自我实体出发的推导不是仅仅在思想范围里的演绎，它需要从自我的思想领域过渡到思想以外的实在领域。思想与实在是两个不同性质的系列，需要运用笛卡儿提倡的"普遍数学"的"度量"克服不同性质的系列之间的隔阂。如前所述，数学的"度量"在形而上学中是一种比较。为了进行比较，我们需要一个共同的标准，一个"公度"，这样才能衡量不同性质的对象。

为了确定这个标准，笛卡儿诉诸他已确立的第一原则。他认为，"自我"观念本身就是一个标准，即，一切像"自我"那样自明的观念都是真观念。笛卡儿说："因此我觉得可以建立一条一般的规则，就是：我们极清楚、极明白地想到的东西都是真的。"②这一规则的建立是笛卡儿的方法的转折点，使得他能够从分析过渡到综合，使得他能够用这个标准衡量那些复杂的对象。按照这个标准，那些在分析的步骤中被怀疑的观念重新被确定为真观念。比如，在普遍怀疑的步骤中，数学观念的简单、明白不足以为真，因为

---

① 《西方哲学原著选读》，上卷，商务印书馆，1981年，369页。
② 同上书，373页。

它们缺乏根据,我们不知道它们何以为真。在综合的步骤中,通过"自我"观念的比较,清楚明白的数学观念的真实性最终被确立。

笛卡儿把所有的观念分为三类:天赋的、外来的、虚构的。这是按照观念的不同来源而做出的区分。虚构的观念是思想自己制造出来的,天赋的和外来的观念都是由思想以外的原因所造成的。因此,上述三种观念可合并为两种:思想自己制造出来的和由外部原因造成的。笛卡儿接着证明,思想自己制造出来的观念是不真实的,而在外部原因所造成的观念中,有一些是真实的,有一些是不真实的。前者指上帝造成的观念,后者指可感事物造成的观念。我们下面分别陈述他的理由,解释:(1)为什么上帝造成的观念是真实的,(2)为什么可感事物造成的观念是不真实的,(3)为什么思想自己造成的观念是不真实的。

关于上帝存在的证明

笛卡儿生活在基督教传统之中,他理所当然地肯定每一个人都有一个明白、清楚的"上帝"观念。"上帝"是一个真观念,这对笛卡儿而言是不成问题的。他的问题是:"上帝"观念是从哪里来的呢?是我们的思想自己制造出来的呢,还是由一个外部原因造成的呢?

笛卡儿说,"上帝"的观念具有无限的完满性,"自我"的观念只有有限的完满性,从"自我"的有限性不可能产生关于"上帝"的无限性。笛卡儿的理由是,原因的现实性不可能小于结果的现实性。这种因果观在中世纪已经出现,但把它运用于"上帝"观念与这一观念的原因之间的比较,却是笛卡儿的发明。根据这样的因果观,"无限完满性"的观念只能是"无限完满性"的现实所产生的结果。因此,必定有一个无限完满的上帝存在,他把关于自身的观念赋予人类,产生出关于"上帝"的天赋观念。

笛卡儿关于上帝存在的证明是安瑟尔谟的本体论证明的一个新版本,他们都从"上帝"观念的绝对完满性推出上帝的真实存在。不同的是,安瑟尔谟认为"绝对完满性"与"真实存在"之间有逻辑必然关系,因此可以从前者推出后者;笛卡儿则认为此两者是结果与原因的关系,由结果追溯原因是从简单到复杂的思想综合,而不是逻辑推理。

从"我思故我在"到"上帝存在"完成了两个不同性质对象的系列之间的"跳跃"。"我思"是单纯的思想原则,"上帝"是实在的原因。从思想的第一原则到论证上帝存在的过程建立了从思想到实在的过渡。从上帝这个真实世界的首要原因出发,我们关于外部世界的知识的确定性也就有了保证。

"广延"的观念

笛卡儿所说的"天赋观念"有三个标志:来自上帝、明白清楚、与实在相符合。我们已经看到,"上帝"的观念具有这三个标志。除此以外,我们关于广延的观念也是天赋的,因为它也有这三个标志。所谓广延,不是指具体事物的形状大小;即使世界上没有三角形的事物,我们也会有三角形的观念;另外,我们关于事物形状的感觉可能是模糊的,但我们关于某一个形状,如三角形、四边形等,却是明白、清楚的。那么,这些明白、清楚的观念是从哪里来的呢?是我们的心灵制造出来的吗?不是,因为不管我们是否认识到,三角形的特征,如三内角之和等于180度,两条边之和大于第三边等,都在观念之中。这些明白、清楚的观念来自对于外物的感觉吗?也不是,因为三角形的特征不因感觉变化而变化,我们感觉到的只是大大小小的三角形的事物,但它们的共同性质却是不可感的。造成广延的观念的原因既然不是我们的心灵或外部事物,那么它只能是上帝。就是说,广延的观念是上帝在我们的心灵中造成的。这就保证了我们关于广延的观念能够与外部事物相符合。笛卡儿说,上帝既然是无限完满的,他绝不可能欺骗我们。因此,上帝在我们的思想中产生的观念必定是真实的,这就是我们关于广延的天赋观念必定与外部事物的形状相符合的原因所在。

笛卡儿说,我们关于外物的数目、形状、运动的观念是确定的。

> 这些东西的真理性表现得非常明显,与我的本性非常相合,因而我开始发现它们时,并不觉得自己领会了什么新的东西,倒像是记起了我以前已经知道的东西;就是说,我觉察到了一些东西,这些东西已经在我心中。①

"已经在我心中"的东西即是我们关于广延的观念,我们关于外物的感觉印象只有和这一天赋观念相符合,才是可靠的。此时的笛卡儿不再怀疑我们关于外物的知识的可靠性,被普遍怀疑所否定的外部世界的确定性,在新的基础上又重新建立起来。

不管在思想的哪一个步骤中,笛卡儿都不承认"眼见为实",相反,他极

---

① 《西方哲学原著选读》,上卷,商务印书馆,1981年,380页。

力说明感觉的不可靠。以对蜡块的感觉为例,笛卡儿说,蜡块的颜色、形状、大小、气味、硬度等可感性质似乎是清楚不过的,但是,当我们按照当下的感觉对它的性质做出如此这般的判断时,"有人把它挪到火旁边,它的味道消失了,香气蒸发了,颜色改变了,形状失掉了,体积变大了,它变成了液体,变热了,很难拿手来捏了,就是在上面敲敲也不会发出任何声音来了"。这些可感性质依照外部条件的变化而变化,它们都不是蜡块的本质属性。"把所有不属于蜡的东西都一齐除掉……剩下的只不过是有广延、有弹性、可以变动的东西。"①这些与广延有关的东西在任何条件下都属于蜡块,是蜡块的本质。并且,这个本质是通过思想才能把握的,我们对它的认识来自"广延"这一天赋观念。

蜡块的例子还说明,一切外物的本质不是它们的可感性质,而是与我们的天赋观念相符合的广延。我们还记得,笛卡儿在说明心灵实体与属性关系时提出的原则:不同的实体有不同的属性,实体的存在要通过它的本质属性来证明。根据这个原则,我们可以知道,广延属于一个与心灵实体不同的实体,这个以广延为它的本质属性的实体就是物质。世界上一切有形的事物都是物质实体。笛卡儿已证明,存在着两个实体:一是心灵,一是物质。它们之间的关系如何呢?这是笛卡儿下一步必须解决的问题。

心物二元论

笛卡儿关于实体的定义是:"一个不依赖其他任何东西而自身存在的东西。"②他说,严格地说,只有上帝才是不依赖于任何东西的存在,上帝是唯一的实体。但是,他又说,"实体"是多义词,它可以在相近的意义上运用于不同的对象。在与"实体"的定义相近的意义上,心灵和物质也是实体,因为除了上帝之外,它们不需要其他任何东西而存在。按照笛卡儿的原则,我们只能通过属性认识实体;"思想"和"广延"是我们最为熟悉的无处不在的属性,因此,从认识论的意义上说,只有心灵和物质才是实体。"上帝"实体只是为心灵和物质作担保的存在论的设定。

根据实体的定义,心灵与实体不依靠对方而存在。从它们的本质属性

---

① 《西方哲学原著选读》,上卷,商务印书馆,1981年,371页。
② *The Meditations and Selections from the Principles of Rene Descartes*, trans. by J. Veitch, Open Court, La Salle, 1948, p.156.

来看，思想和广延没有任何共同之处，思想没有广延，广延不能思想。这样，笛卡儿得出了二元论的结论：心灵和物质是独立存在的两个实体，它们之间没有相互作用。笛卡儿的二元论对于当时的自然科学没有妨碍；相反，这一理论把"灵魂""心灵""上帝的意志"等前科学的假设从自然物中驱逐出去，还有利于自然科学的发展。但是，二元论却难以解释人的行为。人和自然物不同，人不但是有形体，而且有意识和自我意识。人是两个实体的组合：身体是物质，自我意识是心灵，这就是"身心二元论"。按照二元论的原则，身体和心灵不能相互作用，这一理论与人的心理与生理活动的协调一致的事实明显不符。

为了解释人的身体的有意识的活动，笛卡儿假设，身体和心灵有一个交接点，它是位于脑部的"松果腺"。松果腺汇集了身体的精气（动物灵魂），在大脑产生心灵活动；另一方面，心灵活动通过驱动松果腺，牵动精气的活动，使身体随着心灵的活动而活动。这种解释实际上是医学中的神经交感学说。但是，"松果腺"的概念给予心灵以位置，违反了心灵没有广延的二元论原则。笛卡儿的二元论留下关于身心关系问题的绵延不绝的哲学争论。

错误的根源

我们在上面看到，笛卡儿认为天赋观念是真理的来源，外物刺激造成的感觉是不可靠的，但是，感觉本身并不是错误，只是由于我们对于感觉的判断才造成错误。归根结底，错误的观念是我们的心灵制造出来的。笛卡儿把"我思故我在"作为哲学的第一原则，把心灵实体作为最先确定的认知对象，把天赋观念作为知识的基础，这些认识论的观点被称为唯理论。很多人认为唯理论是唯心论，这是一种误解。唯心论是一种把心灵实体或人的主观意识作为实在和真理的来源的观点。笛卡儿既没有把心灵实体作为外部实在的源泉，又不认为真理是心灵制造出来的，他的唯理论与唯心论的基本立场没有必然联系。相反，他认为真理的来源是心灵以外的原因造成的观念（即天赋观念）；那些没有外部原因的、仅靠心灵造成的观念是错误的原因，这是一种与唯心论有别的实在论的立场。

为什么说心灵是错误的根源呢？笛卡儿对于错误的根源有一个形而上学的解释。他说，人的心灵是介于上帝和虚无之间的存在，心灵分辨真假的能力不是无限的，它是介于无限的能力和无限的缺陷之间有限的认识能力。

这意味着,心灵有时会犯错误,这是不可避免的。笛卡儿对错误的根源还有一个心理学的解释。他说,心灵的活动"我思"不是纯粹的理智活动,它同时包含有自由意志。"意志比理智广阔得多。"①意志不但有不受限制的自由,而且它还能限制判断,判断是意志在肯定和否定之间的选择。当意志不顾理智提出的清楚明白的观念而做出判断,或者对不清楚明白的对象匆忙做出判断时,便产生了错误。错误来自非理性的意志,是由心灵自身的缺陷所造成的。

心灵还包括欲望,还可能造成伦理上的恶。恶与错误一样,也是由心灵的非理性因素造成的;当欲望追求那些从理智看来不正当的对象时,恶也就产生了。笛卡儿看出了心灵中理性和非理性因素的对立,但他是理性主义者,要求用理性克服非理性,使非理性服从理性。

笛卡儿主义

笛卡儿建立了近代哲学的第一个体系,他被称为"近代哲学之父"是当之无愧的。他以"普遍数学"为方法论,按照分析和综合的方法论规则,把"自我"作为第一原则,建立了"明白清楚"的真理的内在标准,一步一步地推导出关于心灵、上帝和物质的确定知识。他的哲学体系像数学的公理体系一样,有简洁、严格与和谐之美。他的天赋观念论、理智至上的立场,以及身心二元论都表现了唯理论的基本特征,对后来的哲学产生了巨大影响。

笛卡儿不如培根那样幸运,他的哲学比培根哲学遭到更多、更加激烈的反对。笛卡儿在发表《第一哲学沉思》时,在书后附有六组驳难,其中四组来自神学家,其余分别来自霍布斯和伽桑狄。经院哲学的传统在欧洲大陆比在英国更加牢固,神学家们敏感地对笛卡儿的新哲学做出了激烈的批判,天主教会还把笛卡儿的著作列为禁书。霍布斯站在机械论立场上,伽桑狄(Pierre Gassendi 1592—1655 年)站在古代原子论立场上,也批判了笛卡儿的唯理论,尤其是天赋观念论。在激烈的争论中,笛卡儿在荷兰和法国赢得了一批追随者,在那里形成了笛卡儿主义,并在被经院哲学统治的大学里争得了一小块地盘。

法国笛卡儿主义代表是马勒伯朗士(Nicolas Malebranche,1638—1715 年)。马勒伯朗士突出了理性和感性、理智与意志和欲望的对立,他把上帝

---

① 《西方哲学原著选读》,上卷,商务印书馆,1981 年,374 页。

作为哲学的第一原则和直接原因,以此来解决身心关系问题。他说,身心的协调一致是一种"机缘"。在身体活动的每一时机,心灵也发生对应活动,反之亦然。但两者并无因果关系,也不互相影响。正如始终保持同步运行的两个钟一样,身心之间的一致性只是一种机缘。这种同步的机缘对于人的理智而言是偶因,但偶因不是无缘无故的,它包含在上帝的心灵之中。身心机缘的真正原因是上帝的安排,上帝好比是两个钟的设计师、启动者一样,事先把两种不能相互作用和影响的实体的活动安排成同步发生,协调一致。

第十四章
唯理论的发展

笛卡儿于 17 世纪初期,开唯理论的先河。斯宾诺莎于 17 世纪的中期、莱布尼茨于 17 至 18 世纪之交分别建立了唯理论的另外两个体系,标志着近代唯理论哲学的发展、成熟。

第一节 斯宾诺莎

巴鲁赫(本尼狄克)·斯宾诺莎(Baruch/Benedict Spinoza, 1632—1677 年)出生在荷兰的一个犹太商人家庭,年轻时进入培养拉比的宗教学校。在他 24 岁时,犹太教会以思想异端的罪名革除他的教籍,把他驱逐出犹太社团。他移居到阿姆斯特丹等地,以磨制镜片为生,在艰难的生活条件下,他仍然坚持哲学和科学的研究,他的思想通过通信方式传播到欧洲各地,赢得人们的尊敬,普鲁士选帝侯曾邀请他到海德堡大学任哲学教授,被他谢绝。他的主要著作有《笛卡儿哲学原理》《神学政治论》《伦理学》《知性改进论》等。

寻求拯救与幸福的哲学

斯宾诺莎说,哲学的目的在于获得最高的幸福,所谓"最高的幸福"是"一经发现和获得之后,我便可以连续地永远享受无上的快乐"。世俗的幸福是财富、荣誉和感官快乐,这些非但不能使人获得长久的快乐,相反还是陷溺人心的罪恶。真正的幸福和世俗的幸福正相反对、势不两立,二者必居其一。斯宾诺莎深知世俗的幸福难以摆脱,他说:

> 世界上因为富有资财而遭受祸害以至丧生,或者因为追逐货利而不能自拔,置身虎口,甚至于身殉其愚的人,例子是很多的。世界上忍

受最难堪的痛苦以图追逐浮名而保全声誉的人,例子也并不更少些。至于过分放纵肉欲而自速死亡的人更是不可胜数。①

为了避免这样的不幸,斯宾诺莎要寻找常驻不变的善,最高的善。他把哲学当作拯救之道,说:"我深深地知道,我实在到了生死存亡的关头,我不能不强迫自己全副力量去寻求拯救。"斯宾诺莎所说的真正的幸福、最高的善是精神幸福,他对精神幸福不遗余力的追求和对物质利益的鄙视,使得"斯宾诺莎的幸福"成为精神幸福的代名词,正如"柏拉图恋爱"现在已成为精神恋爱的代名词一样。

斯宾诺莎的幸福还有一层特殊含义,那就是通过对形而上的对象的思辨而获得的心灵的快乐,这样的快乐是持续的、平和的、求诸自己的。这种快乐一直是历史上的哲学家所追求的目标,斯宾诺莎与亚里士多德一样,称之为最高的幸福。他继承的是西方哲学的思辨传统。他的主要著作名为《伦理学》,但却充满本体论和认识论的内容。斯宾诺莎把通过理性思维达到的境界说成是"人的心灵与整个自然相一致"。② 用中国哲学的术语说,就是天人合一、物我无分的境界。这里没有什么神秘主义,把自我融会在沉思的对象之中,这是研究者常有的一种自满自足的体验。斯宾诺莎以自然整体为思辨对象,沉醉于自然,他感到人的一切,包括一切主观感情、欲望,都是自然的一部分。他因而主张顺应自然,不以物喜,不以己悲,这也是一般意义上所说的伦理的态度。

真观念与几何学的方法

《伦理学》全标题是《按几何顺序证明的伦理学》。这本书在哲学史上第一次采用了几何的方法,从公理、定义出发,严格按照演绎的步骤证明命题,甚至用"证讫"(Q. E. D)这样的模仿欧几里德《几何原理》的字眼。当然,不是所有哲学道理都能用演绎的方法来证明,这些道理放在"附释"部分。实际上,斯宾诺莎的一些深刻的见解都是在这一部分中发挥出来的,而不是通过证明被推演出来的。几何方法为什么能适用于哲学?《伦理学》没有回答这一问题。在《知性改进论》中,斯宾诺莎通过对这一问题的回

---

① 《西方哲学原著选读》,北京大学西方哲学史教研室编译,上卷,商务印书馆,1981年,402页、404页。

② 同上书,406页。

答,为他的哲学体系提供了方法论的根据。

斯宾诺莎看到,方法论中有一个悖论,即,如果我们要证明一个方法是正确的,我们需要首先证明我们用以证明这个方法的方法是正确的,如此循环,没有止境。他于是首先解答了如何获得方法论的方法的问题。他把方法论比作工具,并且是原初的工具,它制造其他工具,而不用另一种工具被制造出来。方法论告诉人们什么是证明的正确途径,但它本身是不能、也不需被证明的。方法论只能是反思性的,它不能在研究内容之前或者之外获得,而只能在对研究内容的反思中获得。斯宾诺莎提出,方法论的反思开始于天赋观念,天赋观念不需要其他观念来证明它的真理性,相反,它是其他观念达到真理性的工具和前提。他说:

> 理智凭借天赋的力量,自己制造理智的工具,再借这种工具充实它的力量来制作别的新的理智的作品,再由这种理智的作品进而探寻更新的工具或更深的力量,如此一步一步地进展,一直达到智慧的顶点为止。①

我们看到,斯宾诺莎的方法论是纯理智的,反思不需要外部的感觉经验,只与观念之间的比较有关。但是,斯宾诺莎并没有否认真观念与外部对象之间的一致,他说:"真观念必定符合它的对象。"②这里的"对象"指思想的外部对象。一般说来,唯理论者并不否认思想与外物的符合,但他们把这种符合建立在观念与观念之间的一致的基础之上,笛卡儿是这样,斯宾诺莎也是这样。

斯宾诺莎说:"正确的方法在于真观念的确认。"正确的方法是从真观念出发,并且不断地增加真观念的推理过程,它包括这样一些步骤。首先,确认真观念,将真观念和其余的表象区分开。其次,从一个真观念推导出其他真观念,真观念越多,知识越完善。这是按照真观念自身的本性进行的推论。斯宾诺莎说:"要证明真理和做出正确的推论,用不着真理和正确推论本身以外的任何工具";又说:"真理是自明的,而且一切别的观念都会自然地汇归到它那里去。"再次,真观念之间的推理要按照从原因的观念到结果的观念的顺序进行,因为"认识结果有赖于认识原因,并且也包含了认识原

---

① 《西方哲学原著选读》,上卷,商务印书馆,1981年,410页。
② 同上书,416页。

因"。① 斯宾诺莎认为,结果比原因更复杂,从原因的观念到结果的观念是从简单到复杂的综合推理。

斯宾诺莎根据观念清晰的程度,区分了四种知识:由传闻和符号得到的知识,由表面经验得到的知识,推理知识,直观知识。前两种知识又称意见和想象,它们是片面和混淆的观念,是错误的来源。推理知识又称理性,是关于事物的共同概念和正确观念,它们是从真观念推理出来的。只有直观知识才是对一切事物本质属性的直接认识,它们是真观念,是一切真理的源泉。

斯宾诺莎的直观知识直接从最完满的观念开始,从最简单的定义、公理开始,推导蕴涵在完满观念之中的丰富内涵;以唯一原因为推理的前提,以复杂的结果为推理的结论。这样的方法与几何学的方法不谋而合。斯宾诺莎之所以采取几何学的方法,并非刻意的牵强附会,这是由它所要表达的内容决定的。

实体的概念

"实体"是斯宾诺莎哲学体系的第一个真观念,它符合上面所说的最完满、最简单和自明等方法论的要求。斯宾诺莎关于实体的定义是:"在自身内并通过自身而被认识的东西。"②这一定义是从认识论的角度做出的,但它的意义却完全是本体论的。斯宾诺莎对于实体的定义有以下说明。

第一,实体是自因,它的本质包含存在。因为只能通过自身被认识的东西才是必然存在,如果它要通过某一存在的东西而被认识,就不是必然存在了。第二,实体是无限的,因为它不受任何东西的限制。实体的概念不受另一概念的限制,否则它就不是在自身内被认识的;实体的存在也不受外的存在的限制,否则它就不是自因。第三,实体是唯一的,因为它是无限的,包含着无限属性和状态;如果在它之外还有另一实体的话,那么,那个另外实体的性质或状态必然包括在这个无限的实体之中,否则的话,我们将无法把两者区别开来。再说,实体是自因,而自因的概念排斥了设立另一实体的必要性。就是说,我们既不可能、也无必要设定和想象多个实体。第四,实体是一个不可分割的整体,一切存在和认识都包含在实体之中,但实体不是它所包含的存在和认识的总和,否则的话,它就要受到它的部分的限制,这与

---

① 《西方哲学原著选读》,上卷,商务印书馆,1981年,411页、414页、416页。
② 同上书,415页。

实体的无限性和唯一性相矛盾。

按斯宾诺莎的术语,实体、神、自然是等同的、可以相互替换的概念。他把唯一的、无限的实体等同于神,这似乎符合犹太—基督教的严格的一神论传统;他把实体等同于自然界整体,这又符合新兴的自然科学关于自然的概念。但实际上,他的实体的观念不是宗教与科学的概念的混合,实体的哲学的和科学的意义要大大超过宗教的意义。斯宾诺莎把实体称作神,只是为了易于被人们接受。他明确地否认有超越世界的人格神,他在证明了"一切存在的东西都在神之内"的定理之后,在附释里对神人同形同性的人格神的传统宗教观念进行了有力的批判。他说,形体、人的心灵和情欲都是有限的,用有限的性质来规定无限的实体是本末倒置的"妄自揣想"。在另一个地方,他进一步批判了认为神有意志和目的的传统宗教观念,他说:"一切目的因都不过是人心的虚构",人们虚构这样的观念是为了"使神拿出整个自然界来满足他的盲目欲望与无厌的贪心"。① 这是宗教迷信的根源。

属性和样式

斯宾诺莎关于属性的定义是:"从理智看来是构成实体的本质的东西。"②请注意"从理智看来"这一限制词的意思。无限的实体有无限的属性,但是,人类所能认识的属性只有两种:广延和思想。

斯宾诺莎关于样式的定义是:"实体的特殊状态,亦即在别的事物内并通过别的事物而被认识的东西。"③实体存在的特殊状态是个别事物。与实体的自因相反,个别事物是一个他因造成的结果,又是造成另一个结果的他因。所有的事物组成一个因果链条,每一个事物都是因果链的一个环节。

关于属性和样式这两个概念的关系,斯宾诺莎告诉我们,属性和样式分别表示实体内外的规定性,属性是实体的内在本质,样式是内在本质的外在表现。每一属性都表现为无限多的样式,每一个属性都好像是一根因果链条,无限多的个别事物是这一链条上的一个个样式。如下图所示。

---

① 《西方哲学原著选读》,上卷,商务印书馆,1981 年,425 页。
② 同上书,415 页。
③ 同上。

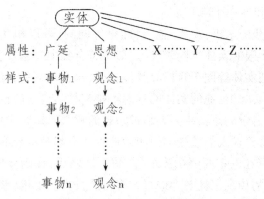

能动的自然和被动的自然

上图有两部分,上面是实体自身,下面是无限属性的无限多的样式的总和。用斯宾诺莎自己的话来说,作为整体的实体是产生自然的自然,或能动的自然(natura naturans/naturiug Nature),作为实体的部分的总和是被产生的自然,或被动的自然(natura naturata/natured Nature)。如果把实体等同于神,那么思想观念和世界万物都享有神性,都是神的样式,神也存在于万事万物之中。这种世界观被称为泛神论(pantheism)。

斯宾诺莎的区分旨在解决关于自因的哲学概念与科学因果观的关系问题。实体本身或能动的自然是自因,但不是传统意义上的终极因或第一推动者。这些传统观念严重地阻碍了自然科学的发展。新兴的力学因果观认为,每一事物都受另一事物的直接作用,一切作用都发生在因果链条之中。斯宾诺莎也说,无限的实体只能作用于无限的东西,而不能直接作用于特殊的、有限的样式。他区分了无限样式和有限样式,无限样式是从实体的某一属性中派生出来、适用于该属性一切样式的性质,比如,运动和静止是广延属性的无限样式,理智是思想属性的无限样式;有限样式是由另一个有限样式的作用而产生的,比如,一个有形体是另一个有形体的产物,一个观念是另一个观念的产物。按照斯宾诺莎的区分,能动的自然只是普遍的自然性质和状态(无限样式)的原因,一个特殊事物的原因和结果必须在自然界的因果链条中去寻找;关于自然整体的哲学思辨不能代替自然科学的具体研究。斯宾诺莎的这些解释顺应了近代机械论的因果观,调和了他的思辨哲学与自然科学的分歧。

身心平行论

斯宾诺莎用一元论代替了笛卡儿的二元论。按照他的观点,广延和思想不是分别属于两个实体的两种属性,而是属于同一实体的两种属性。两者各有自己的样式:有形事物是广延属性的样式,观念是思想属性的样式。因为样式的相互作用只能在同一属性的因果系列中发生,事物和观念不能相互作用。但是,广延和思想既然属于同一实体,两者必然有对应关系。斯宾诺莎说:"观念的次序和联系与事物的次序和联系是相同的。"① 这是事物的因果序列与观念的因果序列之间的对应,两个因果序列上的样式有一一对应的关系。人的身体属于广延属性,人的观念属于思想属性。每当身体在广延的因果序列上发生变化时,观念在思想的因果序列上也会发生相应的变化,反之亦然。斯宾诺莎根据身心对应的道理,得出了"构成人的心灵的观念的对象只是身体"的结论。这句话的意思是:"发生于身体内的东西无一不被心灵所知觉。"②

斯宾诺莎的"心物平行论"肯定思想和广延是不同的因果系列,坚持心物之间的二元对立和区别,同时,它又说明了两者对应协调的关系。这样就既保持了笛卡儿二元论的初衷,又克服了它的缺陷。"心物平行论"与马勒伯朗士的"机缘论"都承认身心之间的同步协调关系,但马勒伯朗士把这种协调同步关系当作"偶因"和上帝的安排,斯宾诺莎则指出了这种关系发生的必然性和合理性,因而具有"机缘论"不可比拟的理论深度和哲学意义。

人性与自由

斯宾诺莎的目的是"运用普遍的自然规律和法则去理解"人的本性和情感,他把人的情感看做"出于自然的同一的必然性和力量"。③ 斯宾诺莎看到,以前人们因为把人和自然割裂开来而产生了两种错误的倾向,或抬高人贬低自然,或抬高自然贬低人;前者是人类中心论的倾向,后者是自然主义的倾向,这些倾向都不能真正达到人和自然融合的境界。

我们看到,斯宾诺莎的自然观是严格的决定论,他认为一切事件都发生

---

① 《西方哲学原著选读》,上卷,商务印书馆,1981 年,432 页。
② 《十六——十八世纪西欧各国哲学》,商务印书馆,1975 年,283 页。
③ 《西方哲学原著选读》,上卷,商务印书馆,1981 年,440 页。

在因果系列之中。他认为,自然中没有任何偶然的东西,一切事物都受到事物的本性的必然性的决定。当人们说一件东西是偶然的,那"只不过是由于我们的知识有缺陷"①。人类社会和个人的一切也是严格地被决定的,既然如此,人何以能够自由和幸福呢?斯宾诺莎对自由的理解是:"仅仅由自身本性的必然性而存在,其行为仅仅由它自身决定";若为别的事物所决定,则不自由。他又说:"我把永恒理解为存在自身……这样的存在也可以被设想为永恒真理。"②按照这种理解,人自觉地按自然的本性而存在,就是自由和永恒。自由和必然并不矛盾,认识并自觉顺应必然是自由。斯宾诺莎根据他的哲学,提出并论证了"自由是对必然的认识"的著名命题。

斯宾诺莎认为,不管人愿意或不愿意,人都被自然必然性所决定。当人自觉地顺应自然时,他是自由的;当人不自觉地被自然必然性所驱使时,他是被迫的。奴役是自由的对立面。需要注意的是,对于斯宾诺莎而言,自由和奴役不能被归结为认识问题。当他说到人必须服从的自然必然性时,他不仅指外在的自然界的规则,而且更重要的是指人的内在的自然本性;当他说认识自然时,主要指获得关于人自然本性的实践知识,而不是自然科学知识。斯宾诺莎的自由学说是建立在对人性进行分析的基础之上的。

斯宾诺莎认为,包括人在内的一切个体都有保存自身的自然倾向(conatus),这是被自然本性所决定的行为和意向,是个体的"现实本质"和人类德性的"唯一的基础"。保存自身不仅是消极地维持现状,而且是扩展自身力量和行动的倾向。在后一种意义上,自我保存也可叫做自我完满。自我保存或自我完满又有自发和自觉之分:前者叫嗜好,后者叫欲望。欲望再分两种:意识到完满性的增加是快乐,对完满性降低的意识是痛苦。人们的意识对自我完满性的增加或减少的原因有所感觉,因此而产生爱和恨:爱是伴随着完满性增加的原因的观念而产生的快乐,恨是伴随着完满性减少的原因的观念而产生的痛苦。伦理的善恶不是事物的本性,它们建立在人性的倾向和自然情感的基础之上,是相对于人们对自身完满性增减的感觉而言的。善不过是所有的快乐以及欲望的满足,恶不过是所有的痛苦和欲望的折磨。③

---

① 《十六——十八世纪西欧各国哲学》,商务印书馆,1975年,266页。
② 《西方哲学原著选读》,上卷,商务印书馆,1981年,416页。
③ 同上书,443页。

所有这些自然情感和欲望都伴随着观念,这些观念有些是混淆、不充分的,它们或与身体状态有关,或是对外在原因的错误观念。在这种情况下,人没有能力控制和缓和自发产生的情感,而被情感所奴役。反之,如果伴随自然情感和欲望的观念是充分的、真的观念,使得人们对情感和欲望的外在原因以及它们之间的因果联系有正确的知识,那么,这些人就是自由的。斯宾诺莎说,自由在于用"理性克制感情,管辖感情"。

人的完善性表现为控制情感的自由,是和最高知识同一的。最高知识是关于神的知识,它伴随着心灵的满足与快乐,产生对神的爱,对永恒真理的爱,并融合在永恒之中。人们热爱神是对神的知识的追求,而不是为了获得财产、声誉和享乐。人们一旦获得神的知识,就能从情感的奴役下解脱出来。因此,寻求关于神的知识也是拯救之路,通往最高的幸福。

人们常常以为,斯宾诺莎式的幸福和柏拉图式的爱情一样,超凡脱俗,不切实际。美国当代著名作家艾萨克·辛格的小说《市场街的斯宾诺莎》就是以斯宾诺莎式的幸福观为讽刺对象的。小说的主人公是一个孜孜不倦地读斯宾诺莎的《伦理学》达三十年之久的费其逊博士,他生活在市场嘈杂的环境里,却能因读书和观赏星空而感到快意。但他凡心未泯,接受了一位姑娘的帮助,终于在爱情中感到另一种快乐。小说以他的忏悔结尾:"神圣的斯宾诺莎,请原谅我,我成了一个傻瓜。"①

但那些只是小说家的揶揄。在哲学史上,斯宾诺莎的伦理学对"完善性""对上帝之爱""自由""拯救""不朽"等传统的宗教主题做了理性主义的解释。他的学说披着泛神论外衣,但真正的主题是人和自然,全然没有对位格神信仰和崇拜的位置,并不时闪烁着无神论的思想光芒。

第二节　莱布尼茨

戈特弗里德·莱布尼茨(Gottfried Wilhelm Leibniz,1646—1716 年)毕业于莱比锡大学,毕业后一直在德国贵族的宫廷中任职,在随贵族们出访时,在巴黎结识了一批科学家,在荷兰与斯宾诺莎有交往。他和牛顿同是微积分的创始人,在科学上多有创建。值得一提的是,莱布尼茨还是中国文化的热爱者,他与法国传教士白晋频繁通信,了解到一些中国哲学的思想,他认

---

① 见《世界文学》,1979 年,第 2 期,77—94 页。

为,中国阴阳八卦的模式与他创立二进制数理符号系统不谋而合。他的主要哲学著作有:《形而上学论》《单子论》《神正论》《人类理智新论》等。

二 迷 宫

莱布尼茨在《神正论》中,把哲学的基本问题归结为两个,称之为"二迷宫"。他说:"我们的理性常常陷入两个著名的迷宫。一个是关于自由和必然的大问题,特别是关于恶的产生和起源的问题;另一个问题在于有关连续性和看起来是它的要素的不可分的点的争论。"[1]莱布尼茨提到的连续性和间断性的问题涉及自然科学和数学的一个基本问题,即,运动、时间以及微积分的实在依据是什么?莱布尼茨是微积分和符号逻辑(他本人称之为"普遍文字",characteristica universalis)的发明者,他深知运动和时间等物理现象都可被分析为简单要素加以计算的奥妙,他与同时代的科学家思考这样的问题:微积分描述的差别与连续关系为什么能够揭示出复合现象存在与变化的原因?莱布尼茨提及的自由和必然的问题涉及到一个重大的神学和伦理问题:意志自由和恶的起源是什么?这两个问题困惑着哲学家,他们的众多理论没有一个能够提供满意的答案。

"二迷宫"也是针对当时的唯理论和经验论提出的。莱布尼茨对笛卡儿、斯宾诺莎以及洛克哲学都有较深的了解,他看到笛卡儿的学说通过斯宾诺莎走向无神论,他们仅仅把恶的起源归结为认识的缺陷,对自由和必然的关系问题做了不利于有神论的解释。另外,他们的实体学说在物质和精神之间划了一道鸿沟,不能解决事物与观念之间的连续性问题;事物与事物之间的连续性也不能用机械论来解释。我们将看到,莱布尼茨的单子论就是针对这些哲学家未能满意地回答的问题而提出的解决方案。

逻辑与事实

唯理论和经验论的一个根本分歧在于,经验论认为逻辑与事实分属两个领域,各有各的方法,不容混淆;唯理论则试图用逻辑的方法解决关于事实的问题。笛卡儿的"普遍数学"和斯宾诺莎的几何学方法都是解释世界的方法。莱布尼茨也认为,逻辑规律是世界的根本规律,关于事实的因果关系和逻辑推理关系是一致的,逻辑上的理由同时也是事实上的原因。所有

---

[1] *Theodicy*, trans. by E. M. Huggard, London, 1952, p.5.

的原因可分为两种:必然理由和充足理由。必然理由服从矛盾律,充足理由服从充足理由律。

莱布尼茨说:

> 我们的推理建立在两大原则之上,一是矛盾原则,凭借这一原则,我们判定包含着矛盾者为假,与假相对立或矛盾者为真;另一是充足理由原则,凭借这一原则,我们认为,任何一件事如果是真实的或实在的,任何一个陈述如果是真的,就应该有一个为什么是这样而不是那样的理由,虽然这些理由常常不能为我们所知道。①

莱布尼茨提出充足理由律,是逻辑学史上的一大发明。亚里士多德把逻辑规律总结为三个:矛盾律、同一律和排中律,但这三个规律实际上都是说,矛盾者为假,不矛盾者为真。莱布尼茨把它们归结为矛盾律,他又加上一个新的逻辑规律,声称所有发生的事实都有一个为什么是这样而不是那样的充足理由。逻辑学家对充足理由律是否为逻辑规律至今尚无定论,因为莱布尼茨对于充足理由律有一些形而上学的假定很难被证明为逻辑真理。莱布尼茨本人也承认,充足理由律"常常不能为我们所知道",又说充足理由律只能告诉我们关于事实的偶然真理,既然如此,他为什么坚持认为充足理由律是逻辑规律呢?莱布尼茨的理由是,充足理由律虽然是关于事实的实在性的规律,但一件事实在成为现实之前必须是可能的,而所有可能性的总和就是必然性。虽然可能性的总和无限多,人类的理性不能穷尽,但一切可能性都在上帝之中;在上帝看来,一切事实都有为什么是这样而不是那样的充足理由,上帝的充足理由律是必然的。因此,莱布尼茨常常搬出上帝作为事实存在的必然依据。

莱布尼茨关于矛盾律和充足理由律的区分与其说是逻辑的区分,不如说是方法论和认识论的区分。与两大逻辑规律相对应的是两类真理和两种方法的区分。矛盾律是关于推理的规则,它规定的是推理的真理;充足理由律是关于事实的规则,它规定的是事实的真理。莱布尼茨说:"推理的真理是必然真理,它的反面是不可能的;事实的真理是偶然的,它的反面是可能的。当一个真理是必然的时候,我们可以用分析法找出它的理由来,把它归结为更单纯的观念和真理,一直到原始的真理。"②分析的作用在于追溯最

---

① 《西方哲学原著选读》,上册,商务印书馆,1982年,482页。
② 同上。

简单的观念,如定义、公理和公设等,它们的反面是不可能的,因此必然为真。分析法运用于数学和逻辑领域,这是由推理的复杂结论回溯前提的简单真理的方法。

但是,我们却不能用分析法来证明事实的真理,因为一事物为什么是这样而不是那样的充足理由在分析中是无穷的,人的理性不能穷尽最后的理由,只能停止于分析的某一步骤,在众多的逻辑可能性中找到一种可能性,它的反面在逻辑上是可能的。在此意义上,事实的真理是偶然的。我们应该理解,莱布尼茨指出事实的真理是偶然真理的用意并不是维护偶然真理,而是说明这样一个道理:"充足的理由或最后的理由应当存在于这个偶然事物的系列之外",即上帝之中。哲学若要达到关于世界的必然真理,就不能囿于分析法,而要从上帝这个绝对完满的原因开始,达到他所创造的结果,这是由单纯的原因到复杂的结果的综合法。

莱布尼茨的方法是分析与综合的结合。他使用分析法找到一个最基本的单元,然后用综合法,解释简单的单元所造成的复合的事实,并以上帝为充足理由,克服事实真理的偶然性。他的单子论就是按照这样的方法建构出来的理论体系。

单子论的理论背景

莱布尼茨的实体观既不是笛卡儿那样的二元论,也不是斯宾诺莎那样的一元论,而是多元论。他认为实体是组成世界的最小单元,它们的数目无限多,每一个实体都是"单子"。单子论是针对当时流行的各种实体论而提出的。它首先针对的是物质实体。当时有一股复兴古代原子论的思潮。原子论认为,有形的原子是真正的实体。莱布尼茨反驳说,有广延的东西是无限可分的,"原子"是不可再分的实体,"物质的原子"是自相矛盾的概念;只有不可分的单纯实体才是"真正的原子"。

单子论针对的也是心灵实体。笛卡儿把心灵实体局限于人的意识,而把人的心灵以外的东西都归于非精神的物质实体。莱布尼茨认为,意识不局限于人的意识,不同的事物都有程度不等的意识;精神实体是多种多样的,从无意识的能动力量到动物的感觉,到人的意识、幻觉,都有精神实体的作用。笛卡儿所说的反思性的"我思"是最高的,但不是唯一的精神实体。

最后,单子论所针对的还是斯宾诺莎的唯一的实体。莱布尼茨提出了关于事物的"差异律"。按照这一规律,自然界没有两个东西完全一样,"在一个花园中找不到两片完全相同的树叶"。个别事物的差别是质的差别，而不是量的差别。莱布尼茨说，假定只有一个实体，一个事物就无法与另一个事物分清了；因为，广延不足以区别事物，只能从质的方面区别个别事物；但是，假如只有一个实体，所有的个别事物都只是这个实体的样式，那么就不能辨别出质的差别了。

单子的特征

莱布尼茨说："单子不是别的，只是组成复合物的单纯实体；'单纯'就是没有部分的意思。"①"单子"这一概念来自希腊文 monad，意思是"一"，表示不可分割的统一，因此，莱布尼茨把"没有部分"作为单子的基本规定性。从单子的这一基本特征出发，他推导出单子的其他各种特性。

首先，单子没有广延，因为任何有形的东西都是可分的，因而必然有部分；反之，没有部分则无广延。当时的人们都承认，广延是物质的属性。莱布尼茨从单子无广延的规定性得出了一个重要的结论：单子不是物质实体。

其次，单子不能以自然的方式产生和消灭。莱布尼茨解释说，"自然的方式"指组合或分解，没有部分的东西是不能被组合或分解的。莱布尼茨的结论是，单子只能以非自然的方式"突然"地产生或消灭。他的意思是说，单子是由上帝从无到有创造的，并最后归之于无。

再次，单子不受外部影响，因为只有具有广延的东西才能划分出内外界线，任何来自外部的作用都要通过内部的量变才能实现。单子没有部分，因此也就"没有可供外物出入的窗户"，它不能接纳另外的实体或偶性的作用。但是，莱布尼茨又不能否定单子之间的关系，否则他将不能说明单子如何能够组成世界。他于是说，单子之间的关系不是由于单子的内在本性而产生的，而是由于上帝的安排。他说：

> 一个单子有理由要求上帝在万物发端之际规范其他单子时注意到它，因为一个单子既然不能对另一个单子的内部发生一种物理的影响，那就只能靠这种方法，一个单子才能为另一个单子所依赖。②

这种由于上帝的安排而出现的单子之间的相互联系被称作"预定的和谐"。

---

① 《西方哲学原著选读》，上卷，商务印书馆，1981 年，476 页。
② 同上书，485 页。

最后,每一个单子具有固有的质的规定性,单子与单子的区别是质的程度的差别,而不是量的大小的差别。单子的无形的特质是它的活动。单子好像是无形体的自动机,又可称为"隐德来希"(entelechy),即现实性、活动性。从科学的角度来看,单子这一概念与近代物理学中的"力""能量"的概念是有联系的。莱布尼茨看到,当时科学中的物质是惰性的,需要一个能动的原则解释事物的运动。他把这一能动原则等同于精神实体。他根据广延与精神、被动与能动的对立做出这样的推理:既然实体是没有广延的,那么,它就必然是精神的;既然物质是惰性的,精神实体就必然是能动的。

莱布尼茨进一步把单子的精神活动说成知觉灵魂,单子的能动性在于表象活动。他说:"单子的本性是表象。"单子的质的程度的差别也就是表象清晰程度的差别。单子按照表象的清晰程度不同,分为三个等级。最低级的单子只有细微的知觉,存在于无生物、植物之中,人在昏迷或酣睡中也处在细微知觉的状态。这种状态好像是现代心理学所说的下意识。较高一级的单子具有动物灵魂,动物灵魂除了细微知觉以外,还有记忆。记忆把当下知觉与过去的知觉连接起来。这种意识状态好像是现代心理学所说的条件反射。莱布尼茨说明动物灵魂的例子完全可以用条件反射的理论来解释。他说:"当我们拿棍子对着狗时,狗就想起棍子给它造成的痛苦,叫着跑了。"人的大部分经验也是按照记忆而连接起来的。莱布尼茨说:

> 就这一点说,人的活动是和动物一样的,很像经验派的医生,只有单纯的实践而没有理论,我们在四分之三的行为上,只不过是经验派。①

但是,最高级的单子具有理性灵魂,只存在于人的自我意识之中。理性有两个特点:一是按矛盾律和充足理由律来思维,又称作"精神";二是能够以"自我"为思维对象,进行反思活动,相当于笛卡儿所说的"我思",莱布尼茨称之为"统觉"(apperception)。

生 机 论

莱布尼茨把有知觉能力的单子当作决定万物的实体,他把世界看做生生不息、常变常新的有机体,而不是无生命的、需要外力推动的机器。他在

---

① 《西方哲学原著选读》,上卷,商务印书馆,1981年,481页。

一定程度上恢复了古代的生机论思想,用以反对当时流行的机械论的世界观。他说,单子是内在于有形事物之中的灵魂,它们是"神圣的机器"。它的神圣性在于自身蕴藏的生命的力量,它是自然界的事物运动变化的内在源泉,它赋予万物以勃勃生机和活力。莱布尼茨说,正是由于单子的存在,物质不是惰性的,运动不是机械的,"物质的每部分都可以设想成一座充满植物的花园,一个充满着鱼的池塘"①。

莱布尼茨把单子的概念与"种质"的概念相联系,提出了一个关于单子存在的"后天的经验证明":每一有机物都包含着自身的胚胎,繁殖是胚胎的成长,死亡是从形体缩减为胚胎。"因此可以说,不仅灵魂不朽,动物的种质也不朽,虽然它的机体常常部分地消亡,常常脱去或取得有机的皮壳。"②生死只是形体的数量增减,而不是单子的生灭。

间断性与连续性

按照单子论,事物的特异性和多样性是由构成它们的单子的质的差别所造成的,或者更确切地说,是由它们不同等级的知觉程度所造成的。莱布尼茨说:"单子都以混乱的方式追求无限,追求全体,但是它们都按照知觉的清晰程度而受到限制和区别。"单子的不同活动所规定了的事物的本质当然各有区别,表现为千差万别的自然物种。

单子的知觉的清晰程度虽然各不相同,但每一个单子都以自己的方式表象整个世界。莱布尼茨得出这样的结论:"每一单子具有表现其他一切事物的关系,因而成为宇宙的一面永恒的活镜子。"不同单子的不同表象只有清晰程度的不同,没有质的不同。单子的各个等级、各个程度之间不存在截然区别的界限,因此,自然界的各个物种之间是连续的,"自然界从不飞跃"③。莱布尼茨甚至设想,在植物类和动物类之间存有一种既是植物又是动物的中间类型的物种——"植虫"。

即使在同一物种内,不同的个体之间也有连续性。个体之间的连续性是不同的单子从不同的观点表象同一个全体而产生的,莱布尼茨使用了一个比喻:"正如一座城市从不同的方面去看便显现完全不同的样子,好像因

---

① 《西方哲学原著选读》,上卷,商务印书馆,1981 年,489 页。
② 同上书,490 页。
③ 同上书,486 页、499 页。

观点的不同而成了许多城市。"①此外,单子的连续性表现为运动的连续性、时间与空间的连续性。莱布尼茨从单子论出发,提出了一种独特的时空观,他认为,时间和空间既不像牛顿所说的那样,是心灵以外的绝对的、客观的时空,因为时空是单子对于世界整体的表象;但是,时空也不因此而像经验主义者所说的那样,是主观感觉的产物,因为表象时空的单子存在于物理事物之中,不依赖于人的意识。

  单子之间的连续性还解决了困扰二元论的身心关系问题。人的心灵由最高级的单子构成,身体由低一级的单子构成。这些单子虽然也都表象整体,但它们特别是清晰地表象着与它们关系特别密切的对象,因此,心灵与身体以特别密切的方式相互依存。并且,由于构成心灵的单子比身体中的单子的表象的清晰程度更高,心灵可以自觉地支配身体;身体中的单子对心灵的表象表现为身体对心灵的不自觉的影响。莱布尼茨不反对说心灵与身体之间存在着相互影响,但他反对把身心之间的相互作用看作为两个实体的关系。他在反驳笛卡儿主义的交感论与机缘论时说,如果说身心是两个彼此协调一致的钟,那么,两者之间不可能因为相互影响而一致;也不会因一个监护人的不时拨调而一致;两者的一致是因为上帝从一开始以"十分精细,十分规范的方式,以十足的精确性",使单子保持一致。我们知道,根据单子"没有窗户"的本性,单子之间的一切关系,不论是间断性还是连续性,都是上帝安排的预定和谐。预定和谐论不但解释了身心何以一致的问题,而且解释了自然界的和谐关系。莱布尼茨说,上帝一旦安排好了自然的规律,便不用随时插手。"上帝对于精神,不仅是发明家和机器,而且是君主和臣民,父亲和子女的关系。"②

神　正　论

  我们已经看到,莱布尼茨的逻辑以上帝存在为形而上学的前提,他又反过来使用逻辑两大规律,提出关于上帝存在的两个证明。第一,矛盾律或必然理由律的证明相当于哲学史上的先天证明。莱布尼茨说,上帝是所有可能存在事物的源泉,根据"所有可能性的总和是必然性"的道理,上帝因此而是一切必然理由的依据。上帝是必然实体,他的可能性包含着实在性,他

---

① 《西方哲学原著选读》,上卷,商务印书馆,1981 年,486 页。
② 同上书,491 页。

的本质包含着存在;惟有上帝才有这样的特权:凡是可能的,就必然存在。第二,充足理由律的证明相当于历史上的后天证明。莱布尼茨说,既然一切偶然事物的存在都有充足理由,而这些充足理由要追溯到事物的系列之外,这就证明了一个必然实体的存在。

莱布尼茨所理解的必然与自由的关系首先是一种逻辑关系:必然等于必然理由,自由等于充足理由。必然和自由的关系发生在造物主和被造物两个层次上。上帝作为全能的造物主,按照必然理由律创造出无数的可能世界,它们彼此和谐,没有任何矛盾。在可能世界,凡是不矛盾的东西都可能存在,但它们不一定是现实的存在。上帝又按照充足理由律,在无数的可能世界中选择一个现实世界。上帝为什么选择这一个而不是那一个世界的充足理由是最佳的理由,依赖上帝的自由意志。因为上帝的意志是全善的,他所选择的现实世界是一切可能世界中最好的世界。

既然我们所处的世界是最好的世界,现实中为什么充满着恶呢？恶的存在与上帝的全能和全善似乎是矛盾的,历代的神学家为了解决这一矛盾而殚思极虑。莱布尼茨用以解决这一矛盾的理论被称为神正论。莱布尼茨用必然与自由的逻辑关系,为上帝的全善与全能进行辩护。

人类看到的恶可分为两种:物理的恶和伦理的恶。物理的恶是一些突发的对人有害的事件,如自然灾害、身体的痛苦和疾病等;伦理的恶是由人的自由意志的不适当的选择所造成的。莱布尼茨说,在被造物层次上发生的偶然事件都有充足理由,不论是物理的恶还是伦理的恶,都属于上帝创造的和谐的秩序,因而是善的。物理界充满预定的和谐,"物理的恶"是"凭借自然的秩序,甚至凭借事物的机械结构而带来的惩罚"。自然的"惩罚"不是对人类的有意伤害,它的存在的充足理由是事物之间互相补偿的平衡。"伦理的恶"则是为了衬托善而存在,如果没有恶的考验和折磨,也不会有善,恶越大则善越大。人的自由在于善恶的选择,并因选择的结果而受到上帝的报偿或惩罚,"决不会有不受报偿的善良行为,也不会有不受惩罚的邪恶行为"①。上帝惩恶扬善的公正只有在人自由选择的情况下才能显示出来。总之,恶是局部的,为了善的整体目的和实现而存在,局部的恶从整体上看是善,并且在局部上也造成惩恶扬善的完善后果。伏尔泰在小说《老实人》中,以莱布尼茨为原型,辛辣地讽刺了那个用"最好世界"学说掩饰现

---

① 《西方哲学原著选读》,上卷,商务印书馆,1981年,492页。

实中的恶,处处为现存制度辩护的"葛罗斯博士"。

莱布尼茨的后学

莱布尼茨的思想把神学与唯理论的哲学结合起来,易于被传统势力所接受,也适应在政治和文化上都比较保守的德国状况。他的哲学的继承人克里斯提安·沃尔夫(Christian Wolff,1679—1754 年)一生在大学任教,他是最早用德语写作的哲学家之一。沃尔夫把莱布尼茨的哲学系统化,把它搬上大学讲坛,使莱布尼茨成为康德以前的德国哲学的主流。沃尔夫对哲学进行了系统分类,他第一次提出"本体论"(ontologie)概念,本体论是"第一哲学",哲学的分支围绕世界、灵魂和上帝三大主题,分为宇宙论、人类学、心理学、自然神学、实践哲学等。他把演绎推理方法和形式逻辑的矛盾律作为普遍的哲学方法,用定义、公理、定理的形式把哲学范畴组织成一个抽象的呆板的思辨体系,人称"莱布尼茨—沃尔夫体系"。但是,两人的思想差别还是很明显的,莱布尼茨是原创性的哲学家,而沃尔夫则把莱布尼茨的一些思想庸俗化了,他的哲学思想空泛,没有多少新鲜内容。正如黑格尔所说,沃尔夫哲学体系的基调是"理智形而上学的独断论"[1]。康德的批判哲学所针对的,主要是沃尔夫的独断论。

---

[1] 黑格尔:《哲学史讲演录》,第四卷,贺麟、王太庆译,商务印书馆,1978 年,188 页。

第十五章
英国经验论

1688 年"光荣革命"以后,英国进入了资本主义发展的阶段,思想开明,科学昌盛,工业发达,走在世界各民族的前列。最能反映这一时代精神和民族精神的哲学是 17 世纪中叶至 18 世纪的英国经验论。除了经验论的主流之外,这一时期的英国哲学还有剑桥的柏拉图学派以及苏格兰的常识哲学。经验论的立场介于思辨与常识、科学与信仰、怀疑与确定、唯心与唯物之间,我们要对它的不同代表人物的思想做具体的、细致的分析,切不可一概而论。

第一节 洛 克

约翰·洛克(John Locke,1632—1704 年)毕业于牛津大学,他原是学习古典文献的,但对亚里士多德和经院哲学感到厌恶,转向实验科学。他精通医学、化学,1688 年成为皇家学会会员。后任辉格党领袖莎夫茨伯利伯爵的家庭教师和秘书,随之参加辉格党活动。詹姆士二世复辟期间,流亡法国,五年后因"光荣革命"成功回国,任政府部长等职。著有《人类理智论》《政府论》《论宗教宽容的书信》等著作。

批判天赋观念论

究竟有没有天赋观念?这是经验论与唯理论分歧的一个焦点。我们看到,笛卡儿、斯宾诺莎和莱布尼茨这三个最重要的唯理论者无不把天赋观念作为人类知识的基础。在《人类理智论》的开始部分,洛克针锋相对地批判了天赋观念论。洛克明确地否定天赋观念的存在,他有下面一些理由。

首先,"天赋观念"是一个没有必要的理论假设。洛克说:

> 人们单凭运用自己的自然能力,不必借助任何天赋的印象,就能够获得他们所拥有的全部知识;他们不必用这样一种原初的概念和原则,就可以得到可靠的知识。

针对天赋观念是上帝印在人的心灵上的印迹的说法,洛克说,上帝既然赋予人类以获得知识的能力,也就没有必要再赋予人以观念。人只要运用上帝赋予的能力,就可以自然地获得相应的知识。这就是说,在自然能力之外再假设天赋观念,实在是画蛇添足,多此一举。

天赋观念不仅是不必要的,而且也是不可能的假设,因为假设它的理由是错误的。设立天赋观念的一个主要理由是,一些观念和原则,比如数学的和道德的规则,是全人类普遍同意的;如果它们不是天赋的,则很难解释它们的起源。洛克说:"'普遍的同意'这个论据不幸是无济于事的。"①因为即使可以证明一些原则是人类普遍同意的,也不能证明它们是天赋的,很可能还有达到这种普遍同意的其他途径。洛克没有进一步说明这些可能的别的途径是什么,后来的哲学家指出,人类的共同生活方式、他们的生理和心理结构、他们天赋的自然能力等,都可以使人类达到一些共同的认识。洛克反驳天赋观念论的策略不是以攻为守,而是釜底抽薪。他强调,更何况根本没有什么全人类普遍同意的与生俱来的观念。被天赋观念论者当作人类普遍同意的矛盾律、同一律就不为白痴与婴儿所知,"上帝"观念也不是全人类普遍同意的,无神论者就不接受这一观念,不同的宗教信徒对"神"有不同的观念,哪里有什么"普遍同意"可言呢?

洛克设想,天赋观念论者会说,天赋观念是只要一提起它大家就都会同意的潜在的观念,不必是人类实际具有的共同观念。洛克反驳说,潜在的天赋观念是一个自相矛盾的概念。"天赋观念"指天生印在心灵中的"概念、思想、记号","说有一个概念印在心灵上面,同时又说心灵并不知道它,并从未注意到它,就等于取消了这种印在心灵的说法"。② 从词义上分析,"观念"是已被或正被理解的东西,"潜在"是未被理解的东西,"潜在观念"的说法等于说理解中的观念不被理解,既被理解而又不在理解中的观念,同时知道而又不知道的观念,这岂不是自相矛盾的吗?

---

① 《西方哲学原著选读》,北京大学西方哲学史教研室编译,上卷,商务印书馆,1981年,447—448页。

② 同上书,449页。

洛克指出，天赋观念论不仅在理论上是错误的，在实践上也是有害的。它容易被人所利用，一些独裁者往往把自己的教条说成"天赋原则"，解除人们的思想能力，使人们放弃自己的理性和判断，盲目地信仰和追随独断的教条，受宗教和坏学说的支配。

白板说和双重经验说

洛克对天赋观念的批判与他的白板说是同一理论的正反两个方面：他一方面否认了知识来源于天赋观念，另一方面肯定经验是知识的唯一来源。洛克认为，认识论的首要问题是知识来源的问题，归根到底是构成知识的观念的来源问题。经验论者经常谈到的"观念"（idea）是一个意义很广泛的概念，被心灵所知觉和思想的一切意识内容，举凡感觉、印象、概念、情感等等都是观念；词是观念的表达，因此也可以说，凡是能够被名词表达的意义都是观念。

洛克明确地说，心灵原是一块白板（tabula rasa），上面没有记号。只是通过经验的途径，心灵中才有了观念。因此，经验是观念的唯一来源。但洛克所说的"经验"意义也非常宽泛，不限于感觉。他把经验分为感觉和反省两类：感觉是观念的外在来源，它是通过外物的刺激而产生观念的过程；反省是观念的内在来源，心灵不但消极地接受外物的刺激，它本身就是"内部感官"，有对刺激进行反作用的主动性。心灵通过感觉而对取得的观念进行反思，从而得到新观念；它还会对自身的活动进行反思，得到另外一些观念，这些观念多与情感有关。洛克说，感觉和反省不是相互独立的活动，它们可以共同起作用，因此，有些观念同时有两个来源。

感觉是在外界事物的刺激下而发生的活动，反省则是心灵自发的活动。洛克把两者视为等量齐观的双重来源，他关于观念来源的学说被称为双重经验论。双重经验论也是一种二元论。洛克看到感觉可以用物质的机械作用来解释，但还有一些观念，在外部世界找不到原型。比如，"高兴"不是事物的性质，而是人的情感的反应；"希望"也不是事物所固有的，而是人的意愿的表达。洛克又认识到，心灵活动不可能是物质的产物，他说："不能思想的物质分子，不论如何排列，所发生的只能是一种新的位置关系，而这种关系不能产生思想和知识。"因此，有必要设定一个主动的精神实体——心灵的存在，它的活动产生和感觉不同的新的观念。洛克说，心灵的活动与外物一起构成思想和知识的原因，"这两种东西，即作为感觉对象的外界的、物质的东西,和作为反省对象的我们自己心灵的内部活动,在我看来乃是产生我们全部观念的仅有的来源"①。

洛克没有阐明感觉和反省的关系,他没有看到,外物的刺激归根到底要通过心灵的活动才能起作用。洛克的哲学常常表现出不彻底性,但平心而论,双重经验论的不彻底性并非由于他的思想不够敏锐,而是因为他面临一个困境:如果他承认心灵的内在活动比感觉活动更重要的话,他就不能再坚持心灵是一块白板了。莱布尼茨正是抓住洛克思想的这一弱点,批判"白板说",维护天赋观念论。

莱布尼茨的反批判

针对洛克在《人类理智论》中对天赋观念的批判,莱布尼茨在《人类理智新论》中,提出反批判。面对洛克的批判,莱布尼茨不再强调天赋观念是"普遍同意"的原则或观念,而加强对天赋观念的"潜在性"的论证。

莱布尼茨说,洛克也承认知识除了感觉的外部来源之外,还有反省这一心灵固有的来源,可见洛克也不否认心灵中有某种天赋的东西。因此,他与洛克分歧的焦点不在于有无天赋的东西,而在于天赋的东西是什么,是观念还是能力？潜在观念是否等于现实能力？这是天赋观念论与经验论分歧的第一个焦点。莱布尼茨指出,天赋观念不是现成的清楚明白的观念,不能像打开一本书一样读到它,而是作为"倾向、禀赋、习性或自然的潜在能力而天赋在我们心中"②。天赋观念的作用常常是感觉不到的,但感觉不到不等于不存在。洛克分析出来的"天赋观念"概念的矛盾性仅仅是字面上的、形式的矛盾,并没有考虑到心灵活动的实际内容。正如形体即使在感觉不到的情况下也必然处于运动之中,即使在没有感觉的情况下,心灵也不可能没有知觉的活动。按照莱布尼茨的单子论,构成心灵的单子既有低级的细微知觉,又有高级的统觉,这好像是现代心理学中关于意识和下意识的区分。莱布尼茨把心灵中的"细微知觉"比作构成大海波涛的每一朵浪花的声音。这个比喻的意义是:细微知觉虽然是细小、混乱、杂多的,但作用却比人们所能想象的要大得多。莱布尼茨说,"(细微)知觉之于精神学的作用,犹如分子之于物理学的作用",借口知觉不到而排斥它们,犹如在物理学中排斥分

---

① 《西方哲学原著选读》,上卷,商务印书馆,1981 年,451 页。
② 同上书,495—496 页。

子的作用。① 公允地说，莱布尼茨对意识的潜在功能的肯定是符合现代心理学关于下意识的理论的。

莱布尼茨接着又把天赋观念论与经验论的分歧归结为这样一个问题：经验是不是知识的唯一基础？莱布尼茨肯定经验对于知识的基础作用，但坚决否认经验是唯一的基础。莱布尼茨敏锐地发现经验作用的局限性——即使在实验科学领域也不能完全依靠经验的方法，因为以经验为基础的科学方法是归纳法，而归纳法是有缺陷的。他指出，对个别事物的归纳不足以证明一般命题真理的普遍性和必然性，从过去发生的事件不能推导出将来也必然会发生同样的事件。在实验科学以外，感觉的作用更加有限。比如，数学证明不依赖感觉经验，经验仅仅是帮助理解数学概念和公理的想象手段。我们可以用实物为例教儿童计算，但实物不是数目的本质，即使我们没有关于任何事物的经验，计数规则也是真的。总的来说，经验不是人类理性的本质。按照莱布尼茨关于单子的知觉等级的划分，感觉经验是动物和人所共有的，人和动物的区别在于，能够按照逻辑的规律进行必然推理。莱布尼茨说：

> 动物的联想和与单纯的经验主义者的联想一样，他们以为凡是以前发生的事情，以后在他们觉得相似的场合也还会发生，而不能判断同样的理由是否依然存在。人之所以如此容易地捕获动物，单纯的经验主义者之所以如此容易地犯错误，只是这个缘故。②

莱布尼茨并不否定经验的作用，他与洛克的分歧在于如何评价经验的作用。经验究竟是知识的源泉呢，还是只是知识的机缘？这是天赋观念论与经验论争论的第三个焦点。莱布尼茨认为经验的作用是提供了发现天赋观念所需要的注意力。如果没有经验，天赋观念将一直潜伏在心灵之中，只是由于经验，人们才注意到它们，并用实验检验它们。在此意义上，可以说经验是发现真理的机缘，但不能说它是真理的来源。天赋观念是真理的来源，它在被感知以前已经存在于心灵之中。莱布尼茨不赞成洛克把心灵说成是白板，他说，没有"本身毫无变异""完全平整一色"的白板，心灵中必有天赋的东西，构成先天的特性和原则。心灵与其说是白板，不如说是有纹理

---

① 《西方哲学原著选读》，上卷，商务印书馆，1981年，498页。
② 莱布尼茨：《人类理智新论》，陈修斋译，上册，商务印书馆，1983年，5页。

的大理石。石头的纹理潜在地与某一形象相合,决定了大理石适合于雕刻的图形;经验所起的作用好比是使纹路显出来的工作。工匠都知道如何按照天然的纹理加工石料,把一些线条加深加重,去掉某些线条,使雕像清晰可见。莱布尼茨使用这个著名的比喻说明:

> 观念与真理是作为倾向、禀赋、习性或自然的潜在能力而天赋地存在于我们心中,并不是作为现实作用而天赋地存在于我们心中,但这种潜在的能力永远伴随着与之相适应的、常常感觉不到的现实作用。①

争论至此,莱布尼茨与洛克的分歧已经缩小。洛克承认人有自然的认知能力,他反对把天赋观念说成是潜在的,但这不意味着自然能力就不能是潜在的。很难否定人有一些潜能,也很难否定潜能与现实的观念之间有某种对应关系。如果把天赋观念解释为天然的认识能力,洛克想必也是可以接受的。正如莱布尼茨所指出的那样,洛克也承认知识有心灵之内的来源,那就是反省,但他从未深究反省的来源何在,这就为天赋观念论留下了余地。

洛克与莱布尼茨围绕天赋观念问题展开的争论是经验论与唯理论交锋的精彩篇章,也是这些对立的观点通过争论而趋于一致的范例。通过批判与反批判,莱布尼茨对天赋观念的理解与笛卡儿和斯宾诺莎的理解相比,已发生了很大的变化,莱布尼茨把天赋观念转变为倾向、习性、能力等功能性的概念,接近了后来康德所说的先验形式。

简单观念和复杂观念

洛克讲究分析,把观念分为不同的类别。上述感觉和反省观念的区别,是按观念的不同来源做出的。按自身的构造,观念可以分为简单和复杂两种。无论感觉的观念还是反省的观念都有简单和复杂两种。简单观念是"只包含一个同一类的现象或心灵中的概念"。我们的平常感觉是杂多的现象,因而是复合的,可以还原为色、嗅、味、触等单独的感觉。"不安"也是一种复杂的反省观念,可被分析为害怕、痛苦、期待等等简单观念。

简单观念是构成知识的直接对象、材料和要素。心灵不能毁灭简单观念,只能把简单观念组合成复杂观念,把复杂观念分解为简单观念。洛克说,心灵

---

① 《西方哲学原著选读》,上卷,商务印书馆,1981年,495—496页。

"不能超出把手边的现成材料加以综合和分离的范围"①。从霍布斯的"加减法"开始,英国经验论者都对这种"心灵的算术"感兴趣,时至今日,他们仍然对"感觉要素"如何组合成外部世界的问题津津乐道,可见这一传统源远流长。

在洛克看来,简单观念构成复杂观念的方式无非也是算术关系,这样的关系有三种。第一种是相加,即把多合成为一,由这样的方式得到的观念叫复合观念。

在复合观念中,"实体"观念最为重要。"实体"观念是这样形成的:我们把很多关于性质的简单观念集合在一起,需要一个附着物,洛克说,"实体"是一些简单观念的集合加上"一个假定的、并不认识的支撑物,支撑着那些我们发现的存在着的性质"②。就是说,我们感觉到的只是关于简单性质的观念,"实体"观念是感觉不到的,没有经验的来源,只是简单观念组合为复杂观念所需要的一个理论假设。

洛克和同时代人一样,承认有三个实体:上帝、物质和精神。但是,他对这些实体是否真实存在表示怀疑。他的问题是:从简单观念复合而来的"实体"观念在现实中是否有对应的存在物?他的回答基本上是肯定的。他说,如果没有物质实体的存在,将不会有外物的存在,我们感觉的外部来源将无法得到说明。同样,如果没有精神实体的存在,将不会有人的心灵的存在,我们观念的内部来源也将无法得到说明。至于上帝,那是传统的宗教和道德观念的支撑,洛克当然也不得不承认他的存在。洛克承认实体存在的理由都很勉强,实体被他说成是为了其他无可怀疑的东西而存在着,这既不符合传统关于实体的定义,也不符合他自己关于知识来源的看法。他的实体观是他的思想不彻底性的又一表露。

简单观念组成复杂观念的第二种方式是并列,把几个简单观念或已经由简单观念组成的复杂观念放在一起,加以比较,这样产生的复杂观念是关系的观念。在关系的观念中,最重要的莫过于因果观念,因果观念来自对两个观念的反省而产生的"流动性"的观念,即发现这两个观念之间有前后相继的关系。洛克说,因果关系是"非常接近可靠性的或必然性"的观念。③因果观念反映的是实验上的或然关系,而不是逻辑上的必然关系。

---

① 《十六——十八世纪西欧各国哲学》,北京大学外国哲学史教研室编译,商务印书馆,1975年,384页。
② 同上。
③ 同上书,467页。

第三种方式是相减,即把同时存在的观念彼此分开,把复合观念中的特殊成分除去,保留它们共同的成分,因此形成的观念叫抽象观念或一般观念,比如,从"人"和"马"等观念中可以抽象出"动物"的观念,从"张三""李四"等个别人的观念中可以抽象出"人"的观念。抽象观念就是传统上所说的共相。洛克站在唯名论的立场上,说共相不是实在,是理解和发明的产物;共相代表"名义本质",但也有"实在本质",只是共相的实在本质是一种理论上的假设,没有经验的来源,是不可知的实在。他对共相的看法和对实体的看法一样。洛克的共相理论属于温和的唯名论,他不愿在哲学争论中持极端立场,因此才有思想上的不彻底性。

第一性的质和第二性的质

按感觉与对象的关系,观念又可被分为第一性的质和第二性的质的观念。这一区分有很长的历史。早在古希腊时期,原子论者就已经区别了原子固有的性质和由人们的"约定"而产生的可感性质。在洛克之前,伽利略、笛卡儿、霍布斯、波义耳都区分了这两种性质。洛克从感觉和对象关系的角度,对两者做出了认识论的区分。第一性的质的观念指物体大小、形象、数目、位置、运动、静止。这些性质相当于牛顿力学中刚体的"坚实性",具有广延、不可入、位置、动静等属性。第二性的质的观念指颜色、声音、气味、滋味等。洛克指出,第一性的质和第二性的质有以下一些区别。

首先,第一性的质是物体固有的,不以人的感觉为转移。"不论物体处于何种状态,它都绝对不能与物质分开","不论是否有任何人的感官知觉到它们",它们都确实存在着。[1] 洛克肯定第一性的质是"实在的性质",这就是说,我们关于第一性的质的观念的对象是客观的,不依我们的意识状态为转移。洛克说,第二性的质是凭借物体的第一性的质的能力,在人的心灵中引起的观念。物体的能力是实在的,但它造成的效果却可以是主观的,即仅存在于人心之中的观念。换言之,第二性的质是物体在人心中造成的不同于第一性的质的性质。为了说明一事物可以在另一事物中造成不同于自身性质的另一种性质,洛克借用"第三性的质"来类比第二性的质。第三性的质是一个物体在另一物体中产生某种性质的能力,如太阳有使蜡变白的能力,火有使铅熔化的能力。能力在作用的物体中,它所产生的性质在被作

---

[1] 《西方哲学原著选读》,上卷,商务印书馆,1981年,457页。

用的另一物体之中,没有人会把"白"作为太阳的性质,把"熔化"作为火的性质。既然如此,也不应该把物体通过感官而形成的第二性质归于物体,而应归于被物体所作用的心灵。

当然,第一性的质也要通过观念才能被感知,当我们比较第一性的质和第二性的质时,我们只能比较关于它们的观念的差别。差别在于,我们关于第一性的质的观念与物体的第一性质相似,观念所反映的对象在物体之中;我们关于第二性的质的观念和物体的性质根本不相似,物体有的仅仅是第一性的质,第二性的质的观念没有与之相对应的实在对象。

我们应该了解,无论第一性的质,还是第二性的质,都是物体的性质。第二性的质即使只是产生于我们心中的观念,我们也还是把第二性的质归于物体。虽然红、香、甜、软等第二性的质是物体在我们心中造成的观念,但不能因此而说,我们的心是红的、香的、甜的、软的;只能说我们感知的物体是红的、香的、甜的、软的。第二性的质虽然只是观念,但产生这一观念的原因却是物体的能力。洛克在解释第二性的质产生的原因时说:"那显然是因为来自物体的运动,通过我们的神经或动物灵魂,通过我们身体的某些部分,把它传到大脑或感觉中枢,我们的心灵在那里产生关于那个物体的特殊观念。"①人们不禁要问,我们第一性的质的观念不也是如此造成的吗? 如何能够区分产生第一性的质和第二性的质的观念的不同过程呢? 洛克没有深究这一问题。我们将看到,这个悬念导致了贝克莱的主观唯心论。

知识的分类

上面所谈的主题都是观念,但观念只是知识的材料,还不是知识本身。洛克说,心灵使用观念的材料建构知识,因此,知识存在于观念之间的关系之中。关于观念的这些关系,洛克说道:

> 知识不外是对于我们的任何两个观念之间的联系与符合,或不符合与冲突的知觉,知识只是在于这种知觉,有这种知觉的地方就有知识,没有这种知觉的地方,我们虽然可以幻想、猜测或相信,却永久得不到知识。②

---

① 《西方哲学原著选读》,上卷,商务印书馆,1981 年,454—455 页。
② 同上书,463 页。

很清楚,洛克所说的构成知识的观念之间的关系指的是观念是否相符合的比较。可以从两个角度,比较观念是否符合。

按照观念的内容,我们可以从四个方面比较观念与观念是否符合:第一,同异,如"蓝不是黄";第二,关联,如"两平行线之间两个底边相等的三角形相等";第三,并存,如,"铁能感受磁石的引力";第四,存在,即一观念与"存在"的观念之间是否符合的比较,如"上帝存在"。显然,我们对观念与观念在内容上是否符合的知觉属于对词语的理解,并不涉及观念与外部事物的关系,由这样的知觉而来的知识不能告诉我们外物的存在和性质。为了得到关于外物的知识,我们需要从另一角度来分析观念之间的关系。

按照我们对观念之间是否符合的知觉的明白程度,知识分为三类。第一,直觉知识,指"心灵直接从两个观念本身,不必插入任何别的观念,就能知觉到两者的符合与不符合"。洛克说直觉有不可抗拒的力量,直觉知识有最大的可靠性和明确性。第二,证明知识,指"不得不凭着插入另一些观念",来知觉两者是否符合。① 证明知识虽然不如直觉知识那样明白,但也是确定、可靠的。最后,感性知识,这是对观念与产生它的外物是否符合的知觉,这种知觉必须通过感觉经验才能达到。感性知识没有上述两种知识的确定性,因为我们只能比较两个观念是否符合,不能确定观念和外物是否符合。但我们确实知道,外物是观念的一个原因;对于外物是不是观念的唯一原因、观念是否与外物相似等问题,我们的判断超出了单纯的或然性,有一定的确定性,因此也可算作知识。

直觉和证明知识属于数学和道德知识,这两类知识的真理存在于两个观念之间的符合。在这些领域,我们通常以一个观念为"原型"(如数学公理或道德规范),一个观念与这些"原型"观念相符合就可以成为真理,真理的标准和外界事物无关。洛克把这样的知识称为词语的知识。感性知识是关于外界事物的实在知识,真理存在于观念和事物之间的符合,主要是简单观念与外界事物之间的符合。洛克猜测外物与观念之间有因果关系,我们因此有可能知觉到两者的符合。观念与外物之间的符合是实在知识的基础。这两类知识——词语知识和实在知识,使用不同方法:数学、伦理学运用演绎推理,实在知识运用经验归纳。前者是从一般到个别的分析过程,分析的对象是词语;后者是从个别到一般的综合过程,综合的对象是外部经验。

---

① 《西方哲学原著选读》,上卷,商务印书馆,1981 年,461—462 页。

知识的范围

洛克说明，我们的一切知识都建立在观念的基础上，知识不能超出我们所具有的观念的范围。观念的范围是贫乏、不完善的，知识的范围比观念范围更狭窄。因为知识在于对观念与观念是否符合的知觉，直觉和证明不能知觉到一切观念之间是否符合的关系，感性知识更狭窄，我们能知觉到的观念与外物的一致性更少。有些问题被洛克排除在知识的范围之外，比如，物质和思维的关系问题，物质能不能思维的问题，肯定和否定的回答都是不能确定的。

洛克说："我们的知识不仅限于我们所具有的、作为我们认识对象的贫乏而不完善的观念范围之内，甚至连这个范围也达不到。"①这一结论只要稍加引申，就不难导致怀疑论。洛克的知识论是不彻底的，包含着矛盾。按照他的经验论的原则，我们的一切观念都来自经验，知识的内容和范围都建立在观念的基础之上。如果把这一原则贯彻到底，那么我们只能有关于观念之间关系的知识，即词语知识，而不可能具有关于观念与外物之间关系的实在知识。正是出于这个缘故，洛克在知识论中对词语知识谈得最多，最为肯定。但是，科学的主体毕竟是实在知识。洛克不得不肯定观念与外物之间有因果联系，因而两者的关系是可知的。但他知道这一论断超出了经验的范围，只是理论上的假设。正是出于这一缘故，他把实在知识说成是确定性较低、处处受限制的知识。的确，如果实在知识赖以为真的前提（观念与外物之间有因果联系）只是一个假设，那么，把它当作知识也就显得勉强了。

社会契约论

洛克是西方自由主义和民主政治理论的创始人。作为辉格党的主要理论家，他是一个新兴的统治阶级的代表，他的政治思想与社会的需要和发展趋势相契合，因而一出现就在他的祖国得到实施，并在国外广泛传播。就哲学与政治的关系而言，洛克是时代的幸运儿。

洛克在政治思想领域的贡献奠定了民主政治的理论基础，这个基础就是社会契约论。在他以前，霍布斯已经提出了社会契约论，但霍布斯的理论

---

① 《西方哲学原著选读》，上卷，商务印书馆，1981年，466页。

带有王权的烙印,洛克除去这些烙印,把它改造成适应民主政治的理论。洛克不是根据政治的需要而任意修改霍布斯的理论的,他的修改有着充分的理性根据。洛克批判霍布斯说,如果社会契约产生的国家是一个使社会成员畏惧的"利维坦","那不啻说,人们愚蠢到如此地步:他们为了避免野猫或狐狸可能给他们带来的困扰,而甘愿被狮子所吞噬,甚至还把这看做安全"。① 洛克指出,霍布斯的理论是不合逻辑的,因为自然状态对人的伤害是偶然的,但如果社会契约所建立的政府是专制的,那么对人的伤害则大得多;人的理性何至于愚蠢到舍小害而取大害、避重利而趋轻利的地步呢! 人的理性的选择只能是得到更大的利益,而不是为了失去自由权;如果人的自然本性是互相不信任,那么他们更不会相信一个独裁的统治者会保护他们的利益。按照理性的标准,洛克建立了一个更加合理、更有逻辑说服力的社会契约论。

洛克修改了霍布斯关于自然状态的看法。自然状态不再是战争状态,而是和平的、自由的状态,人们在自然状态中平等地享有自然权利。自然权利指生命、自由、追求幸福、拥有财产等"天赋人权"。既然人在自然状态如此惬意,他们为何要舍弃自然状态而进入国家呢? 洛克的回答是,国家是为了解决人们的财产权纷争而建立的。为了理解洛克的社会契约论,首先需要了解他关于财产权的一套说法。

洛克说,在人们享有的各项自然权利中,财产权最为重要。财产权起源于劳动,是物化劳动铭刻在自然物上的标志,谁改动了自然事物,就拥有了占有它的权利。自然状态里的人的自由没有限制,两个人如果对同一事物采取行动,他们都会声称对这一事物拥有财产权,因而产生财产权的冲突。当冲突发生时,每一个人都同时是原告和法官,又是自我判决的执行人,这种状况会导致混乱和争夺,人们的财产权得不到保障,甚至生命权也会受到威胁。按照洛克对自然状态的解释,人类的自然本性不是自私和自保,而是和平与合作;冲突起源于人们享有自由和平等的自然权利,但却没有公共权力对财产权的判决。引起人们之间冲突的原因是轻微的、偶然的,但造成的后果却是严重的。订立社会契约是他们为避免这一严重后果的手段。

为此目的而订立的社会契约要求人们放弃对财产权的判决和执行的权利,大家都把这一权利转让给代理人。这个公共代理人的主要任务是保护

---

① 《政府论》,下篇,叶启芳等译,商务印书馆,1963年,57—58页。

委托人的财产权,不让他们因财产权要求而引起混乱和不安。洛克说:"人们联合成为国家和置身于政府之下的重大的、主要的目的,是保护他们的财产。"①洛克不同意霍布斯所说的、社会契约要求人们转让除了生命权之外的一切权利,他认为,除了对财产权的判决和执行权之外的一切权利,包括生命权、财产权和自由权都是不可转让、不可剥夺的自然权利。洛克与霍布斯的另一分歧点在于,他把统治者作为订立契约的一方,是从订约人中间推选出来的。统治者受契约的限制,如果他不履行契约,人民有权反抗、推翻他的统治。社会契约明确地规定了人民有推翻暴君的权利。在社会契约论的基础上,洛克提出了"三权分立""宗教宽容"的思想,目的是为了防止专制,保障人民的自由权。美国独立战争中发表的独立宣言、法国大革命中发表的人权宣言,都受到洛克政治思想的影响。如马克思和恩格斯所说,法国大革命的"自由思想正是从美国输入法国的。洛克是这种自由思想的始祖"②。

洛克的后学

总的来说,洛克的哲学有两大贡献:一是经验论的认识论,一是自由主义的政治哲学。他的经验论具有温和、适中的风格,他的哲学思辨不脱离常识,不因为逻辑推理的严格而牺牲健全的常识,他在思辨导致唯心论或怀疑论的途中往往向常识妥协,对矛盾或不协调的观点采取宽容、调和的态度。比如,他的双重经验论、两种性质的学说、实体观、关于知识的分类和范围的观点以及真理标准,处处都表现了温和、适中的风格和宽容、调和的态度。可以说,洛克是英国经验论的真正的逻辑起点。沿着洛克的思路,可以抛弃常识,得出彻底的、前后一致的唯心论和怀疑论,这是贝克莱和休谟的立场;也可以从洛克的经验论出发,站在常识立场,抛弃与常识不符合的唯心论和怀疑论的因素,这是苏格兰常识哲学派的立场。

第二节 贝克莱

乔治·贝克莱(George Berkeley,1685—1763 年)系爱尔兰人,毕业于都柏林的三一学院,毕业后不久被任命为英国圣公会的牧师,后升任爱尔兰一

---

① 《政府论》,下篇,叶启芳等译,商务印书馆,1963 年,77 页。
② 《马克思恩格斯全集》,第 7 卷,人民出版社,1965 年,249 页。

教区主教。1724 至 1731 年间,他曾到北美推行教育计划,现在美国的加州大学伯克利分校就是为纪念他而命名的。贝克莱的主要哲学著作有:《视觉新论》《人类知识原理》《海拉斯和菲洛诺斯的三篇对话》。

贝克莱与洛克有不同的目标,他的经验论不是为了给科学知识提供认识论基础,而是为了反对无神论,维护宗教信仰。他看到唯物主义和无神论的关系,同时看到自然科学的兴起助长了唯物主义和无神论的倾向。比如,爱尔兰人托兰德(John Toland,1670—1722 年)于 1720 年发表的《基督教并不神秘》一书,论证了自然界的物质性和能动性,否认上帝干预世界和制造奇迹的非理性力量。这种观点在历史上被称为自然神论。贝克莱在青年时期就参加了对自然神论的批判,他决心在哲学上一劳永逸地驳倒无神论。他说:"物质的实体从来就是无神论者的挚友,他们的一切古怪体系,都明显地、必然地依靠它;所以,一旦把这块基石去掉,整个建筑物就不能不垮台。"[1]因此,他集中攻击唯物主义关于物质第一性、物质是意识之外的原因等命题,他同时论证精神实体乃至上帝存在的必要性。

存在就是被感知

贝克莱的出发点是洛克的观点:人类知识的对象是观念。他说:"在任何一个考察过人类知识对象的人看来,这些对象或者是实实在在由感官印入的观念,或者是由于人心的各种情感作用而感知的观念,或者是借助记忆和想象而形成的观念。"从这一前提推出的结论应该是:我们所能知道的只是观念,而不是观念之外的事物。贝克莱并不否认感觉到的事物的真实性和存在,他问道,"存在"一词的意义是什么?他的回答是,"一个观念的存在,就在于被感知"。这一说法当然是无可非议的,但他接着说,既然一个可感事物只能存在于观念之中,那么它的存在是因为我们感知了它。这个说法是违背常理的,贝克莱却说,如果反过来说可感事物可以在不被感知的情况下存在,那才是不合逻辑的。"因为,除了我们用感官所感知的事物之外,还有什么可感的对象呢?并且,在我们自己的观念或感觉之外,我们究竟能感知什么呢?要说一个个观念或它们的复合不被感知而存在,那岂不明明白白是背理的吗?"[2]

---

[1] 《西方哲学原著选读》,上卷,商务印书馆,1981 年,516 页。
[2] 同上书,502 页、503—504 页。

贝克莱上述驳论的关键一句是"除了我们用感官所感知的事物之外,还有什么可感的对象呢?"这句话表达了经验论者的一个共识:知识或感觉的对象是观念,而不是事物。贝克莱所做的工作只是引申。他把"存在"的意义限定于认识对象,然后用"被感知"来解释认识对象。从经验论的前提出发,他合乎逻辑地得出了"存在就是被感知"的结论。

贝克莱的结论一出,举世皆惊。很多哲学家都指责它的荒谬,但不知如何从哲学上驳倒它。与贝克莱同时代的唯物主义者狄德罗把贝克莱比作一架"发疯的钢琴",但他也痛心地承认:"这种体系虽然荒谬之至,可是最难驳倒,说起来真是人类智慧的耻辱,哲学的耻辱。"①贝克莱的结论之所以难以驳倒,是因为那些反驳他的人常常站在常识的立场上反驳,而常识是相信感觉的。常识与经验论的差别仅仅在于:感觉的对象是外物,还是观念?在这一问题上,常识的观点是未经论证的,而经验论对此却有细致的反思。如果不能证明感觉的对象是外物,而不是观念,那么贝克莱的胜利也就难以阻挡了。贝克莱从一开始就知道如何应付常识观点的挑战。他说:

> 你会说,要我想象一个公园里有树,或者一座壁橱里有书,而不必有人在旁边感知它们,这确乎是最容易不过的事。我的答复是,你的确可以这样想,这并没有困难;可是,我请问你,你这不就是在你心中构成了某些你所谓的书和树的观念吗?你不过是在构成它们的同时,忽略了构成感知它们的任何人的观念罢了。但是你自己不就在同时感知或想到它们吗?因此,你这种说法是枉然的;这种说法只足以表示在你心中有想象或构成观念的能力,却不足以表示你能设想你的思想的对象可以在心外存在;为了证明这一点,你必须设想它们不被设想而存在,而这是一个明显矛盾。当我们尽力设想外物存在时,我们仍然只不过在设想我们自己的观念而已。②

应该看到,在与常识观点的哲学辩论中,贝克莱并未被驳倒;但这决不意味着他的主观唯心论是不可克服的,而只是说,站在常识或经验论的立场上是驳不倒他的。

---

① 《西方哲学原著选读》,下卷,商务印书馆,1982年,152页。
② 《西方哲学原著选读》,上卷,商务印书馆,1981年,512—513页。

对"物质"实体的批判

洛克承认"物质"实体的存在,他承认这一概念是不确定的,有假设的因素。贝克莱否定了洛克设定"实体"概念的理由,夸大了洛克怀疑实体确实存在的理由,得出了"物质是虚无"的结论。

洛克认为,感觉作为心灵的印记、摹本,至少必须反映外物的一部分性质,与外物有一定程度的相似性。贝克莱反驳说:"观念只能与观念相似。"①他提出了观念如何与观念之外的东西相比较的问题,这是洛克未能解决的问题。当洛克谈及观念与外物之间的"相似"时,他不是在进行比较,而是提出假设。贝克莱指出了这一假设成分,在认识论中切断了观念与外物的联系。

洛克区分了两种性的质的观念,认为第一性的质的观念与外物的性质相似。贝克莱利用第二性的质的观念的主观性,论证我们关于第一性的质的观念同样不反映外物的性质,而只存在于心灵之中。他的论证有这样一些理由。第一,事物的性质是不可分割的,第一性的质和第二性的质是同时被感知的对象,如果其中一个在心灵中,那么另一个也在心灵中。我们不能感知没有广延的颜色,没有运动的气味,或者没有声音的运动,没有硬度的广延。其次,不但第二性的质是相对的,第一性的质也是相对的,事物的广延、大小、运动、数目和冷暖、软硬、明暗一样依感知者的状态而变化。洛克把第二性的质的相对性作为它的主观性的主要证据,贝克莱反诘道,第一性的质的相对性岂不也证明了它们同样只能存在于心灵之中吗?

洛克认为,各种可感性质必须有一个不可感的支撑点,因此必须假定作为支撑点的实体的存在。贝克莱说,这是传统的"抽象观念学说"在作祟。他所谓的抽象学说指把可感物的被感知的性质从事物的存在中抽象出来,让"存在"成为不可感的支撑点。从历史上看,实在论和温和的唯名论承认心灵的抽象作用,因此承认共相反映外部实在。洛克站在温和唯名论的立场上,承认"实体"概念既有名义本质,又有实在本质。贝克莱则站在彻底的或极端唯名论的立场上,否认抽象概念或共相的存在。他说,抽象作用只适用于可以被感知的存在,即观念,而不能设定不可感的存在;抽象只能从已知的东西出发,把一观念与另一观念分离开来,而不能设定观念以外的未

---

① 《西方哲学原著选读》,上卷,商务印书馆,1981年,505页。

知的东西。贝克莱反对抽象学说的用意是反对把事物的可感性质与事物的存在分开,把存在限制在可感的对象范围之内,这与"存在就是被感知"的基本命题是同样的意思。

洛克还认为,感觉必须有一个外在的原因,否则不能说明观念的来源,但洛克又认为观念有双重来源,心灵和外物一样也是观念的来源。贝克莱说,一个来源就足够了。既然心灵自身可以通过反省得到观念,它为什么不能成为一切观念的来源呢?设立一个外在原因,但又不知道原因为何产生结果,外物如何产生观念,这一假设是不充分的。如果不假设这一原因,仍能说明观念的产生,我们仍能拥有现在所拥有的一切观念,那么这一假设就是没有必要的。贝克莱的结论是,假定物质是感觉的外部原因,既无必要,又无用处。

总之,物质实体既没有自身存在的理由,也没有成为观念原因的理由;如果外物存在,则我们不可能知道;假如它不存在,也不妨碍我们相信现在所有的观念。贝克莱向唯物主义者提出挑战:"你既不能说出你相信它存在的任何理由,又不能指出,假设它存在,它又会有什么用处;即使如此,只要你的意见有一点点真实的可能性,我都会承认它是关于外物存在的论据。"①在他看来,物质的存在连这"一点点真实的可能性"也没有。其实,唯物主义的窘境只是在经验论内部发生的,跳出这个体系,它还是有海阔天空的发展空间。

视觉理论

当时的哲学家都把物质的本质归结为广延。贝克莱消灭物质的努力面临着一个难题:广延似乎是视觉的对象,而视觉的对象是在我们的意识之外的。为了把广延也归结为我们心灵的观念,贝克莱发展了一个主观主义的视觉理论。

贝克莱首先区分了视觉的对象与触觉的对象。视觉的对象只是光和颜色,广延(包括形状和空间距离等)不是视觉的对象,而是触觉的对象。贝克莱的理由是,只有触觉才能感知到距离、形状和方位等,视觉不能真正感知到这些属于广延的属性。在视觉中,形状的大小,距离的远近,会随着光和颜色的改变而改变的,"当你走近或离开触觉对象时,它常常会有所变

---

① 《西方哲学原著选读》,上卷,商务印书馆,1981年,512页。

化,没有确定的大小"①。当然,我们的感觉总是复合的,视觉和触觉在"看"的过程中总是交织在一起。"看见"一个对象不是单纯的视觉,而是在视觉所感知的光和颜色的提示下,对触觉对象的判断。光和颜色的混合形成"图象"(picture),因图象的提示而形成的关于广延的观念叫印迹(image)。印迹和图象的不同之处在于,印迹是触觉的对象,即通过触觉而印入心灵的观念,它不随着视觉条件的变化而变化。

贝克莱还探讨了图象提示印迹的具体途径。他说,图象的提示作用有三种:习惯性的联想、比例关系的想象和相似关系的比较。我们经常经验到可见的图象伴随着可触的形状大小,久而久之,习惯了两者的联系,一看到一定的图象,就联想起它的形状大小。至于图象与关于形状或距离的印迹之间的比例关系,那是通过心灵的想象而做出的判断;两者之间的相似关系,那是在经验中加以比较而做出的判断。这三种提示作用不是孤立的,后两种作用要通过习惯性联想才能发生。

贝克莱把能够引发另一观念的观念叫做符号。有两种符号:如果符号与被引发的观念之间的联系是人工建立的,那么这种符号就是人工符号,例如,语言就是人工符号;如果这种联系是"自然的作者"所建立的,那么,这种符号就是自然符号。无须赘言,这个"自然的作者"就是造物主上帝。上帝把图像这一自然符号印在我们的心中,使我们能够借助它们去联想、想象和比较触觉对象的形状和距离,正如借助我们的语言,我们能够用同样的方式去处理经验对象一样。

贝克莱的视觉理论把空间关系解释为视觉观念与触觉观念之间的关系,这种主观主义的空间观与牛顿力学中的"绝对空间"的观念是针锋相对的。但他用上帝的安排保证空间关系的恒定性和普遍性,企图以此缓和与自然科学的矛盾。这种做法是贝克莱的常用手法,每当他的主观唯心论与科学发生矛盾时,他就要搬出上帝。

精神实体的存在

近代哲学中有三个实体:物质、心灵和上帝。贝克莱在否定物质实体的同时,肯定精神实体的存在。精神实体有无限的与有限的两种,无限的精神实体是上帝,有限的精神实体是个别的心灵,或"自我"。他肯定个别心灵

---

① 《视觉新论》,关文运译,商务印书馆,1957年,22页。

实体有下列一些理由。

首先，虽说感觉是知识的基础，但感觉不能没有主体。"感知"活动需要一个主体，感觉内容（观念）需要一个寓所。贝克莱说："观念只存在于这个东西之中，或者说，被这个东西所感知。"①这个东西即心灵或自我。

其次，观念本身是被动的，一个观念不能产生另一个观念，观念也不可能由物质的机械作用而产生。它们的产生、变化、消失的原因必定是一个无形的、能动的实体。虽说这个实体本身不可被感知，但它的结果——观念却是感知的对象。贝克莱说，心灵实体的名称不代表观念，它也不与任何观念相似，或为它们所代表。他要求把原因和结果分开，在观念之外设定能动的心灵实体作为它们的原因。

再者，感觉总是个人的活动，除了我的"自我"之外，还有其他的"自我"存在。这样，观念的存在才是持久的、连续的。一个事物不因不被我感知而不存在，因为它可以为其他人所感知。众人的共同感觉是真理性的标准。

贝克莱肯定上帝的存在有下列一些理由。

第一，即使没有任何个别的心灵感知到事物，事物还会被"永恒的精神""宇宙的大心灵"所感知。世界上事物的多样性、连续性和永恒性证明了上帝的存在。

第二，个别心灵产生观念的能力不是随心所欲的，被我们的感官所感知的观念不是意志的产物，一定另一精神实体产生它们，把它们"印入"我们的感官，使之比任意想象的观念更强烈、活泼、清晰。观念的真假的差别证明了它们有一个外因，观念不全是在个人的心灵中自发产生的。这个产生了一切真实观念的外在的精神实体就是上帝。

第三，我们感觉到的观念有某种秩序，因此产生了自然界的恒常秩序、规律和连贯性的观念。秩序和规律的观念不可能是个别心灵产生的结果，"它们相互间的奇妙联系，足以证明造物主的睿智和仁慈"。因此，自然科学要赞美上帝，"自然哲学家的任务是研究、了解造物主的这种语言，而不是借有形体的原因来妄图解释事物"。②

我们审视以上贝克莱论证心灵实体和上帝存在的理由，发现没有一条符合他在反对物质实体时所坚持的那条经验论的基本原则：我们知识的对

---

① 《西方哲学原著选读》，上卷，商务印书馆，1981年，503页。
② 《十六——十八世纪西欧各国哲学》，商务印书馆，1975年，552页、560页。

象只是观念。他使用了双重标准,用严格的经验论的标准反对物质实体,用因果推理设定精神实体。其实,只要把物质理解为能动的、有序的实体,他设定精神实体的那些理由也同样适用于物质实体。

总的来说,贝克莱的哲学是背理的:他的"存在就是被感知"的命题是违背常识之理,对物质实体的否定违背唯物论的哲学之理,他的空间观违背科学之理;但对精神实体的肯定却是顺应宗教信仰之理的。他的哲学关注的目标是宗教,而不是科学知识。他的哲学意义主要是负面的,或批判性的。他揭示了经验论的内在矛盾,向唯物主义、常识和科学提出挑战。这促使人们发展出既能克服经验论和机械唯物论的缺陷,又符合科学和常识的新理论。

第三节 休 谟

大卫·休谟(David Hume,1711—1776年)系苏格兰人,12岁时进入爱丁堡大学,中途辍学,在家里自学文学和哲学。1734年,他到法国从事研究著述,完成了他的代表作《人性论》。1737年回国后任家庭教师和驻欧各国外交官,在法国结识了卢梭及百科全书派的启蒙学者。1767年任国务大臣助理,任期只有八个月。最后回归故里,平静地度过了最后的时光。著作除《人性论》外,还有《人类理解研究》(《人性论》认识论部分)、《道德原则研究》(《人性论》的伦理学部分)、《英国史》,他的《宗教和自然史》受到教会谴责,被罗马教会列为禁书。

休谟在《人性论》开头指出,哲学分为自然哲学和精神哲学两部分,哲学的研究方法是实验和观察。牛顿运用这种方法在自然哲学领域获得巨大成功。休谟的目标是成为精神哲学中的牛顿,他的任务是运用那种业已被证明为有效的方法,剖析人性,建立科学的精神哲学。他的《人性论》是一个完整的体系,以人性为研究对象,包括理解和情感两部分,休谟的理论相应地分为认识论和伦理学两部分。《人性论》卷一论理解,卷二论情感,卷三论与理解和情感都有关的道德。

印象和观念

洛克把经验的对象统称为观念,休谟则把它们称为知觉。按照知觉呈现出的性质,被知觉的对象可分为两类:印象和观念。印象又可分两种:感觉印象和反省印象,感觉印象是原初性的,来自不可知的原因。休谟说,感觉可能来自身体的内在构造、动物灵魂(精气)的运动或客体对感官的作用,但这些都是不能确定的猜测,他宁可对感觉印象的来源存而不论。感觉印象包括对第一性的质和第二性的质的感觉以及快乐、痛苦等感觉。反省印象是直接从感觉印象得来的,或通过插入的观念,间接从感觉中得来的。各种情感、情绪、态度都属于反省印象的范畴,如欲望、厌恶、害怕、悲伤、绝望等,是直接从痛苦或快乐的感觉印象而来的反省印象;骄傲、羡慕、热爱、仇恨、嫉妒、慷慨等印象,是通过观念对感觉的判断而间接得到的反省印象。休谟指出,一切印象,不论内部外部,都是强烈、活跃的。

观念是对印象的"忠实摹写",是"我们的感觉、情感和情绪在思维的推理中的微弱的影象"。① 印象和观念的区别是当下知觉和思维(包括想象、回忆)的差别,心灵对于两者的知觉的强烈程度,或者它们呈现在心灵中的生动、清晰的程度,是大不相同的。休谟说:"最生动活泼的思想还是抵不上最迟钝的感觉。"

休谟取消了洛克的双重经验论,他把观念的来源归结为印象,把反省印象的来源归结为感觉印象。归根结底,一切认识都来源于感觉印象。至于感觉的来源,那是一个知识不能回答的问题。按休谟的说法,我们的知识被"限制在一个狭隘的范围之内",不过是印象的"联系、置换、扩大、缩小而已"。②

观念关系的知识和事实的知识

休谟和洛克一样,把知识看成由简单到复杂的过程。他认为,心灵的理解力把简单知觉(包括简单印象和简单观念)结合为复合观念;知识由复合观念(包括判断)表达,呈现于对观念与观念之间关系的推理和判断之中,因此,知识的性质取决于观念之间的关系。

从哲学认识论的角度探讨,观念之间的关系可分为两类:一类完全取决于观念自身,另一类关系则不经过观念而变化。第一类关系包括相同性质的不同程度之间的相似、数量关系和相反关系,第二类关系包括多样性的同一、时空连贯以及因果关系。相应地,知识分为两类:关于观念关系的知识和关于事实的知识。关于观念关系的知识指抽象科学和证明的知识,主要

---

① 《十六——十八世纪西欧各国哲学》,商务印书馆,1975年,576页。
② 《西方哲学原著选读》,上卷,商务印书馆,1981年,517页、518页。

指数字和逻辑。休谟与洛克不同,他没有把道德哲学也列为抽象科学的范畴。休谟肯定,我们单凭思想就可以推理出关于观念关系的知识,"这类命题,只凭思想的作用,就能把它发现出来,并不以存在于宇宙某处的任何事实为依据。纵然在自然界没有圆形或三角形,欧几里德证明的真理仍然保持着它的可靠性和自明性"①。关于事实的知识则不同。对于事实的知识,人们需要观念关系以外的经验做出判断,加以检验。

这两类知识的区别并不在于对象的不同。休谟所说的事实也是观念之间的关系。只是事实的知识与关于观念关系的知识不同,后者通过比较观念本身就可推理、证明它们之间的关系,关于事实的知识需要寻求另外的知觉(印象和观念),才能判断原先观念之间的关系,并需要更进一步的知觉对判断的真假做出检验。

知识是由判断组成的。关于观念关系知识的命题是分析判断,"分析"的意思是词句意义的分析,我们只要分析表达观念的词句的意义就可以发现它与其他观念的关系;比如,只要分析"三角形"的意义,就可以建立"三角形三内角之和等于一百八十度"的关系。关于事实知识的判断是综合判断,"综合"的意思是通过新的知觉把一个观念同另外一个观念结合在一起,例如,不管我们如何分析"明天"的意义,也得不出"天晴"或"下雨"的观念,只有通过另外的知觉,才能建立起两者的联系,得到"明天下雨"或者"明天天晴"的综合。休谟肯定关于观念关系的知识具有确定性和必然性,分析判断是必然真理;关于事实的知识只有或然性,综合判断是偶然真理。但是,关于事实的知识能够扩大我们经验的范围,对生活最有用处。经验知识和自然科学知识都是关于事实的知识,休谟对知识基础的考察也集中于这一类知识。

休谟通过对知识的性质和类别的考察,对知识的界限做出了明确的规定。他强调指出,任何知识的内容,不是依靠分析的方法对观念的关系所做的必然推理,就是依赖经验对事实所做的或然推理。除此以外,没有任何知识。他说:

> 当我们巡视图书馆时,我们可以拿起一本书,例如神学或经院哲学的书,我们就可以问:其中包含着量或数方面的任何抽象论证么?其中

---

① 《西方哲学原著选读》,上卷,商务印书馆,1981 年,519 页。

包含着有关事实与存在的任何经验论证么？没有,那我们就可以将它投到烈火中去,因为它所包含的,没有别的东西,只有诡辩和幻想。①

这是一个大胆的、惊世骇俗的结论。它不但肯定新兴的经验科学以及与之同步发展的数学知识是唯一的知识,而且把根深蒂固的传统的神学和经院哲学明确地排除在知识的范围之外。后来的英美哲学家激烈地排拒形而上学的理由,无不是从知识与伪知识的分界开始的,休谟是这一做法的始作俑者。

对实体存在的怀疑

休谟的知识论包括正负两个方面,他不但肯定了一切知识都以知觉的经验为基础、标准界限,而且否定了传统知识的对象和基础。我们知道,形而上学是第一哲学,是一切传统知识的基础,形而上学所研究的实体是一切知识的最高对象。休谟之前的哲学家虽然都对传统的神学和经院哲学持批判态度,但在知识的基础中仍然保留着"实体"观念的地位,唯理论者甚至还把实体作为知识论的出发点。休谟对待实体的态度比任何近代哲学家都要激烈,他否认了实体作为知识对象的可能性,把"实体"观念从哲学中驱逐出去。休谟的批判态度是怀疑论的,而不是独断论的。他没有断言实体不可能存在,而是说,我们没有关于实体的知觉,无论肯定实体还是否定实体的断言都不属于知识。至于知觉之外有无实体存在,那是不可知的。本着这种怀疑论的精神,休谟依次否认了物质实体、心灵实体和上帝的可知性。

休谟对物质实体的怀疑与贝克莱的理由相似。这些理由是:我们只有关于性质的观念,对性质的寓所或支撑点没有任何知觉。纵使我们把注意力移至身外,伸展到宇宙尽头,也超不出知觉范围之外,想象出一种知觉不到的物质存在。

同样,对于心灵实体,我们也没有任何知觉。如果认为"自我"是一个心灵实体,那么,对这样一个独立存在的实体,我们是不可知的。"自我"并不像贝克莱所说的那样,是知觉的寓所或知觉活动的主体、承担者,理由很简单:我们没有这样的知觉。但是,休谟承认另一种意义上的"自我",即可

---

① 《十六——十八世纪西欧各国哲学》,商务印书馆,1975年,670页。

以知觉的"自我"。休谟说,我们对自我的知觉"都只是那些以不能想象的速度互相接续着、并处于永远流动和运动之中的知觉的集合体,或一束知觉"①。换言之,精神实体的存在是不可知的,可知的只是正在进行中的知觉的连续。这种意义上的"自我"只不过是"知觉"这一集体名词的代名词。

同样明显的是,对于上帝的存在和属性,我们都没有知觉。在《自然宗教对话录》中,休谟把历史上关于上帝存在的证明都排除在知识的范围之外,他的理由是:第一,"上帝"的观念不能通过经验证明。"宇宙设计者"的论证犯了以部分类比全体的错误;"终极原因"证明违反了因果关系,不能在前后相继的现象被重复观察到。第二,上帝存在也不能用必然推理证明,因为"存在"问题是一个事实,而事实的反面总是可能的,不能先天地证明一个事实问题。第三,上帝存在的道德证明也不可靠,人类的不幸和痛苦提供了反证。既然关于上帝存在的证明既不属于经验知识,也不属于抽象知识,那么其中就不可能有任何真理。休谟在《宗教的自然史》中进一步指出,形成"上帝"观念的心理根源是无知和幻想;人们把希望和恐惧的对象拟人化,作为崇拜的对象,产生了多神教;后来又把"上帝"的观念当作幸福的目标,形成了无限完善的一种观念。

对因果关系的怀疑

休谟的怀疑论是全面的,他不仅怀疑传统的知识的基础,而且怀疑新兴的自然科学的基础。前一种怀疑的目的是为了否认传统的学问是知识,后一种怀疑的目的是为了改善现有知识。但是,他的怀疑毕竟动摇了经验科学的基础,在知识界产生了振聋发聩的效果。

休谟对经验知识基础的考察集中于对因果关系的探寻,因为经验知识依赖的其他两种关系都以因果关系为前提。时空中事物连贯之可能,在于"因果联系"的存在;多样性的同一之可能,在于重复出现的东西被认作同一原因或结果。因此,"一切关于事实的推理,似乎都建立在因果关系上面"②。

休谟问道:因果观念是如何建立起来的?他回答说,我们知觉到两个观念在空间相继出现,如果这两个观念重复出现,那么我们就会把先发生的观

---

① 《十六——十八世纪西欧各国哲学》,商务印书馆,1975年,596页。
② 《西方哲学原著选读》,上卷,商务印书馆,1981年,520页。

念称为原因,把后出现的称为结果。久而久之,我们就会形成这样的习惯:每当看到一个观念时便联想到另一个。这种在经验的基础上,通过联想而形成的恒常的连贯关系,就是我们通常所称的因果关系。

休谟进一步追问:因果关系的基础是什么? 我们为什么能够依据过去发生的事实推导将来发生的事实? 休谟把他的问题排列成这样一个层层深入的系列:

> 如果有人问:我们对于一切事实所作的推论的本性是什么? 适当的答复似乎是,这些推论建立在因果关系之上。如果再问:我们关于因果关系的一切理论和结论的基础是什么? 这可以用一句话来回答:"经验。"但是,如果我们再追根到底地问:由经验得来的一切结论的基础是什么? 这就包含了一个新问题,这个问题最难以解决和解释。①

休谟的问题是:我们为什么能够在经验的基础上做出关于因果关系的联想? 也就是说,为什么每当我们看到一个事实时,就会联想到一个经常与它联系在一起的事实,为什么不能联想另外的联系呢? 当他追问因果关系的基础是什么时,他要求解释因果观念为什么这样联系而不是那样联系的理由。按照休谟的理论,观念之间的关系如果不是靠观念自身就可以联系在一起的必然关系,就是在经验基础上形成的或然关系。我们的证明知识能够解释观念间的必然关系,经验知识能够解释关于事实的或然关系。但是,没有一种知识可以解释因果关系的理由。

我们先来看证明知识能否给予这样的理由。很明显,由因到果,或由果到因的推理,不是必然的推理,相反的情况是可能的。比方说,虽然天气预报说"明天天晴",但我根据自己的经验预计"明天下雨";这两种对立的因果关系都是可能的。证明知识只能解释不包含矛盾的观念之间的关系,它对包含着相反或对立的可能性的因果关系,是不适用的。

我们再来看经验知识能否给予因果关系以充分的理由。我们关于因果关系的联想是以过去的经验为基础的,对于那些没有经验或尚无经验的事件,我们为什么也可以推理它们之间的因果关系呢? 我们对未来事件的预测(如"明天太阳会在东方升起"),关于事物性质的一般判断(如"面包是有营养的")也都是以过去的经验为基础的。我们的推理的前提是:"我们

---

① 《西方哲学原著选读》,上卷,商务印书馆,1981 年,523 页。

过去关于一些事件的经验也适用于相似的事件",以及"我们对过去发生的事件的经验也适用于未来发生的事件"。休谟指出,推理因果关系所依赖的前提正是一切经验知识的基础,我们之所以能够做出由此及彼、由近到远、从过去到未来的推理,靠的都是因果推理所依赖的前提。因此,如果企图用经验知识来证明因果关系的前提的有效性和可靠性,至少会犯两个错误:一是循环论证的逻辑错误,即用因果推理建立起来的经验知识反过来证明因果关系的前提。二是超越经验知识范围的错误,因为我们只能经验过去,不能经验过去与未来的联系;只能经验个别事件,不能经验个别与一般的联系;我们不能用经验到的关系来解释不能经验的关系。

对因果关系的自然主义解释

休谟的目的并不是否认因果关系的作用,而是要对因果关系的不可否认的基础作用做出合理的、满意的解释。他对因果关系的基础提出怀疑,只是因为知识(不论证明知识,还是经验知识)不能提供这样的解释。但是,在知识的范围内找不到解释不等于没有解释。休谟的策略是,先用怀疑论否认知识能够解释因果关系的可能性,在山穷水尽之际另辟蹊径,走出怀疑论,在知识的范围以外寻求解决的途径。

按休谟的解释,因果关系不是任意的、偶然的,因果推理仍然有一定的原则,"这个原则就是习惯"。习惯是人性的这样一种倾向:根据以前的经验,如果一事物与另一事物经常联系在一起,我们"就会由一件事物出现而期待那一种事物的出现"。① 为什么要"期待"?有什么理由"期待"?我们只能回答说,这是人性的倾向,人的心理状态就是如此。虽然这不是最圆满的答案,但却是我们可以达到的最终解释,我们必须满足于这种解释。

休谟的结论是:

> 由此可见,一切从经验而来的推论都是习惯的结果,而不是运用联想的结果。因此,习惯是人生的伟大指南。只有这个原则才能使我们的经验对我们有用,使我们期待将来出现一连串的事件,与过去出现的事件相似。如果没有习惯的影响,我们除了直接呈现于记忆和感觉的东西而外,对于其它的事实就会一无所知;我们就会根本不知道如何使

---

① 《西方哲学原著选读》,上卷,商务印书馆,1981年,528页。

手段适应目的,或者运用我们的自然力量来产生效果,一切行动就会立即停止,思辨的主要部分也会停止了。①

休谟的解释把因果关系的基础最后归结为人的自然本性,把"最大的确定性和最严格的必然性"当作基于人性的心理联想,这是一种自然主义的解释。他用以解释因果关系基础的"习惯"与用以解释因果关系性质的"联想"实际上是一回事。经过了怀疑论的深入探究之后,他的解释没有任何进步,又回到了考察的起点。休谟的解释虽然是一以贯之,但却不能令人满意,因为他最后诉诸的是常识,而不是哲学;把经验置于心理习惯的基础之上,而不是对心理习惯做哲学解释,这是思想的退化。

温和怀疑论

如果说,休谟的自然主义平淡无奇,他的怀疑论却耐人寻味。休谟说,他的怀疑论是"温和怀疑论",有别于皮罗的"极端怀疑论"。极端怀疑论者为怀疑而怀疑,他们企图避免任何结论。温和怀疑论者则不同,怀疑只是追求确定知识的手段,他们的怀疑一旦到达不容置疑的地步就会终止。我们看到,笛卡儿的怀疑是这样,休谟的怀疑也是这样。

休谟说,他的怀疑论首先是针对传统知识的对象和基础,如实体和上帝。他的目的不是为了从根本上抛弃知识,否定理性,而是为了防止宗教迷信和狂热。他看到人性中有一种混淆信仰和知识的自然倾向,轻易地把未经理性考察的对象当作知识的对象,把没有理性依据的命题作为真理。他说:"迷信是从人类流行意见中自然地、轻易地产生的,所以比较有力地抓住人心,常常干扰我们对生活和行动的安排指导。"怀疑论是抵制这种自然倾向的有力的工具。通过怀疑论的考察,人们对自己理智能力的界限和知识的范围有"较为谦和、较为含蓄"的认识,知道自己能力和知识的缺陷,以"可错论"反对"独断论"的态度。这样的怀疑论是正确的哲学,能够"提供温和适中的见解"。

休谟的怀疑论是满足个人的好奇心的思辨,"出于一种爱好",使他感到精神上的愉快,这是他研究哲学的初衷。他的怀疑局限于思辨领域,在实践中仍然相信健全的常识。他认为哲学的怀疑不应该、也不可能改变人们

---

① 《西方哲学原著选读》,上卷,商务印书馆,1981年,528页。

的日常生活,日常生活是对怀疑论结论的最有力的抵制。他对待因果关系的态度表现出思辨的态度和实践的态度相分裂的特点。休谟认为,温和怀疑论具有的这样的分裂态度是有益的,如果不是这样,像历史上的犬儒派那样,或像"世界上曾有的各种僧侣和托钵僧一样","他们从纯哲学的推理闯进了行为上的高度放肆"。在休谟看来,用纯思辨指导生活的超凡态度和定思想于一尊的教条主义会造成同样危险的后果。但是"总的说来,宗教的错误是有危险性的,哲学上的错误只是可笑而已"①。

情感主义的道德观

休谟认为,人类的道德实践以快乐和痛苦、愉快和不快的情感为基础。快乐和痛苦是一种最为强烈的感觉印象,避害趋利是人的自然本性,也是道德的基础。因此,"道德的本质在于产生快乐,恶的本质在于给人痛苦"②。快乐、幸福和利益是一致的,凡能够增加人们快乐和利益的,就是善,反之就是恶。休谟的情感主义包含了以后的功利主义的萌芽。

情感主义的道德观是个人主义的,但不是自私自利的。追求快乐并不是唯一的道德原则,人性的"同情原则"和"比较原则"也是重要的伦理原则。"同情"指人际情绪和情感的交感、传递作用,这是把关于他人的感觉印象转变为关于自己的感觉印象的联想。这种联想是人性的自然力量,它使人能超出自我苦乐感觉的范围,对他人的苦乐和公共利益产生同情、同感和共识。休谟所说的同情原则大体上相当于孟子所说的"恻隐之心"。休谟也承认,这种天性是道德的重要来源、社会生活的基础。

比较是道德观念的另一重要来源。休谟指出,人性只有这样一种自然倾向,人们对事物的伦理价值的判断,很少根据它们的内在价值(即它们所能造成的快乐或痛苦的感觉),而是通过它们与其他观念、印象的比较加以判断。按照"比较原则",一个可以给人以快乐的事物,如果伴随着羞耻、卑贱的观念,也不能是善;反之,一个可以给人以痛苦的事物,如果伴随着高尚、光荣等观念,也不能是恶。道德伦理经常要求人们为了长远的、公共的利益而牺牲暂时的、个人的利益。比较原则满足了这一道德要求。从文化比较的角度看,比较原则大致相当于孟子所说的"羞恶之心"的意思。

---

① 《西方哲学原著选读》,上卷,商务印书馆,1981 年,532 页。
② 休谟:《人性论》,关文运译,商务印书馆,1983 年,330—331 页。

在伦理领域,休谟所持的观点是西方传统中少见的性善论,但他的观点也不是空谷足音。当时的一些英国伦理学家,如阿希莱(Anthony Ashley),即洛克的上司莎夫茨伯利(Shaffersbury)伯爵,哈奇森(Francis Hutcheson),以及神学家佩利(William Paley)、巴特勒(Butler)都持性善论的观点。在长期被基督教"原罪说"统治的西方人性论领域,休谟和这些人的性善论是一个革故鼎新之举。

第四节 苏格兰常识哲学

休谟哲学当时在英国并未产生广泛影响,在他的家乡,苏格兰常识哲学派的影响更大。苏格兰常识哲学也把经验作为认识的基础,但对经验做出了与休谟全然不同的解释。他们与休谟代表了从洛克开始的英国经验论的两个方向。苏格兰常识学派的代表人物是托马斯·里德(Thomas Reid,1710—1796年),格拉斯堡大学教授,著有《常识人类心灵原则研究论》《论人类心灵的力量》等。

"观念理论"的批判

里德把他之前的经验论的弊病归结为"观念理论"。他说,"观念"的一般意义应是思想或理解的内容。但经验论者赋予它的哲学意义却是"思想的对象",这就混淆了思想的内容和思想的对象。洛克首先建立了这一原则,贝克莱据此否认了物质世界,休谟更彻底地否认了精神实体,完成了"观念的胜利",使"观念和印象成为宇宙的唯一存在"。[①] 常识或平常人的普遍信念可以毫不含糊地把观念与思想的对象区分开来:观念是思想之中的内容,思想的对象却是思想以外的存在。任何一个不被"观念理论"所迷惑的人都清楚,他们认识的对象是太阳本身,而不是关于太阳的印象或观念。把知识对象等同于观念,这是哲学家的虚构,他们犯了这样一个根本的错误:简单观念是知识的基本材料,心灵的首要活动是对简单要素的理解。里德指出,简单材料不过是分析的结果,心灵首先具有原初的、基础的判断。比如,视觉不仅给我们一棵树的简单印象,而且给予我们关于树的存在、形

---

① T. Reid, *Essays on the Intellectual Powers of Man*, Pennsylvania State University Press, 2002, p. 162.

状、距离、大小的信念或判断；这种判断或信念不是通过简单观念的比较、组合而来的，相反，它包含在知觉的本性之中，比任何观念的作用都要大得多，里德称之为常识原则。

常识原则

常识原则是知觉所具有的原初的、基本的判断，是自然赋予人类理解的要素，是理性活动的基础。作为人类构造的一部分，常识原则是天赋的，而不是后天获得的。里德说，它们"来自全能的主的灵感"，"纯粹是苍天的礼物"。① 只是由于这些先天的原则的作用，我们才能通过感官的作用获得常识。里德所肯定的常识原则，相当于唯理论者所坚持的天赋观念。在这一点上，他与英国经验论者的分歧是十分明显的。

常识原则包括逻辑律和数学公理，还包括首要的道德原则，如，"人不应该为他的力量所不能阻止的事情而受到责难"。更重要的是，一些形而上学原则也属于常识原则，这些原则是，第一，"实体的原则"："我们的感官所知觉的性质必定有一主体，我们称之为形体，我们意识到的思想必定有一主体，我们称之为心灵"；第二，"因果原则"："凡是开始存在的东西必定有一个产生它的原因"；第三，"因果推理原则"："原因的设计和智慧可以由结果的标记或迹象推出。"②所有这些常识原则都是不可证明的，它们是靠直觉得到的知识。

不难看出，里德所谓的天赋的原则不过是一些当时当地的上层人士的"常识"，他把这些作为全人类理性的基础，一个主要目的是为他们的宗教信仰和道德准则辩护。苏格兰常识学派的其他成员也是如此。比如，奥斯瓦尔德（James Oswald, ? —1793 年），著有《为宗教而诉诸常识》；比悌（James Beattie, 1735—1803 年）的《论真理》得到英王乔治三世的奖赏。休谟曾愤怒地批判这本书说："真理！其中没有真理，满纸只是可怕的大谎言。"③康德对休谟与常识学派的争论做了一个简短的总结，他说，休谟的反对者完全文不对题，他们设定了休谟所怀疑的，证明他从未想要争论的；再

---

① T. Reid, *An Inquiry into the Human Mind*, Pennsylvania State University Press, 1997, pp. 215, 433.

② T. Reid, *Essays on the Intellectual Powers of Man*, Pennsylvania State University Press, 2002, pp. 495, 497, 503.

③ D. Hume, *A Treatise of Human Nature*, vol. 2, Oxford University Press, 2007, p. 575.

者,他们把常识作为神谕来援引,他们没有为自己的意见提出任何理性证明,却把常识当真理的标准。康德的结论是:"我认为,休谟如比悌一样认可了常识同样多的权利,并且还认可了后者所没有的批判理性的权利。"①

常识学派肯定了感官对象的真实性,摒除了经验论的思辨怀疑和批判成分,很是迎合英国绅士的保守精神。这对经验论的普及和流行很有作用。当苏格兰长老会的教徒殖民美国时,把里德的思想带到新大陆,对美国早期的宗教产生有很大影响。19和20世纪的经验论始终有主观主义、怀疑论和常识哲学三个不同的流派,它们都起源于本章谈及的那些学说。

---

① 《未来形而上学导论》,庞景仁译,商务印书馆,1978年,7页、9页。

第十六章
法国启蒙哲学

什么是启蒙运动

"启蒙"(enlightenment)的意思是用光明驱散黑暗,以理性代替蒙昧。18世纪在欧洲兴起的启蒙运动是思想解放的运动,历史进步的运动。恩格斯说:启蒙学者是"非常革命"的,"他们不承认任何外界的权威,不管这种权威是什么样的。宗教、自然观、社会、国家制度,一切都受到了最无情的批判;一切都必须在理性的法庭面前为自己的存在做辩护或者放弃存在的权利。思维的悟性成了衡量一切的惟一尺度"①。"理性法庭"的说法非常形象地概括了启蒙理性所具有的至上的裁判地位。启蒙理性有哪些特点呢?它的裁决是否正确呢?

启蒙理性是17世纪的哲学与科学的精神的继续。英国当时在思想和政治上居于先进地位,各国的启蒙学者都以英国为榜样,把洛克的经验论和牛顿力学奉为理性的样板,作为衡量其他一切的标准。但是,启蒙理性具有英国思想所没有的激进的批判和否定精神,它的批判矛头直接指向宗教迷信和专制制度。启蒙理性的另一特点是乐观主义的历史进步观。启蒙学者认为以前的弊病和灾难是欺骗和迷信造成的,启蒙的任务就是消除一切非理性、反理性的东西;理性的光芒一旦照耀世界,理性的人就能代替全能的上帝,黑暗的人间就会变成光明的天堂。

启蒙理性就是现代理性,启蒙主义的纲领就是现代主义和现代化的纲领。当人们反思现代化的功过是非时,我们有必要回到它的源头,考察启蒙思想的本来面目。

---

① 《马克思恩格斯选集》,第3卷,人民出版社,1973年,56页。

启蒙运动是遍及全欧洲的广泛的思想解放运动,有苏格兰启蒙运动(休谟是其中的一个代表人物),有德国的启蒙运动(歌德和康德等人是其中的代表人物);但法国的启蒙运动最为彻底,影响最大,法国大革命是它的直接后果。法国的启蒙学者可分为两部分:温和的和激进的。较早的启蒙学者是温和的批判者,伏尔泰、卢梭、孟德斯鸠等都宣扬理神论。贝尔用怀疑论突出理性与信仰的矛盾,但他是新教徒,并不否定宗教。较晚的一批百科全书派是公开的战斗的无神论者,他们在哲学上是唯物主义者。在启蒙学者中,卢梭是一个例外,他既不是理性主义者,也不是唯物主义者,需要专门介绍。

第一节 启蒙主义者

贝尔的怀疑论

皮埃尔·贝尔(Pierre Bayle,1647—1706 年)出身于一个新教牧师家庭,上学期间曾一度改宗信奉天主教,但一年后又重新信奉新教,因为他不满意天主教会的不宽容政策。他因提倡宗教宽容思想受到天主教、新教与法国政府的排挤。1680 年移居荷兰的鹿特丹,在那里发表了广泛流行的《历史的和批判的辞典》。

法国哲学具有怀疑论的传统,早在 16 世纪,蒙田运用怀疑论鼓吹宗教宽容,笛卡儿也用怀疑论说明传统知识的不可靠。贝尔的怀疑论也有同样的目的。他认为怀疑论的精神实质是理性批判、探索的精神,在此意义上,"所有哲学家全都是学园派和皮罗派"[①]。怀疑论的目标不是针对科学和社会的,而是针对宗教神学的。他指出一切神学问题和争论都是混乱、无意义的。像恩典和意志自由、恶的起源和上帝的全能、上帝存在和灵魂不朽等教条教义都没有理性的确定性,通不过怀疑论的考察。比如,"三位一体"的教义与逻辑的同一律相矛盾,与人格、个体和个性三者的同一关系相矛盾,还与"个人是身体与灵魂的结合"的哲理相矛盾。

贝尔指出理性与信仰之间的矛盾的目的,一方面是为了说明我们不能

[①]《西方哲学原著选读》,北京大学西方哲学史教研室编译,下卷,商务印书馆,1982 年,3 页。

用信仰来否认理性,另一方面也是为了说明理性不能否认信仰。他的怀疑论的结论是:既然我们既不能证明信仰为真,也不能否定信仰为假,那么,我们对于宗教信仰就应该保持宽容的态度。从宗教宽容的目的出发,贝尔怀疑论的最后归宿是信仰与理性的"双重真理论"。这与后来的百科全书派站在唯物主义立场上对宗教和基督教信仰进行的激烈批判是截然有别的。贝尔批判的只是神学以及一切用理性来证明信仰的哲学理论,但他并没有批判信仰本身。相反,他说,信仰来自"启示之光",理性是"自然之光",信仰在理性之外,但并不因此而失去它的确定性和真理性。宗教信徒完全有相信天启和神迹的正当权利,只要他们不把自己的信仰混同为理性,他们的信仰就是无可怀疑的真理。

贝尔不但把理性与信仰分开,他还用同样的方式把道德与宗教分开。他说,道德的基础不完全是信仰,理性对实际环境和行动后果的算计也可使人趋善避恶。他说:

> 对上帝的畏惧和爱慕并非永远是比其他动力更为积极的原动力,对荣誉的爱慕,对死亡、恶名和痛苦的畏惧,对官职的期望,对某些人来说,推动力量要大于存心讨好上帝和害怕触犯天条。

他建议把"对上帝的畏惧和爱慕并非永远是人们行动的最积极的原动力"列入一般的道德准则。① 按照这一道德准则,异教徒和无神论者都可行善,他们也可以组成一个秩序良好、道德高尚的社会,无神论者尤其是这样。他以遥远的中国为例,说明世界上存在着这样一个无神论者的社会。当时德国的弗雷德利克大帝在评价启蒙学者的贡献时说,贝尔开始了启蒙的战斗,一批英国哲学家跟随其后,伏尔泰最后决定性地结束了这场战斗。②

孟德斯鸠的法的精神

孟德斯鸠(Montesquieu, 1689—1755 年)原名查里·德·色贡达(Charles de Secondat),孟德斯鸠是他的男爵称号。他虽然身为贵族,却抨击法国的政治专制,年轻时匿名发表了政治批判著作《波斯人信札》。1728 年他被选入法国科学院,后到英国考察两年,回国后辞去官职,潜心著述。

---

① 《西方哲学原著选读》,北京大学西方哲学史教研室编译,下卷,商务印书馆,1982 年,10 页。

② 转引自 F. Copleston, *A History of Philosophy*, vol. vi, pt. 1, Image Books, New York, 1960, p. 20.

1734 年发表历史名著《罗马兴衰原因论》,1748 年发表代表作《论法的精神》,风靡欧洲,被狄尔泰誉为"理性和自由的法典"。

孟德斯鸠是历史学家,他对历史上和现实中各个民族的法律都进行了概括。他把造成种种法律的不同原因归纳为民族性格、政体形式、地理和气候条件等因素,这些因素的总和就是他所称的法的精神。但是,我们应该注意的是,孟德斯鸠所说的法的精神不仅是经验事实的概括,更重要的是理性的原则。正如他在说明自己的方法时所说的那样:

> 通过对人的考察,我得到这样一个信念:人类无限多的法律和风俗不是出自偶然的念头,我于是确定了一些原则,我看到,个别的情况是服从这些原则的,仿佛是由原则引申而出的,所有民族的历史不过是由这些原则而来的结果。①

他所建构的原则就是当时流行的自然法的观念,他的法哲学的特色是说明了自然法的理性基础及其在社会政治中的运用。

从广义上理解,自然法是"由万物的本性派生出来的必然关系",他说:"在这个意义上,一切实体都有它们的法,神有神的法,物质世界有物质世界的法,人之上的天使有天使的法,人有人的法。"一切实体都遵循法,即使神也不能例外,造物主对世界的统治依法进行。"因为世界没有这些法则是不会存在的。这些法则是一种确定不移的关系。……每一种特殊都有齐一性,每一种变化都有恒定性。"②不难看出,神的法则相当于自然规律。孟德斯鸠用自然法否认了神迹和启示,使法成为理性可以认识的对象。

孟德斯鸠最关心的当然还是人法。他说:"理智界远不如自然界治理得那样好。"③人作为自然实体,受不变的法则支配;但人同时也是理智实体,他的有限知识和脆弱的感情阻碍或改变着法则。因此,人不能成为自己制定的成文法的基础。自然法是客观的"公正关系",先于成文法的基础。孟德斯鸠承认,在人类进入社会状态之前,有一个被自然法所支配的自然状态,但他没有论述人是如何以及为何从自然状态过渡到社会状态的。他的主要任务是从自然法中寻找他所看到的种种成文法的合理的基础。

孟德斯鸠说,自然法与人的本性和生活条件相吻合,是"惟一从我们的

---

① 孟德斯鸠:《论法的精神》,张雁深译,上册,商务印书馆,1987 年,37 页。
② 《西方哲学原著选读》,下卷,商务印书馆,1982 年,23 页、37—38 页。
③ 同上书,39 页。

存在结构派生出来的"①。自然法的应用范围包括和平、自养、互爱和社会生活。战争起源于社会,包括国与国、个人与个人的战争,"战争状态乃是促使人间立法的原因"。为了战争与和平的目的而制定的成文法包括国防法、政治法和公民法,等等。成文法要符合建立政府的"本性和原则",尤其要适应一国的自然状况,因为地理环境决定着民族性格和社会制度。孟德斯鸠着重讨论了气候、土地、海洋对于政治和法律制度的影响,但这不能表明他是地理环境决定论者。全面地看,孟德斯鸠的观点是,自然法是决定成文法和社会政治制度的最终依据,但不同的民族根据自然法决定他们的政治和法律制度时,受到包括地理环境在内的各种因素的影响。

在不同的条件下,自然法派生出三种政体:共和制、君主制和独裁专制。共和制是全体或一部分国民的统治,在前一种情况下,它是民主制,在后一种情况下,它是贵族制。君主制是一个人按照基本的法则,并通过中介的力量进行的统治。专制是独裁者的既不依照法律、又不通过中介力量的任意统治。不同的政体有不同的社会风俗,共和制的社会遵从公德,君主制社会崇尚荣誉,专制社会充满恐惧。

孟德斯鸠批判法国的专制制度,并不是因为它违反了自然法,而是因为它不符合法国的国情。他拿法国和英国进行对比,认为两国的民族性和地理环境差别不大,但政治和法律差别却十分显著,可见是一些人为的因素阻碍了法国人合理地运用自然法。他主张法国向英国学习,采用民主制度。他对三权分立的合理性的论证比洛克更加深入,为后来的法国大革命设计了政治蓝图。

伏尔泰的理神论

伏尔泰(Voltaìre,1694—1778年)原名为弗朗索瓦·阿鲁埃(Franscis Arouet),伏尔泰是他的笔名。他出身于巴黎的一个平民家庭,毕业于耶稣会办的大路易学校。年轻时因与贵族发生冲突,两次被关进巴士底监狱。1726年到英国,写了歌颂洛克和牛顿思想的《哲学通讯》,回国后这本书遭到查禁,为逃避迫害,1734至1750年,他在女友夏德莱夫人的城堡里生活,在那里写了《牛顿的哲学》《形而上学论》等著作。1750年,应德国弗里德

---

① 《西方哲学原著选读》,下卷,商务印书馆,1982年,40页。

利克大帝邀请去柏林,因政见不和而离去,先去日内瓦,发表《风俗论》。1758至1778年,他定居在瑞士和法国交界的凡尔梯,在那里广泛结交各国启蒙学者,并出版了《宽容论》《哲学词典》(为《百科全书》撰写的词条辑)、《无知的哲学家》和《理神论者信仰的自白》。1778年,路易十五去世,伏尔泰凯旋般地回到巴黎,同年逝世。伏尔泰还是戏曲家、诗人、小说家和历史学家。他的哲学专著以尖锐的风格和流畅的笔调而广泛流传,但没有太多的深刻创见。

伏尔泰对天主教会和封建专制进行了激进的批判,批判的对象不仅仅是信仰的非理性,而且是迷信的非人性的罪恶。他甚至用"两足禽兽""败类"等激烈语言攻击僧侣阶层。但是,伏尔泰不是无神论者,相反,他不满意笛卡儿的哲学经过斯宾诺莎而导致无神论的结论。他说:"我看到有很多人受笛卡儿主义的影响而把上帝等同于事物的总和;我也看到,没有一个牛顿主义者不是严格意义上的理神论者。"

需要说明的是,这里的"理神论"(deism,也译为自然神论)与"有神论"(theism)有别。有神论的反面是无神论(atheism),理神论和泛神论(pantheism)介于有神论和无神论之间。一般说来,泛神论否认超越或独立于世界的神,理神论否认人类理性不可理解的神,两者都可能导致否认有人格的神的无神论;但是,泛神论和理神论毕竟承认神的存在和智慧、全能等属性,往往和有神论一起反对无神论。

伏尔泰既反对天主教会和僧侣们信仰的有神论,也反对无神论。他有两则名言:一则是"即使上帝不存在,也要创造一个";一则是"整个自然都在高声地告诉我们,上帝是存在的"。前者说明上帝存在的必要性,后者说明上帝存在的充分理由。伏尔泰吸收洛克的经验论和牛顿的自然观,建立了具有代表性的理神论。

伏尔泰从牛顿物理学中找到上帝存在的充分理由。他说:"牛顿的全部哲学必然导致关于一个最高存在者创造一切、安排一切的知识。"①在《形而上学论》中,他把宇宙看做一座钟,引力是发条,各部分可以精确地、和谐地运转,需要外力推动,必须有一个最初的推动者。同时,物质的存在也证明了造物主的存在;因为自然界有真空,所以物质是有限的;如果物质是有限的,它就是偶然的,依赖外力的;因此,运动和引力不是物质的本质,而是

---

① 转引自 F. Copleston, *A History of Philosophy*, vol. vi, pt. 1, Image Books, New York, p. 33。

被上帝置入其中的。按照同样的推理,伏尔泰说,没有证据表明上帝不把思维也置入物质之中。这句话并不能说明伏尔泰相信物质能够思维的唯物主义观点,相反,他相信物质本身既不能运动,也不能思维;如果物质确实在运动和思维,那只能是上帝的工作。

但是,上帝只是宇宙的第一推动者和自然规律的制定者,他在创世之后,便不再干预,他犹如一位建筑师,在完成宇宙大厦之后,不再过问大厦的使用;上帝是为自然立法、使机器运转又不干涉它的几何学家。上帝只发一次命令,宇宙便永远服从。伏尔泰认为,宇宙被严格的规律所决定,因此可以被人的理性所把握。从严格的决定论出发,他还否定了人的自由意志。他说:"任何事物都有原因,人的意志也有原因,人的自由都是他最终接受的观念造成的结果。"①我们可以看到,伏尔泰的理神论带有浓厚的机械论色彩。

上帝的存在不仅对于理性是必然的,对道德世界也是必要的。社会没有正义不可能维持,没有上帝的赏善罚恶,正义就不能在人心中维持。一般民众不是哲学家,不能靠理性来决定自己的道德准则,需要宗教信仰作为道德的前提。但他反对利用上帝观念,制造迷信、狂热和专制。他的理神论信仰和宗教宽容思想也是一致的。他推崇英国的宗教宽容,指出那里有三十多种宗教,人民却能和平地幸福生活。英国的开明君主(君主立宪)制使得君主有无限的权力行善,却无力为非作歹。

值得指出的是,伏尔泰是一位"中国之友"(sinophilia),他对中国文化的热爱与他的理性主义的历史观有关。他认为人类的进步开始于脱离动物界,能够用理性支配生活。开明的专制为人类理性的萌发提供了必要的条件。伏尔泰把中国的政体当作开明专制的典范,因此在《风俗论》中把中国作为人类历史的发祥地,人类的理性和文明从中国开始,经过印度、波斯和阿拉伯,最后才到达西方教会。伏尔泰根本不相信奥古斯丁等人所谓的从《旧约》时代开始的"圣史"。他说,这段历史充满着谎言和幻想,西方历史开始于9世纪的卡洛林时期,真正的信史开始于15世纪。与此形成鲜明对照的是,伏尔泰以崇敬的心情看待中国古代圣贤的事迹,他把春秋时代赵氏孤儿的故事改编成戏剧《中国孤儿》,以颂扬中国圣贤的道德。他对中国文化有一段评价:"总的说来,秩序和温和的精神,科学的情趣,对生活有益的

---

① 转引自 F. Copleston, *A History of Philosophy*, vol. vi, pt. 1, Image Books, New York, p. 35。

艺术修养,手工制作的奇异发明,这些就是中国智慧的本质。"①他对中国的颂扬有着强烈的现实政治目的,那就是,以他所理解的中国人的世俗的、健全的理性来批判法国的专制制度和宗教迷信。

第二节 卢 梭

让·雅克·卢梭(Jean Jacques Rousseau,1712—1778年)出生于日内瓦的一个钟表匠家庭,童年时即失去母亲,被他人收养。10岁时出走,在社会上流浪。在华伦夫人的家中,他受到良好的教育。两人分手后,卢梭于1742年来到巴黎,与百科全书派和休谟都有往来。在巴黎,他写了《社会契约论》《爱弥尔》等重要著作。1764年,巴黎法院查禁《爱弥尔》一书,并下令逮捕作者。卢梭流亡到英国。休谟极力帮助他,但他却猜忌休谟要迫害他,两人关系遂告破裂。卢梭不得不返回法国,在贫病交加之中离开人世。卢梭是平民知识分子的代表,他才智过人,但感情极不稳定,难以与人维持长久关系。他在生活中的失败并不能掩盖他的思想光辉。他的著作《论人类不平等的起源和基础》《社会契约论》《爱弥尔》《忏悔录》等,都是影响人类思想的重要精神财富。

自然和文明的对立

卢梭之前的近代哲学家大多相信人类在进入社会之前有一个自然状态,并把由自然状态向社会状态的过渡当作历史的进步。卢梭也把人类历史划分为自然状态和社会状态,把自然状态作为社会政治学说的出发点。但是,他不同意其他哲学家的观点,他认为人生而自由,只是在进入社会之后才逐渐失去自由,社会不平等伴随着文明进程而出现和发展,因而产生了《社会契约论》一开始所说的"人生而自由,却无往不在枷锁之中"的悖谬。

卢梭的自然状态说,与其说是历史事实,不如说是为了阐明人的本性,为了正确地判断我们现在所处的状态,而采用的一种理论假设。他使用抽象分析的方法,从"人所形成的人性",即既成的人性事实中,剔除人的社会性,剩下的就是人的自然本性。经过这样的抽象,他能够透过丑恶的现实和

---

① 转引自 H. Vyverberg, *Human Nature, Culture Diversity and French Enlightenment*, Oxford, 1989, p.137。

社会的罪恶,追溯到自然状态中的人的善良本性。卢梭在致克里斯多夫的信里说,他的全部著作都在强调性善论:

> 我在所有著作中,并以我所能达到的最清晰的方式所说明的道德的基本原则是,人是本性为善的存在者,他热爱正义和秩序;人心中没有原初的堕落;自然的原初运动总是正确的⋯⋯一切加诸人心的邪恶都不出于人的本性。①

这段话清楚地表明,卢梭的政治学说的基础是性善论,他在此基础上研究适合人的本性的自然规律以及造成社会不平等的原因。

卢梭所谓的自然状态指没有人际交往、语言、家庭、住所、技能的人类最初状态。在此条件下,人的全部欲望是肉体需要,没有理性,没有"你的""我的"的观念。自然状态的人具有的自我保存和怜悯情感等善良的本能,以及区别于其他生物的"自我完善化"的能力。人对自然有服从或反抗的自由,并意识到这种自由,"因而才显示出他的精神的灵性"。

自然状态既赋予人以自由,也包含着丧失自由的原因。人在生理上是不平等的,这是"由年龄、健康体力以及智慧或心灵的性质的不同"等自然原因造成的。个人充分发挥自己不同的自然能力,在技巧、知识、声誉、分配等方面产生了事实上的不平等,最后到达自然状态的终点——私有制的产生。卢梭说,私有制首先产生于对土地权的要求,"谁第一个把一块土地圈起来并想到说:'这是我的',而且找到一个头脑十分简单的人,居然相信了他的话,谁就是文明社会的真正奠基人"②。

社会不平等伴随着文明的进程而加深。文明的第一阶段是法律和私有财产权的确定;第二阶段是官职的设置,通过契约建立国家政权;在第三阶段,合法的权力变为专制,富人和穷人、强者和弱者、主人和奴隶的不平等发展到极点。物极必反,在文明发展的最后阶段,暴君被暴力所推翻,社会开始新的平等。

卢梭关于社会的学说包含着对人类文明的反省,它克服了启蒙学者盲目的社会进步观。卢梭的第一篇论文对第戎科学院征文题《科学和艺术的复兴是否有助于敦化风俗?》做了否定的回答。在他看来,文明与自然、理

---

① 转引自 H. Vyverberg, *Human Nature, Culture Diversity and French Enlightenment*, Oxford, 1989, p.52。

② 《十八世纪法国哲学》,北京大学外国哲学史教研室编译,商务印书馆,1979年,154页。

性与自然本能相比,是一种蜕变,甚至是堕落。人类征服自然的自由并没有带来人的自由,技能的进步并不伴随着道德的进步。他对文明的批判着重指出,文明的基础是私有制。他说:"各种不平等最后必然会归结到财产上去。"①卢梭对所有制的批判预示了资本主义行将出现的矛盾,对现代社会的弊病有先见之明。

自由和平等的理想

如同任何社会政治学说都是现实和理想的结合一样,卢梭的学说也是如此。《论人类不平等的起源和基础》的主题是探讨不平等的现实,《社会契约论》则提出了自由和平等的理想。前者的终点是后者的起点:专制被暴力推翻之后,人们面临的问题是:如何在社会中达到新的平等?如何摆脱不平等的桎梏?卢梭说,可能的出路有三条:一是回到自然状态,二是通过暴力革命废除一切不平等的根源,三是用社会契约来保障社会平等。第一条道路是不可行的,人们不可能再返归自然状态,私有制也不可能废除。第二条道路也走不通,因为暴力不能产生合法的权利,在暴力面前,既无义务,也无权利可言。卢梭说:"既然任何人都没有一种自然的权威驾御他的同类,既然暴力并不产生任何权利,那么剩下就只能用契约作为人间一切合法权利的基础。"②卢梭提出了与霍布斯和洛克不同的另一种类型的社会契约论。他的观点的新颖之处有以下几点。

社会契约不是在进入社会之前的自然状态中制定的,而是在社会中制定的。人们两次制定契约:第一次是在不平等的情况下制定的,目的是为了建立国家政权,其结果是加深了社会的不平等;第二次是在平等的条件下制定的,目的是建立一个能够保障人们自由和平等的国家政权。只有第二次制定的契约才是真正意义上的社会契约,即,社会的全体成员在平等的条件下的自由选择。

社会契约的核心是权利的转让。在转让什么、转让给谁等关键问题上,卢梭的回答与他的前辈都不同。霍布斯要求把除生命权以外的全部权利都转让给代理人,洛克要求只把财产仲裁权转让给代理人,卢梭的要求却是:一切人把一切权利转让给一切人。卢梭说,只有这种转让才是对所有人都

---

① 卢梭:《论人类不平等的起源和基础》,李常山译,商务印书馆,1983年,143页。
② 《西方哲学原著选读》,下卷,商务印书馆,1982年,69页。

是平等的:"每一个人既然把自己交给所有人,也就不是交给任何一个人;而人们既然把支配自己的权利交了出来,也获得了同样的支配所有参加联合的人,那么,也就得到了与自己所失去的一切等价的东西,而又得到了更大的力量保持自己的所有物。"就是说,每一个人都没有把自己奉献给任何一个人,反而从所有订约者那里获得了与自己转让给他们同样多的权利,并没有失去自由的权利,却反而得到了更多的东西,那就是,自由权不会被任何人的权利剥夺。

最后,社会契约所产生的结果既不是霍布斯所说的有绝对权力的"利维坦",也不是洛克所说的只有有限权力的政府,而是集强制的权力和自由的权利于一身的"公意"。所谓公意指全体订约人的公共人格,是他们的人身和意志的"道义共同体",它是"每一个成员作为整体的不可分的一部分"。① 我们要知道,"公意"是一个抽象概念,而不是一个集合概念;公意不等于众意,不等于所有的个别意志的总和。公意是没有相互矛盾的个人利益,它是在扣除众意中相异部分之后所剩下的相同部分。公意永远以公共利益为出发点和归宿,因此永远是公正的,不会犯错误。

"公意"又是一个辩证的概念,它达到了后来黑格尔所说的矛盾性质的统一。首先,公意既是抽象的,也是具体的;它的化身是保障人人平等的法律和使得每一个人都能享受他们的自由权的政体。其次,公意既是一般的,也是个别的;它的个体形式是每一个人的合法的权利,人人都既是自由的主体,又是他人自由的受体。再者,公意既是自由的,也是服从的。卢梭说:"惟有服从自己制订的法律,才是自由。"② 自由并不与服从相矛盾,服从一己私利为不自由,服从公意为自由。一个人如不服从公意,也就是不愿自由,法律可以强迫他自由。总之,卢梭的公意学说把自由的普遍性和意志的绝对性结合在一起,对康德的自由观和"善良意志"说产生影响。

公意学说的实践意义更为重大。在现实生活中,公意的抽象概念不止一次地转化为"主权在民""人民的政权"等政治口号和民选政府的实践。公意的第一次实践就是法国大革命。这场革命的领袖虽有左中右派之分,但都是卢梭的信徒,都以"公意"相标榜,以"公民"相称呼。1871 年的巴黎公社是表达"公意"的又一次实践。罗素说,独裁统治也利用了卢梭关于公

---

① 《西方哲学原著选读》,下卷,商务印书馆,1982 年,72 页。
② 《十八世纪法国哲学》,商务印书馆,1979 年,175 页。

意的学说。① 明眼人不难看出，现代独裁主义标榜的"人民政权""公众意志"只有权力意志的绝对性，而无自由权利的普遍性，是不符合卢梭关于公意的论述的。

良 心 论

如前所述，卢梭的这种哲学的伦理基础是性善论。他的性善论是一种良心论。良心是天赋的自然感情，相当于"不虑而知，不学而能"的良知良能。自然状态的人无理性和知识，但有良心；在社会状态中，良心不但在道德生活领域，在知识和理智活动领域也起着判别真假是非的规范作用。卢梭宣称，他的知识论的原则是良心原则，这就是：

怀着对真理的热爱，采用一种简单、方便，使我免于徒然地详加论证的规则，去对待一切哲学和一切方法，根据这种原则重新考察那些与我有关的知识，决定承认凡是凭着良心不能加以拒绝的知识都是明确的，凡是我觉得与这些知识有必然联系的知识，都是真实的，而对于其余的一切都存疑，既不拒绝，也不承认。

根据这条原则，卢梭论证说，"我存在"和"外物存在"并不是理性推理的发现，而是感觉展示在良心上的真理。他深知自己的知识论与笛卡儿的天赋观念论和经验论者的知识论的区别所在，如他所言："如果引起和迫使我作出这些判断的是我所获得的印象，我作这些探索就是白费气力了。"②

从根本上说，卢梭的良心论的本体论基础是意志主义的理神论和自然观。从主观的角度看，良心是内心体验到的意志的能动力量；从客观的角度看，良心的对象是客观的意志。卢梭说："我是凭意志的行动而非凭着它的本性来认识意志的。""意志的行动"是推动事物活动的动力，"意志的本性"是推动事物活动的实体。卢梭把上帝称为"能动的思维实体"，他和伏尔泰一样，认为"物质并不产生运动"，物质的运动是神的见证。他说：

选择是一个能动的思维实体的活动，因此这个实体是存在的，你在哪里见到它的存在呢？请告诉我。我不仅在旋转的天体上，在照耀的星辰上，也不仅在我自己身上，而且在吃草的绵羊身上，在飞翔的鸟身

---

① 罗素：《西方哲学史》，下卷，商务印书馆，1982年，243页。
② 《西方哲学原著选读》，下卷，商务印书馆，1982年，79页。

上,在下落的石头上,在风吹起来的树叶上见到它的。因此我认为,世界被一个强大而有智慧的意志统治着;我见到它,或者不如说我感到它。①

感到这个意志活动的是良心,意志是能动的良心的源泉。

良心在道德中的作用尤为重要。良心不是消极的感觉,它先于后天的观念并对观念做鉴定和取舍,因此具有趋利避害、向善背恶的天然倾向。卢梭为良心谱写了一曲响亮的赞歌:

> 良心,良心,你是神圣的本能,不朽的天堂呼声!你是一个无知而狭隘的生物的可靠的导师;你是理智而且自由的;你是善与恶的万无一失的评判者,你使人与神相似;你造成人的天性的优越和人的行为的美德;若是没有你,我在心中就感觉不到任何使我高于禽兽的东西了。

卢梭明确地说,人之所以高于禽兽,不在理性,而在良心;无良心的理性是"无规范""无原则"的,是一种"倒霉的特权";依靠它,只会弄得"错上加错,不知伊于胡底了"。②

卢梭在十七八世纪哲学家为理性高唱赞歌时,崇尚友爱、善意和虔诚。他说明了这样一个道理:人的真正本性不在少数有教养的人才具有的理性,而在于人所共有的情感。他用普通人的良心代替了少数知识精英的精神特权,发现了人的真正价值所在,这是他的思想所具有的人民性的突出表现。在其他启蒙学者为文明、科学和进步唱赞歌时,卢梭却敏锐地觉察到其中隐含的危险的弊端。随着现代化所带来的各种弊端的暴露,他的学说越发引起人们的注意。

第三节　百科全书派

"百科全书"指《科学、艺术和工艺百科全书》,该书由狄德罗和达朗贝尔于1751年开始编辑,1757年出版前七卷,法国政府以藐视宗教和王权为由,要禁止其余各卷的出版,达朗贝尔不再担任编辑,在狄德罗坚持不懈的努力下,至1771年终于出齐全书,共三十五卷。在编写过程中,作者们组成

---

① 《西方哲学原著选读》,下卷,商务印书馆,1982年,84页。
② 同上书,86页。

了一个哲学家群体,被称为"百科全书派",包括孔狄亚克、爱尔维修、狄德罗、霍尔巴赫等人。这一派别把机械唯物主义原则贯彻到人类知识(包括社会、政治、历史、宗教、伦理、美学)的一切领域,公开、彻底地反对宗教,在政治上反对封建专制。百科全书派特指启蒙时期唯物主义的、战斗的无神论者。根据这一思想特征,拉美特利虽然没有参加百科全书的撰写,我们也可把他列入百科全书派;孟德斯鸠、伏尔泰和卢梭虽然参加了百科全书的撰写,但他们相信自然神论,人们一般不把他们列入这一派别。

孔狄亚克的感觉主义

埃蒂亚纳·孔狄亚克(Etienne Condillac,1715—1780年)毕业于索尔邦神学院,神父出身,著有《人类知识起源论》《感觉论》《体系论》等著作。孔狄亚克受洛克经验论影响,并吸收了贝克莱对感觉的详尽分析,但同时克服了他们的怀疑论和唯心论。根据唯物主义的反映论,孔狄亚克提出了镜面反映原则。他说,心灵犹如镜面,能准确地反映表象,心中的形象能够与外物"同等地"符合。这种"等同论"使他得出"对象是你感觉到的性质集合"的结论。这与贝克莱的"存在就是被感知"的命题在表达上相似,但在内容实质上根本不同。因为孔狄亚克明确地说,观念不是独立实体,而只是外物的真实反映。孔狄亚克站在唯物主义的立场上,克服洛克的"双重经验说"的不彻底性。他只承认一个来源,那就是对外物的感觉;反省不是独立的来源,是在感觉基础上进行的。感觉的复杂多样性可以用外物刺激的不同强度来说明,"无须在灵魂中假定任何别的东西"。①

孔狄亚克贯彻机械唯物主义的原则,一反认识论中的视觉中心主义,提出了触觉中心主义。他的理由是:"只能以广袤来认识广袤,以形体来认识形体。"②因此,惟有触觉才能以身体来认识外部的形体。听、味、视、嗅"不能提供任何关于外物的观念,那是因为,它们凭自身只能使灵魂发生变更"。孔狄亚克的意思是,通过触觉感知到的是事物的原形,好像是洛克所说的第一性的质的观念;通过其他感觉所感知的是外物在心灵中造成的变形,好像是第二性的质的观念。但是,他也承认,由于感觉的统一性,凭借触觉的帮助,其他感觉可以与事物的形象、大小结合在一起,"于是灵魂的变

---

① 《西方哲学原著选读》,下卷,商务印书馆,1982年,88页、97页、90页。
② 《十八世纪法国哲学》,商务印书馆,1979年,138页。

更变成了存在于灵魂以外的一切事物的性质"。① 这与贝克莱用第二性的质的观念的主观性来否认事物性质的客观性的立场,也是大不相同的。

拉美特利的"人是机器"说

茹利安·拉美特利(Julien La Mettrie,1709—1751 年)毕业于荷兰莱顿大学,医生出身,1745 年,他在巴黎出版《心灵自然史》,遭到当局的迫害,被迫逃往荷兰和普鲁士。在普鲁士,他担任国王腓特烈的宫廷医生。流亡期间,他发表了《人是机器》《人是植物》等著作。

拉美特利的出发点是笛卡儿哲学。我们知道,笛卡儿认为人的身体是一架机器,但人的心灵却是完全不同的精神实体。拉美特利继承了笛卡儿的机械论,他称赞笛卡儿"第一个完满地证明了动物是纯粹的机器";同时,他也指出笛卡儿身心二元论的错误。拉美特利把机械论的原则贯彻到底,得出了"人是机器"的结论。他提出的理由可归纳为以下几点。

首先,世界万物形态不同,但却是由同样的材料构成的。拉美特利说:"人并不是用什么贵重的材料捏出来的,自然只用了一种同样的面粉团子,它只是用不同的方式改变了这面粉团子的酵料而已。"②在事物材料的统一性的意义上,我们甚至可以说"人是植物"。

拉美特利还使用大量的观察证据说明精神的生理基础,他要"通过人体的器官把心灵剖析出来",即,把心灵的运动还原为机器的运动。他对人的观察与他当医生的经验有关,很多描述很逼真、细致。比如,他这样描写人的物理性:

> 人体是一架会自己发动自己的机器,一架永动机的活生生的模型,体温推动它,食料支持它。没有食料,心灵就渐渐瘫痪下去,徒然疯狂地挣扎一下,终于倒下死去。

再如,他这样描述气候环境对人的影响:

> 如果变换了气候环境,一个人就会不由自主地感到水土不服。人是一株能游动的植物,他自己把自己移植到另一个地方;如果气候不是原来的气候,那就难怪他要退化或者进化了。

---

① 《西方哲学原著选读》,下卷,商务印书馆,1982 年,93 页、94 页。
② 同上书,117 页。

他这样描写人的动物性:

> 把人和动物的内脏打开来看看,要不是我们从人和动物的构造上看到这样完全相似,还谈得上什么认识人性的方法。①

拉美特利也还是从人的生理特征出发,说明了思维器官——大脑的物质性。他这样描述大脑功能的机械性:"正像提琴的一根弦或钢琴的一个键受到震动而发出的声响一样,声浪所打击的脑弦也被激动起来,发出或重新发出那些感到它们的活动。"拉美特利把笛卡儿所说的心灵从人这架机器中完全驱逐出去。他说:

> 心灵的一切活动既然这样依赖大脑和整个身体组织,那就很显然,这些作用不是别的,就是这个组织本身。这是一架多么聪明的机器,……比最完善的动物再多几个齿轮,再多几根弹簧,大脑和心脏的距离成比例地更接近一些,因此,(心脏)所接受的血液更充足一些,于是,那个理性就产生了。

即使人的良知,也可以用身体的机械作用来说明。虽然拉美特利承认,他现在还不知道如何说明羞恶之心产生的实际过程,但他深信:"人体组织足以说明一切","心灵只是一个毫无意义的空洞名词"。②

拉美特利与贝克莱可以说是两个极端,但给人的印象却不一样:人们很难驳倒贝克莱,但却不愿相信他;人们不难反驳拉美特利,但却倾向于相信他说得有道理。

狄德罗的生机论的唯物主义

德尼·狄德罗(Denis Diderot,1713—1784 年),平民出身,毕业于巴黎大学文科,毕业后无固定职业,在巴黎从事著述。1746 年出版的《哲学思想录》被法院查禁,后来又因无神论的言论被投入监狱。出狱后不遗余力地从事百科全书的编辑出版。他的热忱和顽强使他成为百科全书派的领袖。除为百科全书写的大量词条外,还著有《对自然的解释》《达朗贝和狄德罗的谈话》《关于物质和运动的原理》等。

狄德罗的唯物主义思辨性强,包含辩证因素,在不少方面克服了近代哲

---

① 《西方哲学原著选读》,下卷,商务印书馆,1982 年,107 页、109 页。
② 同上书,113 页、122—123 页。

学常见的机械论的简单片面性。他的唯物论有下列不同于机械论的一些特点。

机械论把物质的本质属性等同于广延,物质的形态只是物理学所研究的刚体。针对拉美特利所说的自然界只有一种"面粉团子"的观点,狄德罗提出了"物质异质性"思想。他说:"自然界的一切事物决不可能是由一种完全相同的物质产生出来的,正如决不可能单单用一种完全同样的颜色表现一切事物一样";自然界的丰富多彩需要"不同的异质的物质",仅用物质的广延和机械运动是解释不了纷纭的现象的。狄德罗猜测:

> 自古以来就有一些属于动物性的元素散布和搅混在物质大块中,这些元素很可能在某个时候结合起来,它们形成的胚胎经过无数的组织和发展,它们相继地具有了运动、感觉、观念、思想、反省、意识、情感、欲望、记号、手势、声音、音节分明的声音、语言、法律、科学和艺术。这些发展阶段的每一个都经过几百年。①

狄德罗所说的"动物性的元素"相当于现在所说的有机分子。他把有机物的发展看做由低级到高级的进化过程,这与机械唯物主义把高级的意识活动还原为低级的机械活动的做法是截然不同的。

机械论用外力的推动来解释物质的运动,狄德罗却认为物质自身能够运动。他把物质内部的能动性称为感受性,认为感受性是物质的基本性质。他说,甚至连石头也有感受性,它与人的感受性只有迟钝与活跃的区别;当人用大理石做雕像时,这是"用肉造大理石",但相反的"用大理石造肉"的过程也是可能的:"把大理石块捣成极细极细的粉末,把这种粉末搅和到粪土或腐殖土中",等若干年后,大理石粉末完全变成粪土,从中生长出植物,由植物再生成出动物。这就是"从大理石到粪土,从粪土到植物界,从植物界到动物界、到肌肉的过渡"②。很明显,狄德罗的物质进化观是一种物活论的思想,这种思想不符合现代科学知识,但在当时却具有一定的哲学意义,它解释了机械论所不能解释的自然界的连续性,它说明,有机和无机、感觉和思维之间并无截然界限,物质形态之间有过渡、发展和进化关系。

---

① 《西方哲学原著选读》,下卷,商务印书馆,1982年,133页、135页。
② 同上书,140页。

狄德罗设定一切物质都有感受性的另一重要意义是,解释了机械唯物论解释不了的一个问题:无感觉的物质何以能产生有感觉的物质? 按照狄德罗的解释,感受性指事物对外界作用的接受和反应能力。感觉、记忆和自我意识是有机体由低到高的能力。人的精神活动的能力是最高级的感受性,这是可以相互影响、相互作用的感受,狄德罗称之为交感。他把人的感官比作乐器,把交感比作声音的震荡。他说:

> 我们就是赋有感受性和记忆的乐器,我们的感官就是键盘,我们周围的自然弹它,它自己也常常弹自己。

按照交感的学说和乐器的比喻,他这样解释人的注意力:

> 我把我们器官的纤维比作一些有感觉的、振动的弦子。有感觉的、振动的弦子在我们弹它以后还震荡、回响很久。就是这种震荡和必然的回响,在保持对象的继续呈现,同时理智正在注意适合于这个对象的性质。

他这样解释记忆:

> 首先有一个印象,它的原因在乐器的内部或外部,然后有一个感觉从这个印象产生,并且持续一段时间,因为我们无法想象感觉是在一个不可分的瞬间产生和消灭的;然后又有另一个印象随之而来,它的原因同样在动物的内部或外部;然后又有第二个感觉和一些语音出现,用一些自然的声音和约定的声音表达它们。

这些都是自然弹我们的感官或我们的感官"自己弹自己"而产生的交感。人与人的感官之间也可以发生交感,这样就产生了人类思想的共同性。狄德罗解释说:

> 如果一个动物是一件有感觉的乐器,和另一件乐器完全相像,赋有同样的构造,绷着同样的弦,以同样的方式由快乐、痛苦、饥饿、口渴和恐怖弹奏着,那么,不管在南北极,还是在赤道上,它是不可能发出不同声音来的。……我们应当从需要中,从接近中去找约定声音的来源。

狄德罗批判说,贝克莱认为一个人只能感觉到他自己的观念,这好像是"在一个发疯的时刻,有感觉的钢琴以为自己是世界上存在的唯一的钢琴,宇宙的全部和谐都发生在它身上"。①

狄德罗解释的感受作用并不完全与机械推动作用相矛盾,两者都是物质的运动所必需的力。狄德罗的运动观不仅受力学影响,而且注意到化学和生物学的成果。他坚持物质和运动的不可分性,运动可分为移动和激动两种。力不仅是物质的移动所需的外部推动力,而且也是分子内部的力,内部的力比外力更重要。狄德罗说:"作用于分子的力是会消耗的,分子内部的力是不会消耗的。这种力是不变的、永恒的。"狄德罗已经具有力的总量守恒的观念,他说,激动和移动成反比,"激动的总和越大,移动的总和就越小;反过来,移动的总和越大,激动的总和就越小"。② 机械论只能解释物体的移动,但解释不了分子内部的激动。事物的感受性和人的感觉和思想的交感,都属于激动,而不是移动,需要用另外的理论加以解释。狄德罗虽然没有使用"生机论"这一名称,但从内容上看,他的思想有着明显的生机论色彩,这就是我们为什么把他的学说称作生机论的唯物主义的理由。

爱尔维修的功利主义伦理观

克劳德·爱尔维修(Claude Helvetius,1715—1771年)出身上层社会,他与伏尔泰、狄德罗都是巴黎的大路易学校的毕业生。曾任政府总包税官的职务,后辞职专事著述。1758年发表的《论精神》一书被巴黎法院查禁。他晚年写作的《论人》在去世后才在荷兰的海牙出版。

爱尔维修说:"哲学家研究人,对象是人的幸福。"他的目的是建立一种像实验物理学那样的道德学。这一学说以感觉论为理论基础。爱尔维修把感觉分为两种:一为肉体感觉性,这是"接受外界对象在我们身上造成的各种印象的能力";一为记忆,它是"保存这些对象在我们身上造成的印象的能力"。总之,感觉只是接受力,一切精神活动都可被归结为感觉,并且最终还原为肉体感受性。爱尔维修说,只有"把道德科学归结为肉体感受性这一简单的事实",这门科学才能成为可能。③

爱尔维修认为,快乐和痛苦是支配人的行动的肉体感受性,因此,道德科学的基础是快乐主义。他说,肉体的痛苦和快乐是驱使人们行动的真正

---

① 《西方哲学原著选读》,下卷,商务印书馆,1982年,145页、144页、148页。
② 同上书,129页。
③ 同上书,167页、168页、191页。

原因和动力,避苦求乐的"自爱"原则是"支配人的行动的唯一原则"。① 他说:"在任何时代、任何国家,人们过去和未来都是爱自己甚于爱别人的。"②

从广义上说,自爱原则属于利益规律。最普遍的规律有两种:自然界服从运动规律,精神世界则不折不扣地服从利益规律。所谓利益,指一切使人幸福的东西。道德要以人的利益为准绳,"利益支配着我们的一切判断"。

爱尔维修的自爱原则表达的是个人主义的立场,利益规律则起调和个人利益和集体利益的作用。爱尔维修以"公众无非是一切个人的集合"为由,主张以公共利益为准绳,"根据各种对公众有利、有害或无谓,把它们分别称为道德的、罪恶的,或者可以容许的"。爱尔维修以公共利益是个人利益的集合为由,要求人们为了自己的个人利益而服从追求公共利益。虽然爱尔维修没有使用"功利主义"这一术语,但他把建立在自爱原则上的公共福利作为"最高的法律"。③ 这是典型的功利主义思想。

爱尔维修也遇到让后来的功利主义者挠头的问题:在个人利益与公共利益不符合,甚至相冲突的情况下,如何把个人利益与公共利益结合起来?为了解决这个问题,爱尔维修提出环境决定论。按照这一理论,人的情感有两种:自然直接赋予的与在社会环境中获得的;前者是不可改变的、共同的情感,后者是差异、可变的情感。结论是明显的:个人利益之间的差异主要是由于社会环境造成的,我们就应该创造一种能够使个人利益相一致的社会环境,而消除那种使人们的利益相冲突的社会环境。

爱尔维修是环境决定论者,但不是一元决定论者。他所说的社会环境指影响、熏陶人的外部条件的总和,他在社会环境的诸因素中,一是强调政治,说政治在社会环境中起决定作用,民族性格由政治制度决定;二是强调法律,说法律造成一切;三又强调教育,说教育的力量最有力,能够改变不合理的政治。但他始终没有指出一个最后起决定性的因素。

俄国的马克思主义者普列汉诺夫也指出,马克思以前的唯物主义没有跳出环境与思想的循环决定论,即,在自然领域认为环境决定思想,在社会领域认为思想决定环境;马克思找到了第三个因素,即生产力的因素,作为决定环境和思想的最终的决定性力量。④ 在从环境决定论到一元论的唯物

---

① 《西方哲学原著选读》,下卷,商务印书馆,1982 年,179 页。
② 《十八世纪法国哲学》,商务印书馆,1979 年,501 页。
③ 《西方哲学原著选读》,下卷,商务印书馆,1982 年,182 页、191 页。
④ 普列汉诺夫:《论一元论历史观之发展》,博古译,三联书店,1965 年,7—12 页。

历史观的发展过程中,爱尔维修占据着重要的位置。

霍尔巴赫的机械决定论

保尔·霍尔巴赫(Paul Holbach,1723—1789年)是德国血统的贵族,12岁时移居巴黎,毕业于荷兰的莱顿大学;30岁时继承伯父的男爵封号和遗产,使得他能够在精神上和物质上大力支持百科全书的出版,他家的沙龙是百科全书派的聚集处。除了为百科全书所写的近四百个条目外,还著有《自然的体系》《社会体系》《神圣的瘟疫》《健全的思想》等。

与法国的那些启蒙学者相比,霍尔巴赫具有德国人所特有的彻底性和对体系的爱好。他思想有两个特点:一是彻底的无神论,一是彻底的决定论。他的决定论是机械唯物主义的严格因果论的体系。霍尔巴赫说,人完全受自然因果律支配,"人是自然的产物,存在于自然之中,服从自然的法则,不能越出自然,哪怕是通过思维,也不能离开自然一步"。人没有超乎自然或异于自然的东西;所谓灵魂,不过是身体的一部分;感觉只是事物之间的接受和传达的运动,和我们在无生命界看到的物理运动没有什么根本的不同。人的认识依赖自然,错误的认识的原因在于离开自然,"人们的一切错误都是物理学方面的错误"。①

霍尔巴赫对宗教的批评也以自然观为基础。他指出,真观念是向自然学习得来的,假观念是对自然的无知。"宗教的谬误乃是一切谬误中最有害的谬误",人类的一切苦难都是宗教的谬误造成的。② 宗教的根源是对自然的无知以及由此产生的恐惧。宗教和专制制度是违反自然的错误,它们既违反了自然的法则,又违反了人的自然本性。

霍尔巴赫把人的一切活动都还原为自然因果作用。人的生命活动完全受生理规则支配,人没有意志自由,因为他不能脱离自然规则。表面上由人的思想和意志造成的历史事件实际上也受物理或生理规律的支配,只不过我们观察不到发生在人体内的细微的力量罢了,但它们造成的社会结果却是巨大的。霍尔巴赫说:

> 没有一粒原子不起重要的、必然的作用,每一个观察不到的分子摆在适宜的环境里全都产生着奇妙的结果。……自然用来推动精神世

---

① 《西方哲学原著选读》,下卷,商务印书馆,1982年,203页、206页。
② 同上书,233页。

界的杠杆,乃是一些真实的原子。……一个狂信者胆囊里过多的苦汁,一个征服者心脏里过热的血液,一个君主胃里的一种消化不良,一个你心中出现的幻想,都是一些充分的原因,足以酿成战争,把千百万人送上屠场,夷城池为平地,化都邑为劫灰,使国家长期陷于悲惨境地,饥饿不断,瘟疫流行,地球上一连数百年荆棘遍野,民不聊生。①

在社会领域,霍尔巴赫也是环境决定论者。他说,人的善恶是外部环境造成的,人的本性无善恶,只是教育、榜样、言语、交际、灌输的观念、习惯和政府等外部环境造就了人的品格。如果人们要追问:这些外部环境是由什么造成的呢？霍尔巴赫的回答是,人的行为,并又说:"我们行为的好或坏,永远取决于那些由我们造成的或别人给予我们的观念的真或假。"②这样,他就陷入了我们在前面看到的那个"环境决定思想,思想决定环境"的怪圈。

霍尔巴赫的《自然的体系》是机械唯物主义的一个典型代表。歌德曾对此进行过激烈的批评,说这一体系是灰色的,剥夺了自然和生命中最可宝贵的东西。③ 歌德的批评出自浪漫主义对机械唯物论的不满,他提出的如何评价精神和生命的崇高地位问题,确是一切唯物论者需要认真对待的。

---

① 《西方哲学原著选读》,下卷,商务印书馆,1982年,225页。
② 同上书,229页。
③ 参阅 F. Copleston, *A History of Philosophy*, vol. vi, pt. 1, Image Books, New York, p.65。

第十七章
康德的批判哲学

德国古典哲学的一般特征

在哲学史上,通常把18世纪后期到19世纪中期的德国哲学称为德国古典哲学。这里的"古典"(klassike)有两层意思:一是指古典的风格,二是指学术的典范。正如同欧洲流行的巴洛克建筑和古典乐曲代表了艺术领域恢弘典雅的风格和典范,德国古典哲学的形象是一个个富丽堂皇的结构和细致周密辨析的体系,这一时期的德国哲学家建立的宏伟的哲学体系不但是西方哲学的典范,而且在当时德国大学中被奉为科学(Wissenschaft)的最高成就。

如果要用一句话来概括德国古典哲学的特点,这句话就是:它是德国民族精神和启蒙时代精神的精华。德国古典哲学首先是德意志民族的。德国哲学的最初起源可追溯到中世纪的大阿尔伯特、艾克哈特和库萨的尼古拉那里,莱布尼茨被认为是近代第一个德国哲学家;但是,他们使用拉丁文这一当时国际通用的语言写作(莱布尼茨还用法文),并未能表达出德国人思维的特殊性。沃尔夫是第一个用德文写作的哲学家,但他表达的思想内容属于经院哲学,也不是德国特有的。造成这种情形的原因,并不是因为这些哲学家不是德国人,而是因为当时还没有真正意义上的德国民族精神。作为一个民族国家,德国的形成比英国和法国晚得多。

直到18世纪的时候,德国还像中世纪时期那样,被分割为大大小小的封建城邦。18世纪中叶之后,伴随着普鲁士王国统一德国的扩张事业的成功,德国民族意识开始觉醒。与此同时,德国哲学家也开始在精神领域用自己的哲学体系来综合统一欧洲各国的哲学。如果说费希特的《告德意志民族》标志着德国民族主义精神的兴起,那么黑格尔自觉地用代表德国民族精神的哲学来取代近代欧洲各国的哲学,他号召"以日耳曼人的严肃性和诚实性来工作,把哲学从它所陷入的孤寂境地中拯救出来"①。德国古典哲学的体系都追求大一统。追求世界万事万物的统摄原则,这本是西方哲学的传统;但德国哲学家在这方面比他们的前辈走得更远,做得更彻底。康德追求的尚且只是人类思维的先验综合原则,后来的哲学家追求的原则越来越纯粹,越来越绝对,综合的领域也越来越广泛:举凡人类思维、科学、艺术、道德、宗教都受纯粹精神的、唯一的原则的统摄,先验唯心论发展到绝对唯心论的巅峰。

德国古典哲学是启蒙运动的主角。法国大革命震撼了世界,但人们还没有来得及在哲学上反映它的精神,这场大革命就失败了。法国大革命失败以后,法国人和英国人对之做出的反应是痛心疾首地揭露和批判,反思它的负面影响和教训;哲学界被一股保守的、复辟的思潮所笼罩。但是,在政治上保守的德国,却出现了积极反映和总结法国大革命精神的哲学。在法国大革命达到高潮时,康德回答了"什么是启蒙运动"问题。他说:"要有勇气运用你自己的理智!这就是启蒙运动的口号。"②黑格尔欢呼,法国大革命是"壮丽的日出",是"一个光辉灿烂的黎明"。他写道:

  一切有思想的存在者都分享到这个新纪元的欢欣。一种崇高的情绪激动着当时的人心,一种精神的热忱震撼着整个世界,神圣的东西和世界的和谐仿佛在当下被实现了。③

德国古典哲学家肯定法国大革命的精神就是启蒙的精神。他们总结的启蒙精神是理性主义、批判精神、自由的理想和历史进步观。这四点是一致的:理性的正确运用是批判,它的目标是自由,它是在历史进步中实现的。康德说:"我们的时代是一个特别意义上的批判的时代,所有的一切都要服从批判。"④黑格尔说:"我们的时代的伟大在于承认自由和精神的财富,精神本身是自由的",又说:"理性和自由永远是我们的口号,无形的教会是把我们联结在一起的共同目标。"⑤黑格尔说:"世界历史上这一个伟大的时

---

① 黑格尔:《哲学史讲演录》,第一卷,商务印书馆,1959年,2页。
② 康德:《历史理性批判文集》,何兆武译,商务印书馆,1996年,22页。
③ 黑格尔:《历史哲学》,三联书店,1956年,493页。
④ 《纯粹理性批判》,Axii。
⑤ 《黑格尔哲学通信百封》,苗力田译,上海人民出版社,1981年,38页。

代,只有两个民族,即日耳曼民族和法兰西民族参加了,尽管它们是互相反对的";"在康德、费希特、谢林的哲学里,精神最近时期在德国向前进展所达到的革命通过思想的形式概括出来,表达出来了。"①德国古典哲学家也看到启蒙批判理性和法国大革命政治自由的局限。他们力图超越启蒙运动,把科学方法和思辨精神、泛神论和虔敬宗传统、自然情感和社会历史结合起来,哲学中的理性批判与文学狂飙突进、辩证法和浪漫主义、神学和宗教批判相互激荡相互影响,激发起系统而深邃的批判、反思和综合。

德国古典哲学不仅仅是时代精神和民族精神的集中反映,它在哲学史上具有超越时代的理论价值,这就是集大成的思想。康德的批判哲学对经验论和唯理论的总结,黑格尔对以往的哲学体系的总结,都标志着西方哲学一次大飞跃。德国古典哲学达到西方哲学史上的高峰,它固然是在前人思想的基础上形成的,但站在上面向后看去,又有"会当凌绝顶,一览众山小"之感。德国古典哲学之所以能够达到这样的高度,一方面与德国民族追求综合统一的精神气质有关,另一方面,也是哲学史研究积累的成果。到19世纪时,西方哲学史研究积累了大量的有价值的史料,但只是在德国古典哲学家按照一定的逻辑线索,在一定的理论体系中,对这些哲学史料做出选择和综合,哲学史研究才真正成为一门科学。黑格尔的《哲学史讲演录》可以说是第一部科学的哲学史著作;这里所说的科学,指史论结合这样一种科学的方法。人们可以不同意黑格尔的体系和方法,也可以不赞成他对以前哲学家的评价,但却不能不采用他所主张的逻辑与历史相统一的方法来撰写哲学史,不管他们用什么样的逻辑。在此意义上,本书是德国古典哲学开创的哲学史观的一个结果,这也是为什么本书要以德国古典哲学为终结点的一个原因。

第一节　康德理论哲学概述

伊曼努尔·康德(Immanuel Kant,1724—1804年),生于东普鲁士的格尼斯堡(该地自1945年以后,成为苏联和现在的俄罗斯的领土),父亲是一个马鞍匠。康德的家庭信奉路德宗的虔信派(Puritianism),康德从小在教会办的学校受教育,1740年进入格尼斯堡大学神学院,1745年毕业后当了

---

① 黑格尔:《哲学史讲演录》,第四卷,贺麟、王太庆译,商务印书馆,1978年,79页、240页。

九年的家庭教师。从 1755 年开始,康德一直在格尼斯堡大学任教,当了多年的编外讲师,1770 年晋升为教授。

康德一生没有离开格尼斯堡,每天生活极有规律。他每天下午都要在一条街道(它后来被命名为"康德小道")上散步,据说当地居民按照他出来的时间校正手表。但是,他那刻板和平静的表面生活与他的丰富多彩而又充满着革命思想的内心世界形成了强烈的反差。他在普鲁士这个边远小城,注视着世界的最新发展,讨论着时代的前沿问题。他在创造了深刻反映启蒙精神的批判哲学之后,又明确地提出了"什么是启蒙运动"这一至今还吸引着哲学家的问题;他一生中只有一次离家到一个一百公里外的城市旅行的经历,但他却像一个阅历丰富的旅行家那样,在人类学著作中对各国风土人情做了详细而生动的描写;他是一个虔诚的教徒,但他的理性宗教观却被普鲁士政府指责为"歪曲蔑视《圣经》和基督教的基本学说"。康德是卢梭的崇拜者,他与卢梭一样,是一个平民哲学家。他说:

> 我生性是个探求者,我渴望知识,急切地要知道更多的东西,有所发明才觉得快乐。我曾经相信这才能给予人的生活以尊严,并蔑视无知的普通民众。卢梭纠正了我,我想象中的优越感消失了,我学会了尊重人,除非我的哲学恢复一切人的公共权利,我并不认为自己比普通劳动者更有用。[1]

《纯粹理性批判》发表之后,康德成了青年学生向往的导师,政府也不断向他咨询各种问题,但为了捍卫思想自由,他不顾政府的禁令,在退休之后发表了《学院之争》(1798 年),继续讨论宗教问题。

人们常说,康德的生平就是他的著作。康德的著作以 1770 年为界,分前批判时期和批判时期;批判时期的著作又分理论哲学和实践哲学的著作。理论哲学的著作有《纯粹理性批判》(第一版或 A 版,1781 年;第二版或 B 版,1787 年)和它的简写本《未来形而上学导论》(1783 年);实践哲学的著作有《道德形而上学基础》(1785 年)、《实践理性批判》(1788 年)、《判断力批判》(1790 年)、《单纯理性限度内的宗教》(1793 年)和《道德形而上学》(1797 年)等。

---

[1] N. K. Smith, *A Commentary to Kant's Critique of Pure Reason*, Humanities, New Jersey, 1918, p. lvii.

康德在前批判时期的哲学思想经历了从唯理论到批判唯理论的转变。他接受的是莱布尼茨—沃尔夫哲学体系的教育，接受了唯理论把"天赋理性"置于经验之先和之上的基本立场。在不断的思考和探索过程中，他在接受牛顿物理学的同时也认识到经验的重要性，并由此而接受了经验论对传统形而上学和对唯理论的批判。他说，正是休谟把他从独断论的睡梦中惊醒，但他最终没有选择经验主义，而是在唯理论与经验论之间另辟蹊径，开辟了先验哲学的新路径。这一趋势的最终成果是他于1770年发表的教授就职论文《论感性世界和知性世界的形式和原则》。在这篇论文中，他明确提出，不是外部对象，而是先验形式决定我们对世界的认识；他还做出了物自体和现象的区分：物自体在认识之外，现象则在认识之内，受时空形式和知性概念的统摄。我们将看到，这些思想构成了他的批判哲学的主旨。以这篇文章为标志，康德的思想进入了批判时期。

哲学领域的"哥白尼革命"

　　发表教授就职演说之后，康德沉默了十一年，经过长期的艰辛探索，终于在1781年发表了《纯粹理性批判》。他在该书的第二版序言里，把这部书的意义概括为哲学领域的"哥白尼革命"。这场革命的任务是为了解决哲学面临的危机。在该书的第一版序言里，康德曾对哲学的历史和处境做过生动的描绘。他说，在历史上，形而上学号称是一切科学的女王，"但是，时代变了，风尚变了，现在对形而上学只有无情的轻蔑；这位年迈的贵夫人备受谴责，惨遭遗弃"。形而上学面临的最大挑战来自怀疑论。"怀疑论者们像游牧民族一样，厌恶一切固定的房舍，不时地摧毁着城邦社会"，尤其是近代的英国经验论（康德称之为"由著名的洛克创立的关于人类理智的生理学"）：

> （他们）好像把一切形而上学的纷争都结束了，把形而上学坚持为王的合法性彻底否决了。但是，尽管这位自封的女王被追查出并非金枝玉叶，无非是普通经验的庶孽，因而理应对她的僭越表示怀疑，可问题是，这个家谱实际上是她捏造出来的，她还是坚持她的主张，于是一切照旧，又再度陷入陈腐的独断论，陷入人们企图使这门学问摆脱的那种备受轻蔑的状态。

　　康德在这里用他很少使用的文学语言，指出了造成哲学危机的根源是：

(1)形而上学超越经验的企图是不合法的(它只是"普通经验的庶孽","理应对她的僭越表示怀疑");(2)经验论对形而上学的怀疑虽然有一定的道理,但不能克服形而上学的独断论,因为独断论的原则是纯理性的,而"理性使用的原则既然超出了经验的界限,也就不能再被任何来自经验的试金石加以检验了";(3)形而上学的性质决定了这门学问"完全不受经验教导,而且完全依靠单纯的概念";但是,理性至今还没有找到一个普遍的、必然的原则和标准,人们按照自己的理性标准各行其是,纷争不断,"这一个纷争不息的战场,就叫形而上学";"它的做法到现在为止只不过是暗中摸索,而且更糟糕的是在单纯的概念中间瞎摸。"[1]形而上学缺乏普遍性和必然性,表明了它缺乏科学性,由此也不能像科学那样取得共识,不断进步。那么,形而上学如何才能成为一门科学呢? 康德说,让我们看一看数学和物理学是如何走上科学的康庄大道的吧。

数学之所以成为一门科学,那要"归功于一个人在一次试探中灵机一动,造成了一场革命"。以前人们总是"死死地盯着图形",在图形中辨认它的特性;而产生数学的那场革命性的转变却要人们把自己先天地设想出来的东西归于事物,并通过这个东西必然地推导出事物的特性。康德这里说的是对几何图形的两种不同解释:一种解释认为几何图形是从事物的具体形状中抽象出来的;另一种解释认为几何图形按照先天的设想被构造出来,事物的具体形状被那些先天构造出来的图形所规定。康德认为,正是后面这样的解释,才造就了数学的科学性。物理学也是由于一场思想革命而成为科学的。康德说,物理学中那些具有决定意义的实验,都是按照理性设计做出的,这就说明了这样一个道理:

> 理性必须挟着它那些按照不变的规律下判断的原则走在前面,强迫自然回答它所提出的问题,决不能只是让自然牵着自己的鼻子走。

数学和物理学领域的革命的共同点是这样一个变化,即把从客体到主体的思想路线转变为从主体到客体的。客体即科学研究的对象,主体即科学研究的原则和概念。过去根深蒂固的观念是:科学的性质是因它所研究的对象所决定的,科学的原则、概念的普遍性和必然性是对象固有的客观

---

[1] 《西方哲学原著选读》,北京大学西方哲学史教研室编译,下卷,商务印书馆,1982年,238页、241页、242页。

性。现在康德却要反其道而行之,他把这一转变称为"哥白尼革命"。"哥白尼革命"不只是一个方法论的转变。康德把它作为形而上学领域的一场革命,正如哥白尼所完成的从"地心说"到"日心说"的转变一样,哲学的革命也涉及到认识方式的根本转变。康德像其他近代哲学家那样,效仿自然科学的成功经验,实行哲学领域的彻底变革。对此,他有这样的解释:

> 到现在为止,大家都是认定我们的知识必须依照对象,在这个前提下进行了多次试验,……可是这些试验统统失败了。那么我们不妨换一个前提试一试,看看是不是把形而上学的问题解决得好一些。这就是假定对象必须依照我们的知识。这个假定就比较符合我们的期望,我们正是盼望能有一种关于对象的先天知识,对象向我们呈现之前,就确定了某种关于对象的东西。这个设想同哥白尼当初的想法非常相似,他原来认定整个星群围绕观察者旋转,可是这样解释天体运动总是不能令人满意,于是他就想到换一个法子试一试,假定观察者旋转而星群不动,看看是不是可以得到比较满意的解释。现在我们在形而上学里也可以用类似的方式在对象的直观问题上试一试。①

康德要进行的试验并不局限于关于对象的直观,他的设想是,人的直观能力先于直观对象,并且决定了他所能够直观到的内容;不仅如此,人的概念对直观内容做出进一步的判断,形成经验知识。人的纯粹直观能力和概念,都是先于、独立于外在对象的,按照它们来认识对象即是康德所谓的"关于对象的先天知识"。康德用来表示这种知识的一般术语叫"先天综合判断"。

什么是先天综合判断?

"先天综合判断"这个概念来自休谟关于综合判断与分析判断的区分。在休谟那里,分析和综合判断的区分等于必然真理和偶然真理,又等于先天和后天判断的区分。休谟做如此区分的目的是为了把传统形而上学从人类知识领域排除出去。按照他的标准,传统形而上学是关于实体的事实判断,因此不属于分析判断,而这些判断又不以经验为标准,因此也不属于综合判断。他把这些判断看做是"诡辩和幻想",要把传统形而上学和神学著作"投到烈火中去"。

---

① 《西方哲学原著选读》,下卷,商务印书馆,1982 年,241 页、243 页。

康德的目的是建立新的形而上学,与传统形而上学一样,它的命题是必然的、先天的,而同时又是对经验世界做出的判断。为了使这种命题也能够成为人类知识,他在休谟的两类判断之外,又增加了一类更重要的判断,这就是他所谓的先天综合判断。他的理由是,分析和综合判断只是逻辑形式上的区分,而不涉及判断的内容和性质。所有的分析判断在内容上都是先天的,在性质上都是必然的,这固然不假;但我们不能因此得出结论说,所有的综合判断在内容上都是后天的,在性质上都是偶然的。一些采取了综合命题的逻辑形式的判断在内容上也可以是先天的,也可以具有必然真理的性质。因为判断的逻辑形式与它们的内容和性质是两种不同的东西,不能混为一谈。康德关于判断的逻辑形式／内容／性质的三重区分可列表说明如下:

内容 \ 性质 \ 逻辑形式		分析判断	综合判断
先天判断	必然真理	是	是
后天判断	偶然真理	否	是

先天综合判断何以可能?

从哲学史上看,康德关于先天综合判断的学说是对唯理论和经验论两种知识论的综合。经验论只承认逻辑的和数学的判断是先天必然真理,他们把综合判断等同于后天的偶然判断;唯理论把天赋观念作为知识的基础,天赋观念不仅表现为数学的和逻辑的判断,而且也表现为某些关于经验事实的判断。康德不赞成经验论把综合判断归于偶然真理的立场,因为这不啻于否认经验知识具有普遍必然性,其结果是动摇了经验科学的基础,如同休谟的怀疑论所做的那样。他于是和唯理论者一样,认为某些关于经验事实的判断也属于先天的必然真理,但是,他所谓的先天综合判断不等于唯理论者所说的天赋观念。康德看到唯理论者天赋观念说的两个缺点:第一,唯理论者所说的天赋观念有任意性,每个唯理论者都有自己心目中的天赋观念,他们没有一个关于天赋观念的统一标准,没有交代为什么有些观念是天赋的,而另一些则不是;第二,他们把知识的基础归结为天赋观念,却没有进一步考察天赋观念的基础何在,他们关于天赋观念的假定是独断的。

为了避免经验论的怀疑论和唯理论的独断论这两种极端倾向,康德提出了先天综合判断何以可能的问题。这一问题的实质是在追问:经验知识所具有的普遍必然性的最后依据是什么?如前所述,康德认为经验知识的普遍必然性表现为先天综合判断,先天综合判断的存在是不容置疑的;需要回答的问题是:哪些判断属于先天综合判断?它们为什么能够给予经验以普遍必然性?

关于第一个问题,康德回答说,经验知识中一切具有普遍必然性的判断都是先天综合判断。"先天"对于康德来说首先是一个逻辑概念,而不是一个时间概念。这就是说,先天判断并不一定是在时间上先于经验而获得的、如同天赋观念那样的东西,而是那些为经验提供必要的前提的知识要素。康德明确地把"先天"定义为"普遍必然性",因为只有具备了普遍必然性的判断才能成为经验的前提。尤其需要注意的是,先天的因素和后天的因素共同构成了人类可能具有的经验。康德所说的经验不是经验论意义上的经验,经验对于康德而言是具有普遍必然性的知识。他把"经验"(Erfahrung/experience)作为"知识"(Erkenntius/knowledge)的同义词来使用,他说:"经验知识就是经验。"①

作为经验知识的普遍必然的前提,先天综合判断可分为三类:一是数学判断,二是自然科学的基本判断,三是形而上学的判断。

说数学判断是先天判断,这在当时没有什么异议。即使是经验论者,也会在"普遍必然性"的意义上承认数学判断的先天性。康德与经验论者的分歧在于,他把数学判断归于综合判断,而不归于分析判断。他说,数学判断的要素之间没有分析判断的主词和谓词之间那种逻辑蕴涵关系。比如,不管如何分析 5 + 7 的意义,也得不出 12 这个数;不管如何分析"两点间的最短距离"的词义,也得不出"直线"的意思。只有通过直观,人们才能把 5 和 7 之和与 12 相等同,才能把"两点间的最短距离"与"直线"相等同。当然,这里所说的直观不等于感性经验,否则我们得到的将只是后天的综合判断,而不是先天的综合判断了。如果我们继续追问:那种赋予数学判断以普遍必然性的直观是什么样的直观?这就是在问:作为数学判断的那些先天综合判断何以可能?这是涉及到数学基础的问题。康德把这个问题归结为:纯数学何以可能?

---

① 《纯粹理性批判》,B166。

自然科学的基本判断指比自然科学定律更一般的判断,比如,"一切事物都有原因","一切原因都有结果","一切物体都有重量",都属于先天综合判断。它们之所以是综合的,因为这些判断的主词不包含谓词的意义。试比较"一切物体都有广延"和"一切物体都有重量",康德说,第一个判断是分析判断,因为物体包含着广延的意义,但第二个命题是综合判断,因为物体本身并没有重量;根据牛顿万有引力定律,物体的重量是因物体之间的相互引力造成的。这个判断同时又是先天的,因为它说明了物体与重量之间的普遍必然的联系。同理,那些说明了事物、原因和结果的普遍必然联系的命题也是先天综合判断。当然,这些概念之间的普遍必然联系不是来自经验,而有经验之外的来源。如果我们继续追问,这个来源是什么,这就是在问:作为自然科学基本判断的那些先天综合判断何以可能?这是涉及自然科学基础的问题。康德把这个问题归结为:纯自然科学何以可能?

当康德说形而上学判断是先天综合判断时,他既陈述了一个事实,又表达了一种理想。他要说明的事实是,传统形而上学的判断确实表达了基本概念或范畴之间的普遍必然的联系;并且,这种联系不是依靠词义的分析得到的。传统形而上学判断在先天和综合这两个方面都符合先天综合判断的特征。问题在于,传统形而上学的判断与数学和自然科学中的先天综合判断不同,它们没有扩展人类的知识,也不能为知识提供可靠的基础。康德在《纯粹理性批判》的序言中一开始就点明了传统形而上学的非科学性,但这并不是说,传统形而上学是非理性的;恰恰相反,他认为,形而上学的判断之所以能够解释基本概念或范畴之间的普遍必然联系,乃是出自某种深刻的纯粹理性的根源。如果我们进一步追问:这种纯粹理性的根源是什么,这也就是在问:作为传统形而上学的先天综合判断何以可能?这是一个涉及到一般形而上学的理性根源的问题。康德把这个问题归结为:形而上学作为人类禀赋何以可能?

康德对形而上学的态度既是批判性的,又是建设性的。他的理想是把形而上学改造成一门科学,未来的科学的形而上学的判断当然也是先天综合判断,它将为人类的知识和一切理性活动提供坚实的基础。构成未来形而上学的先天综合判断也有一个"何以可能"的问题,用康德的话来说,我们必须追问:形而上学作为科学何以可能?

综上所述,康德把先天综合判断分为三类:数学的、自然科学的和形而上学的;"先天综合判断何以可能"的问题也相应地一分为三:纯粹数学何以可能？纯粹自然科学何以可能？形而上学何以可能？最后一个问题又包含着两个不同的问题：(传统)形而上学作为人类禀赋何以可能？(未来)形而上学作为科学何以可能？

康德说，对上述"何以可能"的问题的回答是先验哲学的任务。他明确区分了"先天"(a priori)和"先验"(transcendental)：一切先验的东西都是先天的，即，都具有普遍必然性；但反之则不然，因为有些先天判断并不是对"何以可能"问题的回答，相反，它们本身还面临着"何以可能"的问题有待解决。"先验"的意义是"可能性的条件"。当人们在问知识何以可能的问题时，他们也就是在追问知识的先验基础问题，解答这些问题的判断是先验判断(同时也是先天综合判断)，先验判断构成先验哲学。康德的批判哲学就是先验哲学的体系。这个体系围绕着上述三类四个问题而展开。它分理论哲学和实践哲学两个部分。理论哲学再分三个分支：《纯粹理性批判》的先验感性论回答"纯粹数学何以可能"的问题；先验知性论回答"纯自然科学何以可能"的问题；先验理性论除了回答"形而上学作为人类禀赋何以可能"的问题，又部分地回答了"形而上学作为科学何以可能"的问题。这里回答的"部分"指形而上学作为科学的理论基础这一部分，但科学的形而上学还有另外一部分，即道德形而上学。对道德形而上学何以可能这一问题的回答是康德实践哲学的主要内容。以下各节将按照这个顺序，来讲解康德的先验哲学。

第二节 先验感性论

感性直观

康德把人的感性定义为"通过被对象的作用的方式而接受表象的能力"①。就是说，感性是一种接受能力；感性接受表象，需要两个条件：一是受到外部对象的刺激，二是对所刺激对象做出适当的反应。这种刺激—反应的模式现在已被心理学家所普遍接受。康德按照他特有的思维方式，把刺激感官的对象称为物自体，把感性接受的表象称为感性直观，而把感性对物自体的刺激做出的反应称为直观形式。康德通过这些术语告诉我们，感

---

① 《纯粹理性批判》，A17／B31。

性不完全是消极的接受力,感性认识也不等于被给予的感觉材料;感性的积极作用在于能够提供一种认识形式,把被给予的(即通过物自体的刺激而产生的)感觉材料组织为有条理的、可被认识的经验。直接被给予的感觉,如色、嗅、味、听、触等当下体验是因人而异的,不固定的,我们甚至不能确定地说它们是什么;一旦能够确切地说它们是如此这般的时候,我们表达的就已经不是自己的当下感觉,而是人所共知的感性认识。康德在《未来形而上学导论》中做出了感觉和知觉的区分:感觉是不可用言语表达的,因而是不可认知的,知觉是用判断表达出来的感性经验,如"这朵花是红的"这一判断,表达的不是通过各种不同的感官刺激而产生的形形色色的感觉(如花的形状、颜色、气味、质地等等),而是这些感觉材料的综合。知觉判断所对应的认识即是康德所说的感性直观,而感性用以综合感觉材料的能动性就是直观形式。

康德把传统形而上学关于质料与形式的区分运用于认识论。在先验感性论中,他首先把感性直观分成质料和形式两部分:感性直观的质料是被给予的感觉材料,它们是后天的,只有在外部事物的刺激下才能产生;感性直观的形式则是先天的,或者确切地说,先于感觉而存在,并不依赖于感觉;相反,它们的作用使得感觉能够被认识,得以成为感性经验。在感性经验的可能性条件的意义上,直观形式又是先验的。

空间和时间

感性直观的先验形式本身也是一种直观,一种先天的、但仍然是感性的直观,康德称之为感性纯直观。他对空间和时间的性质与功能做出了进一步的分析,得出结论说,人类所具有的感性纯直观只有两种:空间和时间,因此,空间和时间是感性直观的先验形式。他对时空的纯直观的性质所做的论证叫"形而上学说明"(因为对实在的性质的探讨属于形而上学的工作),对时空所具有的纯形式的功能的论证则被称为"先验说明"(因为直观形式的功能是感性经验成为可能的先决条件)。

为什么说空间是纯直观呢?康德的"形而上学说明"列举的理由有四。第一,空间是我们关于外部事物的并列、靠近、远近等位置关系的先决条件,而不是相反。第二,我们可以想象没有事物存在的空间,但却不能反过来想象没有空间的事物。这两点说明了空间的先天性,或不依赖于外部经验的纯粹性。第三,空间关系不是概念之间的推理和概括的关系,而是整体与部分的关系;我们关于空间的观念是一个单一的整体,它先于空间的每一部分,决定着部分的性质;空间的不同部分之间,乃至空间的整体与部分之间,只有量的差别,而没有质的差别。第四,正因为对全体的直观与对它的部分的直观在性质上是相同的,空间不像概念那样把不同的对象包含其中,具有特定的外延;对空间的直观融合了无数的对象,它可以无限延伸。后面这两点说明了空间是直观,而不是概念。综合这四点,结论是:空间是感性纯直观。

关于时间的"形而上学说明",除了与上述四点类似的理由之外,还有一点理由:时间的单向度不是从经验中得来的,而是我们想象经验事件的前提,这一点也证明了时间的先天性或纯粹性。时间与空间还有一点不同:空间是外感官的形式,而时间是内感官的形式。这是因为,空间是我们的感官接触到的外在现象,而时间是我们的意识直接感受的内在现象。

为什么说时空是感性直观的纯形式呢?康德的"先验说明"的中心意思是,空间是几何研究的对象,空间的纯直观的性质使得几何学的先天综合判断成为可能。同理,时间是代数研究的对象,时间的纯直观的性质使得代数的先天综合判断成为可能。就是说,时空纯形式使得数学所能反映的一切感性直观成为可能,它们因此是感性直观的"可能性的条件",即直观的先验的形式。数学之所以对于人类知识和经验有如此重要的意义,正是因为它以时空的纯形式来统摄感觉材料。

先验唯心论和经验实在论

康德独树一帜的时空观是针对当时流行的时空观提出的。当时的科学界流行的是牛顿的"绝对时空"的观念,时空被看做绝对的客观存在,它们不随着事物的运动而变化,而像一个空盒子,包含着所有运动变化的物体。当时的哲学界有两种针锋相对的时空观:一是贝克莱提出的唯心论的观点,认为时空是人的感觉经验;一是莱布尼茨提出的实在论的观点,认为时空是单子的客观性质。莱布尼茨和牛顿都认为时空是客观的,他们的区别只是,牛顿认为时空是不依赖于事物的绝对存在,莱布尼茨认为时空是依附于事物本身(单子)的性质。他们的时空观可被概括为"先验实在论",这个词的意思是,时空的实在不依赖于经验的"物自体",或物自体的性质,它是先于经验,独立于经验,简直就是与经验无涉的。贝克莱的理论可被称作"经验唯心论"。这个词的意思是,时空没有客观实在性,它们只是从心灵产生的一种主观经验。康德说,他的时空观是先验实在论和经验唯心论的综合,时空既有先验观念性,又有经验实在性。康德对他的时空观的性质的概括也适用于他的全部理论。可以说,他的批判哲学既是先验唯心论,又是经验实在论。

什么是先验唯心论呢?这一理论的要旨是,先验形式不是物自体的性质,而是人类认识的主观形式。就拿时间和空间来说,康德说,它们只是"我们(人类)直观的主观纯形式"[1];只有那些有限的存在者才具有感性直观,他们因而才有直观形式,但不一定所有的有限存在者的直观形式都是时间和空间;或许,与人类不同的有限存在者另有不同于时空的感性直观形式;但我们不能确定这一点。我们可以确定的是,时空只是人类的感性直观形式,而不是事物本身存在的形式。时空像是戴在每一个人脸上的有色眼镜,每一个人看到的事物都有这副眼镜的色彩,但我们不能说这种色彩是事物固有的,而不属于眼镜。康德说,先验实在论者把时空作为不依赖于人的主观认识的客观存在或物自体的存在形式,这是一种"幻相",因为他们把人类所特有的主观性混淆为事物固有的客观性。康德的时空观是先验唯心论,因为他一方面强调时空的先验性,另一方面又承认时空的主观性,认为时空不能脱离人的认识而独立存在。

然而,时空的先验观念性或主观性并不妨碍它们具有经验实在性。按康德的术语,经验和先验属于不同的层次:经验的对象是物自体对我们的显现,是现象;而物自体则是不可经验的先验对象。虽然时空只是人类所具有的主观形式,而不属于物自体,但物自体向人显现的一切都在这些形式之中;就是说,时空是一切现象所具有的特征或形式。康德说,时空是"所有一切现象的先天的、形式的条件"[2]。值得注意的是,先验唯心论关于时空是人类"主观纯形式"的说法在这里转变为经验实在论的论断:时空是现象的形式。康德认为两者并无矛盾,人类认识的主观条件同时也是在人类的经验中显现出来的对象(即现象)的客观形式,或者说,是对象得以向人类显现的客观条件。就人类而言,时空是主观的;就现象而言,时空是实在的。贝克莱的错误在于把先验的主观性当作经验的主观性,否认时空同时也是经验对象或现象的客观特征。康德说,经验唯心论是"梦想",因为贝克莱

---

[1]《纯粹理性批判》,A35 / B51。
[2] 同上书,A34 / B50。

混淆了先验与经验,把经验之外的观念性作为现实。康德的时空观是经验实在论,因为他一方面坚持时空的客观实在性,另一方面又说明,时空的实在只属于现象,而不属于物自体。

康德的先验论是先验唯心论与经验实在论的结合,他总是一方面强调人类认识的形式是先验的、主观的,另一方面又坚持说,主观形式只有在被运用于感觉材料的情况下才是有效的,才能成为决定经验的先验条件;脱离了感觉材料的纯形式不能成为人类知识的一部分,不能表达为先天综合判断,因而不是先验哲学研究的内容。时空纯形式是这样,我们在下一节将要阐述的知性纯形式也是这样。

第三节 先验知性论

康德有句名言:

> 如果没有感性,则对象不会被给予;如果没有知性,则对象不能被思考。没有内容的思想是空洞的;没有概念的直观是盲目的。①

康德的知识论把人类知识分为两部分:感性和知性。两者有不同的功能:感性提供直观对象,知性则以概念思考对象,两者相辅相成,缺一不可。知性如同感性一样,也可分为质料和形式。知性的质料是感性直观(即由时空统摄的感觉材料),知性的形式如同感性的形式一样,也是先天的纯形式。我们看到,康德关于感性纯形式的说明分"形而上学说明"和"先验说明"两部分:前者说明纯形式是什么的问题,后者回答纯形式为什么是先验(为什么是感性直观的可能性条件)的问题。同样,关于知性纯形式的理论也面临着"是什么"和"为什么"两个问题,不过,康德把对第一个问题的解答称作"形而上学演绎",把对第二个问题的解答称作"先验演绎"。其所以是"演绎",而不再是"说明",那是因为关于知性纯形式的理论更具有逻辑的严格性,它的结论可以用逻辑的方法推导出来。

先验范畴的形而上学演绎

知性的纯形式是范畴,因为知性是运用概念进行思维的能力,它的内容

---

① 《纯粹理性批判》,A75／B51。

归根到底都包含在最一般的概念——范畴之中。那么,这些最一般的范畴是什么呢?它们的数目有多少?康德回答说,形式逻辑的判断方式为我们提供了解决这些问题的线索;因为判断是概念的连接,知性也是逻辑思维的能力。按照这样的思路,康德告诉我们:逻辑判断的形式与知性的形式之间必有一一对应的关系,有多少种逻辑判断,就会有多少范畴。从逻辑判断的形式推导出知性范畴就是范畴的形而上学演绎。在传统的形式逻辑体系中,判断的种类可以用下面的"判断表"来表示。

量的判断	质的判断	关系的判断	样式的判断
全称判断	肯定判断	直言判断	或然判断
特称判断	否定判断	假言判断	实然判断
单称判断	不定判断	选言判断	必然判断

根据判断形式与知性形式的对应关系,从上述判断表,康德推导出下列"范畴表"。

量的范畴	质的范畴	关系的范畴	样式的范畴
统一	实在	实体与属性	可能或不可能
多样	否定	原因与结果	存在或非存在
整体	限制	作用与反作用	必然或偶然

康德认为,从判断表到范畴表的"形而上学演绎"系统地、完整地列举出知性范畴的名称和数目。他说,知性范畴是形式,是先天的、纯粹的,不能从经验中得来的,不能用归纳法来推导范畴,那样只能枚举出孤立的、零星的、不完整的范畴。他还指出,知性范畴只与逻辑判断的形式有关,而与判断的内容无关。从逻辑判断的形式推导出知性范畴,保证了推导出的范畴的纯粹性和完整性。

在西方哲学史上,康德继亚里士多德之后系统地列举出范畴的名称和数目。但康德所说的范畴与亚里士多德的范畴不同。后者是对经验的概括,不是通过逻辑的方法推导出来的。康德批评亚里士多德没有认识到范畴与判断形式之间的必然联系,用简单枚举法罗列范畴的数量。他利用亚里士多德逻辑体系的判断表,从中严格地推导出一个范畴系统,这是他的高明之处。康德看到了形式逻辑的功能与人的认识根源有关,把形式逻辑引进认识论,把逻辑的形式与认识的形式结合在一起。正是在此意义上,他把自己的知性理论称为先验逻辑,这是与传统的形式逻辑密切相关,但又较之更高级的认知逻辑。从康德开始,德国古典哲学家越来越注重逻辑的认识功能和实在基础,黑格尔的逻辑学就是这一发展方向的最高成果。

范畴的先验演绎

知性纯范畴为什么是人类思考经验对象的先验条件,或者说,范畴为什么具有使得经验成为可能的先决条件? 这是范畴的先验演绎要解决的问题。康德说,这是批判哲学中最困难、也是最重要的部分。这一部分的内容,他写了两遍,分别被称为"A 版演绎"和"B 版演绎"。

A 版演绎从人的知性的综合能力开始。当感性直观的杂多材料呈现在知性之前,知性的工作是对这些材料加以比较、归类、连接和整理,这就是康德所谓的综合。他把知性的综合过程分为三个步骤:一是领悟直观的综合,二是想象再现的综合,三是概念认知的综合。从领悟到想象,再到概念,这是一个由低到高的过程,感性直观的材料越来越集中,最初被领悟力综合为相互连接的许多表象,这些形形色色的表象又被想象力综合为可以在不同的时间和空间里出现的具有同一性的各种表象,最后,这些多种表象被概念综合为统一的对象。

康德把知性综合过程达到的这个最后结果称为先验对象。它之所以是先验的,首先是因为先验演绎所谈及的综合是先验综合,先验综合是经验综合的根源,或者说,是后者的先决条件。我们日常的领悟、想象和概念之所以可能,正是因为我们具有与之相符合的先验综合能力。先验综合所能达到的统一的对象当然也是先验对象,它使得我们能够用一个概念来概括一个统一的对象。先验对象没有经验对象的具体特征,我们甚至不能说它是什么,不管用什么名称来称呼它,都要赋予它以经验内容。我们可以确定的是它的统一性。康德用"先验对象 X"这样的术语来表达先验综合所具有的没有具体指称的统一性。

A 版演绎的主要内容是对知性综合过程的描述。康德在这里虽然区分了先验的与经验的综合,但他对先验综合的描述不可避免地要参照实际的心理过程,这给人以强调心理经验作用的印象。而且,他把先验对象解释为综合所建构出来的结果,这也是一种主观主义的立场。正是由于这样一些原因,A 版演绎也被人们读作"主观演绎"。

B 版演绎没有过多的心理过程描述,它直接从先验自我与先验对象的对应关系开始。康德在这里的演绎过程是这样的。他首先肯定,"我思"是先验统觉。所谓统觉(Apperzeption),指把形形色色的直观材料统一为一个概念的综合能力。比如,我看到红色的花的模样,闻到香味,等等,这些还不足以使我形成"花"的概念;只有当我意识到,所有这些感性直观材料都是"我的",它们才能成为自我意识的内容,才能成为自我意识的一个统一对象。康德说:

> "我思"必须可以伴随我的所有表象;因为如果不是这样的话,有些被表象的东西将不能被我所想,这等于说,表象不再可能,或至少可以说,表象与我无关。①

就是说,统觉的统一性是人类知识的最高原则。

康德和笛卡儿都把自我意识作为知识的核心和出发点,但康德把自我意识当作统觉,而不是笛卡儿所说的自我实体。首先,康德强调统觉的综合能力。他说,统觉的统一性原则表达为分析命题,即:所有我的表象都属于自我意识,但是,这一分析命题的意义之所以可能,那是因为自我意识的综合功能。只有在自我意识能够把所有我的表象综合为一个统一体的情况下,我才能意识到这些表象都是我的。因此,综合先于、并高于分析。康德不像笛卡儿那样,只是通过一个命题意义的分析,即分析"我思"与"我在"之间的必然联系,而是通过自我意识可能具有的实际功能,来奠定自己理论的基础。更重要的是,康德把自我意识作为综合统一的能力,而不是笛卡儿所说的精神实体。统觉的综合统一性是在对感性直观材料的多样性施加作用的过程中表现出来并得以实现的。没有脱离感性认识的思想属性,更没有独立于意识活动之外的精神实体。

从统觉的综合统一性出发,康德进而建立了自我意识的客观统一性。这里所谓的客观,指普遍必然性;就是说,一切被自我所意识到的表象,都按照某种普遍必然的方式被连接在一起。逻辑判断反映的正是自我意识的综合统一功能,判断的形式反映的正是自我意识综合统一的普遍必然的方式。他接着论证说,我们已知的判断形式与知性范畴具有同样的普遍必然性,因

---

① 《纯粹理性批判》,B131—132。

此,呈现在自我意识中的一切感性直观材料都被知性范畴所连接,由此综合得到的经验知识是客观有效的。

康德至此已经证明了范畴是综合感性直观的先验条件,他似乎已经完成了范畴的先验演绎的任务,但他并不满足,而用 B 版演绎的大部分篇幅,证明范畴除了被运用于感性直观,没有客观有效性;范畴的客观有效性只是经验的客观有效性。康德说:"除了被应用于经验对象之外,范畴在知识中没有其他的用途。"①B 版演绎的结论强调,范畴所综合的感性直观是普遍必然的知识,被范畴所统摄的经验对象具有客观实在性。正是由于这样的强调,有些人也把 B 版演绎称为客观演绎。A 版演绎和 B 版演绎并不是表达两种不同立场的版本,两者的差异只是,A 版演绎着重于知性的综合过程的心理描述,从综合的过程中建构出经验对象的客观性;而 B 版演绎则把综合功能作为知性的最高原则,从这一原则中直接引申出自我意识的统一性和范畴的经验客观性。当康德在说明人的认识形式的先天性和主观性时,他的立场是先验唯心论;当他在说明这些形式在经验中的普遍必然的应用时,他的立场是经验实在论。我们在先验感性论中看到,这两种立场是相辅相成的,先验知性论的 A 版演绎和 B 版演绎也表达了两者的相辅相成关系。

人为自然界立法

康德在 B 版演绎的结束处说:"范畴是这样的概念,它们先天地把法则加诸现象和作为现象全体的自然界之上。"②他在《未来形而上学导论》中更明确地说:"自然界的最高法则必然在我们心中,即在我们的理智中。"③"人为自然界立法",是康德的"哥白尼革命"达到的一个重要结论。我们一般把事物之间的普遍必然联系称为法则,但康德说,这些普遍必然联系不是事物固有的,而是范畴所具有的。另一方面,范畴不能被运用于物自体,只能被运用于现象。我们所能经验到的一切现象都服从于范畴的综合作用,它们被范畴综合为具有普遍必然性的现象界的整体,即自然界;范畴加诸其上的法则即自然规律。

---

① 《纯粹理性批判》,B146。
② 同上书,B163。
③ 《西方哲学原著选读》,下卷,商务印书馆,1982 年,286 页。

人为自然界规定的法则不是自然科学中的具体的定律,这些定律必须经过经验才能被发现和验证,而先验范畴规定的一般的自然法则表达为先天综合命题,它们的真理不依赖于经验,并且能够反过来赋予经验以普遍必然性。这样,康德就用范畴的先验性回答了他在开始提出的一个问题:纯自然科学何以可能?

　　康德的认识论既有与自然科学相契合的一面,也有与之不符的一面。康德生活的启蒙时代的特征是弘扬人的理性,以人为本。在康德之前,人本主义主要表现为道德政治领域的人道主义。康德把人本主义的精神发扬光大,通过以自我意识为核心的认识论,达到了以人为中心的世界观。从培根的"向自然学习"的态度到康德的"人为自然界立法"的口号,可谓是根本的翻转。但人们可以发问,这与哥白尼在宇宙观领域实现的革命有同样的性质吗?哥白尼以日心说代替地心说的一个意义在于破除了人类是宇宙中心的幻觉;康德在哲学界发动的"哥白尼革命"却试图重新规定人在自然界的中心地位。在这里,先验哲学与自然科学的分歧已见端倪。

第四节　先验理性论

先验理念

　　人类的认识能力是由感性而到知性,再由知性而到理性。知性和理性都是逻辑思维的能力,但以不同的逻辑形式为思想的途径。与知性相对应的逻辑形式是判断,因而可以从判断形式推导出知性范畴。按照同样的思路,康德说,与理性相对应的逻辑形式是推理,从推理的形式可以推出理性的最高概念。我们知道,传统逻辑的推理形式是三段式,三段式可分三类:直言三段式、假言三段式和选言三段式。每一个三段式形式都蕴涵着一个理性的最高概念,作为它的统摄原则。直言三段式所指向的是一个自身不再是宾词的主词,这就是"灵魂"的概念;假言三段式所指向的是一个不再以任何事物为条件的前提,这就是"世界"的概念;选言三段式所指向的是一个自身不再是部分的整体,这就是"上帝"的概念。灵魂、世界和上帝是理性思维的最高概念,康德称之为先验理念。康德对待先验理念既持批判的态度,又持肯定的态度。如果理念被当作形而上学研究的客观对象,他批判之;如果理念被理解为知识系统的导向原则和道德体系的公设,他肯定之。

先验幻相

先验理念本身不是幻相，但它们却很自然地被当作幻相来使用；就是说，人的理性具有把这些理念作为知识对象的自然禀性。先验理念是理性攀升的结果，是人类理性的自我创造，它们只是符合三段式推理的上升趋向，并不与任何感性直观相符合。但是，人们在思考这些理念时，总要对它们有所判断，而除了范畴之外，人们又没有其他的判断的工具；于是，人们很自然地将范畴运用于理念，做出它们是否存在，有何属性，有何因果关系等等判断，这样便不可避免地产生了先验幻相。因为把范畴运用于理念，犯了两个违反康德认识论原则的致命错误。第一，范畴只有经验的使用，只能被运用于感性直观；把范畴运用于经验之外，是非法的超验的使用，产生的结论没有客观有效性。第二，范畴所适用的对象都是可知的现象，当范畴被误用于理念时，理念也同时被误解为知识的对象；但实际上，理念根本不是时空中的对象，不可能被认识。把不可认识的理念误当作知识的对象，这是一种幻觉，而且是理性难以避免的、经验不可纠正的幻觉；其结果是把先验理念变成了先验幻相。

传统形而上学的根本错误在于以先验幻相为研究对象。与三个先验理念相对应，形而上学有三个分支：理性心理学以灵魂为对象，理性宇宙学以世界为对象，理性神学以上帝为对象。康德区分了"先验"(transcendental)和"超验"(transcendent)两种不同意义：先验是经验的先决条件，并且是现实经验中的普遍必然因素；超验则是完全与经验无关的、不可知的领域。形而上学的对象既不是经验对象，也不是先验形式，而是超验的领域。康德以讥讽的口吻说：

> 柏拉图离开了感觉世界这一限定知性的狭隘界限，依靠理念的翅膀，上升到纯知性的空空如也的场所遨游。他没有看到，他的所有努力毫无进展，因为他没有遇到可以帮助他站立的、可以把他的力量施加其上的、可以推进他的知性的阻力。①

这段话也适用于一切形而上学家。他们的理性运用纯知性范畴对先验理念进行思辨，虽然不会遇到来自经验世界的阻力，但却在理性内造成了不可避

---

① 《纯粹理性批判》，A5／B9。

免、不可解决的困惑和矛盾。康德通过对这些理性的困惑和矛盾的揭示与分析,从根本上否认了传统形而上学是知识。

理性心理学的悖谬

理性心理学的前提是灵魂是一种实体,因此是知识的对象。康德指出,当把"实体"的范畴运用于"灵魂"这一理念时,会产生逻辑的悖谬。悖谬是违背规则的推理的结论。理性心理学的悖谬存在于论证"灵魂是实体"的三段式推理之中。这三段式是这样的:

　　大前提:实体是只能作为主体而被理解的东西。
　　小前提:灵魂(思维存在者)是一种只能作为主体而被理解的东西。
　　结论:灵魂是实体。

康德指出,这个三段式的悖谬在于犯了"四名词"的错误,即,中词没有保持同一意义,实际上是两个概念。上述三段式的中词是"主体"(subjekt),但大前提中的"主体"指事物的独立存在,是人的意识之外的认识对象,在认识的主客观关系中处"客体"(objekt)的地位;而小前提中的"主体"指认识主体,是自我意识。康德在范畴的先验演绎中已经说明,自我意识或先验自我是先天综合的功能,而不是精神实体。这也是他揭示理性心理学悖谬的关键所在。对于康德而言,"实体"只能被运用于感性直观,指经验对象的独立存在,这是在客观意义上所说的主体,必须与认识的主体——先验自我严格地区分开来。理性心理学混淆了这两个概念,把作为思维主体的灵魂作为实体来研究,造成了理论前提的根本错误;从这一前提推导出来的结论,如说灵魂是单纯的、不朽的,等等,也都是不能成立的。

理性宇宙论的二律背反

理性宇宙论的根本错误是用那些只能被应用于经验的先验形式,包括直观的形式——时空和知性范畴,如有限和无限、原因和结果、必然和偶然等,对世界的整体性质做出判断。其后果是造成一些正相反对的命题,而且每一对相反的命题都合乎逻辑。康德把在逻辑上都能够成立的一对相反判断称作二律背反。理性宇宙论有四个这样的二律背反。

(1) 正题:世界在时间和空间上是有限的;

反题：世界在时间和空间上是无限的。
(2) 正题：世界上一切事物都是由单一的东西构成的；
反题：没有单一的东西，世界上一切事物都是由复合的东西构成的。
(3) 正题：世界有出于自由的原因；
反题：没有自由，世界的一切都是被决定的。
(4) 正题：世界的因果系列以一个必然存在者为第一因；
反题：没有绝对的必然存在者，世界的最初原因是偶然的。

康德给予上述每一个正题和反题以同等有效的逻辑证明。比如，时空有限论的证明是：某一确定时间以前不可能经过时间的无限系列，因此时间是有限的；如果空间是无限的，它将是部分的无限相加，这需要无限的时间；既然时间不可能无限，空间也不可能无限，而是有界限的。时空无限论的证明是：如果世界在时间系列上有一开端，那将意味着，在此之前没有时间，而没有时间的状态中也没有任何时间存在的条件，时间系列不可能有从无到有的过渡，因此必须肯定时间没有开始；空间也不能被想象为部分的有限相加，这样想象出来的空间是不包含任何事物的虚空，是不存在的虚无，实际存在的只能是无限的空间。

必须指出，关于这四组二律背反的逻辑证明基本上是康德自己建构出来的，但康德的建构并不是主观杜撰，而是有历史依据的。正如他在证明二律背反之后做出的评论中所说的那样，正题代表了传统形而上学和神学的主流，反题代表的是非主流的看法；康德把两者的对立总结为"柏拉图路线"与"伊壁鸠鲁路线"这两条思想路线的对立。他承认，后者虽然并非主流，但在近代却被经验论发扬光大，与代表"柏拉图路线"的莱布尼茨—沃尔夫唯理论体系尖锐对立。

如同在其他地方一样，康德在世界观领域也企图调和经验论和唯理论的矛盾。他指出，正题具有实践意义，符合道德和宗教的利益；反题有思辨意义，对自然科学的发展有利。虽然两者有着共同的错误根源，即把只能应用于经验领域的先验形式运用于"世界"这一理念，但只要做出适当的区分，使正反题各得其所，两者还是可以并行不悖的。在四组二律背反中，康德最重视第三组，即关于自由观和决定论的矛盾。他提出的解决矛盾的方案是：自由观适用于本体界，是人的道德实践必不可少的；决定论适用于现象界，是科学理论所必需的。在此意义上，康德接受了柏拉图关于两个世界的区分：人在经验世界被严格地决定，但在理智世界却是完全自由的。我们在下节将看到，这样的区分实为康德实践哲学的一个关键。

理性神学的理想

按康德的区分，理性神学包括自然神学和先验神学，自然神学提出关于上帝的物理学—神学证明和伦理学证明，先验神学提出宇宙论证明和本体论证明。康德在他的实践哲学中有条件地接受了伦理学证明，而在理论哲学中则排拒了另外三种证明。他对历史上这三种关于上帝存在的理论证明一一加以批判，他的结论是，"上帝"只是从外部事物和人的思维中概括出来的理想，是人性自我完善的产物。这一理想并没有客观现实性，理性神学关于上帝存在的种种证明都没有客观有效性。

康德指出，关于上帝必然存在的理论证明有三种可能性：一是从具体经验上升到一个外在的最高原因，这是物理学—神学证明的路径；二是从关于个别存在的经验上升到必然存在的原因，这是宇宙论证明的路径；三是从对"上帝"的概念的分析得出"上帝存在"的结论，这是本体论证明的做法。康德最注意本体论证明，认为这是其他关于上帝存在的证明的基础。

康德指出，本体论证明所分析的是上帝的"是者"（Sein／being），它得出的结论应是"上帝是一个是者"，而不应是"上帝存在"。"是"及其分词形式只是一个系词，它不能表示存在。康德从两方面说明了系词"是"(to be) 与"存在"(exist) 的区别。第一，"'是'不是一个真正的谓词，它不是可以加诸一事物的概念之上的一个概念"①。"上帝是一个是者"是一个分析命题，并没有给"上帝"这一概念增加任何新的内容。另一方面，"存在"范畴是表示事物样式的范畴，关于某物存在的判断是综合判断，需要经验才能把该事物的概念与"存在"范畴连接在一起。第二，系词的作用是在思想中连接主词和谓词，而不管这样的联系是否存在。比如，我可以想象口袋里有一百塔尔里的钱币，但这一百塔尔里却根本不在我的口袋里。总而言之，从上帝的"是者"是分析不出"上帝存在"的结论的。同样，物理—神学证明所说的最高原因和宇宙论证明中的必然存在者实际上都是"是者"，而不是实际的存在。割断了"是"与"存在"的联系之后，这些证

---

① 《纯粹理性批判》，A598／B626。

明也就不攻自破了。

形而上学何以可能？

康德对传统形而上学的批判全面系统而犀利深刻，在当时哲学界造成革命性的震动，对后世哲学的发展也有深远影响。比如，他从语义的混淆和逻辑的矛盾揭示形而上学命题的错误或不确定性，这实为本世纪初分析哲学通过语言分析排拒形而上学做法的先声。再如，他对"是者"与"存在"的区分，打破了二千年来把两者联系在一起的形而上学传统。至于他对上帝存在证明的批判，更有振聋发聩的威力，德国诗人海涅甚至说，罗伯斯庇尔砍了路易十六的头，康德砍了上帝的头。① 由于康德对形而上学的批判给人留下了深刻的印象，以至于有人设想，康德摧毁了形而上学的基础。

但是，康德的本意恰恰是恢复形而上学的权威，重建科学的形而上学。他说："假如在我们乐意获得知识的一个最重要的领域，理性不仅使我们失误，而且用欺骗性的保证使我们误入歧途，我们还能对理性有多少信任呢？"②他提出的"形而上学何以可能"的问题就是为了说明，形而上学仍然是人类哲学最重要的领域之一，理性仍然是指引我们知识和行动的可靠保证。

首先，康德指出，理性作为自然禀赋，并没有欺骗我们。他像过去的哲学家一样深信，一切自然的运动都不是无谓的徒劳，凡是自然的都是合理的。理性是寻求知识的最高的统一的综合能力，理性不满足于知性所能达到的范畴、规则的统一，沿着综合的方向继续上升，企图用最高理念和原则把知识的各部门综合为完整的体系，这是理性的自然倾向，也是合理的、正当的。人类认识能力的发挥是一个由低到高的渐进过程，感性提供对象，知性进行判断，理性加以最高的综合，这是一个自然的过程。何况，理性和知性一样是一种自发的能动力量，没有力量能够阻止理性对知识所进行的综合。"先验幻相"和传统形而上学的种种谬误和矛盾，只是人们误用和滥用了理性而造成的结果，不能归咎于理性本身，也不能因此而抹杀形而上学存在的权利。只要理性还要对经验知识进行更高的综合，就会有反映理性的这种自然倾向的形而上学的存在。就是说，形而上学作为人类的自然禀赋

---

① 海涅：《论德国宗教和哲学》，商务印书馆，1973 年，102—103 页。
② 《纯粹理性批判》，Bxv.

是可能的。

但是，人们仍然要问：形而上学能否正确地使用理性呢？这就是"形而上学作为科学何以可能"的问题。康德对此问题的回答分两部分，分别回答形而上学对于科学理论与道德实践所具有的积极作用。他在《纯粹理性批判》一书中关于科学形而上学可能性的论证，后来发展为建立"自然形而上学"和"道德形而上学"科学体系的努力。

为了说明理性对于自然科学的建设性作用，康德区分了理性的"超验的使用"和"导向的使用"。两者的差别在于，前者以教条的态度使用理性，把知识的范围扩大到经验之外，认为理性能够建立关于物自体的知识；后者以假定的态度使用理性，认为理性的理念只是知识体系的指导性原则。这些原则虽然是假定的，但却是至关重要的，如果没有它，经验的知识将是支离破碎的、不完整的，没有牢靠的规则和结构体系。对形而上学的原则持假定的态度一方面避免了教条主义的态度，另一方面也避免了怀疑论的立场。这充分显示了康德调和经验论和唯理论的立场。但是，形而上学的规则能否建构出一个形而上学的科学体系？在这个问题上，康德的思想并没有从根本上摆脱矛盾。他在《纯粹理性批判》中认为，理性的指导原则只是对已有的经验知识起综合统摄作用的最一般的科学假说，要随着经验知识的变化而变化。但在1783年出版的《自然科学的形而上学的最高原理》一书中，他倾向于把这些原则看做先验真理，不受经验的检验和证实，而且可以从中推导出科学的基本规律；这种想法已经脱离了先验哲学的初衷，当然不会有什么建树。

相比而言，康德建立了一个富有独创性和充满时代精神的道德形而上学的基础。他做出了理论理性和实践理性的区分，他认为，理论理性如果脱离经验，则对知识毫无用途；反之，实践理性如果不能摆脱感性经验，也将对实践毫无用途。他的第一批判题为"纯粹理性批判"，其意义实际上是对纯粹的理论理性的批判；第二批判题为"实践理性批判"，实际上是针对不纯粹的实践理性的批判。两者批判的对象不同，要阐明的重点也不同。第一批判的重点是限制理论理性在知识范围中的运用，但正如他自己所宣称的那样，限制知识的范围，是为了给信仰留下地盘。信仰的地盘属于他的道德形而上学，这是实践理性开辟的新领域。

第五节 实践哲学

自由的概念

从亚里士多德开始,西方哲学家所说的实践,常常是指道德实践。康德也使用狭义的实践概念来讨论人类道德活动的基础。他认为,道德实践的基础是纯粹理性,而不是经验论者和启蒙学者所说的感觉或情感。我们知道,对于康德而言,理性是一种自发的能动力量,如果理性能够不受任何外在于自身的因素约束,这样的理性就是纯粹的。不难理解,纯粹理性的意义就是自由。从本体论的意义上说,自由就是不受任何外在东西决定的存在。正如康德利用理性的第三组二律背反所指出的,在自然领域,一切都是被决定的,理性只能服从决定论和自然规律;但在实践领域,理性是自由的,不为任何外在东西所决定。在《道德形而上学的基础》一书中,康德进一步明确地说明,人是理性存在者,不受经验的因素所决定,因此是自由的。自由是道德活动的先决条件;惟有自由的人才能自主自觉地、而不是被迫地行善;惟有自主自觉的行为,才有道德价值;被迫做出的事情,既不是善,也不是恶。按康德的术语,"(纯粹)实践理性""自由""自律"都是相通的。

善良意志

康德的实践哲学经历了一个发展的过程。在《道德形而上学的基础》中,他试图用"先验演绎"的形式论证道德何以可能的问题。他的回答是,作为理性存在者的自由,使得道德成为可能。但他又立即面临着人的自由何以可能的问题,他的回答是,人的自主自觉的道德行为,使得人成为自由的主体。他在这里陷入了循环;用自由论证道德的可能性,又用道德论证自由的可能性。在《实践理性批判》一书中,康德放弃了"先验演绎"的形式,他直接从自由的概念开始。"自由"的应有之义是不受任何限制,它本身就是无条件的、绝对的。自由是实践理性的直接现实,不存在"何以可能"的问题。

康德是从形而上学或本体论的高度来说明自由的意义的,本体论意义上的自由如何能够成为道德实践的基础呢?为此,康德又阐明了自由的伦理意义,这就是"善良意志"。自由的无条件性的一个意义是无外在的目的,否则的话,自由便成了追求目的的手段,不得不为目的服务,为目的所制约,这样也就不成其为自由了。换而言之,自由就是以自身为目的的活动。接下来的问题是:人的哪些活动符合自由的这种特征呢?答案是:善良意志。

所谓善良意志,就是以善良自身为目的的意志。在西方伦理学说史上,人们都相信人有趋善避恶的意志。康德接过了"自由意志"的概念,但深化了它的内涵。他提出了进一步的问题:意志的自由选择为什么具有趋善避恶的倾向呢?回答只能是:因为自由的意志是以善良自身为目的的。如果意志不以善良为目的,那么,即使它做出了趋善避恶的选择,那也不是自由的选择。譬如,一个慷慨济贫的人,如果是为了沽名钓誉而这样做的,那么,他的行为就算不上道德行为,而是追求个人名誉的非道德(既不善、也不恶)行为。即便他是为了摆脱怜悯和不安的心情而这样做,也没有道德上的价值;因为他的目的只是求得心安理得,仍然受情感的支配。善良意志是绝对自由的,因为它只以自身为目的,摆脱了一切经验因素,包括社会的约束力、自然情感以及个人好恶等等方面的约束。

自由有肯定和否定双重含义。康德赋予自由的否定含义是:因摆脱了经验的约束而自由;他赋予自由的肯定含义是:为了自身而自由。善良意志以自身为目的,就要以摆脱了一切经验因素的理性规则为指导。服从规则与自由不是矛盾的,因为善良意志所服从的是运用自身的力量、为了自身的目的而制定的规则,这样的规则叫自律。善良意志自己立法,自己守法,这就是道德自律。

绝对命令

善良意志的自律被康德称为绝对命令(categorical imparative)。绝对命令是相对于假言命令而言的。两者区别何在呢?假言命令以"如果……那么"的句式表达,条件分句表示目的,结论分句表示手段。假言命令要求人们按照目的与手段的关系来行事。假言命令是以经验为基础的。这表现在两个方面:第一,目的与手段的关系和因果关系一样,是通过经验而被发现的;第二,条件分句表达的内容是感性的要求或欲望,结论分句则指出满足这些欲望和要求所必须采取的行为,这种行动不是意志的自由选择,而受感性条件所束缚,因此不是出于善良意志的道德行为。比如,"如果要有好名声,那么就得慷慨施舍",这和"如果要赚钱,那么就得做生意"一样,都属于假言命令;两者引起的行为虽然不同,但慷慨施舍既然是赚取好名声的手段,它的本性与赚钱的手段实在没有什么不同,没有道德价值。

绝对命令以直言句式表达,它没有条件句,只是命令"应该如此如此做"或"不应该如此如此做"。绝对条件是无条件的,或者说,是以自身为目的之合理要求。康德根据绝对命令的性质,推导出绝对命令的内涵。他说,一切以自身为目的之合理要求,都有这样的普遍形式,这就是:"总是按照那些同时可以成为普遍规律的规则行事。"康德解释说,任何行为规则都是主观的,都是以我自己的判断为依据的,但我的判断同时必须符合理性的普遍要求,或者说,以行为的合理性为自身目的,我的规则同时也就成为普遍规律。这样,绝对命令就具备了合理性(完全按照理性的规则)、普遍性(普遍的规律)和自足性(不假任何外在条件的规则),它因此是理性的自律。

绝对命令是道德律,但它只是规定了一切道德规则所必需的普遍形式,并没有表达出哪些规则是道德的,哪些是不道德的。毋宁说,绝对命令提供的是区分道德与不道德的标准。按照这一标准,"要撒谎"不能成为普遍的规律,因为如果人人都撒谎的话,将没有人会相信别人的话,撒谎将不再可能。再如,"要自杀"也不能成为普遍规律,因为如果人人都去自杀,人类将不复存在,这条规则也失去了适用对象。反之,"不要撒谎""不要自杀",以及"不要杀人""不要奸淫"等古训都是道德规则,因为它们都能够成为普遍行为准则。康德所说的绝对命令不过是用哲学的思辨语言,表达了伦理学的"黄金规则",它的经典表述是孔子所说的"己所不欲,勿施于人",以及耶稣基督所说的"你要别人怎样对你,你也要这样对人"。绝对命令所要求的也正是这种普遍合理的人际关系。

从绝对命令的一般形式,康德又引申出绝对命令的一般内容。绝对命令有两条推论:一是"始终把人当作目的,而不能把人当作工具";二是"每一个理性存在者的意志都是颁布普遍规律的意志"。绝对命令的一般内容把启蒙时代提倡的人的自由、平等和博爱等要求提高到道德形而上学的高度,是人道主义的时代精神的高度哲学概括。

道德公设

道德行为总是以一定的理性为价值取向的,道德的最高理想是至善。为了让至善成为指导人们行为的道德理想,仅仅靠绝对命令是不够的,还需要辅以道德公设。道德公设的作用在于使人确信能够达到至善,从而激励道德勇气和信心,培养向善的道德情感和习惯。可以看出,道德公设是为了适应道德实践的需要而设立的,这些需要虽然是道德的,但也是感性的需要。康德并不完全否定感性的欲望和情感在道德中的作用,他只是否认它们能够成为道德律的依据和基础;一旦道德律被置于纯粹理性的基础之上,道德的欲望和情感就会有助于道德律的实施。道德律与道德公设属于两个不同的层次:前者是基础,是主干;后者是应用,是辅助。道德律是完全依靠理性建立的,被置于牢不可破的基础之上;道德公设也有理性依据,但同时要兼顾感性因素,因此,道德公设不是纯粹理性的产物,也不是道德律那样的绝对命令,而带有某种程度的假定。当然,道德公设比科学假设有更高的确信性。道德公设共有三条,每一条都有充足的理由相信它。

第一条道德公设是意志自由。确切地说,意志自由不仅仅是公设。我们已经看到,康德把自由作为纯粹理性的现实、道德的先决条件。作为道德公设的自由意志是与具体道德处境下的欲望和情感联系在一起的意志。人们惟有相信他在任何条件下都能够正确地运用自己的意志,做出自由的选择,他们才能相信,依靠自己的力量可以达到至善的目标。

第二条公设是灵魂不朽。人的生命是有限的、短暂的,不大可能在有生之年达到至善的目标。因此,人必须相信灵魂是不朽的,他即使在身后也可以做出不懈的、连续的努力,直至达到目标。

第三条道德公设是上帝存在。人们需要确信,他追求至善的努力一定会得到回报;如果他违背了这一目标,将受到惩罚。惟有如此,他的道德努力才有动力,才有希望。因此,他必须相信一个全善的主宰的存在,并且这个全善者具有洞察一切的智慧和惩恶扬善的能力。这个全善、全知、全能的主宰就是上帝。可以说,康德通过第三公设,恢复了关于上帝存在的伦理学证明。

理性宗教

康德生活在宗教受到激烈批评的启蒙时代,作为理性主义者,他反对历史上和现实中的形形色色的宗教蒙昧主义和宗教狂热、宗教迫害等迷信做法。他试图把宗教所具有的正当的道德功能与纯粹理性的道德学说结合起来,把宗教理性化、道德化。

在道德形而上学部分,康德实际上取消了上帝作为道德律的立法者和颁布者的地位,宗教信仰不再是道德的前提和基础;相反,上帝存在、灵魂不朽等宗教信仰需要经过理性的权衡,被当作具有假定性和辅助性的道德公设来使用。所有这些都体现了康德的思想秩序是:理性第一,信仰第二;道德第一,宗教第二。

《单纯理性限度内的宗教》使用同样的思想秩序,解释基督教的性质。康德首先从基督教所特有的"原罪说"的教义开始。他认为,原罪说是一种性恶论。康德同意说人性天生是恶的,但给予理性解释,使之成为他的道德哲学的补充。他区分了"意志"(Wille)和"意欲"(Willkür)。人的意志是善良的,但善良意志并不能做抉择;能够做抉择的能力是意欲,意欲有自觉和自发两种状态:它既可以接受善良意志的指导而自觉地趋善避恶,也可以按照感觉的提示而自发地趋乐避苦。意志和意欲都是天生的禀性(Gestinnung/disposition),善良意志是禀赋(Anlage/predispoition),意欲的自发性是倾向(Hang/propensity)。由于这两种天性的冲突,人虽然因善良意志而认识到绝对命令的普遍性和合理性,但却因意欲的自发倾向而不能自觉地服从道德律。面临着善恶的抉择,意欲最初的反应是软弱无力,接着是动机不纯,最后堕落为邪恶。基督教"原罪说"所说的人性的堕落就是意欲自发倾向的直接后果。

正因为人性的堕落,人才需要皈依。康德把宗教的皈依解释为从自发到自觉的道德转变。按照他的理论,人属于两个世界,他在感觉世界受经验规律的决定,在理智世界遵守道德律。人认识到道德律的绝对性而无力把它作为自律,因而对于道德律有一种崇高感和神圣感。被升华和神化的道德律成为超验的原因。康德在这里似乎承认"原因"范畴也可以有超验的用法,但我们要知道,与理论领域的先验幻相不同,这是在实践领域的合法使用。当人的意欲摆脱经验的因果关系,而接受超验的原因的影响时,他就从经验世界皈依了理智世界,他的道德情感感受到神圣的力量,上帝被想象为神圣规律的立法者。这样,宗教情感和信仰就从道德情感中产生了。

人性的软弱使人感到无力实现皈依,这样又产生了"救赎"和"恩典"的信仰。康德反对"代赎""补赎"和"恩典前定"等教义,因为它们使人放弃了道德努力,消极地等待上帝恩典的降临。康德把救赎和恩典的作用解释为对人的道德努力的补充或成全。就是说,神圣的宗教情感和信仰对于道德实践起到激励推动作用,并落实为具体的道德行为,但决不能代替道德上的努力。宗教信仰的补充或成全作用还体现于教会的作用。教会的集体力量弥补了个人的不足,教会的精神力量来自它的道德属性。正因为教会是在神圣道德律指引下的道德团体,它可被称为人间的上帝王国。康德这种把宗教归结为道德的理性宗教的做法,对后世的自由主义神学思潮,有直接的影响。

判断力批判

康德在《判断力批判》中认为,判断力是"一个处于知性和理性之间的中间环节"。判断力不是一种独立的能力,包括"三种不能再从一个共同根据推导出来的机能:认识能力、愉快和不快的情感和欲求能力"①。判断力中的认识能力又可分两种:在纯粹理性批判中,知性使用范畴思考感性直观,用自然法则决定经验,属于"规定判断力"。而判断力批判考察的是另一种判断力,他称之为"反思判断力"。反思判断力不是从范畴、法则出发来决定特殊事物,而是从特殊的事实和情感出发寻求普遍目的。反思判断力综合了知、情、意的因素,在必然和自由、自然界和道德界之间架起沟通的桥梁。

康德把反思判断力分为审美判断力和合目的性判断力。审美判断力是按照某个规则、而不按照某个概念来评判事物的特殊能力,它与趣味或鉴赏相关,用愉快和不快的情感,评判审美的、感性的对象;而合目的性判断力按照以逻辑方式,借助知性和理性的概念来评判自然界事物整体和目的。

康德从审美和道德的关系入手沟通自然和自由的关系。他认为,美的东西是善的东西的象征,心灵在普遍赞同的情感中意识到一种超越快乐的高尚和升华,美感和崇高感在"人的本性中",是趋向道德情感的素质根基。②

在自然界有无目的的问题上,存在着目的论与机械论的"二律背反",知性和理性不能解决这个理论矛盾,只有把人看作目的本身和自然的目的,才能判断世界万物的合目的性。康德说:

> 在这个仅仅作为道德主体的人之中,在道德律能够适用的个体的人之中,我们才能发现关于目的的无条件的立法。因此,正是这种立法,才能找到在目的上无条件的立法,因而只有这种立法才能使人有能力成为终极目的,全部自然界都在目的论上从属于这个终极目的。③

---

① 康德:《判断力批判》,人民出版社,2002年,11页。
② 同上书,105页。
③ 同上书,294页。

康德在《实践理性批判》的结论中说:"有两样东西,我们愈经常愈持久地加以思索,它们就愈使心灵充满日新月异、有加无已的景仰和敬畏:在我之上的星空和居我心中的道德法则。"①当人自由地实现了道德自律和至善,第一批判揭示的自由与必然的矛盾,第二批判揭示的理性存在者与经验世界中存在者的矛盾,以及第三批判揭示的人与自然的矛盾,都会得到和解。

康德思考的主题可谓是"致广大而尽精微",但始终离不开人。他又曾坦言道,他所关心的问题只是"人是什么"?这个问题可以分成三个:人能够知道什么?人应当做什么?人可以希望什么?他的三大批判就是对这三个问题的分别解答。②

总之,康德的批判哲学集中体现了启蒙时代的理性主义和人道主义精神,他不但是终生在书斋里格物穷理的集大成的学者,而且是站在时代前列的进步思想家。

---

① 康德:《实践理性批判》,商务印书馆,1999 年,177 页。
② 康德:《逻辑学讲义》,商务印书馆,1991 年,15 页。

第十八章
绝对唯心论

康德生前,他的哲学已经广泛传播。康德之后,他的哲学更为各界人士所熟知。据说,连贵夫人和小姐都把《纯粹理性批判》陈列在闺房中,引以为时髦。1787年,耶拿大学设立了专门讲授康德学说的"批判哲学讲席",第一任教授为莱茵荷尔德(K. L. Reinhold, 1756—1823年),他在把康德哲学普及化的同时,企图把康德的思想系统化,使之获得严格的科学形式。比如,他通过对"表象"这一概念的分析,得到"关于意识的第一原则",然后从这一原则推演出直观与知性等一系列康德式的区分。与此同时,德国的经验论者、怀疑论者和"普及哲学家"也纷纷批判康德的理论体系。康德称他的学说为先验唯心论,这种学说具有调和唯理论和经验论的特点,同时又称之为经验实在论。但先验与经验这两种立场、唯心论与实在论这两种学说毕竟是难以调和的。康德之后的德国古典哲学发展的方向是:以彻底的唯心论的态度,把先验唯心论发展为绝对唯心论。这里的"绝对"意味"无条件",即先验自我不受任何限制。作为完整的哲学体系,德国绝对唯心论开始于费希特和谢林,完成于黑格尔。我们在本章和下一章分别介绍绝对唯心论的这一发展过程。

第一节 费希特的知识学

约翰·哥特利布·费希特(Johann Gottlieb Fichte, 1762—1814年),出生于一个织带匠家庭。他与康德一样,由教会资助受教育,在大学读神学,后当家庭教师。1790年,他第一次读到康德的著作,大受鼓舞。1793年,他匿名发表《试论一切天启的批判》,这部书惟妙惟肖地阐发了康德的理性宗教观,被人认为是康德本人的著作。后来人们知道了真实的作者,费希特于是声名鹊起。1794年费希特接替莱茵荷尔德任耶拿大学的"批判哲学讲席"教授,但他讲授的却是他自己的"知识学"。他的讲稿分别被整理为《全部知识学基础》(1794—1795年)、《知识学理论特点之概要》(1795年)、《根据知识学原则的自然权利的基础》(1796—1797年)和《根据知识学原则的伦理学体系》(1798年)。1798年,费希特发表了一篇题为《论我们信仰的基础》的文章,指出不能从道德和形而上学原则来论证上帝的存在。他的论敌指责他是无神论者,政府当局撤销了他的教授职务。1799年之后,费希特移居柏林,发表一些通俗的哲学论著,其中最著名的是《人的使命》,同时担任一些临时的教学工作。1806年,法国和普鲁士之间爆发战争,拿破仑军队占领了柏林,费希特逃到格尼斯堡大学避难,直到和约签订后才于1807年返回柏林,以英雄的姿态发表了《告德意志民族》的讲演。这一讲演标志着德意志民族主义的兴起,也为费希特带来崇高的声誉。1810年,柏林大学成立,他担任哲学系主任,并一度任校长。费希特51岁那一年,妻子因护理伤兵而患伤寒,又传染给费希特而双双身亡。

"知识学"的概念

费希特的一生孜孜不倦地建立知识学的体系。"知识学"(Wissenschaftslehre)是费希特创造的一个词,表示自己的理论体系不同于一般意义上所说的哲学。那么,他所说的知识学有哪些特点呢?

费希特说,知识学不是科学,而是"科学的科学","知识的知识"。知识学与传统哲学不同,它关心的不是事实,而是事实的根据;不是知识的实际内容,而是知识的合法性。不难看出,费希特为知识学所规定的任务正是康德的先验哲学的目标,即,考察知识的"可能性条件"。一般来说,知识学的任务也没有脱离考察知识的基础、范围和性质等近代认识论的范围。实际上,知识学正是费希特从绝对唯心论的角度,对康德的先验哲学和近代认识论所做的一种特殊的总结。

虽然费希特从来没有用"绝对唯心论"这一词汇,他自认为知识学仍然属于先验哲学的范畴,但他所理解的先验与康德所说的先验有很明显的不同。首先,康德明确地区分了"先验"与"超验":先验因素不是与经验分离,而是在经验内决定经验的先决条件;超验的物自体不是知识的对象,也不是先验哲学的研究对象。费希特继承了莱茵荷尔德的思想,认为先验哲学必须以第一原则为全部体系的出发点和一以贯之的基础;一切区分,包括先验与经验的区分都可以从第一原则中推演出来。费希特抛弃了康德的"物自体"概念,认为意识之外的客体"是一种虚构,完全没有实在性"①。第一原则只与主体有关,而与物自体无关。其次,康德认为先验唯心论与经验实在论是一致的,费希特却认为两者是不可调和的。他说,哲学要回答的根本问题是意识与对象的关系;在此问题上,只有两种可能的答案:一是从意识到对象,一是从对象到意识。前者是唯心论的路线,后者是独断论的路线,二者必居其一,不可调和折中。

关于唯心论与独断论的是非,费希特有这样的分析。他先说明唯心论有理论上的优势,因为先验论认为对象不过是意识中的表象,从意识到对象的过程是意识内容的自我展现。独断论如果认为对象只是表象,那就是经验论;如果认为对象是意识之外的客体,那就是唯物论。经验论是一种不稳定的立场,如果它像贝克莱那样认为表象来自意识,那它就是唯心论;如果它独断地认为表象来自客体,那么它就是唯物论。而"贯彻到底的独断论同时也是唯物论"②。唯物论的独断论面临的最大困难是解释与意识不相干的物质客体如何能够过渡到意识,唯物论只能用"跳跃"来填补理论上的鸿沟。

尽管唯心论有理论上的优势,它也不能说服独断论;当然,独断论也不能说服唯心论。因为两者的差异是第一原则的差异,而第一原则是不可证明的,否则它就不成其为第一原则了。每一个人都可以自由地选择第一原则,他是什么样的人,他就会选择什么样的哲学。费希特说:

> 一个哲学体系并不是一个可以随意放弃或接受的死家具;反之,一个哲学体系因拥有它的人的灵魂而充满生气。一个天性萎靡的或是由于精神的奴役、博学的奢侈和虚荣而变得萎靡、随和了的性格,永远不能把自己提高到唯心论的程度。③

按照费希特的说法,唯心论者是那些热爱自由的人,他们因此而认为自我高于外物,能够摆脱外部束缚;相反,独断论者,尤其是唯物论者,把人降低到物,使人服从外部世界并由此而认为客体高于意识。

---

① 《西方哲学原著选读》,北京大学西方哲学史教研室编译,下卷,商务印书馆,1982年,324页。
② 同上书,333页。
③ 同上书,330页。

费希特把哲学第一原则的是非问题归结为人的性格的高下差别,这表现了他以实践理性为根本的主张。他说:"行动!行动!——这就是我们的生存目的。"①他的知识学有两个部分:理论知识学和实践知识学。

关于自我的第一原则

费希特虽然承认第一原则是不可证明的,但他却要求第一原则必须是自明的,就是说,第一原则在意识中的显现要伴随着必然性的情感。很明显,当我们看到形式逻辑的规律时,我们会有必然性的意识,但形式逻辑并不涉及对象。费希特的问题是:当什么样的对象呈现在意识中,我们会有如同看到逻辑规律那样的必然性意识呢?他如同康德一样,相信逻辑形式与人的认识能力是相应的,但康德只是探讨了判断形式和推理形式与知性和理性的形式的对应,并没有考虑更一般的逻辑规律与什么形式的认识相对应的问题。费希特还接受了康德关于自我意识是知识最高原则的思想,康德是用"先验演绎"方式来论证的,在费希特看来,这还没有达到逻辑必然性的自明程度。他的做法是从逻辑规律引申出关于自我意识的原则。这样的原则有三条:自我设定自身,自我设定非我,自我和非我统一。

"自我设定自身"是与逻辑的同一律 $A = A$ 相对应的原则。费希特的解释是,同一律 $A = A$ 的确定性在自我之中,是由自我设定的。自我之所以能够确定不疑地设定同一律,那是因为在自我之中,必定有某种绝对同一的东西。这就是自我=自我的绝对同一。"自我=自我"不是分析命题,它的意义是:自我是纯粹的主体,纯粹的行动,它没有、也不需要任何不同于自身的依据。换而言之,自我是自身的依据,自我设定自身。费希特在这里强调,纯粹的自我是行动,不是实体;一切都因自我意识的活动而发生,都只能作为自我意识的表象而存在。

"自我设定非我"与矛盾律 $A \neq \sim A$ 相对应。矛盾律的依据在于,自我无条件地设定非我作为对立面。当自我意识以自身为对象时,它既是主体,又是对象,但这不是外来的对象,而是自我为自己设定的对象。同样,那些看起来是外物对象也是自我为自己设定的表象,是自我意识的内容。对象只有作为自我的对立面才是无条件的,他们是自我设定的。至于自我为什么要设定非我作为自身的对立面,费希特回答说,自我是绝对自由的活动,

---

① 费希特:《论学者的使命·人的使命》,梁志学、沈真译,商务印书馆,1984年,57页。

它一定不会囿于自身,只有设定非我,自我才能在所有关于世界和他人的经验中展开自身。就是说,自我为了完全地设定自身,就必须设定非我。"自我设定非我"是"自我设定自身"这一第一原则的延伸。

"自我与非我的统一"与排中律 A 或 ~ A 相对应。排中律的依据是自我 ≠ 非我,自我总是与非我并存的:只要设定自我,也就设定了非我;但非我不仅仅是自我的对立面,而且也是自我的展开,由此非我在自我之中。于是,就有这样合法的等式:自我 = 非我;非我 = 自我。排中律的依据不是非此即彼,而是亦此亦彼;表面上的"或"的深层意义是"和":这就是"自我和非我"。

关于自我与非我关系的三条原则共同构成知识学的第一原则。虽然阐述的次序有先后,但三者同等重要,相互依赖,缺一不可。"自我设定自身"说明了自我的性质是纯粹的意识活动,"自我设定非我"说明了意识活动的过程中展现出的对象和内容,"自我和非我的统一"则说明了意识活动朝向的目标。费希特认为,"设定"(setzen)是"自我"的"本原行动"(thathandlung),不但决定意识,而且决定存在。他说:"设定着自己的自我,与存在着的自我,这两者是完全等同的同一个东西。"① 知识论的三原则论证的意识活动与内容的统一,以及自我意识与意识对象的统一,可以为关于世界和人的一切知识提供坚实的基础。

从方法论的角度说,费希特第一次把辩证法的形式表达为正题、反题与合题。康德指出了理性的二律背反,但他是在否定意义上阐述正题与反题的对立的。费希特则把自我和非我的对立与统一提高到第一原则的高度,这不仅是唯心论的发展,而且也是辩证法思想的重大突破。

实践知识学

费希特第一次读到的康德著作是《实践理性批判》,他说他深深为康德的"绝对自由"和"义务"的思想所打动。他在创立知识学体系时始终强调"实践领先"。如果说,他是用抽象的、晦涩的语言说明那三条第一原则的话,那么,这些原则在实践领域的表现却洋溢着时代的精神,充满着斗争的活力。早期的费希特张扬法国大革命提倡的自由精神,他说:"我的体系是第一个自由的体系;正如法兰西民族使人摆脱了外部的枷锁一样,我的体系

---

① 梁志学主编:《费希特著作选集》,第 1 卷,商务印书馆,1990 年,507 页。

使人摆脱了自在之物、外部影响的枷锁,在自己的第一原理中把人视为独立不倚的存在者。"①

费希特把理论知识学中的自我转化为实践自我的"努力"(Streben)。由此产生的结果是:"自我设定自身"被转化为实践自我的"冲动"产生"渴望"的内驱力;"自我设定非我"被转化为实践自我对于没有对象的单纯冲动的"厌恶";而"自我与非我的统一"被转化为实践自我的"渴望"在自身包含着实在的"满足"。费希特认为实践自我不断创造冲动与行动的和谐是一个无限的过程,在此过程中把一切实在包含于自身。这样,理论知识学设定的自我本原活动与实践知识学达到的充满无限实在的自我行动,构成一个首尾相接的圆圈,这就消解了康德的自在物。费希特因而说,在知识学中,自在之物"就是像我们应该使之成为的东西那样"②。

晚期费希特在政治上转向保守的同时,他的知识学的主题从人的"自我"转向上帝之"道"。他说:"我存在和我思维,两者都是绝对的;两者是由于一种更高的根据而相互和谐的。"③"更高的根据"就是上帝。他引用《新约·约翰福音》开篇的三句话"太初有道,道与上帝同在,道就是上帝",并解释说:"这一上帝的具体存在就其自身的内容而言必定是知识,只有在这种知识中,世界及存在于世界上的一切事物才成为现实的。"④在人的社会生活,上帝的知识显现为五种世界观:感性世界观,法律世界观,道德世界观,宗教世界观和知识世界观。人类历史也相应地分为五种状态:无辜,恶的开端,恶贯满盈,理性启蒙,圣洁完满。费希特以神意为预设和目的,猜测到历史与知识相一致的社会发展规律,但他混淆信仰与知识的做法,被黑格尔所批判和扬弃。

第二节 谢林的绝对唯心论

约瑟夫·谢林(Joseph Schelling,1775—1854 年),生于一个牧师家庭。15 岁时进入图宾根大学神学院学习,同学中有黑格尔和诗人荷尔德林。18

---

① J. G. Fichte, *Gesamtausgabe der Bayerischen Akademie der Wissenschaften*, R. Lauth u. a. (hrsg.), Reihe III, Bd. 2, Friederich Frommann Verlag, Stuttgart, 1970, S. 298.
② 梁志学主编:《费希特著作选集》,第 1 卷,商务印书馆,1990 年,709 页、409 页。
③ 费希特:《论学者的使命人的使命》,商务印书馆,1984 年,77 页。
④ *Fichtes Werke*, I. H. Fichte(hrsg.), Bd. 5, Walter de Gruyter&Co., Berlin, 1971, S. 481.

岁那年,他出版了第一部著作《神话哲学》。毕业之后,当了三年的家庭教师,自学了不少科学知识,发表了《自然哲学的观念》(1797 年)、《论世界灵魂》(1798 年)等著作。1798 年,谢林应聘到耶拿大学任哲学教授。耶拿时期是他的创造性思想的高峰期,发表有《先验唯心论体系》《我的哲学体系的说明》(1801 年)、《布鲁诺》(1802 年)等著作。1803 年之后,谢林离开耶拿,在德国多所大学任教。黑格尔在 1807 年出版的《精神现象学》导言中不点名地批判了谢林的"绝对同一"说,结束了两人之间的友谊。谢林在这一时期的代表作是《对人类自由的本质及其相关对象的哲学探讨》(1809 年)。1841 年,应普鲁士国王威廉四世聘请,他任普鲁士宫廷的私人顾问和柏林大学哲学教授,极力用神话哲学和天启哲学抵消黑格尔及青年黑格尔派的影响。一些著名的思想家,如恩格斯、巴枯宁、祁克果等人听过他在柏林大学的讲课,都很失望。

谢林的学术生涯长,著作多,思想经历过多次转变。黑格尔说:"如果要我寻找一本最后的著作,在其中他的哲学得到最确定的发挥,这样的著作是举不出来的。"①但他认为,谢林的错误在于不能说明原始的同一如何分裂为矛盾的对立面,也不能说明如何认识这种抽象的无差别的同一性,最后只能诉诸非理性的艺术直观和神秘的启示。

自然哲学

谢林早年受费希特的自我学说影响,但在广泛涉猎了自然科学知识之后,他对费希特忽视甚至否定自然研究的做法感到不满,他认为应像斯宾诺莎、康德和歌德那样重视自然。他受歌德浪漫主义自然观的影响,并直接从斯宾诺莎关于自然的概念得到启发。斯宾诺莎区分了"能动的自然"和"被动的自然"。谢林认为,自然整体是能动的"世界精神",当它分化为对立面时,就表现为各种各样的力,如引力和斥力、作用力和反作用力、光明和黑暗,等等。在最低的层次,自然表现为运动着的物体;在较高的层次,表现为光、磁、电、化学等现象;在最高层次,表现为有机体整体,即自然本身。谢林把自己关于自然科学的总结称为"思辨物理学"。

谢林的自然哲学被黑格尔所继承发展,他赞扬谢林是"近代自然哲学的创始人",运用概念的、理性的形式把握和建构自然。

---

① 黑格尔:《哲学史讲演录》,第四卷,商务印书馆,1978 年,341 页。

先验哲学

谢林的意图不是用自然哲学取代先验哲学。他说,自然哲学和先验哲学路殊归同,相反相成。"使客观的东西为先,从而引出主观的东西,这是自然哲学的任务。假如有一种先验哲学,那么,留给它的只能是相反的方向,那就是,把主观的东西作为在先的、绝对的出发点,从而引申出客观的东西。"①先验哲学的研究对象是自我意识。如同对自然的分析那样,谢林把自我意识当作一个发展过程,从感觉开始,渐次上升到感性直观、反思、意志。谢林说,这一过程是意识的历史,意识的历史发展阶段与自然的发展阶段是相对应的。意识在意志阶段进入了实践领域。自由是这一领域的终极目的,人类历史是朝向这一目的前进的无限过程。谢林对意识的历史的阐述,以及关于意识的历史阶段与自然发展阶段一致性的认识,都是以前的先验唯心论者没有论述的新观点,黑格尔后来对此做了更系统、更细致的分析。意识发展到意志阶段并未停止,意识发展的最高阶段是理智直观。在理智直观中,主观和客观、意识内容与无意识的事物、自由与必然等等区别都消融了。但理智直观不是抽象的,而是具体的,表现为艺术直观。艺术美既是主观的,也是客观的;既是自由的、有意识的,也是不自由、无意识的;它是无限者的有限表象。艺术把哲学的主观反思当作客观现实,达到了最高的境界。用谢林的话来说,艺术是"哲学惟一真实而又永恒的工具和证书"②。

同一哲学

理智直观或艺术直观所把握的对象是绝对同一,在此意义上,谢林声称自己的哲学是绝对唯心论。达到绝对同一的路径有两条:一是由下到上,一是直接把握。前者是自然哲学和先验哲学的路径,两者最后汇合于艺术哲学,在理智直观中达到主观与客观、自由与必然的统一。谢林的《先验唯心论体系》一书沿袭的就是这样一条路径。但是,艺术哲学所达到的终点同时也是同一哲学的起点。在其后发表的一系列著作,如《布鲁诺》和《关于我的哲学体系的说明》等书中,谢林直接开始于绝对同一,认为这是哲学的

---

① 《西方哲学原著选读》,下卷,商务印书馆,1982 年,353 页。
② 谢林:《先验唯心论体系》,商务印书馆,1976 年,276 页。

自明前提。绝对同一的自明性如同同一律 A = A 那样确定。谢林给予同一律高度评价,称之为"理性的最高规律"。除此之外,他难以进一步说明绝对同一的性质,只是从否定的方面说它是"无差别"或"无区别"的状态。他发现,绝对同一与新柏拉图主义者普罗提诺所说的"太一"相像:正因为它是无区别的,它是不可被思想、被表达的,因为任何思想和表达都是一种区分。谢林还借用新柏拉图主义的说法,说明具体的、有限的对象如何从绝对同一中分化出来,作为绝对同一的某一方面的现象或观点而存在。但是,他没有具体说明绝对同一为什么会分化的理由以及分化的步骤和过程。相比而言,他对自然和意识如何逐步上升到绝对整体的解释颇有新意,而同一哲学是一种失败的尝试。黑格尔只用一句"黑夜里的黑牛"的讥讽就把绝对同一的无差别性质解构了。

天启哲学

同一哲学和浪漫主义的情怀,促使谢林发生了重大思想变化,理性主义逐渐让位给宗教神秘主义。与康德和费希特的理性宗教观和宗教道德化的主张不同,谢林刻意强调宗教的神秘性与非理性。他把自己的宗教哲学称为肯定哲学,而与康德等人的"否定哲学"相对抗。他说:

> 没有一个活动着的上帝……就没有宗教,因为宗教以上帝与人之间现实的、真正的关系为前提。如果没有上帝的神意,也不可能有任何历史。……否定哲学最后的结局是:我们只有可能的、但不是现实的宗教,"完全限于理性范围"的宗教。……只有过渡到肯定哲学,我们才能进入宗教领域。[①]

谢林关于宗教的肯定哲学是他的同一哲学的延伸,两者不同的是,同一哲学以直观把握绝对,肯定哲学以信仰接近上帝;两者的联系在于,哲学上的绝对同一不是别的,正是上帝。绝对实体是上帝的最初意义,但这只意味着没有意识和意志,因而也没有人格的上帝。上帝在此阶段只是不可言说的神秘本原或本质,他囿于自身而不外显。谢林把这种意义上的上帝称为"上帝的唯我主义"[②],并说:"如果我们希望从本质过渡到存在,必须设定区

---

① *Schellings Werke*, M. Schröter(hrsg.), Bd. 5, Biederstein&Leibniz, Munich, 1927, S. 750.
② Ibid., S. 330.

分和差别。"①上帝的存在是有理性,特别是有爱的意志的有人格的上帝,即基督教信仰的三位一体的上帝。但不管是上帝的绝对同一的本质,还是上帝显露自身的存在,都是上帝的自我设定,而不是人出于道德需要的公设。谢林说,上帝只有先是客观的绝对实体,然后才能是人的主观情感的对象;这是他与康德为代表的理性宗教观的一个根本区别。

谢林认为,肯定哲学的核心是上帝与人的关系问题。思维并不先于存在,而是存在先于思维,所以肯定性的哲学必然从存在出发。作为出发点,存在必须是必然性的存在,而且是必须被经历到的实在。这样的存在只能是行动着的、向人的经验启示自身的、有生命活力的神。由于一切现实的经验事物都是这个人格神的启示,"肯定性的哲学"也就变成了宗教哲学,由未完成的宗教哲学和已经完成的宗教哲学,即神话哲学与启示哲学两部分构成。

谢林认为,神话中的神是具有人格的、无限创造性的神。只不过神话中的宗教是盲目的,是一个必然过程中产生的不自由的、非精神的宗教,神话宗教必须通过基督教成为自由的宗教。尽管把基督教说成最高宗教,但他的天启哲学力图超越已知的所有宗教形式。他认为天主教是已经过时的宗教,新教是过渡性的宗教,新的、未来的基督教是包罗万象的,能把一切民族团结起来。在他看来,上帝是具有人性的,他自由地肯定人、参与人、支持人,甚至化身为人,为人受难、牺牲,不具有人性的上帝是虚假的上帝。终其一生,谢林的绝对唯心论是思辨形式的泛神论,其启示是人性宗教的启示。虽然很多人认为谢林是为普鲁士王国的祭坛和王冠张目的官方哲学家,但他的思想实际上对当时的宗教批判思潮起到推波助澜的作用。这也是恩格斯为什么说谢林从相反的方面肯定了人是宗教的本质,最高的启示不过是"人对人的启示"②。

---

① *Schellings Werke*, M. Schröter(hrsg.), Bd. 4, S. 316.
② 《马克思恩格斯全集》,第 2 卷,人民出版社,2005 年,393 页。

第十九章
黑格尔哲学体系

威廉·弗利德里希·黑格尔(Wilhelm Friedrich Hegel,1770—1831年)出生于一个政府公务员家庭。1788年进入图宾根神学院学习。1793年毕业后,先后在伯尔尼和法兰克福当了七年的家庭教师。1800年到耶拿,与谢林共同创办《哲学评论》杂志。次年成为耶拿大学编外讲师,四年之后成为副教授。1807年出版他的第一部著作《精神现象学》。1808至1816年,他在纽伦堡当了八年的中学校长。在此期间完成了《逻辑学》(简称大逻辑)。1816年,他被聘为海德堡大学教授。1817年,出版《哲学科学全书纲要》(其中的逻辑学部分简称小逻辑),完成了他的哲学体系。1818年开始担任柏林大学教授,1821年出版《法哲学原理》。1829年,黑格尔被任命为柏林大学校长和政府代表,1831年死于霍乱。他的讲稿死后被整理为《哲学史讲演录》《历史哲学》《美学讲演录》和《宗教哲学讲演录》出版。

第一节 黑格尔体系的特点

黑格尔建立了历史上最庞大、最全面的哲学体系,这是黑格尔哲学的价值所在。我们将看到,这一体系对辩证法的否定精神有所限制,体系的建构也有不少牵强附会之处和生搬硬凑的弊病;即便如此,学习西方哲学史的人也不能脱离黑格尔的体系来理解他的思想。黑格尔哲学的范畴、命题和论辩都是为他的体系服务的,离开了体系的框架,它们的意义晦涩含混,甚至显得荒谬、无意义。黑格尔哲学的特点和优点在于它的整体性。体系的整体性不但赋予它的组成要素以确定的意义,而且确定了黑格尔在哲学史上的集大成者的地位。

黑格尔在《精神现象学》《哲学科学全书纲要》和《哲学史讲演录》等书

的前言部分,集中地阐述了他建立哲学体系的动机和依据。他的阐述明确地表明了他的体系所具有的"采众人之说,成一家之言"的综合性。为了理解这一特点,我们首先要注意黑格尔对待前人成果的批判性的吸收态度,看看他是如何在总结前人,尤其是德国古典哲学家成果的基础之上,建立他的哲学体系的。

真理是全体

黑格尔批判了近代西方哲学的认识论优先的原则。他认为考察人的认识本身不是目的,而是为了达到绝对知识或真理目的的手段,但认识论哲学却把手段当作目的,把认识的工具或方法当作真理本身,放弃了哲学追求真理和知识的目标。认识论哲学的一个思想根源是"害怕错误",以为真理在一方,错误在另一方,于是总要设想一种可以避免和排除错误的方法,以便能够接近真理。黑格尔说:"所谓害怕错误,实即害怕真理。"他讥讽说,康德在求知之前先考察知识的能力,犹如迂腐的学究教导的"聪明办法":"在没有学会游泳以前,切勿冒险下水。"[①]

黑格尔说:"真理不是一块铸成了的硬币,可以现成拿过来就用。"[②]真理不是对个别事实的简单判断,如说恺撒生于何时,一米等于几尺,等等。这类确定而又简捷的结论与哲学真理的性质是大不相同的。哲学的真理是科学,而"哲学如果没有体系,就不能成为科学"[③]。

黑格尔反对两种貌似对立的真理观:一种是独断论,认为自己已经发现了终极的真理;另一种是怀疑论和折中主义,认为哲学无真理,有的只是纷争的意见或意见的总和。这两种立场有一个共同点,那就是持守关于真理与意见的截然对立。黑格尔说:"真理是全体,但全体只是通过自身发展而达到完满的那种本质。"[④]他的意思是说,真理是一个由低到高的发展全过程,历史上后起的体系要比以前的体系更加高级,它克服了以前体系的缺点而保留其优点;当它被更新近的哲学体系所推翻时,又以同样的方式保留了自身的优点,因而成为真理的一个环节。在黑格尔之前,康德以这样的方式把经验论和唯理论转变为自己体系的环节,费希特和谢林力图克服康德体

---

① 黑格尔:《小逻辑》,贺麟译,商务印书馆,1980年,50页。
② 黑格尔:《精神现象学》,贺麟、王玖兴译,上卷,商务印书馆,1979年,25页。
③ 黑格尔:《小逻辑》,商务印书馆,1980年,56页。
④ 黑格尔:《精神现象学》,上卷,商务印书馆,1979年,25页、12页。

系的缺点,把它作为自己体系的一个构成要素或环节。黑格尔继续进行这一寻求真理的过程。他承认康德的先验统觉原理正确地说出了一切意识的本性,但康德把物自体与现象、思维与存在对立起来。黑格尔肯定费希特的功绩在于从主体的能动作用中引申出逻辑范畴的系统,但认为费希特把非我说成是自我的设置,这就"引起朴素意识"即唯物主义的抗议。黑格尔说,费希特哲学不能回应唯物主义的反驳,也没有克服康德的不可知论。他说:"康德叫做物自体的,费希特便叫做外来的刺激。这外来的刺激是自我以外的一个抽象体",即非我;费希特肯定与自我对立的非我表明自我"并不是真正自由的、自发的活动"。① 黑格尔肯定谢林看到真实的东西或真理是主体与客体、思维与存在的同一,认为这是哲学思维唯一正确的出发点:"那最有意义的、或者从哲学看来唯一有意义的超出费希特哲学的工作,最后由谢林完成了。"② 但他认为,谢林的错误在于不能说明原始的同一如何分裂为矛盾的对立面,也不能说明如何认识这种抽象的无差别的同一性,最后只能诉诸非理性的艺术直观和神秘的启示。黑格尔注意吸收康德、费希特和谢林的成果,建立了集大成的哲学体系。

哲学无前提

在黑格尔看来,真理并不像手枪发射子弹那样一蹴而就,"为了成为真正的知识,或者说,为了产生科学的因素,产生科学的纯粹概念,最初的知识必须经历一段艰苦漫长的道路"③。但是,哲学家们都要寻求一个绝对正确的前提作为出发点,以保证自己体系的真理性。所谓绝对正确的标准有两种:一是直观的标准,即认为正确的前提是自明的;一是逻辑的标准,即认为正确的前提具有可以通过逻辑论证的必然性。黑格尔对这些做法都不满意。

黑格尔独辟蹊径。他说:"哲学上的起点只是就研究哲学的主体的方便而言的,至于哲学本身却无所谓起点。"这不是说,哲学可以从任何一点开始,而是说,为了研究方便的目的而设定的起点,必须贯穿于始终;起点不应仅仅是起点,它也是终点。黑格尔对此有一段精彩的论述。他说:

---

① 黑格尔:《小逻辑》,151 页。
② 黑格尔:《哲学史讲演录》,第四卷,商务印书馆,1978 年,340 页。
③ 黑格尔:《精神现象学》,上卷,17 页。

哲学是独立自为的,因而自己创造自己的对象,自己提供自己的对象。而且哲学开端所采取的直接的观点,必须在哲学体系的发挥的过程里,转变成为终点,亦即成为最后的结论。当哲学达到这个终点时,也就是哲学重新达到其起点而回归到它自身之时。这样一来,哲学就俨然是一个自己返回到自己的圆圈,因而哲学便没有与别的科学同样意义的起点。①

在这段话里,黑格尔把哲学思维的自由("自己创造自己的对象")、哲学前提的直观性("哲学开端所采取的直接的观点")以及逻辑论证的必然性都结合起来。黑格尔形象地把逻辑论证的过程比喻为圆圈。当起点经过这样的过程而达到终点时,它不只是简单地返回自身,而是极大地丰富了自身的内容。如果说,传统的形式逻辑的证明是直线式的推理,那么,黑格尔的逻辑学体系就是范畴的圆圈式运动。这个体系的真理性不依赖于起点,它存在于从起点到终点发展的全过程。这是一个由贫乏到丰富、由低级到高级、由片面到全面的发展过程。哲学体系通过这样的动态过程被显现、描述和证明。当哲学体系达到了它的最终结论,它也就最终证明了自身的绝对真理。

否定辩证法

黑格尔的逻辑是辩证法。德国古典哲学家对辩证法的使用经历了一个从否定到肯定的过程。康德在其先验辩证论中把二律背反看做先验幻相的表现。黑格尔高度评价了康德关于理性不可避免地引起矛盾的看法,认为这一观点恢复了辩证法的权威;但他又批判说,康德解决矛盾的方法是肤浅的,把矛盾看做世界的本质所不应有的污点是一种"温情主义";而且认为矛盾只有四个,这未免太少,"因为什么东西都有矛盾"②。费希特和谢林承认思维和现实的矛盾,把辩证法运用于自然和意识的发展,但他们没有摆脱形式主义,这就剥夺了辩证法形式的"生命和灵魂",使之成为"无生命的图式"③。黑格尔认为,辩证法作为唯一的、真正的科学方法不是外在形式,而是事物固有的矛盾。他说:矛盾是"推动整个世界的原则","是一种普遍而

---

① 《西方哲学原著选读》,下卷,商务印书馆,1982 年,385 页。
② 黑格尔:《哲学史讲演录》,贺麟、王太庆译,第四卷,商务印书馆,1978 年,279 页。
③ 黑格尔:《精神现象学》,上卷,36 页。

无法抵抗的力量,在这个大力面前,无论表面上如何稳固坚定的事物,没有一个能够坚持不动"①。

黑格尔从费希特那里接受了辩证逻辑的三段式的形式,即正题、反题、合题的形式。他的高明之处在于看到,无论哪一种形式都是对前一形式的否定:反题是对正题的否定,合题是对反题的否定;而当合题表现为正题时,它立即又会被更高一级的反题所否定,如此螺旋式地上升,直至达到终极目标。在此意义上,黑格尔的辩证法是否定辩证法,否定的原则是辩证法的轴心,正反合的三段式不过是否定原则的表面形式罢了。黑格尔曾明确地说:"否定的东西构成了真正辩证法的东西";但辩证法的否定不是单纯的否定,而是获得具体规定性的"扬弃"(Aufheben)。扬弃否定前一阶段的消极因素,同时保留其积极因素,因而是推动事物向新的、更高的阶段发展的转折点。辩证法"从对立面的统一中去把握对立面,或者说,在否定的东西中去把握肯定的东西"②,"这个方法本身就是对象的内在原则和灵魂"③。

实体就是主体

斯宾诺莎把实体作为唯一的、无限的存在和思维的整体,费希特把绝对自我当作本原的活动。黑格尔把斯宾诺莎的无限实体与费希特的能动的自我统一起来,用"实体就是主体"的命题阐发了辩证法和本体论的统一。他说:"一切问题的关键在于:不仅把真实的东西或真理理解和表述为实体,而且同样理解和表述为主体。"④黑格尔认为实体不是现成的、被给予的存在,也不是永恒不变的本质;而是辩证运动的主体,它的存在在于能动的活动,在辩证发展过程中实现自身,完善自身;意识和世界的一切都是这个唯一、无限实体的自我展开。

同斯宾诺莎一样,黑格尔也把实体称为上帝,把绝对精神等同于上帝。他认为,实体只有经历了克服对立面矛盾的全过程,把所有环节都包含于自身,才成为绝对的整体。在此意义上,上帝的活动和生活不是"自己爱自己的游戏",而是充满着"否定物的严肃、痛苦、容忍和劳作"。从亚里士多德开始,"主体"(Subjekt)也有"主词"的意思,针对把"上帝"作为最高本体的

---

① 黑格尔:《小逻辑》,商务印书馆,1980 年,267 页、190 页。
② 黑格尔:《逻辑学》,上卷,商务印书馆,1966 年,51 页。
③ 黑格尔:《逻辑学》,下卷,商务印书馆,1966 年,537 页。
④ 黑格尔:《精神现象学》,上卷,10 页。

神学—形而上学传统,他批评说:"人们从上帝这个词开始。但这个词就其本身来说只是一个毫无意义的声音,一个空洞的名词。只有宾词说出上帝究竟是什么之后,这个声音或名词才有内容和意义;空洞的开端只在达到这个终点时,才是一个现实的知识。"这就是说,"上帝存在"不是一个孤立的判断,而是辩证推理的过程,只有把所有完善的概念都统一在"上帝"的主词之中,如说"上帝是永恒,上帝是世界的道德秩序,或上帝是爱等等",才能达到关于上帝即实体的绝对知识。①

辩证法、历史和认识论的统一

传统哲学在理论与实践、科学与道德、自然与社会、真理与历史之间设置了不少隔阂,康德关于理论哲学与实践哲学的区分是这一传统的延续。与之相反,谢林做出了意识历史与自然历史之间存在着对应关系的猜测,试图把这两个被分割开的领域结合在一起。在这一方面,黑格尔继承并彻底贯彻了谢林的做法,把本体论、认识论、自然哲学、道德哲学、艺术哲学、历史哲学和宗教哲学等各门学科结合成一以贯之的体系。辩证法是贯穿在所有这些领域的原则、规律和过程。绝对精神的辩证运动构成了本体论,这是黑格尔的《逻辑学》研究的内容。绝对精神的辩证运动在意识内的显现是他的《精神现象学》的内容。绝对精神在自然界的异化是他的《自然哲学》的内容,它在社会意识诸形态的运动是法哲学和历史哲学研究的历史过程,而绝对精神在人的精神领域的显现则分别是美学、宗教哲学和哲学史的研究对象。

意识、辩证法和历史发展相一致的原则是黑格尔哲学最重要的成果之一。从原则上说,辩证法的某一范畴或环节与自然、社会和个人意识的一个阶段或形态相对应,没有辩证联系的历史和没有历史发展的逻辑范畴都是意识所不可理解的,不能成为知识的对象和内容。辩证法范畴螺旋式上升与历史曲折前进和人的认识逐步深化的方向是一致的,无论是范畴,还是历史阶段和认识形式,后来的总比以前的更加丰富和真实。虽然黑格尔的法哲学和历史哲学结束于普鲁士王国,哲学史结束于他自己的哲学观,但他并没有声称历史和真理终结于此。黑格尔体系与辩证法的矛盾是暗含的,而不是明显的。

---

① 黑格尔:《精神现象学》,上卷,11 页、13—14 页。

我们对黑格尔哲学的解释将遵循黑格尔本人叙述他的体系时的顺序,按这样三个部分进行:

一、精神现象学:说明绝对精神是如何在人的意识中显现的。

二、逻辑学:说明绝对精神的范畴是如何运动的。

三、应用逻辑学,包括:

    1. 自然哲学:说明绝对精神如何被异化为自然的运动;

    2. 精神哲学:说明绝对精神是如何在人类社会和精神领域中显现运动的。

第二节　精神现象学

如前所述,黑格尔的逻辑学体系开始于绝对精神,但他首先必须回答,我是如何认识到绝对精神的存在的?换而言之,关于绝对精神的知识是如何发生的?黑格尔的第一部著作《精神现象学》回答了这个问题。《精神现象学》原本的副标题是"意识的经验的科学",黑格尔认为只有从知识起源和发展来论证绝对知识的可能性和现实性,绝对精神才不至于成为无源之水、无本之木。他从自我意识阶段开始,用世界历史的视野阐述意识发展和知识发生过程。他在最后完稿时把书的副标题改为"精神现象的科学",并强调哲学的教化功能、文化背景和时代精神。这当然不能表明他放弃了探讨意识经验的初衷,而说明他对意识、辩证法和历史的一致性有了更深刻的认识。他的基本立场是:因为我们在历史中创造了、改造了和理解了我们所生活的世界,我们才有可能全面认识意识的诸形态,最终获得绝对知识。他突破了近代认识论只研究个人意识的局限性,把劳动、实践、历史、伦理、道德、宗教等意识形态引入知识发展过程,认为只有在辩证法基础上阐述个人的经验意识发生和世界历史发展的一致性,才能说明"一般的科学或知识的这个形成过程"[1]。在此意义上,《精神现象学》堪称为黑格尔体系的起源和萌芽。

该书就是要通过追索呈现在意识中的一系列经验形态,展示"意识自身向科学发展的一篇详细的形成史"[2],经历了意识、自我意识、理性、精神

---

[1] 黑格尔:《精神现象学》,上卷,17页。

[2] 同上书,55页。

等阶段,最后到达绝对知识。每一个阶段又包含一些发展环节。下面对这些阶段和主要环节做一简要介绍。

意　识

黑格尔的《精神现象学》开始于最简单直接的感性认识——自我对个别感觉对象的意谓。一个人甚至不能用概念表达他的意谓,只能用简单语言表达出它是"这个"、在"这里"和"这时"等关于感性对象在某时某处的存在。他把这样的认识称为感性确定性。感性确定性因人、因时、因地而变,"我"和"这个""这时""这里"本身是空洞的、抽象的共相。凡能够用概念表达都不是感性的意谓了,于是意识扬弃感性确定性,在知觉中寻求事物的真理。

知觉的特点是用一个"事物"的概念来把握个别事物。但把事物看作可感性质的集合,不可避免地会涉及意识与对象、一与多、属性与本质、真理与错觉、自在之物与为他之物的矛盾,不可避免地指向事物的内在本质。

知性把事物的本质归结为"实体"和"力",把事物之间的普遍联系归结为"力的交互作用"。力学只知道机械力,于是产生规律的概括与实际运动的物体的分离和矛盾;哲学的知性进一步设置了一个现象之外、不可知的"超感官的世界"。为了克服知性的矛盾,需要把"超感官的世界"的颠倒再颠倒过来。这意味着,用活生生的无限运动的生命力代替有限的机械力,生命形态的无限分裂和循环是"世界的灵魂、普遍的血脉,它弥漫于一切事物中"①。由此,意识进入了生命世界。

自我意识

生命是自我在本能的欲望中追求自身满足,这是初步的自我意识;当一个自我承认欲望对象也是与自身相等同的自我,自我意识就成为类意识。黑格尔说:"我就是我们,而我们就是我。意识在自我意识里,亦即在精神的概念里,才第一次找到它的转折点……进入到现在世界的精神的光天化日。"②近代哲学家从认识论角度阐述自我意识,费希特把"冲动"作为实践自我的内驱力,黑格尔从相互承认的欲望出发,阐述自我意识的生命本质和

---

① 黑格尔:《精神现象学》,上卷,110页。
② 同上书,122页。

社会存在,这在哲学史上是一大突破,使他能够在世界历史中展开自我意识从自在的"主奴关系"到自为的"自由意识"和分裂的"苦恼意识"的发展。

相互承认的欲望是类意识,但一个自我不可能普遍地获得其他自我的承认,要求承认的欲望于是成为生命个体之间的生死斗争。生死斗争的结果是胜利一方成为主人,失败一方成为奴隶。主人是为得到普遍承认而冒险献身的自主意识,奴隶意识是苟活求生的依赖意识。主人只有被奴隶所承认才有自主意识,而奴隶的依赖意识在于顺从主人的意志。然而,这两种意识的地位却在劳动中发生转化,奴隶用劳动来克服对主人的惧怕和对自然的依赖。奴隶加工和陶冶自然对象,在劳动产品上看到自己的独立意识,通过劳动获得在战场上失去的东西:意识到自身的自主性。主奴关系是精神现象学的精彩篇章,是运用辩证法的典范。黑格尔用思辨的语言说明了阶级的起源、劳动的异化及其价值、劳动创造历史和造就人的过程等具体道理,说明了不平等的人际关系是如何趋于平等和自由的。

主奴关系在自我意识中的解体,使得主人和奴隶在思想的王国中寻求自由。斯多亚主义和怀疑主义分别是这种最初的自由意识的范例,但产生出现实与思想、行为与语词以及思想内部的深刻矛盾。当同一个思想主体内部发生分裂,就产生了苦恼意识。

苦恼意识是宗教意识。黑格尔用彼岸世界的个体与彼岸世界的本质之间的矛盾,说明犹太教、早期基督教和中世纪的自我意识。在矛盾的第一个阶段,人们为了彼岸世界而牺牲现世的自由和利益,但是永远也不能达到彼岸世界。在第二阶段,普遍的本质在耶稣基督身上变成个别的形态,于是出现了基督教的"三位一体"上帝,但耶稣升天后,上帝个别、不变的形态在现实中消失了。他说:"苦恼意识是痛苦,这痛苦可以用这样一句冷酷的话来表达,即上帝已经死了。"[①]在矛盾的第三阶段,宗教意识由对彼岸的内在体验发展到对彼岸世界恩赐的享受,最后过渡到对恩赐的感恩。

理 性

黑格尔提出,理性是意识和自我意识的统一,意识"第一次发现世界是它自己的现实世界"[②]。这一阶段相当于近代理性主义,经历了观察理性、

---

① 黑格尔:《精神现象学》,上卷,231 页、149 页。
② 同上书,155 页。

行动理性和立法理性三个阶段。

　　黑格尔按照从外到内的顺序,依次考察了理性对自然的观察、对自我意识自身的观察,以及对自我意识和身体关系的观察。他对近代物理学、化学和生物学等自然科学知识,以及当时流行的逻辑学和心理学等思维科学,乃至面相学和骨相学,都进行了批判性评论。当观察理性在骨相学那里发展到糟糕透顶的时候,就发生一个转折,要通过行动来实现自我意识,由此过渡到行动理性。

　　行动理性相当于近代个人主义风尚或伦常世界。个人生活的转变开始于追求快乐和官能满足,发展到泛道德主义的空洞。个人主义的更高形式是从社会争斗中抽身出来,按照个人兴趣工作。个人工作创造要求对工作产品进行社会鉴赏和评价,于是产生立法理性。

　　立法理性按照某些社会集团和行业的常识来制订法律,它本身需要"审核法律的理性"。但审核的理性仅仅对法律进行形式逻辑前后一贯性的审核,这种审核总有一个未经审核的前提,因而只是一种空洞的形式。审核法律的局限性暴露了它和精神的矛盾。精神不仅仅是一种社会习俗、秩序或法律,而且是伦理实体。

精　　神

　　黑格尔所阐述的"精神"是"在时间里外在化了的精神"①。他外在于历史中的精神分为伦理、教化和道德三阶段。

　　伦理实体阶段相当于希腊罗马社会。希腊城邦的伦理精神是家庭和城邦并存的两个共体。但是,希腊城邦伦理生活是悲剧的命运,只要有伦理行动,就有冲突;只要有冲突,就会有过错。黑格尔区分了两种过失:一是明知故犯的过失,以安提戈涅为代表,这是不惜承受痛苦的伦理意境;二是无知的过失,以俄狄浦斯为代表,这是一种悲怆的情愫。在普遍过错和命运的支配下,希腊城邦解体,过渡到罗马法权状态。在罗马法面前,所有公民都是平等的,但这只是抽象的、形式的平等,个人变成了一个个互相隔绝的原子。但罗马皇帝是罗马法的例外,他是和所有个体对立的孤独的人,几乎与上帝相等同。这既不合法,也无实效,于是被否定。古代伦理实体分裂成两个世界:教化王国和信仰王国。

---

①　黑格尔:《精神现象学》,上卷,274 页。

教化王国指基督教世俗化过程，从早期的宗教和道德团体异化为支配权力和财富的统治者。从早期教会服务和建议的言语，发展到臣属的阿谀，乃至路易十四的"朕即国家"，无不反映时代的善恶观念随着权力和财产的异化而变化。异化发展到极端，分裂的语言解构了高贵和卑贱之分。他用狄德罗《拉摩的侄子》为例，说明反讽的语言如何把高贵变成卑贱、卑贱变成高贵。

教化阶段的"信仰"是指德国新教，"纯粹识见"指新教改革产生的理性主义精神。新教精神和哲学是启蒙运动的准备，当启蒙把信仰中分散的识见因素联系起来时，就用识见的否定性原则发起反对信仰的"战鼓喧天兵戎相见的暴力斗争"。启蒙把识见的主观性原则转变为绝对的自由，把识见的纯粹性下降为世俗的功利原则。因而，"两个世界得到和解，天地相交接，天国降入人世"①，法国大革命爆发了。黑格尔把法国大革命的精神归结为绝对自由和恐怖。在"普遍意志"（或"公意"）的名义下，它"所能做的唯一事业和行动就是死亡，而且是没有任何内容、没有任何实质的死亡"②。这种毁灭性的普遍意志转化为它的反面，变成道德的纯粹意志，启蒙时代于是发展到道德阶段。

黑格尔所说的道德阶段指康德、费希特、谢林的哲学和德国浪漫主义精神。他把康德哲学体系归结为"道德世界观"，认为其中的道德意识和现实世界充满矛盾：纯粹义务没有现实性，现实世界中没有道德意识。纯粹义务的完成被推到是"永远达不到的"无限；"道德世界观"被颠倒为"伪善"和道德行为的不可能，精神"怀着厌恶逃回自身来了。它是纯粹的良心"③。

黑格尔认为，费希特的自我和行动相统一的良心与谢林、歌德等人的浪漫主义的"优美灵魂"，虽然克服了康德道德世界观的颠倒，但也有自身缺陷和矛盾。良心自我确信是任意、偶然的，不能对不同环境中的对立信念进行决疑。"优美灵魂"可向两个方向发展：一是崇拜"道德天才"，把爱情、创造、自由等价值纯粹化、神圣化；二是对他人施行"道德判断"，用行为的自私动机否定任何道德行动。黑格尔阐述的德国哲学发展方向最后指向"宽恕与和解"，用宗教术语说，思维怎样回到神？这个问题留待宗教精神来解决。

---

① 黑格尔：《精神现象学》，下卷，商务印书馆，1979年，113—114页。
② 同上书，119页。
③ 同上书，146页。

宗教和绝对知识

黑格尔把宗教精神看作从自然宗教、艺术宗教到天启宗教的发展过程，相当于东方古代宗教、希腊罗马宗教和基督教三个阶段。天启宗教是神圣本质的自我显示，首先显示在耶稣的历史中，接着显示在宗教社团的祈祷仪式里，最后显示在德国哲学家们的辩证神学中，但辩证神学中仍然存在善与恶、思想与表象的矛盾，没有达到精神的和解，还必须继续发展到绝对知识。

黑格尔达到的精神和解，是指作为意识的实体和作为自我的主体达到统一。"正是这个结合结束了精神的诸形态的系列；因为在这个结合中精神达到了自我认识。"①绝对知识把此前一切意识形态环节中早已出现的概念，以概念本身的纯粹形式坚持下去，为纯粹的科学即逻辑学提供了确实可靠的纯范畴。

第三节　逻辑学体系

黑格尔在《逻辑学》中说："精神现象学不是别的，正是纯科学概念的演绎。"②就人的认识顺序说，精神现象学通过描述意识发生史和世界历史的发展过程，证明逻辑范畴的真实的、必然的存在。就世界和思想的存在和本质而言，逻辑学是它们的逻辑前提和具体内涵。他认为他的逻辑学是本体论，"因此逻辑学便与形而上学合流了。形而上学是研究思想所把握住的事物的科学，而思想是能够表达事物的本质性的"③。用神学的语言说，逻辑学作为纯粹理性的体系，"展示出永恒本质中的上帝在创造自然和一个有限精神以前是怎样的"④。

存　在　论

黑格尔的存在论范畴的推演是"过渡"。过渡的特点是通过亦此亦彼的"中介"范畴，把两个非此即彼直接对立的范畴统一起来。存在论亦即逻辑学的第一个范畴是"纯存在"（Sein）。"纯存在"或"纯有"是没有任何规

---

① 黑格尔：《精神现象学》，下卷，商务印书馆，1979 年，266 页。
② 黑格尔：《逻辑学》，上卷，商务印书馆，1978 年，30 页。
③ 黑格尔：《小逻辑》，商务印书馆，1980 年，79 页。
④ 黑格尔：《逻辑学》，上卷，31 页。

定性的最抽象、最空洞的概念,直接等同于"无"或"非存在"。通过"变易"的中介,"有"与"无"相互转化,在生成和消失的运动中过渡到"定在"(Dasein)的范畴。

"定在"有"质"和"量"两方面的规定性。"质"直接规定"某物"的存在,而"量"是与其存在漠不相关的外在规定性,通过"尺度"为中介,达到了"质"和"量"相互转变的统一。在阐发这三个范畴之间的辩证关系时,他批判了把事物变化看作量的增加或减少的形而上学观点,认为量变是"渐进的过程","尺度"是"度量交错线",量变超过这个界线就会发生质变,质变是"渐进过程的中断",即"飞跃"。而新事物的产生和旧事物的消灭是"从量变到质变的飞跃";据此,他批判了长期流行的"自然界中是没有飞跃的"的教条。①

本 质 论

本质论的范畴不直接显露于外,而是通过相互作用而间接地表现出来,黑格尔称之为"反思"(Reflexion)。这个词原指光线的反射或折射,他认为本质论的范畴总是成双成对地出现,既相互对立、又在对方映现自身。

黑格尔认为,"本质"最初只在内部反映自身,分为"同一""差异""矛盾"三个环节。"同一"不是抽象的、形式的同一,而是包含着"差异"的"具体的同一"。外在的、杂多的"差异"与内在"同一"相互反思,不仅同中有异,而且异中有同。而本质的差异就是"对立"。在"对立"中,双方相互对立、否定和排斥;同时又相互依存、互相包含,这种关系就是"矛盾",它是对立双方的扬弃。"扬弃"有"取消或舍弃"和"保持或保存"的"双重意义"。矛盾的双方被扬弃的结果产生"根据","根据既包含同一又包含差别在自身内作为被扬弃了东西,并把它们降低为单纯观念性的环节。"②

黑格尔在"本质自身"中揭露了同一、差异、对立、矛盾和统一等范畴的辩证关系。他主张矛盾是更深刻、更能反映本质的范畴,认为"矛盾则是一切运动和生命力的根源;事物只因为自身具有矛盾,它才会运动,才具有动力和活动"③。

---

① 黑格尔:《逻辑学》,上卷,404 页。
② 黑格尔:《小逻辑》,258 页。
③ 黑格尔:《逻辑学》,下卷,商务印书馆,1978 年,66 页。

从"根据"出发,黑格尔转入本质论的第二阶段"现象"。他认为,"现象"是扬弃了的内在"本质",把本质表现于外,而本质在现象之中。休谟片面地把现象看作唯一真实的,而康德认为现象之外还有一个抽象的本质,两者都是割裂了本质与现象的"坏的"形而上学。

黑格尔认为,现象与本质的统一就是"现实"。"现实"因为具备了存在的必然性,因此也叫做"绝对"。这里所说的"绝对"还不是逻辑学的最高阶段,而是相当于斯宾诺莎的缺乏能动性的实体。他在"现实本身"中讨论了"可能性""偶然性"和"必然性",在"绝对的关系"中讨论了"实体与偶性""因果关系"和"相互作用"。他认为,本质论的范畴属于"必然性的王国",在最后一个范畴的"相互作用"中,一方既是作用又是反作用,既是对方又是自身,已经接近"概念"的门槛。只有"概念"才是"自由的王国"。

概 念 论

黑格尔认为,概念是自在与自为的统一。概念论范畴的推演是"发展"。发展是从"潜在"到"现实"的过程。存在和本质中的概念自身有无限丰富的内容,但这些内容开始是潜在的东西,是发展把潜在的内容实现出来,达到最高级的概念——理念。概念论范畴的发展经过了"主观性""客观性"和"理念"三阶段。

在"主观性"阶段,黑格尔对形式逻辑进行了全盘改造,阐述了辩证逻辑的"概念""判断"和"推论"。他认为,真实的概念是"具体概念",而不是"抽象概念"。具体概念是一般和个别的统一,离开了个别的苹果、葡萄等,就没有一般的"水果"。概念自身因为是具体的,因而是能动的,概念通过判断和推理把潜在于自身的三个环节——普遍性、特殊性、个别性的区别和统一都实现出来,概念于是从主观性阶段发展到客观性阶段。客观性概念是客体,经历了从"机械性"到"化学性",再到两者统一的"目的性"的发展,而合目的、活动的客体是"理念"即"真理"。

他认为,"理念"阶段是主观性与客观性的统一,包括"生命""认识的理念"和"绝对理念"三个范畴。"生命"是直接形式的理念,只有把"生命"纳入辩证法的范畴,才谈得上认识。"认识"包括"理论理念"与"实践理念",认识的目的是扬弃两者的片面性,达到理论与实践相统一的真理。

"绝对理念"是"理论理念"与"实践理念"的完全统一形式,也是全部逻辑范畴运动的最后阶段和总结。它以扬弃的方式把所有范畴包含于自身,是"绝对和全部的真理"。但"绝对理念"的意义并不在于结果,而在于全体的运动。他说:"构成理念的内容和意义的,乃是整个展开的过程。"①黑格尔的"绝对理念"作为辩证法运动的顶点和最高范畴,扬弃了一切矛盾,一切对立面统一在其中。它再也不能作为纯范畴而继续发展了,于是绝对精神就超出纯思想的领域,转化为同自身相反的自然界。

第四节 应用逻辑学

黑格尔说:"自然哲学和精神哲学,似乎就是应用的逻辑学。"②"应用"并不是把逻辑范畴简单地套用在自然界、人的意识和社会,而是具体描述、分析和揭示绝对精神在纯范畴以外领域辩证的、历史的运动。如果说逻辑学描述的是绝对精神的逻辑结构,自然哲学描述的是绝对精神异化在自然过程中,那么精神哲学则描述了绝对精神在人类的最终实现。

自然哲学

黑格尔说:"自然界是自我异化的精神。"③"异化"(Entfremdung)是辩证法的一个重要概念,它的意思不仅指背弃自身,转变为异己的东西;更重要的是指必然地在与自身不同的领域发展;发展的必然性也是异化的应有之义。自然界是绝对精神必然要经历的领域,不经过自然界的发展过程,绝对精神就没有外在的丰富多彩的形态,就不能最终成为真正自由的精神。也正是因为自然界始终贯穿着精神的运动,它才不是偶然性和杂乱无章事物的堆砌。自然界是一个活生生的系统,经历了由低级到高级的辩证发展。黑格尔的自然哲学分机械论、物理论和有机论三部分,它们分别与逻辑学的"客观概念"的三个环节——机械性、化学性和目的性相对应,也可以说是客观概念的应用。

自然哲学是黑格尔体系中遭到非议和批评最多的一部分。虽然黑格尔认识到自然哲学要以自然科学为基础,虽然他的学说不乏对自然科学材料的合理总结,但是,他的许多论断与当时和以后的科学理论相违背。比如,

---

① 黑格尔:《小逻辑》,421 页、423 页。
② 同上书,83 页。
③ 黑格尔:《自然哲学》,梁志学、薛华译,商务印书馆,1980 年,21 页。

他关于光的本性的阐述基本上沿袭了歌德的颜色学,而把牛顿的光学鄙薄为"粗野的反思方式"。再如,他企图恢复古代的四元素说,用它说明化学的和气象的现象。黑格尔自然哲学的缺陷,固然与德国当时科学发展水平比较落后的状况有关,但主要是他用固定的正反合模式去裁剪自然科学的材料的削足适履的做法所致。他使用绝对唯心论的思辨语言为自然现象下定义,结果不但是主观臆造,而且是荒谬可笑的。比如,他说:"声音是观念的东西在它物的暴力下发出的控诉,但同样也是对这种暴力的胜利";又如"元素的抽象普遍观念性永远是在颜色中实现的个体化",①如此等等,在《自然哲学》中比比皆是。这些武断的思辨引起了科学家们的极大反感。黑格尔的哲学体系之所以在如此短的时间内被瓦解,其中一个重要的原因是它在科学界名声扫地。后来很多科学家之所以如此厌恶形而上学,也与他们对黑格尔自然哲学的不佳印象有关。

纵然有这样和那样的缺陷,黑格尔的自然哲学毕竟是历史上对自然科学进行的一次最为系统的总结。尤其值得我们注意的是,这是一个关于自然的辩证法体系,是后世的自然辩证法的直接来源。

精神哲学

与纯概念相比,扬弃了外在化形式的精神的特点是自由。所谓自由是指"能够在否定中肯定地保住自己并成为自身同一"②。黑格尔的意思是,精神在与自然的对立中取得自由,与人类精神同一。精神扬弃了自然,进入人类精神领域,这也就是返回了自身。精神取得自由也是一个辩证的发展;首先,它通过认识自身而自由,这是主观精神;其次,它通过创造世界而自由,这是客观精神;最后,它在自在自为的存在和自我创造的统一性中实现自由,这是绝对精神。

主观精神是人的意识中认识自身的活动,分为"灵魂""意识"和"自我规定着的精神"三个发展阶段,最后结果是"自由意志"的形成。

"客观精神"是以自由意志为前提的普遍精神,也就是人类精神所创造的社会、国家、政治法律制度、风俗习惯和伦理道德。黑格尔《法哲学原理》对《哲学科学全书纲要》中"客观精神"部分作了更为详尽、更有系统的阐述。

---

① 黑格尔:《自然哲学》,商务印书馆,1980 年,282 页、189 页、298 页。
② 《西方哲学原著选读》,下卷,商务印书馆,1982 年,439 页。

"绝对精神",分为"艺术""宗教"和"哲学"三个阶段。三者都以"绝对精神"的无限性作为对象,所不同的是它们把握"绝对"的方式。"艺术"在直接性中把握"绝对",以感性形象化的方式呈现真理,因而是对绝对精神的具体的直观。"宗教"以表象的方式把握真理,在人与上帝的关系中呈现"绝对"。"哲学"是"艺术"与"宗教"的统一,哲学以概念的方式把握真理,完全达到了绝对精神的自由和真理。黑格尔的《美学》《宗教哲学讲演录》和《哲学史讲演录》分别对《哲学科学全书纲要》中绝对精神的三个阶段作了更为详尽、更有系统的阐述。

法 哲 学

法哲学是德国古典社会政治哲学的主要形式。黑格尔认为法权理念的现实化就是自由意志,"任何定在,只要是自由意志的定在,就叫做法"[①]。《法哲学原理》把法权分为抽象法、道德和伦理三个阶段,每个阶段都是一种法权,反映在不同的阶段实现人的自由意志,而且后一阶段比前一阶段更加具体和真实。抽象法阶段只有抽象的形式的自由,道德阶段发展为主观的自由,伦理阶段是前两个阶段的统一,意志自由达到充分具体的实现。

抽象法作为自由意志的直接体现,体现人际关系的一般形式,它的命令是:"成为一个人,并尊重他人为人",以及"不得侵害人格"的禁令。"所有权"直接体现了人对物的自由,尊重他人就是承认他对财产的占有,不侵害人格就是不侵害财产权。"契约"是人转让所有权的自由或权利。由于在对所有物的占有、使用和转让中,出现了特殊意志对共同意志的违背,于是出现了欺诈、犯罪等"不法",需要通过报复和刑罚来恢复正义。刑罚的目的是为了保证所有权,即使对罪犯也要尊重他的人格,包括他的辩护权和生命权。

道德是自由意志在内心的实现,而不是像康德所说的完全与外部行为无关的抽象的"自律"。因此,道德也是一种法,即主观意志的法,分为故意、意图和良心三个层次。一个人的行为只有是故意的,才能负有道德责任,如果是完全无意做出来的,则可以不负责任。如果对自己行为的后果已经预见到了,还是要做这件事并愿意为它负责,那就是有"意图"。道德是动机("意图")和效果("福利")的统一。黑格尔既批判以纯洁动机来为罪

[①] 黑格尔:《法哲学原理》,商务印书馆,1979年,36页。

恶辩护的做法，也批判以对动机的揣测来"鄙视和贬低一切伟大事业和伟大人物"①的做法，还批判把良心作为任意曲解善恶的"在我们时代邪恶猖獗泛滥的形式"②。真实的良心达到主观和客观、特殊性和普遍性的统一，从而进入伦理阶段。

黑格尔所说的伦理(Sittlichkeit)是自由权利和道德意识相统一的社会实体，表现为保障社会成员自由的习俗、法律和政体。伦理分家庭、市民社会和国家三个层次。

黑格尔认为，家庭是直接的、自然的伦理。家庭的基础是婚姻，男女两性之爱是"精神的统一"。家庭作为一个人格，具有占有财产和延续的实在性；家庭作为繁衍和教育子女的社会单元，决定了子女在社会中的独立人格。当家庭培养的独立人格成为公民，伦理进入市民社会。他认为，市民社会中的人丧失了家庭之爱，其社会道德是诚信和"天职"或职业道德。市民社会通过自下而上形成的社会组织而进入国家。国家是客观精神的最高体现，"国家是伦理理念的现实"，"国家是在地上的精神"，是"神自身在地上的行进"。③

不过，黑格尔对国家的神化是有前提的。他承认现代国家与市民社会相分离，国家存在的前提是这样一个二律背反：国家通过君主的"经验单一性"表现出来，而市民社会通过人民的"经验普遍性"表现出来。二律背反在现实中造成了专制君主与人民的对立，需要君主立宪制把这两个极端联系起来。他把"三权分立"制度改造为君主的决断权(单一性)、政府的行政权(特殊性)和等级会议(普遍性)组成的立法权的统一。黑格尔认为，君主权是"君主立宪制的顶峰和起点"④，政府和等级会议是君主权的两个部分。

黑格尔在《法哲学原理》的序言中说："凡是合乎理性的东西都是现实的；凡是现实的东西都是合乎理性的。"⑤这句话被人们看作是他为专制辩护的证据。其实，他的本意是为中间的温和政治主张辩护，他认为革命或专制的极端主张都仅仅从情绪和主观想法出发，既不合理，也无现实性。

---

① 黑格尔：《法哲学原理》，127页。
② 同上书，139页、143页、146页。
③ 同上书，253页、259页。
④ 同上书，287页。
⑤ 同上书，"序言"，11页。

历史哲学

黑格尔在《法哲学原理》中从国际关系和战争的角度看待世界历史。他认为偶然的战争胜负不足以决定一个民族的强盛和衰亡,各民族精神才是决定世界历史的"世界法庭"。[1]

黑格尔的《历史哲学》认为,世界历史的精神依次从自由意识水平较低的国家转移到水平较高的国家。"东方从古到今知道只有'一个'是自由的;希腊罗马世界知道'有些'是自由的;日耳曼世界知道'全体'是自由的。"[2]历史的目的是自由的理性,以历史人物为手段。黑格尔把人的"主观方面——,他们的需要和冲动的利益、他们的意见和识见的利益"称为热情,热情推动了、发展了理性的存在,但个人的热情却在历史中受到损失和祸害,这可叫"理性的狡计"[3]。历史的目的及其实现被黑格尔解释为上帝的计划或"神意"。他最后说,过去已经发生和现在正在发生的一切,"根本是'上帝自己的作品'"。世界历史"是精神的发展和实现的过程,这是真正的神正论"[4]。

哲学史观

黑格尔强调哲学作为"世界的历史的最内在的核心"[5],以思想的自由为前提,自觉地实现精神的自由目标;形而上学如同一个网,"网罗着或把握着人在实践和活动中所从事的一切具体材料"[6]。黑格尔说:"哲学史的本身就是科学的,因而本质上它就是哲学这门科学。"[7]这是因为,逻辑学和哲学史是哲学真理全体或科学体系的不可分割的两个方面,"历史上的那些哲学系统的次序,与理念里的那些概念规定的逻辑推演的次序是相同的"[8]。不同的是,纯范畴的推演不在时空之中,而哲学史上一个范畴的出现却需要时间,有时需要几百年的时间。哲学史上那些形态纷纭、相互对立

---

[1] 黑格尔:《法哲学原理》,351 页。
[2] 黑格尔:《历史哲学》,王造时译,商务印书馆,1963 年,149 页。
[3] 同上书,72 页。
[4] 同上书,505 页。
[5] 黑格尔:《哲学史讲演录》,第四卷,贺麟、王太庆译,商务印书馆,1978 年,374 页。
[6] 黑格尔:《哲学史讲演录》,第一卷,贺麟、王太庆译,商务印书馆,1959 年,59 页。
[7] 同上书,12 页。
[8] 同上书,38 页、32 页、34 页。

的体系并没有消失,它们的片面性被扬弃,作为哲学科学的一个环节被保留下来。看似相互对立、杂乱无章的哲学史,实际上"是一系列的高尚的心灵,是许多理性思维的英雄们的展览"。

  黑格尔要求用公正不倚的态度尊重和忠于原著的材料,每一个时代有其自身的主导原则,不能把后来的原则强加在前人的思想上面。哲学史研究不能没有整体理论框架和哲学家自己的判断,不能"只见部分而不见全体,只见树木而不见森林,只见许多个别的哲学系统,而不见哲学本身"。他批评过去的哲学史著作只钻研文字文法意义,"卷帙繁多,甚至学问广博",但"关于哲学实质的知识反而没有"。[①] 黑格尔在《哲学史讲演录》中按照他的哲学观和辩证法来把握西方哲学史上代表人物的思想,为后人树立了史论结合的哲学史研究的典范。

[①] 黑格尔:《哲学史讲演录》,第一卷,贺麟、王太庆译,商务印书馆,1959年,11页、5页。

第二十章
黑格尔哲学的余波

第一节　青年黑格尔派

1831 年黑格尔逝世后,他的支持者出版了《黑格尔全集》,该书的一个编辑者说:"哲学已经完成了全部的圆圈,剩下的工作只是在最后完成者的清楚而明确的指导下补充思想材料。"①但事与愿违,黑格尔哲学体系连同支持它的团体很快就分化瓦解了。

黑格尔派的分化

导致黑格尔学派分化的直接原因是围绕宗教性质问题而展开的争论。黑格尔高度评价宗教的地位,把基督教作为宗教发展的最高阶段,把上帝当作绝对理念的化身,这些遭到具有启蒙主义精神的学者的反对。另一方面,他把宗教思辨化,把基督教教义解释为概念的自我显现和具体化,这又遭到了路德派卫教士的反对。如何评价基督教的性质,在德国当时环境中是一个敏感的政治问题。围绕这一问题,存在着启蒙派与保守派、自由派与顽固派以及革命派与反动派的两军对阵。面临着这样的冲突,黑格尔的后继者有两种态度:一是站在前者的立场反对后者,一是调和两者的矛盾。

早在黑格尔还在世时,费尔巴哈就匿名发表了《关于死亡和不朽的思想》一书,在黑格尔派内部引起争论。1835 年,斯特劳斯(David Friedrich Strauss)发表《耶稣传》,指出耶稣只是历史上一个普通教派的创始人,把耶稣神化为圣子和基督的福音书是神话与传说。但是,福音书并不像激进的

---

① E. Gans, *Fermischte Schriften*, Berlin, 1834, S.251.

启蒙学者所说的那样,是恶意欺骗或有意虚构的产物;毋宁说,它是一个民族、一个宗教组织的集体的无意识的创造。斯特劳斯关于基督教起源的神话学解释不但遭到保守的神学家的猛烈抨击,而且也在黑格尔派内部引起轩然大波。人们可以根据黑格尔的不同论述,支持、反对或调和斯特劳斯的立场。有鉴于此,斯特劳斯说:"福音书的历史是不是,以及在多大程度上是人们关于神性和人性相统一的观念史的一部分? 对于这一问题,有并且只有三种答案:福音书全是传说或部分是传说,或福音书的全部和部分都不是传说。如果把这三种答案或方向分别作为黑格尔学派的一个部分,那么可以按照传统的比喻,把最接近旧体系的那一部分称为右派,另一部分是左派,他们中间是中派。"①后来,人们一般把黑格尔左派叫做青年黑格尔派,把右派叫做老年黑格尔派。

青年黑格尔派的特征

左中右之分是政治上的区别,从哲学上说,青年黑格尔派有哪些特征呢? 首先,青年黑格尔派坚持辩证法的否定原则,他们批评黑格尔没有把辩证法的否定原则坚持到底,没有为辩证法的进一步发展留下余地。青年黑格尔派的卢格(Arnold Ruges)说,黑格尔只解释现实,但没有为"应当"留下余地,他的哲学标志着一个时代的终结。他说:"在现代批判运动中净化黑格尔的哲学,这才是进步。"②更重要的是,青年黑格尔派把绝对的否定精神与对现实的革命精神联系起来,他们的风格是批判性、论战性的。他们相信,辩证法的否定是创造性的,只有经过不断的相互对立的环节,才能不断地接近真理。

其次,青年黑格尔派用历史发展的眼光看待一切,但把历史归结为观念史、思想史。斯特劳斯把基督教的历史解释为集体下意识。布鲁诺·鲍威尔(Bruno Bauer)把它归结为主体的自我意识的产物。他在《同观福音书历史的批判》(1841年)中考证《马太福音》和《路加福音》都是《马可福音》的匿名作者对宗教经验的批判性反思。他的结论是:"福音书是人写的,从内容到形式都贯穿着一个人的自我意识。"③从人的主体的自我意识的创造

---

① D. F. Strauss, *Streitschriften zur Vertheidigung meiner Schrift über das Leben Jesu und zur Charakteristik der gegenwärtigen Theologie*, Heft 3, Osiander, Tübingen, 1837. S. 95.

② A. Ruge, *Sämtliche Werke*, Bd. ,1, Grohe, 1848, S. 454.

③ B. Bauer, *Kritik der evangelischen Geschichteder Synoptiker*, Leipzig, 1840, Heft 1, S. xvi.

性出发,他得出自我意识与宗教相对立的结论:"宗教精神是自我意识的分裂,它的本质规定性成为与意识对立的独立力量。自我意识自然地逃离这个力量,因为它丢弃了主体自身的自为内容,在这个力量面前感到自身是无,并肯定自身是无。"① 由于对福音书的激烈批判,他于 1842 年被普鲁士国家文化部正式解除大学教职,后来在柏林成为青年黑格尔派的公认领袖。

施蒂纳(Max Stirner)则由唯心论走向唯我论,他认为,人的本质是个别的"自我"或"唯一者",唯一者把世界据为己有、变成"我"的所有物,利己主义是历史发展的必然结果。古代人是事物的附庸,近代人相信基督教宣扬的纯粹精神和精神之爱,而现在基督教告终了,"唯一者"因而成为事物世界和精神世界的所有者。从利己主义出发,他极力否定一切束缚个人私利的东西。他说:"国家与我就是敌人";"人民愈是自由,个人就愈是受束缚";"人民与人类的没落使我走向繁荣";"监狱看来就形成了一个社会,一个集体,一个共同体";"党派不外是国中之国";利己主义者"宁愿成为家庭的罪人,回避家庭的法规"。②

最后,青年黑格尔派的宗教观具有无神论的倾向。无论是斯特劳斯,还是鲍威尔,都企图把基督教解释为人的意识的流露和人性的自然创造。这被保守的神学家指责为无神论。实际上,他们也确有无神论的思想。如施蒂纳宣称:"对哲学家而言,上帝与石头并无区别,他们是彻底的无神论者。"③但鲍威尔认为自我意识的本质是否定和批判,必须从宗教中取回自己的本质,自我意识的批判反思创造了基督教,它的进一步批判反思必然要否定以前创造的基督教,这才符合黑格尔哲学的本性。在《对黑格尔末日审判的号角:无神论和敌基督》中,他用圣经语言说明无神论是黑格尔宗教哲学的必然结论。他引用《圣经》中"你虽如大鹰高飞,在星宿之间搭窝,我必从那里拉你下来。这是主说的。"④ 用其中的"我"和"主"指人,他说:"只有我们才是主,一切的主宰,只有人是上帝,我是主,是全能者,全能和唯一的创造者。所以主说'我必从那里拉你下来'。"他用引文中的"你"指有神论者,包括老年黑格尔派和斯特劳斯,他说老年黑格尔派因为"杀死了辩证

---

① B. Bauer, *Kritik der evangelischen Geschichteder Synoptiker*, Leipzig, 1840, Heft 1, S. 25.
② 施蒂纳:《唯一者及其所有物》,商务印书馆,1989 年,192 页、231—232 页、237 页、256 页、238 页。
③ M. Stirner, *Kleinere Schriften*, Treptow bei Berlin, 1914, S. 45.
④ 《旧约·俄巴底亚书》1:4。

法的危险观点",保留着虔敬的宗教态度,而被鲍威尔的批判从天上拉下来。斯特劳斯肯定宗教是普遍实体,"个体精神放弃了自身的特殊和独特性,把自身结合在绝对理念之中"①,因此也要从天上拉下来。

总的来说,青年黑格尔派不是一个统一的学派,其内部充满着激进派与保守派、革命派与自由派以及唯物论与唯心论的矛盾。这个派别只流行了一二十年便分化瓦解了,其中的革命派转变为唯物主义者和马克思主义者,他们的代表者是费尔巴哈和马克思。从黑格尔到青年黑格尔派,再到马克思的发展过程是马克思主义哲学史研究的内容,我们下面只介绍费尔巴哈思想的发展过程。

第二节 费尔巴哈

路德维希·费尔巴哈(Ludwig Feuerbach,1804—1872 年)曾在柏林大学旁听黑格尔的课,后转入爱尔兰根大学获得博士学位,并留校任编外讲师。1830 年,他匿名发表了《论死亡与不朽的思想》,他在此文中否定个人灵魂不朽,把上帝等同为生命、爱、意识、精神、自然和时空。他的作者身份被披露之后,便一直受到压制,不能晋升教授职务。1837 年以后从学术界隐退,在孤寂的环境里度过了后半生。但他一直没有停止写作,后期的著作有:《黑格尔哲学批判》(1839 年)、《基督教的本质》(1841 年)、《哲学改造的临时提纲》(1842 年)、《未来哲学原理》(1843 年)和《宗教的本质》(1849 年)。这些著作不但与黑格尔哲学彻底决裂,对青年黑格尔派也有所批判。他颠倒黑格尔体系的做法对马克思有深刻的影响,是马克思主义哲学的一个重要来源。

对黑格尔的批判

费尔巴哈的哲学是从批判黑格尔哲学开始的。他是第一个指出黑格尔哲学头脚倒置特点的人。他指出,现实的总和是自然界,人和人的思维都是自然的产物。黑格尔的根本错误在于颠倒了自然和思维的关系,"把第二性的东西当作第一性的东西,而对真正第一性的东西或者不予理会,或者当

---

① L. S. Stepelevich, *The Young Hegelians: An Anthology*, Cambridge University Press, 1983, pp. 177,180.

作从属的东西抛在一边"①。第一性的自然和第二性的思维是截然不同的,黑格尔的绝对精神根本没有达到他所宣称的存在与思维的同一,他所达到的充其量只是思维在思辨领域与自身的同一。他嘲笑说:

> 从精神里面推出自然,意思等于算账不用找掌柜的,等于处女不与男子交媾仅仅凭着圣灵生出救世主,等于从水里做出酒,等于用语言呼风唤雨,用语言移山倒海,用语言使瞎子复明。②

从这些俏皮话可以看出费尔巴哈批判黑格尔的一个特点:以直观对思辨,以机智对深刻。中国有位哲学家说:"与博者言,依于辨。"费尔巴哈反对黑格尔博大精深体系的法宝就是第一性与第二性之辨。

我们看到,神学与哲学的关系问题是导致黑格尔派分裂的一个原因。青年黑格尔派利用黑格尔论证哲学不同于神学,费尔巴哈的立场更加激进,他论证黑格尔是混淆哲学与神学的根源。他说:

> 黑格尔的逻辑学是理性化和现代化了的神学,是化为逻辑学的神学。
>
> 黑格尔哲学是神学的最后的避难所和最后的理性支柱。
>
> 谁不抛弃黑格尔哲学,谁就不抛弃神学。③

费尔巴哈认为,黑格尔哲学继承了近代哲学中传统神学和泛神论的矛盾。黑格尔哲学作为泛神论用理性实体代替了人格神的实体,从而站在泛神论的立场上否定了传统神学。但黑格尔泛神论在否定传统神学的同时,又建立了泛神论的新神学。他说:"黑格尔辩证法的秘密,最后只归结到一点,那就是:他用哲学否定了神学,然后又用神学否定了哲学。"④这句话说明:黑格尔哲学虽然要取代神学的位置,但最后还是导致了神学;否定之否定,走向自己的反面。

人 本 学

费尔巴哈把自己的哲学称为人本学。人本学的对象是自然界,前提是

---

① 《西方哲学原著选读》,下卷,商务印书馆,1982年,455页。
② 《费尔巴哈哲学选集》,下卷,三联书店,1959年,447页。
③ 同上书,149页、150页、118页。
④ 《西方哲学原著选读》,下卷,商务印书馆,1982年,494页。

自然的第一性。他说:"哲学是关于真实的、整个的现实界的科学,而现实的总和就是自然。"但是,要揭开无限的自然的深奥秘密,哲学必须首先研究人,以人为出发点的哲学就是人本学。

费尔巴哈指出,人既是自然界的一部分,又是自然界的本质;既是自然的产物,又是自然的创造者。人是这样的自然物,他可以通过自然而完善自身的本质,并使之成为"人化自然的本质"。人的本质是什么呢?人的本质是如何成为自然的最高的本质的呢?按费尔巴哈的说明,人区别于自然物之处在于人有类意识。人不像动物那样以个体为对象,人的意识以他的类为对象。"人同时既是'我',又是'你';他能够替别人设想,正是因为他不仅以他的个体为对象,而且以他的类、他的本质为对象。"①

费尔巴哈进一步分析说,类意识的对象包含着无限的可能性,就是说,类意识是关于无限性或无限者的意识。人是有限的,但他的意识对象却是无限的。费尔巴哈说,人本学的任务是:"把有限者化为无限者,把无限者化为有限者。"人把意识之中的无限性外化,变成无限的本质;再按照无限的本质规定自身,完善自身,这是相反相成的两个过程。从哲学与宗教关系的角度看问题,费尔巴哈把前一个过程说成为"人本学上升为神学",把后一个过程说成是"神学下降为人本学";他通过前者揭示了宗教的本质;通过后者提出了"爱的宗教"的主张。

上帝即是人的本质

费尔巴哈说,神学的秘密在于人本学。他关于宗教本质的人本学说明结合了斯特劳斯的"集体无意识"说和布鲁诺·鲍威尔的"主体自我意识"说,提出了自己的"类意识自我完善"说。简单地说,他的说明有以下几个步骤。

首先,费尔巴哈建立了两个前提:其一,"对象的意识就是人的自我意识";其二,"意识在本质上具有包罗万象的、无限的本性"。②

其次,费尔巴哈说明,人在现实的对象上意识不到任何无限性。以现实的外物为对象,只能意识到事物的有限性;即便反观自我,意识到的也是有限的对象。这使人感到"屈辱、羞愧和不安"。

---

① 《西方哲学原著选读》,下卷,商务印书馆,1982年,468页。
② 同上书,470页、468页。

如果人只能在对象上意识到自己的本质,而在现实的对象上意识不到任何无限性,如何能够实现他的意识的无限本质呢?答案很明显:人只能把他的意识的无限本质对象化,才能反过来在这个对象上意识到自身。

那么,这个被对象化的无限本质是什么呢?费尔巴哈说,那就是类意识的完满性。他说:"在人里面超乎个别的人之上的神圣的三位一体,这就是理性、爱和意志的统一";"理性、爱和意志力是完善的品质,是最高的能力,是人之为人的绝对本质。"①当人的类意识中完善的、神圣的本质被对象化为一个实体,这个实体就是上帝。

至此,费尔巴哈得出了"上帝的本质就是人的本质""上帝是人的镜子"等结论。他继承了启蒙运动的无神论传统,力图说明不是神造人、而是人造神的道理。但他不像无神论者那样彻底地否定上帝。他认为上帝固然是人制造的,但却是按照自己的本质造就的。基督教的错误只是颠倒了本末,不知道上帝就是人的本质,而把上帝与人的本质分离开来。结果把人间的一切都奉献给上帝,作为人性的反映的宗教到头来成为压制和摧残人性的工具。但是,费尔巴哈又指出:"神圣的东西与人的东西的对立乃是一种虚幻的对立",即使在基督教中,"人在表面上虽然被压抑到不能再低,事实上却是被捧到不能再高。因为人只是在上帝身上并通过上帝把自己当作目的"②。因为这样的缘故,人不可能取消宗教;人需要做的是正确地认识和运用宗教的价值,把人自身的本质当作神圣的价值加以崇拜。

爱的宗教

克服宗教异化的途径就是把被颠倒的东西再颠倒过来。基督教认为人是第二性的东西,真正的宗教则要宣布人是第一性的;真正的宗教只能是人本学的宗教。

人本学的宗教以人的无限的本质为崇拜对象。人的本质是理性、意志和爱的三位一体,但费尔巴哈最推崇爱。他把爱当作类本质的核心,甚至说:

> 爱是存在的标准——真理和现实的标准。……一个人爱得越多,则越是存在;越是存在,则爱得越多。

---

① 《西方哲学原著选读》,下卷,商务印书馆,1982年,469页。
② 同上书,477页、480页。

费尔巴哈的理由有以下几点。

首先,存在的问题不是一个理论问题,而是实践问题。只是因为我的爱好和希望,外物才呈现于我。"因此,爱就是有一个对象在我们头脑之外存在的真正本体论证明。"[1]其次,人的存在首先是感性直观的存在,而感性存在可被归结为情欲的对象。爱是人的精神和肉体相统一的基础,一个自爱的人才能感受到他的存在,不能被爱的东西是不存在的。最后,爱是感性的向外追求,什么都不爱的东西也不能存在。爱的实践意义是把外在对象变成自己的对象,这表现在男女情爱中,但主要表现在人际交往之中,人与人之间的爱达到了利己主义与利他主义的统一。

费尔巴哈说出了很多关于爱的哲理。但是,他的论述基本上没有脱离感性直观和自然主义、利己主义的窠臼。对此,马克思和恩格斯做了尖锐的批判。恩格斯嘲笑道,费尔巴哈的爱的宗教"只是一个老调子;彼此相爱吧!不分性别、不分等级地互相拥抱吧,——大家和气一团地痛饮吧!"[2]这里说的"老调子"可被理解为基督教关于爱的说教。基督教本来就是以爱的宗教自诩的,费尔巴哈还要创造一个新的爱的宗教,这一企图岂不是画蛇添足吗?

第三节 新黑格尔主义

概 论

黑格尔的哲学体系虽然崩溃了,但他的影响仍然存在。19世纪与20世纪之交兴起的新黑格尔主义,是西方现代哲学的一个重要派别。除了德国之外,黑格尔哲学在欧洲大陆和英国、美国广泛传播,赢得了一大批追随者,他们自称或被称为新黑格尔主义者。新黑格尔主义者大致可分为两类:一类是注释者,一类是创造性的继承者。不论注释者还是继承者,都没有全盘接受黑格尔的体系。克罗齐于1917年发表的《黑格尔哲学中活的东西和死的东西》可以说表达了新黑格尔主义者的共同心声:他们对黑格尔哲学体系的态度是分化之,扬弃之,吸取其活的精神,抛弃其遗骸。

---

① 《西方哲学原著选读》,下卷,商务印书馆,1982年,500页。
② 恩格斯:《费尔巴哈和德国古典哲学的终结》,人民出版社,1974年,31页。

黑格尔著作晦涩难懂，不加解释难以卒读。黑格尔的注释者的解读实际上是一种理论重构，他们在黑格尔繁芜庞杂的论述中抽出一条或若干条线索，以此来贯穿黑格尔的哲学范畴和命题。意大利的斯帕文塔（B. Spaventa）的《黑格尔伦理学研究》（1869 年）、英国的斯塔林（J. H. Stirling）的《黑格尔的秘密》（1865 年）、新黑格尔主义者集体发表的《哲学批判文集》（1883 年）、德国的洛维特（K. Löwith）的《从黑格尔到尼采》（1941 年）、法国的科耶夫（A. Kojeve）的《关于黑格尔讲演导论》（1947 年），等等，都是解读黑格尔的名著。新黑格尔主义者的解释竭力为黑格尔学说自圆其说，证明它的合理性和历史必然性。比如，他们以黑格尔为中心解释德国哲学，乃至整个哲学史。他们把德国唯心论从康德到黑格尔的过程解释为具有历史必然性和符合思想自身逻辑的进步，而把回到康德的新康德主义主张视为倒退。他们认为，黑格尔主义不仅是理性主义，而且具有浪漫主义的来源，包含着非理性主义的萌芽；它不但总结了过去，而且预示着未来。

黑格尔的哲学范畴繁多，但它们的重要性并非等量齐观。新黑格尔主义者给予特别重视的范畴有：异化、否定、主奴关系、生命、市民社会、伦理国家、世界历史，等等。他们或以这些范畴为中心，或赋予它们以新意，利用黑格尔的观点和方法，阐发自己的哲学。比如，狄尔泰（W. Dilthey）的生命哲学、柯林伍德（R. G. Collingwood）的历史哲学和秦悌利（G. Gentile）的政治哲学都是对黑格尔某一方面思想的创造性的发挥。更为引人注目的是，一些新黑格尔主义的代表人物还建立了自己的体系。以下对几个创体系的哲学家做一介绍。

克 罗 齐

本尼迪托·克罗齐（Benedetto Croce, 1866—1952 年）是意大利的新黑格尔主义的主要代表。他继承和发展了黑格尔的精神哲学，创立了自己的思想体系。克罗齐的哲学体系由美学、逻辑学、经济学和伦理学等部分组成。

克罗齐的美学是关于直观的学说，他认为一切直观都是抒情，但直观同时也有认识功能。这是因为，直观虽然以可感个体为对象，但却忽略了个体的存在，把握个体的普遍特征，并因此折射出人类精神；直观的内容虽然是变动、不确定的，但却能给予宏观的图式。直观"恍惚有象"的特点使得它不但具有娱乐功能，而且具有理性的和实践的功能。

逻辑学是关于纯概念的学说,纯概念的功能是评价和联系个体。纯概念和直观的关系是辩证的区分:概念对个体的评价以关于个体的直观为基础;另一方面,关于个体的直观总是以概念的评价为规范的,比如,"美"就是一个纯概念,审美直观以此为前提。

经济学是关于价值的学说,这不仅指经济学讨论的使用价值和交换价值,而且指作为实践的目标和导向的广义价值。经济学是一门价值科学,它在经济和社会科学术语的伪装下表达了人类精神活动的一般法则。价值与真理的关系是实践和理论的关系,两者也是辩证的区分:一切理论都以生命价值为前提;另一方面,一切实践冲动的最初形式表现为与认识和概念密切联系的直观内容。

最后,伦理学是关于最高的价值——善和自由的学说。一切道德责任感最后都集中于人和宇宙的和谐感,这使人最终意识到精神的整体,获得了真正的自由。克罗齐哲学体系的这个归宿与中国古代哲学"天人合一"的境界颇为相像。

布拉德雷

弗朗西斯·赫伯特·布拉德雷(Francis Herbert Bradley, 1846—1924年)是英国的新黑格尔主义的主要代表。他于1893年发表的《现象与实在》一书以逻辑方式论证了实在是整体这一黑格尔主义的基本命题。该书第一卷论证了现象的矛盾性。传统哲学用以描述实在的一系列概念,诸如原因、关系、时间、空间、事物、自我、物自体、第一性的质和第二性的质,等等,都是自相矛盾的概念;因为所以这些概念都蕴涵着关系的概念,而"关系"本身就是一个自相矛盾的概念。他论证说,关系被看做客观实在,它的作用被看做是连接其他的实在;但这两个观点是自相矛盾的,一个实在不能连接其他的实在。比如,如果关系C要连接A和B,在此之前,C需要另一个关系D把它与A或B连接在一起,而D又需要另一个关系E来起连接作用,如此无限循环,永远也不能把独立存在的实在连接起来。该书的第二卷接着说明了实在应有的整体性。布拉德雷说,一切矛盾的对象都只是现象,实在是无矛盾、和谐一致的。在英国经验论的传统中,布拉德雷没有把现象等同为经验世界,而把实在当作超验领域。相反,他坚持实在必须是经验的,只不过关于实在的经验不能是矛盾的,而必须是和谐一致的整体经验。这样的经验不是关于存在的经验,因为存在是时空中的事件,蕴涵着关系的概念,属于现象。实在不是任何多样性的、有关系的经验对象,而是整体经验。最初的整体经验是无生命的物质的抽象实在,其次是有机物的实在,最后是心灵实在。被经验到的实在越是具有精神,它也就越真实。心灵不但是最真实的实在,而且把其他实在作为整体经验包含在自身之中。

布拉德雷虽然大谈其整体经验,但他的新黑格尔主义毕竟与经验主义格格不入。在认识论领域,他反对经验论从个别到全部的归纳法,批判混淆逻辑与心理学的心理主义。在伦理学领域,他反对情感主义、功利主义,指出不能把变动不居的、不确定的快乐作为道德标准。他把自我实现、服务社会整体的理性追求作为道德目标,提出了完善主义的伦理学。英国经验主义在本世纪的新发展,特别是分析哲学的兴起,在很大程度上是对布拉德雷提出的挑战的回应。

罗 伊 斯

约西亚·罗伊斯(Josiah Royce,1855—1916 年)是美国的黑格尔主义的主要代表。罗伊斯和布拉德雷一样持整体主义观点,但两人的路径不同。罗伊斯有一句名言:"存在就是有效",他把存在等同为有效的观念。观念需要满足一定的条件才能获得有效性;于是,罗伊斯又说:"存在就是满足一个确定的目标",罗伊斯把存在所要满足的目标等同为观念的辩证发展过程。根据黑格尔关于真理是全体的思想,任何存在都开始于片面的、不完善的、有误的观念,逐渐朝向全面的、完善的、绝对的观念发展。罗伊斯又根据多与一、有限与无限的辩证关系,说明为达到绝对真理而需要满足的目标是无限可能的经验,这是有限的个人所组成的普遍社团才能达到的目标。正如个人的知识是真理的一个环节一样,有理性的个体是以真理全体为目标的合理社会的成员,他要自觉地服从并服务于这个社会。

在晚期出版的《基督教的问题》一书中,罗伊斯在他的整体哲学与基督教之间划了一个等号。他说,基督教有三个组成部分:教会、原罪说的教义和救赎的希望。教会是普遍的社团,人类个体对于社团有不忠诚的倾向,原罪说是对这种不忠诚倾向的禁忌。救赎说揭示的则是把个人融会在无限真理之中的合理性。罗伊斯的解释未免牵强附会,但却符合 19 世纪美国哲学与宗教结盟的一般倾向。

新黑格尔主义集中反映了黑格尔哲学对现代西方哲学的正面影响,但是,黑格尔哲学对现代西方哲学还有另一方面的影响,这就是:后世哲学家从各个方面对黑格尔哲学展开的批判,为哲学发展开辟了各种各样的新的可能性;在此意义上,可以说现代西方哲学开始于对黑格尔哲学的批判。我们在《现代西方哲学新编》这本书里将接着讲黑格尔之后的故事。

主要参考文献

一　外文西方哲学史著作(以英文著作为主)

Bréhier, Emile, *History de la philosophie*, preses universitaries de France, 2 vols. (English version: *The History of Philosophy*, 3 vols, University of Chicago Press, 1963-1965.)

Copleston, Frederick, C., *A History of Philosophy*, 9 vols, Image Books, 1985.

Cottingham, John, *Western philosophy*, Blackwell, 1996.

Durant, Will, *The Story of Philosophy*, Simon and Schuster, 1953. (中译本:杜兰特著,《西方哲学史话》,杨荫鸿、杨荫渭译,书目文献出版社,1989年。)

Marlas, Julian, *History of Philosophy*, Dover, 1967.

Russell, Bertrand, *A History of Philosophy*, George Allen & Unwin, 1946. (中译本:罗素著,《西方哲学史》,上下册,何兆武、李约瑟译,商务印书馆,1976年。)

Sahakian, Willams, *History of Philosophy*, Barnes & Noble, 1968.

Stumpf, Samuel, E., *From Socrates to Sartre: A History of Philosophy*, 5 ed., McGraw-Hill, 1993.

Thilly, Frank, *A History of Philosophy*, Holt, Rinehart and Winston, 1957. (中译本:梯利著,《西方哲学史》,葛力译,上下册,商务印书馆,1975年。)

Wedberg, Anders, *A History of Philosophy*, Clarendon, 1982.

Windelband, Wilhelm, *A History of Philosophy*, 2 vols., Harper, 1958. (中译本:文德尔班著,《哲学史教程》,上下卷,罗达仁译,商务印书馆,1987年、1993年。)

Überweg, Fridrich, *Grundriss der Geschichte der Philosophie*, 12th ed., 8 Bd., Berlin, 1923.

安东尼·肯尼编:《牛津西方哲学史》,中国人民大学出版社,2008年。

策勒尔:《古希腊哲学史纲》,山东人民出版社,2007年。

冯俊主编:《劳特利奇哲学史》(十卷本, *Routledge History of Philosophy*, ed. By G. H. Parkinson, S. G. Shanker),中国人民大学出版社,2009年。

尼古拉斯·布宁、余纪元编著:《西方哲学英汉对照辞典》(Dictionary of Western Philosophy English-Chinese),人民出版社,2001年。

撒穆尔·伊诺克·斯通普夫、詹姆斯·菲泽:《西方哲学史:从苏格拉底到萨特及其后》,上海世界图书出版公司,2009年。

索利:《英国哲学史》,山东人民出版社,2007年。

二　中文西方哲学史著作(以拼音为序)

北京大学《欧洲哲学史》编写组:《欧洲哲学史》,商务印书馆,1977年。

陈修斋、杨祖陶:《欧洲哲学史稿》,湖北人民出版社,1983年。

邓晓芒、赵林:《西方哲学史》,高等教育出版社,2005年。

黄见德:《西方哲学东渐史》,人民出版社,2006年。

刘放桐、俞吾金主编:《西方哲学通史》十卷本,人民出版社,2009年。

冒从虎:《欧洲哲学通史》,南开大学出版社,1985年。

苗力田、李毓章:《西方哲学史新编》,人民出版社,1990年。

钱广华等:《西方哲学发展史》,安徽人民出版社,1988年。

全增嘏:《西方哲学史》,上海人民出版社,1983年。

宋继杰主编:《BEING 与西方哲学传统》,河北人民出版社,2002年。

谭鑫田等:《西方哲学教程》,山东大学出版社,1996年。

汪子嵩、范明生、陈村富、姚介厚:《希腊哲学史》,第四卷,人民出版社,1988年、2008年。

汪子嵩、张世英、任华等:《欧洲哲学史简编》,人民出版社,1972年。

叶秀山、王树人主编:《西方哲学史》(八卷本),江苏人民出版社,2004年。

曾志:《西方哲学导论》,中国人民大学出版社,2008年。

张志伟主编:《西方哲学史》1993—2000(第2版),中国人民大学出版社,2012年。

赵敦华:《基督教哲学 1500 年》,人民出版社,1992年。

赵敦华:《西方哲学通史》,第一卷,北京大学出版社,1996年。

赵敦华:《现代西方哲学新编》,北京大学出版社,2001年。

朱德生、李真:《简明欧洲哲学史》,人民出版社,1979年。

三　中文西方哲学资料集、辞典和名著介绍
(不包括译著,以拼音为序)

北京大学外国哲学史教研室编:《古希腊罗马哲学》,三联书店,1957年;商务印书馆,1982年。

北京大学外国哲学史教研室编:《十八世纪法国哲学》,商务印书馆,1975年。

北京大学外国哲学史教研室编:《十八世纪末——十九世纪初德国哲学》,商务印书馆,1975年。

北京大学外国哲学史教研室编:《十六——十八世纪西欧各国哲学》,商务印书馆,1975年。

北京大学西方哲学教研室编:《西方哲学原著选读》,上下册,商务印书馆,1981年。

苗力田主编:《古希腊哲学》,中国人民大学出版社,1989年。

张世英主编:《黑格尔辞典》,吉林人民出版社,1991年。

四 研究专著(不包括海外中文出版物)

陈康:《论希腊哲学》,商务印书馆,1990年。

陈启伟:《西方哲学论集》,辽宁大学出版社,1998年。

陈修斋:《欧洲哲学史上的经验主义和理性主义》,人民出版社,1986年。

邓晓芒:《思辨的张力》,湖南教育出版社,1992年。

段德智:《死亡哲学》,湖北人民出版社,1991年。

范明生:《柏拉图哲学述评》,上海人民出版社,1982年。

冯俊:《笛卡儿第一哲学研究》,中国人民大学出版社,1989年。

傅乐安:《托马斯·阿奎那传》,河北人民出版社,1997年。

傅乐安:《托马斯·阿奎那基督教哲学》,上海人民出版社,1990年。

傅有德:《柏克莱哲学研究》,人民出版社,1992年。

韩震:《西方历史哲学导论》,山东人民出版社,1992年。

洪汉鼎:《斯宾诺莎哲学研究》,人民出版社,1992年。

黄见德:《西方哲学东渐史》,武汉出版社,1991年。

李秋零:《德国哲人视野中的历史》,中国人民大学出版社,1994年。

李泽厚:《批判哲学的批判》,人民出版社,1979年。

吕大吉:《西方宗教学说史》,中国社会科学出版社,1994年。

汪子嵩:《亚里士多德关于本体的学说》,三联书店,1982年。

王树人:《历史的哲学反思》,中国社会科学出版社,1988年。

王树人:《思辨哲学新探》,人民出版社,1985年。

邢贲思:《欧洲哲学史上的人道主义》,上海人民出版社,1979年。

杨适:《哲学的童年》,中国社会科学出版社,1987年。

杨祖陶:《德国古典哲学的逻辑进程》,武汉大学出版社,1993年。

杨祖陶、邓晓芒:《康德纯粹理性批判指要》,湖南教育出版社,1996年。

叶秀山:《前苏格拉底哲学研究》,三联书店,1982年。

叶秀山:《苏格拉底及其哲学思想》,人民出版社,1986年。

余丽嫦:《培根及其哲学》,人民出版社,1987年。
张志伟:《康德的道德世界观》,中国人民大学出版社,1995年。
赵敦华:《回到思想的本源:中西哲学与马克思哲学的对话》,北京师范大学出版社,2006年。
赵敦华:《西方哲学的中国式解读》,黑龙江人民出版社,2002年。
赵敦华:《西方哲学经典讲演录》,广西师范大学出版社,2007年。
郑昕:《康德学述》,商务印书馆,1984年。
邹化政:《人类理解论研究》,人民出版社,1987年。

博雅大学堂·哲学书目

*楼宇烈等	东方哲学概论	*张志刚等	宗教研究指要
*赵家祥等	历史唯物主义新编	*陈 波	逻辑哲学
*赵家祥等	马克思主义哲学教程	*叶 朗	美学原理
*张世英	哲学导论	*邢滔滔	数理逻辑
*张文儒等	现代中国哲学	*胡 军	知识论
*赵敦华	西方哲学简史	*江 怡	分析哲学教程
*赵敦华	现代西方哲学新编	*程 炼	伦理学导论
*陈 来等	中国哲学史	韩水法	政治哲学
*陈嘉映	语言哲学	吴国盛	科学通史教程
*王海明	伦理学原理	程 炼	心灵哲学
*王 博	庄子哲学	*王海明等	美德伦理学
*孙尚扬	宗教社会学	*姚大志	当代西方政治哲学

打 * 号者为已出。